U0107251

珍 藏 版

Philosopher's Stone Series

哲人石丛书

立足当代科学前沿

彰显当代科技名家

绍介当代科学思潮

激扬科技创新精神

珍藏版策划

王世平　姚建国　匡志强

出版统筹

殷晓岚　王怡昀

星云世界
的水手

哈勃传

Edwin
Hubble

Mariner
of
the Nebulae

Gale E. Christianson

[美] 盖尔·E. 克里斯琴森 —— 著

何妙福　朱保如　傅承启 —— 译

 上海科技教育出版社

约翰·鲍威尔·哈勃

弗吉尼亚·詹姆斯·哈勃

祖父母马丁·琼斯·哈勃和玛丽·
简·鲍威尔·哈勃

外祖父母威廉·H.詹姆斯和露西·安·詹姆斯以及他
们的孙辈。埃德温是右起第3个,他的外套已不合
身,显得手臂很长。他的哥哥亨利比他高一个头,
站在他的后面,而他们的姐妹露西在窗口旁外祖母
的后面

埃德温中学毕业照,时年16岁

芝加哥大学的体育明星们在城里寻欢作乐

21岁的埃德温,这位获得罗德奖学金的高材生在1910年9月启程去英国时,自信满满挺立着留影

这位牛津大学运动员完美地摆好姿势

约翰·哈勃死后,在路易斯维尔的一家人。伊莉莎白·"贝齐"站在守寡的詹妮和露西之间。海伦在自己的母亲左边,埃米莉在前面。待在家的亨利站在露西身旁

已知第一幅埃德温·哈勃使用望远镜的照片。它摄于1914年哈勃从牛津回来之后,在印第安纳州新奥尔巴尼海尔住宅的停车场上

第一次世界大战期间:埃德温·哈勃少校和姐姐露西,一名红十字会护士

叶凯士天文台团体照,摄于威斯康星州威廉斯贝,1916年9月。上面是巨大的40英寸(1.02米)折射望远镜,下面是巨大可动的橡木地板。哈勃穿着西装、系着领带,站在后排右起第4个。他的右边穿着淡灰色西装的人是叶凯士天文台台长弗罗斯特

100英寸(2.54米)胡克望远镜,它的镜筒与水平面成40°角。哈勃使用的弯木椅可以穿过栏杆看到

百万富翁安德鲁·卡内基(左)和理想家乔治·埃勒里·海尔在威尔逊山顶上60英寸(1.52米)望远镜圆顶室外,1910年3月

1923年哈勃穿着灯笼裤在威尔逊山上。此照片由访问天文学家玛格丽特·哈伍德所摄,其时接近哈勃在仙女星云里发现3颗造父变星

格雷丝·伯克·哈勃在1931年

世界上最聪明的人参观"修道院"的图书馆,1931年1月。自左向右,前排为圣约翰、爱因斯坦、亚当斯、迈耶,后排为埃德温·哈勃、阿瑟·金和乔伊

埃德温·哈勃与詹姆斯·霍普伍德·金斯爵士在100英寸(2.54米)胡克望远镜旁

团体照:威尔逊山天文台研究人员在圣巴巴拉街办事处前,1939年3月。后排从左至右:拉尔夫·威尔逊、赫马森、理查德森、尼科尔森、克里斯蒂、阿瑟·金、邓纳姆、哈勃、罗伯特·金、闵可夫斯基、巴德、佩蒂特、奥林、威尔逊、霍格、桑德福。前排从左至右:希科克斯、范玛宁、施特伦施贝格、巴布科克、西尔斯、亚当斯、梅里尔、乔伊

沉思:哈勃和奥尔德斯·赫胥黎

熟练的"水手"在检查一张照相底片

预备涉过科罗拉多州里奥布朗科
牧场的一条小涧

埃德温和格雷丝在一起

哈勃在操纵帕洛玛山的200
英寸(5.08米)海尔望远镜

像一辆有盖货车般大,又像一
架轻型飞机般精巧:1990年4
月25日哈勃空间望远镜的仪
器张开时从"发现号"航天飞
机上拍摄

出版前言

二十五年矢志不渝炼就"哲人石"

1998年,上海科技教育出版社策划推出了融合科学与人文的开放式科普丛书"哲人石丛书"。"哲人石丛书"秉持"立足当代科学前沿,彰显当代科技名家,绍介当代科学思潮,激扬科技创新精神"的宗旨,致力于遴选著名科学家、科普作家和科学史家的上乘佳作,推出时代感强、感染力深、凸显科学人文特色的科普精品。25年来,"哲人石丛书"选题不断更新,装帧不断迭代,迄今已累计出版150余种,创下了国内科普丛书中连续出版时间最长、出版规模最大、选题范围最广的纪录。

"哲人石"架起科学与人文之间的桥梁,形成了自己鲜明的品牌特色,成为国内科学文化图书的响亮品牌,受到学界的高度认可和媒体的广泛关注,在爱好科学的读者心中也留下了良好的口碑,产生了巨大的品牌影响力。

2018年,在"哲人石丛书"问世20周年之际,为了让新一代读者更好地了解"哲人石丛书"的整体风貌,我们推出了"哲人石丛书珍藏版",遴选20种早期出版的优秀品种,精心打磨,以全新的形式与读者见面。珍藏版出版后反响热烈,所有品种均在较短时间内实现重印,部分品种还重印了四五次之多。读者对"哲人石"的厚爱,让我们感动不已,也为我们继续擦亮"哲人石"品牌确立了信心,提供了动力。

值此"哲人石"诞生25周年之际,我们决定对"哲人石丛书珍藏版"进行扩容,增补8个品种,并同时推出合集装箱的"哲人石丛书珍藏版"(25周年特辑),希望能得到广大读者一如既往的支持。

上海科技教育出版社

2023年12月10日

从"哲人石丛书"看科学文化与科普之关系

◇ 江晓原(上海交通大学科学史与科学文化研究院教授)

◆ 刘兵(清华大学人文学院教授)

◇ 这么多年来,我们确实一直在用实际行动支持"哲人石丛书"。我在《中华读书报》上特约主持的科学文化版面,到这次已经是第200期了,这个版面每次都有我们的"南腔北调"对谈,已经持续21年了,所以在书业也算薄有浮名。因为我们每次都找一本书来谈,在对谈中对所选的书进行评论,并讨论与此书有关的其他问题。在我们的对谈里,"哲人石丛书"的品种,相比其他丛书来说,肯定是最多的,我印象里应该超过10次,因为我们觉得这套丛书非常好。

另一个问题就是我个人的看法了,我觉得叫它"科普丛书"是不妥的,这我很早就说过了,那会儿10周年、15周年时我就说过,我觉得这样是把它矮化了,完全应该说得更大一些,因为它事实上不是简单的科普丛书。我的建议是叫"科学文化丛书"。刚才潘涛对"哲人石丛书"的介绍里,我注意到两种说法都采用,有时说科普丛书,有时说科学文化丛书,但是从PPT上的介绍文字来看,强调了它的科学文化性质,指出它有思想性、启发性,甚至有反思科学的色彩,这也是"哲人石丛书"和国内其他同类丛书明显的差别。

其他类似丛书，我觉得多数仍然保持了传统科普理念，它们被称为科普丛书当然没有问题。现在很多出版社开始介入这个领域，它们也想做自己的科普丛书。这一点上，"哲人石丛书"是非常领先的。

◆ 类似的丛书还有很多，比较突出的像"第一推动丛书"等，其中个别的品种比如说霍金的《时间简史》，和"哲人石丛书"中的品种比起来，知名度还更高。

但是"哲人石丛书"在同类或者类似的丛书里确实规模最大，而且覆盖面特别广。按照过去狭义的科普概念，大部分也可以分成不同的档次，有的关注少儿，有的关注成人，也有的是所谓高端科普。"哲人石丛书"的定位基本上是中高端，但是涵盖的学科领域包括其他的丛书通常不列入的科学哲学、科学史主题的书，但这些书我们恰恰又有迫切的需求。延伸一下来说，据我所知，"哲人石丛书"里有一些选题，有一些版本，涉及科学史，包括人物传记，其实对于国内相关的学术研究也是很有参考价值的。

"哲人石丛书"涉及的面非常之广，这样影响、口碑就非常好。而且它还有一个突出的特色，即关注科学和人文的交叉，我觉得这样一些选题在这套书里也有特别突出的表现。

刚才你提到，我们谈话里经常发生争论，我觉得今天我们这个对谈，其实也有一点像我们"南腔北调"的直播——不是从笔头上来谈，而是现场口头上来谈。我也借着你刚才的话说一点，你反对把这套丛书称为"科普"，其实不只是这套书，在你的写作和言论里，对科普是充满了一种——怎么说呢——不能说是鄙视，至少是不屑或者评价很低？

我觉得这个事也可以争议。如果你把对象限定在传统科普，这个可以接受。传统科普确实有些缺点，比如只讲科学知识。但是今天科普的概念也在变化，也在强调知识、方法、思想的内容。在这里面就不可能不涉及相关的科学和人文。当然不把这些称为科普，叫科学文化也是可以的。但是拒绝了科普的说法，会丧失一些推广的机会。

说科普大家都知道这个概念，而且大家看到科普还可以这么来做。如果你上来就说是科学文化，可能有些人就感到陌生了，这也需要普及。读者碰巧看科普看到了"哲人石丛书"，他知道这里面还有这些东西，我觉得也是很好的事。我们何必画地为牢，自绝于广大的科普受众呢。

◇ 这些年来，我对科普这个事，态度确实暧昧，刚才你说我鄙视科普，但是我科普大奖没少拿，我获得过三次吴大猷奖，那都不是我自己去报的，都是别人申报的。我一面老说自己不做科普，但一面也没拒绝领科普奖，人家给我了，我也很感谢地接受了。

我之所以对科普这个事情态度暧昧，原因是我以前在科学院工作过15年，在那个氛围里，通常认为是一个人科研正业搞不好了才去搞科普的。如果有一个人只做正业不做科普，另一个人做了同样的正业但还做科普，人们就会鄙视做科普的人。这也是为什么我老说自己不做科普的原因。

刘慈欣当年不敢让别人知道他在搞科幻，他曾对我说：如果被周围的人知道你跟科幻有关，你的领导和同事就会认为你是一个很幼稚的人，"一旦被大家认为幼稚，那不是很惨了吗？"在中国科学院的氛围也是类似的，你要是做科普，人家就会认为你正业搞不好。我的正业还不错，好歹两次破格晋升，在中国科学院40岁前就当上正教授和博导了，这和我经常躲着科普可能有一点关系，我如果老是公开拥抱科普，就不好了嘛。

我1999年调到交大后，对科普的态度就比较宽容了，我甚至参加了一个科技部组织的科普代表团出去访问，后来我还把那次访问的会议发言发表在《人民日报》上了，说科普需要新理念。

科普和科幻在这里是一个类似的事情。但咱还是说回"哲人石丛书"。刚才你说选题非常好，有特色，这里让我们看一个实际的例子。我们"南腔北调"对谈谈过一本《如果有外星人,他们在哪——费米悖论的75种解答》,书中对于我们为什么至今没有找到外星人给出了75种解答。这本书初版时是50种解答,过了一些年又修订再版,变成了75种解答。这本书是不是科普书呢?也可以说是科普书,但我仍然觉得把这样的书叫科普,就是矮化了。这本书有非常大的人文含量,我们也能够想象,我们找外星人这件事情本身就不是纯粹的科学技术活动。要解释为什么找不到,那肯定有强烈的人文色彩,这样的书我觉得很能说明"哲人石丛书"的选题广泛,内容有思想性。

◆ 我还是"中国科协·清华大学科学技术传播与普及研究中心主任",在这样一种机构,做科普是可以得到学术承认的,本身就属于学术工作和学术研究,可见科普这个概念确实发生了一些变化。

当然,严格地界定只普及科学知识,这个确实是狭义的。如果说以传统的科普概念看待"哲人石丛书"是矮化了它,那我们也可以通过"哲人石丛书"来提升对科普的理解。今天科普也可以广义地用"科学传播"来表达,不只是在对社会的科普,在整个正规的中小学教育、基础教育、大学教育也在发生这样的变化。

◇ 有一次在科幻界的一个年会上,我报告的题目是《远离科普,告别低端》,我认为如果将科幻自认为科普的一部分,那就矮化了。我这种观点科幻界也不是人人都赞成,有的人说如果我们把自己弄成科普了,我们能获得一些资源,你这么清高,这些资源不争取也不好吧?科普这一块,确实每个人都有自己的看法和想法。

总的来说,传统科普到今天已经过时了,我在《人民日报》上的那篇文章标题是《科学文化——一个富有生命力的新纲领》(2010.12.21),我陈述的新理念,是指科普要包括全面的内容,不是只讲科学中我们听起来是正面的内容。

比如说外星人，我们国内做科普的人就喜欢寻找外星人的那部分，人类怎么造大望远镜接收信息，看有没有外星人发信号等。但是他们不科普国际上的另一面。在国际上围绕要不要寻找外星人有两个阵营，两个阵营都有知名科学家。一个阵营认为不要主动寻找，主动寻找就是引鬼上门，是危险的；另一个阵营认为应该寻找，寻找会有好处。霍金晚年明确表态，主动寻找是危险的，但是我们的科普，对于反对寻找外星人的观点就不介绍，你们读到过这样的文章吗？我们更多读到的是主张、赞美寻找外星人的。这个例子就是说明传统科普的内容是被刻意过滤的，我们只讲正面的。

又比如说核电，我们的科普总是讲核电清洁、高效、安全，但是不讲核电厂的核废料处理难题怎么解决。全世界到现在都还没有解决，核废料还在积累。

我认为新理念就是两个方面都讲，一方面讲发展核电的必要性，但是一方面也要讲核废料处理没有找到解决的方法。在"哲人石丛书"里有好多品种符合我这个标准，它两面的东西都会有，而不是过滤型的，只知道歌颂科学，或者只是搞知识性的普及。对知识我们也选择，只有我们认为正面的知识才普及，这样的科普显然是不理想的。

◆ 确实如此。我自己也参与基础教育的工作，比如说中小学课标的制定等。现在的理念是小学从一年级开始学科学，但有一个调查说，全国绝大部分小学的科学教师都不是理工科背景，这是历史造成的。而另一方面，我们现在的标准定得很高，我们又要求除了教好知识还要有素养，比如说理解科学的本质。科学的本质是什么呢？"哲人石丛书"恰恰如你说的，有助于全面理解科学和技术。比如说咱们讲科学，用"正确"这个词在哲学上来讲就是有问题的。

◇ 我想到一个问题，最初策划"哲人石丛书"的时候，有没有把中小学教师列为目标读者群？潘涛曾表示：当时可能没有太明确地这么想。当时的传统科普概念划分里，流行一个说法叫"高级科普"。但确实想过，中小学老师里如果是有点追求的人，他应该读，而且应该会有一点心得，哪怕不一定全读懂。潘涛还发现，喜欢爱因斯坦的读者，初中、高中的读者比大学还要多。

◆ 我讲另外一个故事，大概20年前我曾经主编过关于科学与艺术的丛书，这些书现在基本上买不到了，但是前些时候，清华校方给我转来一封邮件，有关搞基础教育的人给清华领导写信，他说现在小学和中学教育强调人文，那么过去有一套讲艺术与科学的书，这套书特别合适，建议再版。学校既然把邮件转给我，我也在努力处理，当然也有版权的相关困难。我们的图书产品，很多都没有机会推广到它应有的受众手里，但实际需要是存在的。我觉得有些书值得重版，重新包装，面向市场重新推广。

◇ 出版"哲人石丛书"的是"上海科技教育出版社"，这样的社名在全国是很少见的，常见的是科学技术出版社，上海也有科学技术出版社。我们应该更好地利用这一点，把"哲人石丛书"推广到中小学教师那里去，可能对他们真的有帮助。

也许对于有些中小学教师来说，如果他没有理工科背景，"哲人石丛书"能不能选择一个系列，专门供中小学现在科学课程教师阅读？选择那些不太需要理工科前置知识的品种，弄成一个专供中小学教师的子系列，那肯定挺有用。

◆ 不光是没有理工科背景知识的，有理工科背景知识的也同样需要，因为这里面还有大量科学人文、科学本质等内容，他们恰恰是最需要理解的。但是总的来说，有一个这样特选的子系列，肯定是值得考虑的事情，因为现在这个需求特别迫切。

（本文系2023年8月13日上海书展"哲人石——科学人文的点金石"活动对谈内容节选）

内容提要

　　埃德温·哈勃是天文学史上最伟大的人物之一,堪称
20世纪科学的突出代表。他确定了在我们所处的银河系
以外还存在河外星系,并证明宇宙处于不断的膨胀之中,
这使爱因斯坦修改了他的宇宙学方程,最终引出了关于
宇宙起源的"大爆炸"理论。

　　本书不仅是这位科学天才的生动画像,它还描绘出
一幅20世纪现代天文学家的群像,并对美国文化界,包括
20世纪30年代哈勃曾与之交往的好莱坞社会,进行了形
象的叙述。本书让读者对哈勃其人其事有了深刻而亲切
的认识。当我们仰望星空时,我们一定会想起埃德温·哈
勃这名"星云世界的水手"。

作者简介

　　盖尔·E.克里斯琴森,美国印第安纳州立大学历史学教授。先后就读于艾奥瓦大学和北艾奥瓦大学,获文学博士学位。他曾获印第安纳州立大学的杰出教授奖及研究创新奖,是古根海姆学者,著有关于牛顿、哈勃等著名科学家的传记多部,另有讨论全球变暖问题的科普著作。

在那些出海的人之中，

有发现新世界的航海家们，

让地球增加大陆，

为天空添上星星。

他们是大师，是伟人，

他们永垂青史。

——福楼拜（Gustave Flaubert）

目录

CONTENTS

目　录

致　谢

　　收藏埃德温·哈勃(Edwin Powell Hubble)的论文最多的是位于加利福尼亚州圣马力诺的亨廷顿(Henry E.Huntington)图书馆。这些收藏品,连同格雷丝·伯克·哈勃(Grace Berke Hubble)非常宝贵的日记和其他手迹,便是这部传记的基础。要是有更合适的地方——就内外两方面状况而言——去追踪这位学者的工作的话,那必定是在某个遥远的行星上。教职员工档案管理员、图书管理员以及其他专家曾不计较时间,有启发性地、耐心地在无数方面给予我帮助,而且在我征求意见时总是乐于提供中肯的意见。我永远感激他们所有人,然而由于以下人士的特别帮助和持久友谊,我希望向斯考塞姆(Robert Skotheim)校长,向现已退休的研究所所长里奇(Martin Ridge),向科学史图书馆馆长罗纳德·布拉希尔(Ronald Brashear),向读者服务部图书管理员伦纳(Virginia Renner),以及向校长秘书帕里什(Pat Parrish)表示我最衷心的谢意。我也很感激亨廷顿图书馆以弗莱彻·琼斯(Fletcher Jones)基金会研究基金形式所提供的资助。

　　我在加利福尼亚期间,曾有幸拜访曾在威尔逊山和帕洛玛山这两座天文台与埃德温·哈勃共同工作过的某些人,以及曾是这位天文学家及其妻子的邻居和私人朋友的其他人。在这件事上,天文学家桑德奇(Allan Sandage)显得十分重要,他于1953年哈勃因中风突然去世后,继承了这名技艺高超的星云水手的衣钵。桑德奇的回忆帮助我了解了哈勃的一生,而他在专业技术性问题和图书资料上所提出的意见也有助于我避免许多错误和疏忽。已退休的太阳天文学家巴布科克(Horace Babcock)简直就是"活档案"。他对"从前"威尔逊山的广泛回忆提供了别处不可能得到的信息。我也一定永远不会忘记我们在帕洛玛山所度过的奇妙的一天,在那里这位最高级的向导带我进行了一次极好的游历。韦伯斯特(Larry Webster)在威尔逊山顶上给予我同样的待遇,那里埃德温·哈勃的幽灵在黑夜的最黑暗时刻仍萦绕着那架100英寸(2.54米)望远镜。在帕萨迪纳圣巴巴拉街上的卡内基研究院下属的天文台的工作人员允许我自由使用他们珍藏的论文和杂志,更不必说使用复印机了。加州理工学院档案室、帕萨迪纳公共图书馆以及帕萨迪纳历史学会也把他们的收藏品和工作人员听由我随意支配。洛杉矶县政府把他们的婚姻、死亡和遗嘱记录供我使用。天文学家里夫斯(Gibson Reaves)欣然把他与哈勃的几次遭遇写下来供我利用。

在格雷丝和埃德温·哈勃的私生活方面,没有人比他们的老邻居和忠诚的朋友艾达·克罗蒂(Ida Crotty)更了解的了,她打开纪念相册,让我随意翻阅那些极其美好的册页。她的诚意和支持给温度在冰点以下的冬天增添了温暖。我也感谢安妮·克罗蒂(Anne Crotty)提供许多另外的背景材料。已退休的大学图书馆管理员阿克曼(Page Ackerman)回顾了在阿伯丁靶场的战争年代,而乔伊斯·埃耶(Joyce Eyer)及其儿子允许我接触了一些格雷丝·哈勃同其家庭的通信。琳达·莫尔诺(Linda Mollno)和罗伯特·莫尔诺(Robert Mollno),以前哈勃住宅的现主人,亲切地领我去看各处,并回答各种各样的问题,然后还准许我这个陌生人拍摄哈勃的书房和其他几个房间的照片。我应感谢天文学家格林斯坦(Jesse Greenstein),他花了一个下午面对录音机,并应感谢帕洛玛山的工作人员,他们使我在那里不仅做了一次愉快的冒险,而且有了一次美的享受。利克天文台既是天文学家又是科学史家的奥斯特布罗克

(Donald Osterbrock)提供了他的时间、原始资料以及深入哈勃工作和个性的见解。他还为我研究加利福尼亚大学圣克鲁斯分校利克天文台玛丽·利·沙恩(Mary Lea Shane)档案室铺平了道路,在那里我被委托给能干的图书管理员和档案管理员绍姆伯格(Dorothy E.Schaumberg)照顾。圣何塞公共图书馆里的收藏品对收集格雷丝·哈勃的早年生活和第一次婚姻的背景材料很有帮助,斯坦福大学档案室的廷比(Sara Timby),在加利福尼亚州杰克逊城的阿默多县法官谢尔登·约翰逊(Sheldon D. Johnson)以及阿默多县图书馆的马丁(Leslie Martin)也是如此。

我在密苏里州马什菲尔德城开始了对埃德温·哈勃的追索。在此过程中,我得到了马什菲尔德的韦伯斯特县图书馆的霍利克(Patricia Holik)、韦伯斯特县历史协会、韦伯斯特县法院的法官办公室工作人员布莱基(Larry Blakée)和江普(Lena James Jump)的帮助,后者所提供的哈勃和詹姆斯家族的照片及回忆赋予一个世纪前哈勃的少年时代以新的生气。位于哥伦布城的密苏里州历史学会借给我当地报纸的缩微胶卷,而关于哈勃夫妇在斯普林菲尔德的许多另外的信息则是通过斯普林菲尔德公共图书馆、德鲁里学院档案室以及在圣路易斯的华盛顿大学档案室得到的。哈勃家族史学会的克利夫顿·哈贝尔(Clifton H.Hubbell)和小哈罗德·哈贝尔(Harold B.Hubbell, Jr.)也给了我许多应予感谢的帮助。

正如细读本书末的注释时所能看到的,查尔斯·A. 惠特尼(Charles A. Whitney)的名字在我的工作中占据了显著的位置。这位哈佛的天文学家和科学史家曾一度打算撰写哈勃的传记,因而曾同了解哈勃在伊利诺伊州惠顿度过的童年和青少年时代以及他的晚年岁月的若干人士进行了广泛的访谈。事实上他们全都早已去世了,然而由于惠特尼的慷慨大方,他们在这些篇幅里"复活"了。我也要感谢惠顿历史中心以及惠顿公立学校的巴特森(Diane Batson)提供哈勃学生时代的肄业证书和背景材料。

理查德·波普(Richard Popp)和芝加哥大学档案室志趣相同的工作人员使我能利用他们保存得很好哈勃在大学生和研究生时代的背景材料。再往北一点,在威斯康星州威廉斯贝的叶凯士天文台,5月里我度过了美好的一周,白天翻查档案,而夜间通过40英寸(1.02米)望远镜观看天空,这应感谢档案保管员鲍希(Judy Bausch)和天文学家、技术员约翰·布里格斯(John Briggs)的帮助。在麦迪逊城的威斯康星大学档案室也向我提供了哈勃与天文学家斯特宾斯(Joel Stebbins)之间的通信。

在我着手这项计划时,埃德温·哈勃的两个妹妹海伦·哈勃·莱恩(Helen Hubble Lane)和伊丽莎白·"贝齐"·哈勃(Elizabeth "Betsy" Hubble)仍活着。在海伦以92岁高寿去世之前一个星期,她的儿子约翰·莱恩(John Lane)代表我,用我事先提出的问题,亲切地同她们姐妹俩交谈。在海伦死后,我亲自访问贝齐。毋须说,此姐妹俩的回忆对这部著作来说是属最重要之列的,为此我极其感谢她们。并且,海伦1987年的回忆录[它是在加州理工学院索恩(Kip S. Thorne)教授的指示下起草并简单地冠以"埃德温·鲍威尔·哈勃"标题的],则是所有亨廷顿图书馆文献中最令人勾起回忆的文献之一。约翰·莱恩更进一步的慷慨,便是他使我能得到哈勃在罗德学者时代的尚存信件,假如没有这些信件,那么关于他一生中的这一章,不但会显得篇幅少很多,而且会显得内容贫乏得多。确实,这些书信胜过任何别的文献,它们明确了埃德温·哈勃的个性,因为他始终是一个精神上的英国人——女王学院的一个忠实的儿子。哈勃在牛津时代另外的背景材料是由罗德信托基金会提供的。

关于哈勃从英国回来后在肯塔基州路易斯维尔所度过的一段时光,作者感谢路易斯维尔大学格温(Joel Gwinn)的劳动,同时感谢印第安纳州弗洛伊德、克拉克和哈里森,以及肯塔基州谢尔比、奥尔德姆、杰斐逊和布利特等地县政府的许多工作人员。哈勃的教学和辅导时代的言行录则由新阿尔巴尼高级中学通过其校长杜斯特(Tracy Dust)博士和图书馆管理员伯里(Barbara Beury)帮助提供。

哈勃在第一次世界大战中服兵役的经历是由位于密苏里州圣路易斯的美国人事档案中心和在宾夕法尼亚州卡莱尔兵营的美国军事史研究所提供给我的。

哈勃的许多科学通信散布在多处。除了亨廷顿图书馆以外,哈佛大学哈佛学院天文台档案室里收藏的哈勃—沙普利资料亦属重要之列。承蒙哈佛—史密森天体物理学中心主任夏皮罗(Irwin Shapiro)的好意以及大学校园与公用事业管理助理麦克尔赫尼(Robin McElheny)的帮助,使得我可利用此收藏品。在我逗留剑桥期间,天文学和科学史教授金格里希(Owen Gingerich)也对我的调查工作颇有帮助。

普林斯顿大学档案室收藏了少量但重要的哈勃的信函,大多是写给天文学家亨利·诺里斯·罗素(Henry Norris Russell)的。作为对我在《纽约时报书评》(*The New York Times Book Review*)上所提出的询问的结果,该大学档案保管员普赖默(Ben Primer)首先使我对此资料引起注意,而手迹的保管员斯凯默(Don. C. Skemer)在我一到普林斯顿就给予了帮助。正是通过同样的询问,阿伯丁靶场负责公众事务的官员西利里(L. Ann Silirie)同我联系,使我可利用第二次世界大战期间有关哈勃在外弹道计划中工作的资料。

虽然威尔逊山位于加利福尼亚,但这个天文台在华盛顿卡内基研究院管辖之下。它的工作人员瓦斯克斯(Susan Vasquez)把它的重要档案和照相复制设备向我开放,她领我到有关的小房间,然后让我自行浏览。

在沿美国东海岸作同样目的之旅行期间,我参观了美国物理研究所的玻尔(Niels Bohr)图书馆,这个研究所新近从纽约市迁至马里兰州的科利奇帕克。在那里我广泛使用了它所收藏的20世纪第一流科学家的访谈,以及与这些访谈相配合的文献、书籍和期刊。该所所长沃特

(Spencer R. Weart)、沃瑙-布卢伊特(Joan N. Warnow-Blewett)和西斯克(Bridget Sisk)帮助我使我的逗留取得成效,而我更要感谢研究所方面提供的补助金,它有助于补偿旅费开支。

我也向印第安纳州立大学坎宁安纪念图书馆,尤其是它的馆际出借处致谢,因为它提供了可看到许多其他各方面难以得到的文章的机会。该大学还准我休假,在假期里我进行了许多调查和写作,同时使我减轻了学术生涯中平时的职责,也不用太分心。我也感谢系学术委员会给我资助,并感谢修习我的科学史和传记文学课程的学生所给予我的理性的鼓励。

美国人文学科捐赠基金会所给的一份夏季定期津贴使我远离家园的旅费更易获得,因此我希望感谢该基金会对这个项目的信任。

我得感谢的其他人有:我的代理人康登(Michael Congdon)、编辑格勒斯曼(John Glusman)、编辑助理诺索斯基(Ethan Nosowsky)、我不可缺少的文字编辑林奇(Jack Lynch)和美术编辑梅奇(Fritz Metsch)。

最后,我必须向古根海姆(John Simon Guggenheim)纪念基金会表达自己的无限感激之情,因为它给了我一个研究基金,以完成这部著作本身的撰写。以前我从来没有过如此一大段不受妨碍的时间用于写作。有了由这个堂堂的机构提供的基金,且能加入知名的古根海姆研究学者的行列,我深感荣幸。

一如往常,正是家人的支持让我坚持写作。谢谢朗达(Rhonda)和珀基杜德尔夫妇(Packydoodles),还有曼尼(Mambo Manny)、罗肯(Snoote Rockne)以及一向文雅的布鲁斯基(Count Blueski)。

谨告读者

　　埃德温·哈勃是位天文学家，然而在他整个生涯中，当涉及我们银河系之外的巨大天体系统时，他拒不接受"星系"这一名词。为了忠实于本书主题，我始终使用他的称谓"星云"，但也有少数例外。

　　哈勃是一个糟糕的拼写者，同他交往的人经常提到他的这一特性。考虑到个人癖性乃是历史记录中的重要部分这一前提，我很少纠正他的文体，而且我也不使用那种粗俗和赘音的[原文如此]。*

---

　　*[原文如此]是许多作家在引用别人的话时常用的一个符号，表示错误是由被引用者本人所犯下的。本书作者这里的意思是指他认为这是多此一举。——译者

第一章

马什菲尔德

I

50年前,几乎是带着占星术士般的预感,年轻力壮的马丁·琼斯·哈勃(Martin Jones Hubble)第一次骑马来到了当时密苏里州的斯普林菲尔德这个村庄。现在这位70高龄的先驱者,手持一个用真的玉米棒子做成的、有着超过1英寸(2.54厘米)长柄的古老烟斗,正在吞云吐雾,他俯伏在他的橡木书桌上,沉醉于一个期盼已久的活儿中。为了追求真实效果,马丁用一支鹅毛笔在一页页大纸上书写出10张午宴邀请函,尔后他小心翼翼地把它们折叠成一张张信封形状——这是信封通用之前的一种习俗。他把它们用火漆密封,并在1906年3月底寄出。函曰:

> 1856年3月的最后一天,我骑着一匹红栗色的马来到斯普林菲尔德。那匹马长着四个白蹄及白鼻子,鬃毛与尾巴像亚麻一样,马的尾巴拖到地上,鬃毛披到膝部。我以250美元的价格把马卖给了亨特(Hugh T. Hunt),他很识货。当时我才20岁,到现在已时近50年。我欲邀请所有当时居住在城里和县区而现在居住在城里的宾客,在50周年之日与我共享午宴。

由于人数不会很多,因而我急切地邀请您在敝舍与我共进午餐,时间是1906年3月31日,即下周六中午12点。

菜单

萝卜蔬菜	猪下巴
玉米面包	黄油奶酪
蛋奶沙司	重油蛋糕

后来,马丁把3月31日描述为与所有应邀出席的客人一起度过的一个"美丽的、阳光灿烂的日子"。次日上午,马丁在街上遇见了利利(J. J. Lilly)神父,他建议午宴上的一切安排都要保持城里和县区的早年历史习俗。利利神父作为主持人被邀请为次年的客人,并且还有一位速记员在场,把到会客人的个人回忆逐句记录下来。在经历了第八次这种老人集会(到了1914年,这些老人的年龄从78岁排到了94岁)之后,马丁·哈勃通过出版物看到了密苏里州斯普林菲尔德的口述历史,其后,伤心地宣布这种圆桌讨论会已告结束,与会者已经深情地给它起了个绰号:"侃大山交际聚会"。

马丁蓄胡的下颚比他的前额还宽,鼻子很大,双眼拉开,如若不算特别英俊的话,也算是仪表堂堂。他有6英尺(约1.83米)高,除了个儿高以外,还从他父亲那儿继承了宽阔的肩膀、雄牛般的颈脖和粗壮的腰围。根据他的孙子埃德温的回忆,除了关于历史的持久意识外,马丁是一个固执己见的人,他认为:迄今为止的最佳小说是《远大前程》(*Great Expectations*);最好听的歌曲是《安妮·劳里》(*Annie Laurie*);唯一称职的政党是民主党;酗酒是自取灭亡的直接通道;宇宙中最美的东西是行星和恒星。

就马丁所受的教养和所持的抱负而言,他是一个十足的美国人,他的祖先来自英格兰、爱尔兰以及威尔士,正如一个家族成员后来写下的那样,没有受到外来血统的"玷污"。他的家族中第一个来到美洲海岸的人是五代以前的理查德·哈鲍(Ricard Hubball),他是保皇党军队的军官,查理一世(Charles Ⅰ)上了断头台以后,在17世纪40年代初就逃亡到了康涅狄格州。这位殖民地的乡绅相继与3个妻子生下了15个孩子,富裕而终,留下土地与其他财产。在革命与南北战争时期,哈贝尔(Hubbell,"a"已改为"e")一家服务于敌对的两方面;到了和平时期,他们迁居到西部,宣称对于众多土地拥有所有权,这是他们的自耕农祖先所未曾梦想过的。他们生活并工作在杰斐逊民主政体的旧时的美国,它是把热衷于自治、具有纯粹和热烈的爱国主义的个人主义者联合起来的一个农业社会。同样爱国却更为城市化的后人们进入了各式各样的行业,包括法律和医学,其他人则成了公务员。马丁乐于强调这一事实:他的家族从来不知道离婚有什么耻辱。

贾斯蒂斯·哈贝尔(Justice Hubbell)是联合条款的签字人,该文件旨在抗议1775年英国人关闭了波士顿港口。在这一点上马丁追随了他的先祖,他申请加入"美国革命之子"组织,而他的女儿们也加入了"美国革命之女"。马丁还知道,贾斯蒂斯·哈贝尔的儿子乔尔(Joel)是塞文迈尔福特的一个弗吉尼亚奴隶主,由于尚不知道的原因,是他把家族的姓氏改变为哈勃(Hubble)。马丁的父亲——约翰·B.哈勃,是乔尔的儿子,他已经从弗吉尼亚移居到密苏里的布恩县,他在哥伦比亚附近操持医业,直至1847年36岁时英年早逝。12岁的马丁,连同他4个年幼的兄弟,由他们的母亲萨拉·拉维尼娅·琼斯·哈勃(Sarah Lavinia Jones Hubble)带到田纳西州的贾尔斯县。这些孩子在马丁的外祖父、与他同名的马丁·琼斯(Martin Jones,他是一位杰出的棉花农场主与奴隶主)的庄园里长大。

马丁在认可奴役的文化观念中被抚育成长,但在南北战争前夕,他的意识观念经历了一次转折。他在母亲逝世以后所回到的密苏里州,已经于1821年被合众国接纳为一个奴隶州。1854年,奴隶制问题由于堪萨斯—内布拉斯加法案的通过而变得更加激烈,在这些准奴隶制州中,奴隶制问题留待移民们自主解决。密苏里州的亲奴隶制势力变得活跃起来,他们出于奴隶的原因,刚好在南北战争前几年,试图"血洗堪萨斯",并且进行骚动破坏,想使该准州分裂出去。然而,密苏里州也有反对奴隶制的领袖,包括该州杰出的参议员本顿(Thomas Hart Benton),还有自由土壤党的国会议员布莱尔(Francis P. Blair),在后来的维克斯堡、查塔努加以及亚特兰大战役中,他以联邦军队的陆军少将而出名。1861年3月的全州公决投票反对脱离联邦,并且,到了8月,联邦军队将领弗雷蒙(John C. Frémont)颁布了一个公告,制定战时法律,解放所有奴隶。受惊的林肯(Abraham Lincoln)立即撤销了这一命令,而代之以另一个使得密苏里州与现存联邦法规保持一致的命令。

当他们的外祖父琼斯迫于无奈解放他的奴隶时,约翰与萨拉的5个儿子正在战争问题上陷于四分五裂。一个儿子参加南部邦联军队并战死;最小的儿子,长着红头发的乔治·华盛顿·哈勃(George Washington Hubble)成为星杠旗*的旗手。腿部中弹后,他被他的朋友、团里的小鼓手用他带到战场上的同样旗帜包裹起来。小伙子们接着被联邦军队俘获,在利比监狱中度过了战争余年。乔治终生带着他的战争创伤,跛足行走,这一残疾激发了他的侄孙埃德温的想象力。

虽然马丁是一个民主党员,而且不是簇拥在林肯周围的支持者,但最终他被合众国选中。1861年2月,格林县法院任命他为坎贝尔区的3人"巡警"之一,其后12个月中负责维持奴隶的秩序。1863年,他被选为巡回法院的书记员,并且开始在联合同盟这一组织中积极活动,这一组织的公开目的是"采用一切体面的手段,帮助并促使联邦政府去镇压叛乱"。由于政治上取得了一定成绩而受到鼓励,马丁在1864年11月代表民主党参加了国会的竞选,但被共和党政敌以1129票对288票击败。几个月后,在密苏里本地人普赖斯(Sterling Price)的领导下,南部

---

* 当时南部邦联的国旗。——译者

邦联的支持者们重整旗鼓,应征入伍者暴增。在斯普林菲尔德,经过了南部邦联支持者的激烈抗议活动之后,密苏里州登记入伍的民兵已于1864年8月组织起来。马丁于9月28日被委任为上尉军需官,并且一直服役到次年3月12日,其时,南部邦联正处于垂死的痛苦之中。虽然他深居简出,但在当地老百姓的心目中,他还是哈勃上尉,一直到55年之后他与世长辞。

Ⅱ

留存在斯普林菲尔德的先驱者们记忆中的唯一妇女,便是矮小而勇敢的玛丽·简·哈勃(Mary Jane Hubble)。关于这位斯普林菲尔德的女家长的背景材料人们知道得很少,她在21年间,生了4个儿子和5个女儿,其中有8个活了下来。玛丽·简1840年出生在斯普林菲尔德以东4英里(约6.4千米)的一个农庄,她是乔治·约瑟夫·鲍威尔(George Joseph Powell)将军与简·马西(Jane Massey)的女儿,鲍威尔将军是早年印第安战争的一名老兵,而马西的父亲詹姆斯·马西(James Massey)上尉是从爱尔兰移居来的,参加了1812年战争。玛丽·简幼年就成为孤儿,跟随她叔叔麦克亚当斯(W. H. McAdams)生活。她叔叔是斯普林菲尔德的早期主要贸易商之一。她在完成了初级中学学业之后,进入了地方基督学院,并且在城西的福尔勃拉特喷泉的冷水中完成了洗礼。她对马丁的吸引力必定使他一见钟情,因为当他骑马来到以后,不到6个月他们便完婚了,而且是在玛丽·简16岁生日之后的3个礼拜。

哈勃夫妇的第一个孩子,即玛丽·拉维尼娅(Mary Lavinia)是在1858年5月出生的,但是很快便夭折了。玛丽·简的第二次怀孕,终于在1860年4月3日生下了一个健康的儿子,这恰好比南部邦联军队的指挥官博雷加德(P.G.T.Beauregard)在萨姆特堡下令开战的时间早一年多点。遵照传统习俗,约翰·鲍威尔·哈勃(John Powell Hubble)——未来天文学家的父亲,起了早先常用的基督教名,下面加上了他母亲娘家的姓氏。

传统的习俗使哈勃家的长子享受特殊照应,得到了良好教育和道德熏陶,这是一种逐渐衰弱的中世纪遗留下来的权利。那时,这一家族以它的威武的头盔(上饰3个豹头和1只狼)而闻名于世。约翰在从战争中崛起的新密苏里成长,它的半南国情调,以及日落时汽轮上的水上生活,其特殊风情勾起了人们对于南北战争以前的眷恋,正如约翰所喜爱的美国作家、密苏里最著名的儿子马克·吐温(Mark Twain)的小说里描写的那样。

约翰遗留下来的最早的照片,似乎是在他上大学的时候——19世纪70年代末或80年代初的某一天拍摄的。他英俊而雄壮,中间分开的头发整齐光亮,配上很好修整过的一撮小胡子,标致的脸上略带傲气。约翰比他父亲马丁苗条些,身高6英尺3英寸(约1.9米),比他父亲和3个弟弟[马歇尔(Marshall)、利瓦伊(Levi)与乔尔(Joel)]都要高。在后来的一些照片中,他精心打扮——有着笔挺的衣领、时髦的服饰和精巧的领结。

约翰起先就读于斯普林菲尔德的公立学校,然后进入德鲁里学院,步行即可到家。新建的学院自豪地拥有225名注册学生以及11名专职教师。虽然德鲁里学院是非教会的,但是在学院手册中写清楚了它的使命:"德鲁里学院的出资人不想隐瞒下列事实,用《圣经》和基督教义去教育年轻人乃是进行此项工作的主导动机。"把教育与基督教义的反复灌输分离开来"最多是半途而废,并且极可能会有害于社会"。为此,学生们除了做礼拜外,还要参加早祷活动。"使用不敬的、粗鄙的以及不得体的语言"将受到开除的惩处,饮用烈酒、光顾弹子房也要开除学籍。不属于任何宗教派别的清教主义原则还禁止"斗殴、喧闹的运动以及杂乱的交往"。还有首要的一条,男生不得进入女生宿舍,女生也不得进入男生宿舍。一旦约翰犯了道德方面的错误,他的父亲就被叫去提醒他作为一个青年人应有的责任。马丁不仅在1875年向德鲁里学院刚刚设立的捐赠基金许诺了150美元的捐款,而且他还由于下述作用而受到赞誉,他独当一面把德鲁里学院挽留在斯普林菲尔德。由于经费问题上的误会,出现了学院要迁往尼欧肖的先兆时,马丁骑马来回穿梭于争论各方之间,切磋权宜之计。

15岁的约翰选修了3年古典预科,如果成功地完成学业,他将有资格进入他所选择的科系,最终取得学位。第一年的课程是算术、英语语法与拉丁文;第二年课程是美国历史、自然哲学以及拉丁语复科。接着,他继续求学,但未修完希腊语法、历史以及拉丁散文作文。至于代数、二次方程、维吉尔(Virgil)、西塞罗(Cicero)、色诺芬(Xenophon)*以及荷马史诗《伊里亚特》(Iliad)则使整个教育过程变得圆满。

马丁对于他儿子的热望超过了当时文学士学位所能提供的很有限的经济利益。斯普林菲尔德这个发展中的城市,1875年的人口已达大约8000人,给年轻人提供了很多正当的工作机会。在德鲁里学院上了3年后,没有取得文凭的约翰于1878年9月向东北方向去了圣路易斯城。18岁的他,还差1年才有资格进入华盛顿大学赫赫有名的法学院。因而,约翰便进入史密斯专科学校的高级班再读1年,这是华盛顿大学两个预备学校中的一个。1年之后,他达到了年龄要求,而且成功地通过了法学院的入学考试。此时这位有抱负的律师面对着仅仅2年的学习课程。

其后所发生的确切情况已无法考证。出乎意料的是,1879—1880年度的学校手册的第一年法律新生的名单中并没有预想中的约翰·鲍威尔·哈勃的名字。然而,在次年的高班生中却有约翰的名字。有一点

---

*维吉尔是古罗马诗人。西塞罗是古罗马雄辩家、政治家、哲学家。色诺芬是古希腊历史学家。——译者

是肯定的，正如在德鲁里学院那样，约翰没有取得文凭就离开了华盛顿大学，或许由于他未能通过1881年6月的期终考试。如若他通过了考试，他必定取得了法学学士学位，并且理所当然地被许可进入密苏里的律师界。如果约翰仍然想从事法律行当的话，他必须在巡回法院的公开考试中取得他的资格评定。

Ⅲ

尽管马丁·哈勃在社交界中享有受人尊敬的地位，但是他并没有充裕的时间与他的10名家族成员共处。由于政治关系，他被任命为县城的土地专员，1867年的年薪是1000美元，然而由于政府的更迭，任满两届后就下台了。1872年他策划帮助民主党人费尔普斯（John S. Phelps）竞选州长一事，也没有给他带来多大好处。他所持有的罗伯逊大街有轨电车（当时很有声誉）的股票以及作为它的董事会成员，也没有带来很大利益。直到19世纪80年代早期，随着斯普林菲尔德的兴盛，形成了稳定的中产阶级之后，这位格林县的"市内电车大王"、最有影响的共济会会员发现了一条途径，把他的政治和社会联系转化为金融利益，这时局面才有改观。

马丁与玛丽·简以及他们的儿子约翰和乔尔，一起涉足保险业。在市中心附近的南坎贝尔街460号的宅第中，他们兴办了一家事务所。他们专营厚板玻璃与火灾保险，这一行业迎合了在新兴的建筑业中投资巨大、因而忧心忡忡的商人们的需求。

这一家族的雄心并不局限于斯普林菲尔德。这一城市以东20英里（约32.2千米）处，是属于马什菲尔德市的欧扎克镇，1870年旧金山—圣路易斯铁路公司在两地之间铺设了铁路。这一市镇有20家商店、2个旅馆、1家马车行、1家周报以及2家大车行，它们全都云集在古老城镇广场的四周。作为韦伯斯特县的县治,马什菲尔德自豪地拥有将近1000人口,其中估计有150人被称作"最优良的有色人种",集中在城市的北区。

马什菲尔德位于密苏里的最高点之一,周围是绵延起伏的村野,部分是草原,部分是树林,河流、小溪和喷泉错综交织。农作物主要是小麦、裸麦、玉米、燕麦和干草。高地上盛长烟叶,比起周围其他地区来,耕作最为精良。在富饶而排灌便利的土壤上,生长着多种水果,包括葡萄、草莓、桃子与李子。然而,最多的是苹果,百万朵春花盖满果园,好像一层层巨大的芳香的被子。盛产苹果,以及对丰收时的高利的指望,这是促使哈勃一家来到马什菲尔德的部分动机。

哈勃田地和果品公司——当地称作"哈勃农庄"——在镇南1英里半(约2.4千米)的福德兰公路上占据了整个22号地区。石头门阙点缀在每个1英里(约1.6千米)长的围墙中央,提供了4个进出口,通向连接田野、果园和喷水池的尘土飞扬的大道。在庄园中央,建有一所二层楼的房子,上下都有壁炉。附近的平房供管理人员使用,算作他们的部分工资,他们还可以得到大养猪房中的猪肉作为补贴。哈勃一家在欧扎克镇上是唯一独家占有了640英亩(约260公顷)土地的。在法律文件上,具有独立头脑的玛丽·简是公司的董事长,乔尔是副董事长,而掌管大部分财务的约翰是秘书。上述3人,连同马丁,组成了董事会。在县里,他们也有一些抵押出去的土地,有一张3500美元的票据就是欠一个名叫莉娜·古根海姆(Lena Guggenheim)的人的。

有一段时间,马丁把家从斯普林菲尔德搬到了农庄中,以便两个留在家中的孩子参加劳动。这位父亲在周末乘坐火车外出,在《马什菲尔德纪事报》(*The Marshfield Chronicle*)的周五版上定期记录了他的往返。他也积极参与社区活动,参加移民协会,并且在马什菲尔德基督教堂的建筑委员会中服务,这一教堂坐落在市镇广场的西南角,于1882年9月举行落成典礼。由于担任了共济会的地区性高级职务,马丁成为马什菲尔德地区陶立克式的第300号分会会所的缔造者。

当约翰在某个暑假中从学院回家度假时,农庄中发生了一件命中注定的事。没有任何先兆,当他拴马时,他突然被缰绳缠住,无计可施的年轻人被拖曳着穿过原野和田畦。他被大车拉到马什菲尔德,进了威廉·H.詹姆斯(William H. James)医生的诊所,医生马上让他的女儿弗吉尼亚·李(Virginia Lee)去护理极度痛苦的病人。当弗吉尼亚走进房间时,她感到很恶心。约翰浸在血泊之中,他的扯破了的、满是泥泞的围腰上部沾满了血污。据她后来回忆,这次鲜血淋淋的初次会见使她决心"再也不想看到约翰·哈勃"。约翰对于这只勉为其难的佛罗伦萨夜莺的印象,可就大相径庭了:她最吸引人的特点是她令人陶醉的蓝眼睛,还有她卷曲的金发。在其后的几个月,爱情之花破绽盛开,展示了婚姻前景,但这是在高挑而端庄的"詹妮"(她比她热切的求婚者年轻4岁)在附近的女子学院中完成二年制的学业以后。

像哈勃家族一样,詹姆斯家族的老根是在旧时的南方,詹妮的父亲出生在田纳西州的布朗特县,他的祖父是个苏格兰—爱尔兰血统的弗吉尼亚奴隶主。詹妮的母亲露西·安·韦德(Lucy Ann Wade)是弗吉尼亚人,她的8代祖先是殖民主义者的偶像斯坦迪什(Miles Standish)。根据詹妮的哥哥杰斐逊·博雷加德(Jefferson Beauregard,这个南军士兵的名字很有意思*)的说法,他们的母亲是个专断固执的女子,她"不知道邦联战争已经一去不复还了"。

1844年,威廉·詹姆斯拜师于约翰逊县的医生赫夫(William Huff),从而精通了医道。3年之后,他在该县开业办诊所,然而,那不过是短暂的生活。1848年初在萨特磨坊发现了金矿,促使40 000多名企求好运者来到了加利福尼亚西部,威廉·詹姆斯也跻身其列。这位医生没有找到金子,却取得了其他矿产权,很快开采了一个石英矿,再加上他的专

---

*这是萨姆特堡战役中南军指挥官的名字。——译者

业实践和一些杂货生意,使他在富饶的纳帕山谷中过着十分舒适的生活。像许多投机商一样,詹姆斯最后陷入了投资过宽的窘境之中。他把大量资金借给了西班牙土地许可证的持有者,其结果只是看到小麦收成的下降。其后,石英矿也渐趋枯竭。为了挽回损失,他冒着引起难以预测的暴力行为的风险,避开治安法官,把妻子和4个年幼儿子迁往内华达州的弗吉尼亚城,这是喧闹而无法无天的矿业大本营,也是美国最大的银矿所在地——卡姆斯托克矿脉之"都"。正是在此地——戴维森山麓,露西生下了弗吉尼亚,是时1864年5月16日。

詹姆斯未能实现他的梦想,跻身豪富的银业大亨之列,他带着他的妻儿家属一行7人,于1869年又回到了密苏里。1877年他定居在马什菲尔德城,赢得了治疗可怕的伤寒病的专家的声誉。这位大夫也很快恢复了他的经商之道。詹姆斯父子药店在广场的西北角开业,除了成药和各种家制药片外,还经营香水、医疗器械、颜料、汽油、清漆、钟表、精美小物品以及窗用玻璃,生意很兴隆。如果在城镇最新的周报《马什菲尔德邮报》(*The Marshfield Mail*)上出现的商业广告不能说是写实的话,它们无疑是富有想象力的:

她过于懒惰

不想去浸泡草药,

因而她服用药片和泻药,

直到面色焦黄、肝气不和,

活像一个鸦片鬼。

尔后,她采纳了朋友的忠告,

开始服用派克茶。

现在,她已经康复,

成为一位神采奕奕的"漂亮姑娘"。

派克茶,请向詹姆斯父子求购。

Ⅳ

约翰没有取得法学学士学位便于1881年离开华盛顿大学以后,被芝加哥的老美保险公司聘为农庄损失的状况评估员。同时,他继续修读法律。1882年3月,在他22岁生日前1个月,约翰在韦伯斯特县巡回法院的法因(Robert W. Fyan)法官面前,通过了审查,当上了律师,从而至少部分地圆了他父亲的夙愿。关于他在斯普林菲尔德崭露头角的实践活动的记述,认为他是好样的,还认为他"是一块好料"。像所有家族那样,哈勃家族流传着他们自己所钟爱的传奇人物。据说,约翰后来被任命为密苏里州的保险业专员以及韦伯斯特县的检察官,然而都没有可靠记载加以证实。

约翰·鲍威尔·哈勃与弗吉尼亚·李·詹姆斯于1884年8月10日在马什菲尔德完婚。他们8个孩子中的长子于1886年10月降生,他是一个孤僻的、多愁善感的孩子,受洗时被取名为亨利·詹姆斯(Henry James);第二个孩子两年以后降生,她便是娴静而朴实的露西·李(Lucy Lee)。正如她母亲与婆婆那样,詹妮一旦停止哺乳、重新排卵以后,她便很快怀孕。这样,她接续生孩子的间隔是2至3年。

1889年11月,正当詹妮的第三个孩子临近分娩之时,约翰携带妻儿从斯普林菲尔德回到了马什菲尔德的岳父家中,这样,孩子就会在詹姆斯大夫的眼皮底下降生。有7间房间和2个大门廊的单层平房已经不复存在,但是那些记得此事的当地居民认为,于20日的子夜时分在煤油灯下降生的埃德温·鲍威尔(Edwin Powell)很可能是在唯一有壁炉的起居室中出世的。他的一个姐妹回忆说,他是一个"可爱的健壮婴儿",他的名字取自他祖母娘家的姓,而"詹姆斯"早已被第一个孩子亨利占用。"埃德温"是詹妮所起的名字,这是她19岁的弟弟的名字。根据年历,星期三出生的孩子,要在2天以后才能与他的父亲相会。又经过了2个星期的复原,詹妮才随同丈夫和孩子们回到斯普林菲尔德,赶上欢度圣诞和新年。

1890年6月,埃德温出世后6个月,约翰把妻儿迁往马什菲尔德。他家在梅普尔大街上的确切位置(当地报纸仅仅称之为"哈勃的房地产")已无从知晓,因为当大火将第一个县政府办公处夷为平地时,很多有关城镇的税收和房地产的记录已经被付之一炬。

约翰·哈勃的法律业务是否曾经接近他开始时的期望,这一点颇有疑问,因为他的律师生涯在开始后三四年就结束了。后来他把关闭律师事务所的原因归于视力不济,这也许是个可信的解释,因为在他后来拍摄的一张照片上,他戴了一副厚厚的金属框眼镜。然而,约翰从未放弃保险业务,这同样需要大量阅读和不停地填写报告,这点表明,也许法律不是他的强项。

在此后10年中,约翰在一些保险公司干得很成功,包括霍姆、汉堡—不来梅、阿特拉斯,最后是在纽约的格林威治。这位3个孩子的父亲行踪不定,爱好长途漫游。他经常一去就是个把月到6个星期,经常坐火车并光顾密苏里、堪萨斯、伊利诺伊和威斯康星州各地的小旅馆。这样,詹妮及其孩子们由于住在她父母附近而更加安全,并且得到更多的照料。马丁一家仍然隐居在城外的哈勃庄园中,不久以后他才回到斯普林菲尔德定居。孩子们逐渐长大,乏味的乡间生活消磨着社交活跃的玛丽·简。

我们不知道詹妮对于这种长期分离的感受。然而有两次,当埃德温还不到上学的年纪时,詹妮带着孩子与约翰相伴外出,而把家里的住房租了出去。威廉·马丁·哈勃(William Martin Hubble)就是在1892年1月出生于密苏里州堪萨斯城的利迪亚大街,他们一家在那儿住了两年之久。其后,1894年3月,他们从堪萨斯城迁居到圣路易斯,那时约翰换了雇主。弗吉尼亚（Virginia）——他们的第五个孩子并与母亲同名，便是11月在他们的新居出世的。

埃德温最早记忆中的一件事就是从这一时期开始的。他记得与他的双亲在大城市中散步，他感到十分疲惫，并咕哝道："我病了，我病了。"他被带到公园里的某一角落，并被单独留在那儿玩。一只大狗走近他，当他不小心撞到这一畜牲绊了一跤时，被狗咬了一下。他没有为自己感到悲伤，而是感到自己更对不起那条受惊的狗，因而小心地接近它，轻拍它，直到那只畜牲变得友好为止。

到了1895年10月，租客哈蒙（Ward Harmon）从梅普尔大街哈勃家的房子里搬了出来，詹妮与她的孩子们便回到了马什菲尔德。埃德温终于开始上学了。他在上1年级以前就开始学习读算，但他未被允许跟他哥哥和姐姐同班上学。由于早熟并烦人，他给他的启蒙老师带来"相当多的痛苦"。由于一次更为深重的危机，情况变得更加糟糕。家中的小女婴——14个月的弗吉尼亚，成为不受她哥哥欢迎的人，弗吉尼亚惯于蹒跚学步，不声不响地把比尔 * 和埃德温用积木精心搭起来的城堡和桥梁弄倒，对此，两个哥哥十分恼火。两个男孩一致认为惩治弗吉尼亚的唯一方法是踩她的手指，为此，他们很快也得到了报应。几天后，小女孩病倒了，得了一种不能确诊的儿童疾病，而且日趋衰弱，尽管她的外祖父詹姆斯作了最大努力，弗吉尼亚还是于1896年1月14日夭亡。埃德温情绪低沉，比尔也好不了多少。在他们心目中，弗吉尼亚是死于他们对她的惩处。他们的一个姐妹写道："埃德温变得心理不健康，要不是由于他的非常体谅人的、明智的双亲，他的这一妄想症可能已经成为家庭的另一悲剧了。"

约翰·哈勃是清教徒式的培育和严格教育的产物。道德高尚与雄心勃勃的一种严格的、顽强的混合体，使他成为一个指使人的工头，他

---

* "比尔"是"威廉"的昵称。——译者

说一不二地"当家作主"。他也对《圣经》深信不疑,并身体力行。约翰很少由他的双亲和岳父母陪伴去教堂,他觉得他们的信仰不足。年纪轻轻,他就被选中为一个施洗礼者,被加尔文教派的宗教改革形式吸引。以马丁为榜样,约翰不沾酒,而且几乎从未咒骂别人。禀承他父亲的唯一恶习是酷爱烟草。约翰既吸烟斗,又抽大雪茄,在孩子们的要求下,他熟练地吐出一个个圈圈,吹出成串的手镯状烟雾。

根据她的女儿们的描述,詹妮从各方面看都是一个可爱的女子。"我们不知道她是如何容忍爸爸的。"她的幽默感无疑帮助了她。约翰长得几乎比所有他遇到过的人都高,当他带他的一个女儿去种牛痘时,他们两人全都晕厥了。当她的丈夫对孩子们过于严厉时,她总会毫不犹豫地提起他遭到失败时的窘态。她同样也信教,是一个"《圣经》的好学生",她把自己的知识用来教导妇女主日学校。但是不像约翰,詹妮更加安详,信仰不形于色。在她的思想中,获得拯救的信念比遭受惩罚的恐惧占据更加主导的地位。孩子们只是听从他们父亲的话,詹妮才是那个他们总是乐意倾诉的对象。

约翰的高大身材,加之他的傲慢举止,通常足以使孩子们就范,从而免受戒尺之苦。据埃德温回忆,他很少被打屁股,并说他或许是应该挨打的。但是他的一个姐妹认为"埃德温感到父亲使他的生活很压抑"。一张家庭照片表明,埃德温是个眼神忧郁而笨拙的孩子,身材像他父亲,面相像他母亲。由于他长得太高,衣服太小,他的腕关节从蹩脚的衬衫和上衣的衣袖中裸露了出来。由于他在同龄孩子中长得最高,因而他总是认为自己比他的实际年龄要大些,这促使他在学校的高年级孩子中寻找伙伴。这样,在他父亲看来,他偶然的一举一动都好像蕴含着期待与畏怯。约翰,这位不在场的督察官,突然变成为严厉的查纪者,与詹妮的慈爱相颉颃。埃德温对他母亲的亲切被认为是一种天禀,是认识到他们两人都是不可控制的环境的受害者的结果。除了詹妮以外,埃德温还从他祖父那儿得到了大人的友谊。

V

在密苏里乡间,由于没有街灯照明,高空暗黑天幕上的无数星星显得苍白而寒冷。尤其是在冬天,很难想象它们是由于十分遥远而变得暗弱的巨大恒星。对于一个富有遐想的孩子来说,这些星星似乎是天空中的无数窟窿,是诸神(星座以它们命名)的伤口,也似乎是可以划破玻璃的钻石,甚至似乎是地外文明。罗曼蒂克的威廉·詹姆斯可能也经历过这种遐想,因为他年轻时为了淘金梦,曾经足迹踏遍加利福尼亚。由于这位宽厚的大夫,据说埃德温在他8岁生日那天,第一次通过望远镜遥望星空。他的祖父,主要采用从詹姆斯父子公司得到的材料,亲手制造了一架仪器。代替平常的聚会,埃德温要求允许他睡得晚一些,以便观察天空。这一愿望得到了满足,于是他与他的祖父度过了一段堪称美妙的时光。

当马丁·哈勃第二次回到马什菲尔德时,他极有可能应他孙子之邀,眺望空中的行星和恒星,两人谈了很多关于天文学的话题,共同迷恋于火星。大约就在此时,衣冠楚楚、满怀自信的天文学家珀西瓦尔·洛厄尔(Percival Lowell)被一种广为流传的旧观念打动了,意大利人斯基亚帕雷利(Giovanni Schiaparelli)指出,火星上布满着十字交叉的复杂网格,即所谓的"运河"。洛厄尔根据自己在亚利桑那州弗拉格斯塔夫城的火星山上所作的观察,得出结论:火星上的运河的确存在,这是为了把火星正在融化的极冠那儿的大量水输送给干焦的赤道城市中的居民——这是比我们人类更为古老、更为聪明的一族人种。出于家庭传统,埃德温给马丁写了一封详细介绍火星的书信,马丁对于这个小孩子能如此把握这一课题,印象颇深。他设法把这封书信刊登在斯普林菲尔德三家报纸中的一家上。

马丁擅讲故事,埃德温记得趴在他祖父膝盖上听到了关于美国历史和哈勃家族的很多引人入胜的故事。他梦想着去参观南部邦联的博物馆,那里陈列着为了使跛足的乔治·华盛顿·哈勃的伤口止血而沾满血斑的军旗。当乔治被射中腿部、落入敌人手中时,他只比埃德温稍大一些。年轻人被带去参观斯普林菲尔德东面的黑泽尔伍德公墓。那儿,以可怕而使人伤感的对称方式,排列着在战争中死亡的数百人的墓穴,以及生死分隔着的北方佬与南方佬的白石墓碑。

埃德温母亲有一位远亲,名叫约翰·"巴德"·詹姆斯(John "Bud" James),他与一位名声不好的人物杰西·詹姆斯(Jesse James)——南部邦联声名狼藉的密苏里游击队的首领昆特里尔(William Clarke Quantrill)上尉的老兵——之间的攀亲真是饶有趣味。杰西在他的兄弟弗兰克(Frank James)的陪同下,未经通报就来到位于密苏里州奈安瓜附近约翰的小屋中,希望证实他们之间是否有亲戚关系。兄弟俩自愿留下过夜,并且晚餐要吃火腿、软饼和廉价威士忌肉卤。约翰的妻子发了愁,面对熏制厂里的很多肉,她不知怎样做肉卤。弗兰克默默地拿过肉来,把乳油同火腿黄油搅混,做得很有味道。那天谈得很晚,最后得出结论,他们两家的祖父或许是堂表兄弟。此后,兄弟俩席地而眠,他们把枪放在够得着的地方。一夜平安无事,早上,杰西和弗兰克骑马出了大门,扬长而去,从而就成为家族的传说。

当升入4年级时,埃德温"稳定了下来",并且赢得了高分,这使他日后的学校生涯与众不同。过去那种不安定和烦躁情绪,由于进入了另一个世界而不复存在,这个世界是由儿童文学新辉煌时期的书籍而带到马什菲尔德的。埃德温所钟爱的书籍有幻想作品《艾丽斯漫游奇境记》(Alice in Wonderland)、《镜中世界》(Through the Looking Glass),金斯利(Charles Kingsley)的《水孩儿》(Water Babies)以及吉卜林(Rudyard Kipling)的《丛林故事》(Jungle Books)。按照凡尔纳(Jules Verne)的想象,埃德温在地球中心和海洋底部旅行,为了寻找所罗门国王的宝藏,与哈格德(H.Rider Haggard)一起在充满危险的非洲跋涉,伙同勇敢的哈克贝利·芬恩(Huckleberry Finn)坐着筏子沿密西西比河顺流而下。正如所有小孩那样,当那讨厌的呼唤干家务活的铃声敲响时,埃德温的心理反应就是希望能让汤姆·索耶(Tom Sawyer)说服汉尼贝尔天真无邪的孩子们,去把波莉(Polly)大婶的篱笆刷白,让他们相信这是一种格外的光荣,是件值得干的事情。* 柯南·道尔(Arthur Conan Doyle)当时正负盛名,某人给了埃德温一本《巴斯克维尔的猎犬》(The Hound of the Baskervilles)。想到这是关于一只狗的故事,晚上他独自一人在屋里开始阅读这本书。一下看不完,他就冲上楼梯跑进自己的卧室中,把书藏在铺盖下面。他也很认真地阅读《圣经》的詹姆斯王版本,这是在他双亲赞许的目光下进行的。

埃德温也经常外出活动。他到旷野中漫游,沿着小溪,穿越森林,观看禽鸟与走兽。他的父亲与祖父教他射击,但是通常是打靶,而不是射击活靶。事实上,马丁发布了一个正规的"公众告示",所有在哈勃农庄内狩猎的人,都被警告要依法起诉。埃德温按照老式方法学习游泳:大孩子们把他掷进小池塘中,一旦当他爬上岸,他们再把他掷下去,直到他能鼓起勇气朝前游到彼岸为止。他还搜集大量坚硬的箭头,这在青翠的田野中到处都有,最终他把它们送给了博物馆。

孩提时的伙伴萨姆·谢尔顿(Sam Shelton)回忆说,哈勃家坐落在一个大院中,树荫密布,离一所包含了各个年级的中学的红砖墙校舍大约隔了三排房子。萨姆经常顺道停留,带着埃德温一起去上早学。马什菲尔德的黑人孩子在马歇尔北街上的一所单独的学校中上学,离开非白种人的卫理公会教堂不太远。这些同龄的黑白种族孩子之间的唯一交

---

* 上面提到的人物和故事分别出自凡尔纳和马克·吐温的笔下。——译者

往就是星期天下午的玉米棒子大战,这是在城北一个大牲口棚中进行的。

埃德温是谢尔顿家的常客,他家对孩子们有特殊的吸引力。谢尔顿家坐落在5英亩(约2公顷)的一块地皮上,这在19世纪90年代相当于一个小农庄。这个八口之家培育了大片蔬菜地,养了一些奶牛和马,另外还有肉猪和蛋鸡。被萨姆描述为"陶醉于大自然"的埃德温,喜欢观看家畜,以及搜索野生动物的兽穴。一条小溪穿过家园,他们有时在那儿发现灵猫,他们试图诱捕灵猫,但未能得手。"其实,我们从未真的想捉住它们。"附近还有一个大水塘,马什菲尔德的孩子们在那儿学习滑冰。萨姆把埃德温列入较好的滑冰运动员之一,"几乎是个表演家"。遗憾的是,正当冰结得最厚的时候,发生了扫兴的事情。镇上的男人扛着大锯将水塘里的冰切成一大块一大块,把它们运到旧冰窖里堆放起来,每层冰之间夹上一层厚木屑。

萨姆回忆说,正当埃德温差不多10岁时,他的一个激动的朋友告知他一件即将发生的重大事件——一次月全食。这一事件预计发生在1899年6月23日的午夜之后,因而为了不错过机会,埃德温准备整夜在屋外守着。他得到了他双亲的许可,但要求萨姆陪着他。谢尔顿夫妇犹豫不决,他们觉得他们的孩子干这种野头野脑的事情还嫌太小,但是在孩子们的再三恳求下,他们还是退让了。萨姆回忆说,那是一个十分晴朗的夜晚:"我们在外面广阔的野地里待着,可以无遮掩地观察夜空。我们感到那是一种壮观的景象。"被食的月亮最后悬挂在西方,它变暗的表面在晨曦中慢慢消逝。许多年以后,当谢尔顿已成为《圣路易斯邮讯》(*St. Louis Post-Dispatch*)出版者的特别助理时,他追忆这次经历,并且怀疑是否就是它促使埃德温决心成为一位天文学家。

VI

随着时间的推移,小女孩弗吉尼亚去世的伤痛慢慢减轻,当1898年12月约翰与詹妮的第6个孩子海伦(Helen)降生以后,情况更是如此。这段时间,约翰跑得比以往更远,并且出外时间更长。他最新的雇主——纽约的格林威治公司,要这位保险评估员和土地管理员视察4个州:密苏里、堪萨斯、密歇根以及威斯康星。约翰还要在芝加哥公司的地方办事处耗费不少时间,而且还要偶尔去远在纽约的公司总部。

约翰仍然梦想着跻身地主豪绅之列。他被选为新成立的庄园主俱乐部的干事,同时,据说他还要监管位于镇南的他的农庄中一个新发酵厂的兴建,这是1898年8月。说来也奇怪,这一好的发展乃是他家遭遇厄运的结果——他的双亲在前几个月破了产。在19世纪80年代与90年代期间,大量财产转到了他们的名下,很显然,马丁与玛丽·简在马什菲尔德城内及周围进行了大量不动产投机。在这些事务中,约翰经常充作中间人,虽然无法搞清楚他自己究竟有多少财产(如果有的话)卷了进去。在此期间,他以自己的名义购置地产,过几个月再卖给他母亲或双亲。这些交易只能解释为老哈勃两口子已经回到了斯普林菲尔德,留下他们的儿子以他当地市场方面的知识和法律方面的素养,来更好地充当他们的代理人。

天有不测风云,詹妮已经到了不能再单独妥善照应5个孩子的时候,5个孩子中最大的亨利和露西已经进入了青春期。在约翰外出旅行期间,作为詹妮主要依靠的詹姆斯夫妇也老了。诊断表明詹妮的父亲眼瞎了,这使得生活更糟糕了。也不能排除这种可能性,詹妮曾为她的尴尬地位而颇感窘迫,当时只要没有战争或不在铁路上工作,丈夫在家被认为是理所当然的事。

根据报纸上的报道,约翰最后一次从芝加哥回来,是1899年10月8日。在他掉头北返之前,他只花了1天时间"处理商业事务"。3周后,詹妮把家中的最后一批东西运往伊利诺伊州的埃文斯顿城,之后她把孩子们送到她双亲家中,以便使新的租房人搬进房子。11月14日,星期二早晨,亲友们聚集在火车站,含泪送别。詹妮手抱尚在哺乳期中的海伦,威廉、埃德温、露西以及亨利尾随其后,大家一起登上了嘶叫着的火车。列车员给火车司机发出了信号,随着巨大的驱动轮开始转动而跟着车跑,然后突然抓住了车厢。同样突然地,马什菲尔德的生活成了一种记忆。

第二章

"可怕的瞬间"

I

埃文斯顿位于密歇根湖西南岸，是一个平静的居住区。哈勃一家在这一小城里的情况鲜为人知。表明他们在此居住过的事件，莫过于詹妮的父亲于1900年9月突然逝世。当时，詹姆斯老夫妇威廉与露西到他们女儿的新居长期探亲之后刚刚回到了马什菲尔德。根据报纸报道，这位73岁的老医生在这次旅行中收获颇丰。尽管眼力不济，他还是给马安上了马鞍，开始他习惯了的星期一早晨在密苏里乡间的兜圈子。下午回家以后，他开始呕吐，并且诉说胸部剧痛。一位内科医生同行被请来了，在他来到时就准备了一种芥末膏药。正当詹姆斯医生拉开自己的上衣，并且告诉他的同事如何涂上芥末膏药时，他气喘吁吁，突然死去了。3天以后，在他家里举行了葬礼。詹妮收到电报，及时赶上参加。马丁·哈勃站在她旁边，他从斯普林菲尔德赶来向他的老朋友告别。

1892年，一位芝加哥的房地产开发商格雷厄姆·伯纳姆（Graham Burnham）——此人是丹尼尔·H.伯纳姆（Daniel H. Burnham）的兄弟，当时正在主持1893年哥伦比亚世界博览会的大型建筑施工——出版了一本小册子《惠顿及其家庭》(*Wheaton and Its Homes*)。伯纳姆写道:"就居民的目标而言是把惠顿变成一个安全的地方,有利于教育与培养孩子。"在公立学校中树立一面永恒的旗帜,而不仅仅是一种装饰品。"这意味着惠顿人是爱国的,谁不尊重星条旗,谁就在我们中间无立足之地。"新来的美国人,信仰美国原则并且高度尊重道德准则者,将被真诚地接纳。"毫不夸张地说,惠顿人可以公正地宣称,他们的城市中的道德风尚在整个美国是名列前茅的。"约翰·哈勃是否读到了伯纳姆那本发行很广的小册子,这一点不能肯定,但是,这种"虔诚"的风格使得他对于位于芝加哥商业区西边24英里(约38.6千米)看起来富有吸引力的拥有2400名居民的社区产生了兴趣。

杜佩奇县是伊利诺伊州最富有的地方之一,作为县治的惠顿仅在最近几年才被列为一个市。这一城市以到处都有街灯而自豪,而且到了1900年,数百户人家中的大多数已经装上了"白炽灯"——新型电灯的本地称呼。由于有了新近完成的供水系统,水已进入了家家户户,贮水池和户外厕所已废弃不用。城里原先的泥土小路已经改为数英里长的人行大道,难看的栅栏已被拆掉,遍地种植的高大的树篱和坚木也被铲除,在10月的阳光里它们就像是天然的白炽灯。比之其他一些郊区城镇,如奥克帕克、里弗福里斯特以及埃尔姆赫斯特,这里的房地产买卖更为发达,一座小别墅开价500美元,一幢带大院子的二层小楼价值数千美元。每月付30到40美元房租便可为带一个住家女仆的大家庭提供舒适的住房。伯纳姆虽然喜欢夸张,但他有一点说得不太离谱,他指出,家庭收入每年有900至1000美元者,就能过上几乎和所有人相同的生活。友爱和睦当然是主题。社会与种族分歧——"城市中心的元凶祸根"——在惠顿城被视为异己,居民们自觉维护这一准则。就像古代雅典城的决策者那样,惠顿城的男性公民自豪地宣称,很难找到一个更加民主的社会了。

这个新兴的中产阶级生活方式的道德高尚可以由该城长期禁止小酒馆和白酒买卖来得到证实。禁令每年都通过投票进行确认。教士们不断地告诫着堕落的危险，他们来自城里的许多教会，包括卫理公会、第一浸礼会、圣公会、公理会、唯一神教和路德宗。惠顿学院的院长布兰查德（Blanchard）以关于节欲的生动演讲而享有盛名，有时讲演的内容会出现在《惠顿的伊利诺伊人》（*Wheaton Illinoian*）的首页上。

据称，比之新英格兰西部与惠顿规模相近的任何其他地方，这儿居民中教徒所占的比例要更大些。1901年夏天，哈勃一家迁入他们在富兰克林大街225号的新租住宅，并且参加了第一浸礼会的活动，于是教徒人数又增加了7人。

按照大多数的衡量标准，包括他自己的标准，马丁·哈勃的这个儿子已经发达了，或者即将发达。从他最新的照片上看，这位格林威治保险公司的西部总代表似乎是一个十足的成功商人。约翰41岁光景，头发有些秃，长着一簇浓胡子，戴着猫头鹰似的眼镜，紧蹙眉头，像一位严肃的教授那样正在洞察不祥的未来。他身穿一套新式套服，做工考究，闪亮的白衬衫的高耸领子上了浆，熨得笔挺。

从早晨6点开始，每天有32车次往返行驶在芝加哥西北铁路的双轨车道上，穿越平坦的田野和6个小镇，全程24英里（约38.6千米），平均需43分钟，把惠顿与芝加哥闹市区连接起来。当约翰不去检查他属下的600个代理机构的任何一个时，他经常待在芝加哥市区的办公桌旁。由于很多人知道他是保险业中的行家，使他成为"蓝鹅"——同行组成的一个内部圈子——的成员，他还奋力写出长论文和厚册子，涉及火灾保险的各个方面，以近乎福音传教士般的热情把道德约束注入了世俗课题："我们所能得到的文明的最佳定义乃是：一个文明人之作为会造福全人类，而一个野蛮人之作为则专为自己。文明乃是一个针对人类自私的巨大的共有保险公司。"他承认火灾保险公司不是一个慈善机构，"我们确实认为火灾保险业或许要比其他时髦的活动更属于文明的产物，不可能以这种方式从事火灾保险事业，即只得到利润，而不给整个国家带来好处"。

晚上，约翰回到惠顿，住在富兰克林大街上豪华的维多利亚式房子中，从市区车站舒适地走过6条街就到达家中。自从1874年第一次有人居住以来，这幢房子没有多大改变，仍然保持它原先的格调。前客厅、餐厅以及后客厅用了很多橡木、皮革和厚墙纸装饰，被几扇移门分隔开，以此控制热气流动，并且当父母亲待客时，可以防止孩子们偷听。二楼设置有8间窗户宽敞的卧室。华丽的条板装饰的走廊以及开了不少窗孔的屋顶间，下雨天充作玩耍场所；正式的地下室里，设有发出回荡声的贮水池以及一个大煤炉子，以供下雪天下午消闲。最有趣的是角塔状的二楼卧室，周围有3个一组的一圈窗户，顶上是一个外国洋葱状的拱顶。孩子们富有幻想，谁要是占据了中心窗格，那么谁就成为孩子所俯瞰到的东西——吉尼维尔（Guinevere）、朗斯洛特（Launcelot）、湖畔小姐、达塔尼昂（D'Artagnan）、伽利略（Galileo）等*——的主人。

II

1901年9月，亨利、露西和埃德温全都进了中心学校，由于在学校中有一座维多利亚时代的哥特式塔式建筑，它被当地人称作"古老的红城堡"。每天早晨，和蔼的看门人古斯（Gus）——他负责敲打学校的报时钟——从城堡的垒墙上目不转睛地注视着所有学生。如果古斯看到有一个学生稍迟了些，但他正在赶紧快跑，他就多敲些时间，直到这个气喘吁吁的孩子安全地跑进教室为止。但是，如果他看到有人游游荡荡，钟声会突然停止，而这名学生就会因迟到而被罚留校，就是因为这

---

*这些都是雕塑的名称。——译者

一原因,有时古斯早上来到学校时,发现塔绳已被割断了。

小学与初中学生在一楼,亨利与他的高中同学在二楼。虽然长得很高,清瘦的埃德温到11月20日才满12岁,他被编入里德尔(Minnie M. Riddell)的8年级,要比其他同龄学生赶前2到3年。当第一学期在10月结束时,他获得了最好的平均分数——90分,这使他在大约30人的班级中名列第6位。但这是在他开始学习拼写课之前,他一直没有精通拼写技巧,尽管他酷爱历史与文学。阅读课是他学得最好的课程,得分90分以上,其次是算术、美国历史、文法与写作。此年年终,他退居为全班第10名,平均85分,勉强列入上等水平。

关于埃德温情感方面的一个更加说明问题的信号就是他的操行成绩逐步下降,这提醒他的双亲注意他在马什菲尔德的早期学校生活中的感情波动。里德尔小姐给学生E(优秀)级分向来是很慷慨的,但在第一学期却给了埃德温G(良好)级,到了年中,下降到M(中等)级,其后,到了5月暑假来临时,一直降到了不可接受的P(劣等)级。他的一个住在离他家一街之隔的大街上的同学艾伯特·科尔文(Albert Colvin)回忆说,在小学里"埃德温"没有任何密友。显然,大家不大与这名新生打交道。"这大部分是由于他的过失,因为他从不表示出想要与我们中的哪一个特别友好的愿望。"他似乎天生傲慢,"他很自以为是,很难与他密切交往"。艾伯特同样回忆不起这个年轻人与他的兄弟姐妹之间的关系有多密切。

当约翰收到了他儿子的最新成绩单以后,毫无疑问与他进行了一些十分坦率的谈话。因为亨利虽要比埃德温大4岁,但是已经很明显,不能指望亨利光宗耀祖了。亨利曾被认为是个"完全无忧无虑的男孩",现在他的姐妹谨慎地把他归入"不切实际"的行列,他的兴趣"陷入稀奇古怪的事物"之中。虽然他的家人加以否定,但是后来有谣言流传,说他精神不稳定。现存的几张亨利的照片都显得神情忧郁,近乎柔弱,与父母都不相像。尽管相对说来他尚属年轻,但岁月对他说来是严酷的,似乎他已经自暴自弃了。

埃德温没有让约翰失望。在9年级制课程中,拼写课已被取消,这使新生们松了口气;这一课程对于掌握古典作品是很重要的,为此,埃德温的父亲在德鲁里学院中曾经下过苦功。除了少数例外,埃德温的必修课程的期考成绩都在90分以上,这些课程包括英语、公民学、生理学、生物学、代数学、修辞学、初级拉丁语以及辞辩学。次年,他学得一样好,在神话和专制政治方面得到了约翰的指点。埃德温操行成绩的变化甚至更为显著。8个E级与2个G级,同他在中心学校第一年的多次M级以及丢人的P级形成鲜明对比。更有甚者,埃德温得到了教师们的夸奖。哈丽雅特·格罗特(Harriet Grote)小姐是位教师,她快要与惠顿市长的儿子斯凯勒·科尔法克斯·雷伯(Schnyler Colfax Reber)成婚。她在她的学生身上看到了其他人没有的某种东西,她预言"埃德温·哈勃将会成为一代人中的最为出色的人物之一",因而后来在当地赢得了声誉。哈丽雅特的儿子格罗特·雷伯(Grote Reber)后来由于在他的故乡建造了世界上第一架射电望远镜而继承了其父母的声誉。

14岁那年,埃德温得了年轻时唯一的一场大病——阑尾炎。做了外科手术后,他卧床好几个星期,在此期间,他尽情地阅读了天文学书籍,并且号称长高了3英寸半(接近9厘米)。除此之外,关于他的天文学之梦,就知者甚少了。他写给他祖父老哈勃的关于行星和恒星的信件皆已遗失,而在中心学校的课程中,天文学的内容不甚深入。可能使他燃起对宇宙的兴趣的一个人,便是约翰·B. 罗素(John B. Russell)这位督学兼校长,他过去是惠顿学院的科学教授。罗素被教师与学生们誉为"人中之杰",他在讲课时经常超出学科范围,去迎合对课程有特殊兴趣的学生。另外,罗素与惠顿学院还保持着密切联系,那儿坐落着周围数英里内唯一的天文台。它的一架坚实的12英寸半(31.75厘米)反射望远镜位于一幢直径为16英尺(约4.88米)的圆锥形建筑物中,这幢房子被贴切地称作"柠檬"。惠顿人小赫尔曼·A.费希尔(Herman A. Fischer, Jr.)在芝加哥大学的叶凯士天文台当暑期计算助理,他回忆说,埃德温·哈勃是个灵活的孩子,喜欢蹦蹦跳跳,以跳高出名,然而他已回忆不起哈勃是否在当地的天文台附近闲荡。不过,费希尔经常不在惠顿的工作地,这就极有可能,埃德温在费希尔不知晓的情况下光顾过"柠檬"。

星期日早晨,埃德温要进行很多对空观察。彼时,满布常青藤的第一浸礼会教堂里传出唱诗声,人们正在做礼拜。这个教堂在城市的所有礼拜堂中位置最佳,而且,它还有最有教养的牧师——布赖恩特(Robert Bryant)牧师。约翰作为一个公民与宗教事务方面的积极分子,被选为教堂理事;在主日学校教课的詹妮,作为教堂的代表出席了全国浸礼教大会。他们两人都参与了拆除简陋的木造老教堂并在原地兴建新教堂的决策。1903年9月18日,老教堂被拆成了几截,新建筑打下了基础,接着在11月的第一个星期进行了奠基。到了4月,巨大的石塔在附近的建筑物与树丛中耸立起来。在此期间,教徒们则在卫理教徒们刚刚腾出来的建筑物中进行聚会,卫理教徒们有了一所他们自誉为精美的新教堂。除了庄重的礼仪性活动之外,有时也举行一些娱乐活动,这是承蒙森迪(William "Billy" Ashley Sunday)的好意,他一度是名职业棒球手,是名吸引人的福音传教士。这位芝加哥基督教青年会的雇员、新近任命的长老会牧师在惠顿(他姐姐的家在这儿)以及周围地区进行了很多布道活动。

虽则惠顿并没有像列车终点站那儿的城市生活的种种弊病,但是田园生活也不是尽善尽美的。格雷厄姆·伯纳姆在他流传甚广的小册子中,至少有一句话,约翰·哈勃是很希望删去的:"城镇集市的位置十分靠近市区,有一条供快速跑马的良好道路,这在夏秋两季的大好时节很有用处。"作为一个对马有偏爱的密苏里人,约翰对于赛马甚至与之相伴的赌马并无异议。然而,集贸市场的来往道路十分靠近哈勃家的住所,这就不好了。为了吸引从芝加哥来的常客,赛会鼓励他们避开惠顿市关于销售白酒的禁令,在火车上带上自己的酒。日暮时分,很多兴高采烈的游人醉醺醺地踏上归途。为了在赛马日保证孩子们的安全,约翰约束他们待在后院中。埃德温与比尔十分不高兴,他们渴望着与他们的小伙伴一起在那个"邪恶渊薮"中戏耍。按照海伦的说法,"爸爸相信,低级趣味正在让他们走上歧途"。

约翰领头带着一小伙大吵大嚷的改革者们发起进攻,要求关闭赛马业务。他们的家被一伙醉醺醺的骑马师围住,那些人大声唱歌,不时发出威胁。被一些俏皮的当地人称作"小约翰"的哈勃,像舍伍德森林中脾气粗暴但有同情心的巨人*那样,坚持自己的立场,等待着他们所威胁的攻击,然而并未发生事端。被自我正义感激怒了的约翰,由于谴责本地的杂货店老板私下卖酒给朋友,因而在本来就已神经敏感的商会中损害了自己的地位。当某一牧师发表同样意见时,他被某个人突然打断了,那人嘲讽说:"你同'神经兮兮'的哈勃一起顿足捶胸去吧。"恶名就此一直流传。

Ⅲ

哈勃家中多产蹒跚学步的婴孩。埃米莉·简(Emiley Jane)替代3岁的海伦成为家中年龄最小的婴儿,她于1902年6月在富兰克林大街的家中降生。"贾妮"**之后是伊丽莎白(Elizabeth),这是哈勃家7个小孩中的最后一个,"贝齐"***降生于1905年2月,在此以前,哈勃一家迁往

---

　*侠盗罗宾汉故事里的人物。——译者

　**"贾妮"是"简"的昵称。——译者

　***"贝齐"是"伊丽莎白"的昵称。——译者

联合大街301号，在那儿他们住了一年多一点。其后，全家迁入他们在惠顿的最后一处住所，海伦回忆说，那是"我们喜爱的房子"。

坐落在北大街606号的这所草木蔓生的二层隔板房子是由约翰·科尔文（John Colvin）于1887年兴建的，科尔文在车站对面与人合作开了一个干货店。1902年科尔文死后，财产转移给他的遗孀弗洛伦斯（Florence Colvin），最终会交给他们的独子艾伯特，他是埃德温的同学，一度是好朋友。哈勃一家租用了杂草丛生的一楼以及二楼的3间大卧室，这4间连在一起的房间构成单独的一套。地板、栏杆以及门框全部由光亮的硬木制成，起居室、客厅、餐厅的天花板，以及楼下的卧室都用模制的熟石膏镶框。除了厨房以外，宽大的凸窗从地板一直通到天花板，这就可以领略城区中最大的一片草地的风光，还有詹妮种植的由旱莲草、翠菊以及玫瑰所组成的艳丽花床。装有铰链的木式百叶窗以及厚窗帘构成了一道隔层，夏天可以遮阳，冬天可以御寒。起居室中的火炉只是在晚秋到早春的深更半夜启用。

约翰坚持晚饭在6点半开，所有孩子都要到齐。海伦回忆说，爸爸总是在晚饭铃敲响以后，稍等一两分钟，做饭前祈祷。"这样就容许稍稍迟到一会儿。但仅此而已。我们全都知道规定，我们很清楚，我们必须服从，否则就要受罚。"孩子们可以邀请小朋友进餐，只要事先告诉过妈妈。由坐在首席上的爸爸分菜，然后各人可以开始谈论白天发生的事情。进餐过程带有"市政厅"的气氛，由父母统管，不允许面露怒气。在一道道主菜上完、盘子吃干净以后，由总是坐在桌子末端的詹妮分发甜食。饭后就做作业，孩子们带着他们的书籍和书写板，在约翰警惕而赞许的目光下，安静地完成作业。

詹妮并非没有佣人，大部分家务由斯堪的纳维亚移民家庭里的女孩们承担。海伦回忆说，她们做得一手好菜，把家里整理得井井有条；但是，有了她们并不意味着哈勃家的孩子们就可以逃避自己的责任。

每个孩子都有自己的事情要做,包括整理床铺、挂好衣服,把自己的卧室收拾好。"这些房间是我们自己的领地,神圣不可侵犯。这不是我们双亲的决定,而是我们自己的决定。"虽则如此,沉着的詹妮有一次还是发了脾气。事情是这样的,像往常那样,当邀请客人来晚餐时,孩子们先在厨房里用餐。餐厅里的桌子摆设得漂漂亮亮,小杯子里放满了坚果。刚好在客人到来之前,詹妮十分惊恐地发现,杯子已经空空如也,而且已经来不及再装些坚果了。她被深深地激怒了,决定追究肇事者。"看到我们平静沉着的母亲如此状态,我们全都傻了眼。"结果表明,亨利和露西这两个大孩子是肇事者,两个孩子得到了他们没有料想到的严惩。

除了星期日早上必须要去教堂以外,周末洋溢着节日气氛。孩子们做着各种游戏,包括弗林奇*、跳棋、字谜,以及拼词比赛——这就是挨个儿加一个字母而不能去拼出一个给定的词。比赛激烈的时候,字典比《圣经》还要神圣。随着季节不同,大厅壁橱里放着棒球棍、球、网球拍、溜冰鞋以及槌球棍。孩子们以他们父亲为榜样,他那些精良的高尔夫球棒放在一大堆运动物品里面。在惠顿西南部的排他性的芝加哥高尔夫俱乐部已经吸收约翰为会员。第一个乡间的18洞高尔夫球场成了奥罗拉与埃尔金铁路的一个大站,该铁路运载着附近的芝加哥富人去他们位于梅里尔路和霍索恩巷附近的夏日别墅。约翰经常与比尔一样带着镌刻名字的奖杯与绶带回家,比尔对于比赛表现出一种天赋的潜质,如若不是由于宗教原因禁止在星期天活动的话,他会玩得更好。埃德温也能得到高分,但是他不那么热衷于比赛。他对于当球童挣钱更有兴趣。在孩子们中间流传着一个笑话,说他们的父亲把家从埃文斯顿搬到惠顿,是因为那儿有更好的高尔夫球场。

---

* 一种纸牌游戏,玩牌者按规定次序在台桌上叠牌。——译者

随着孩子们不断长大,社交生活日益扩展。夏天有骑马,冬天有雪橇,还有各种类型的聚会、舞会、奉承拍马的交际集会、咬苹果游戏等。孩子们经常同朋友们一起逛商业区,浏览沿前大街排列的普通商店,几十家店中出售各种各样的食物、衣服、玩具以及家用杂物。他们的许多零用钱花费在投币唱机上,还有周末在杂货店后面的临时电影院中。邮政局长的儿子"爆米花布朗"在前大街上开了一个商店,分发涂好黄油的食品,5分钱一口袋。已满16岁的露西,长得金发碧眼,喜欢音乐,已能陪伴她的母亲参加基督教妇女禁酒联合会的聚会。亨利、埃德温和比尔则参加由消防署组织的舞台表演,直到1917年,他们的装备仍然由马队拉着。男孩子们还参加惠顿学院举办的晚间讲座,偶尔还参加科学演示活动。投影放大仪——著名的幻灯机——流行一时,经常被巡回演讲者用来增添戏剧效果。通过富有想象力的方法演出令人轰动的广告:例如来自安德森维尔监狱的一名逃犯,在中学礼堂进行的一次演讲(票价为成人25美分、儿童10美分)期间,讲述他如何挖洞潜逃。

时隔数十年,惠顿的生活仍像田园诗一般,那时生活在那儿的孩子们的孩提时期是令人陶醉的。洛拉·福克斯(Lora Fox)是比尔的一个同学,也是他姐姐的朋友,她认为19世纪与20世纪之交时的惠顿,是一个清净的好城镇,"实际上没有一个坏孩子"。使得人人卷入的最麻烦的事情就是学校中的铃绳被人割断。根据海伦的回忆,那简直是一个生活十分从容的年代——"那时,即使发生了点什么小事,也会使生活变得愉快起来"。

Ⅳ

当埃德温读到中学三年级时,身高达到了顶点。他的兄弟姐妹津津乐道,他已有6英尺3英寸(约1.9米),长得与他父亲一般高了。事实上,他比父亲矮1英寸(约2.5厘米),然而,要比同班的其他同学高过一头,唯一的例外是名叫亚历山大(Jack Alexander)的友好的巨人,他身高6英尺4英寸(约1.93米)。埃德温拥有宽肩窄臀,比例几乎匀称,呈现出运动员的优美身姿,虽则不久以后,这个颇为瘦长的年轻人达到了他重达185磅(约84千克)的成熟体态。他棕色略带波浪形的头发,闪耀出金棕色的光泽,这来自詹妮的血统;头发从左边分开,这正好是他为照相准备的,他摆出一副自信的架势,看来是面对镜子练习过的。他那长相很好的耳朵紧贴在宽大丰满的头侧,鼻子高耸而挺直。一对清澈的深褐色眼睛,从低矮的眉毛和深陷的眼窝中向外凝视;富有雕塑感的下巴略微内陷,牙齿硬直。帅气十足的埃德温日益有个性,性格与岁月使他贵族气的面部轮廓越发成熟。

当海伦把她的哥哥描述为"一个十足的男孩子"时,这很符合埃德温自己的年龄段,关于那段时期,存在着很多不同的回忆。洛拉·福克斯曾经有好几年与哈勃家对街而居,她回忆说,比尔要比他哥哥更加善于结交与喜欢外出。艾伯特·科尔文更了解埃德温,他感到他的朋友自从小学以后变化甚少,他仍然显得无所不知。"他似乎总是在物色一位听众,以便向他讲述某一理论或其他事情。"在由孪生姐妹凯瑟琳·弗伦奇(Catherine French)与格蕾琴·弗伦奇(Gretchen French)举办的一次年级聚会上,埃德温决定显示一下他自己的杂技技巧。他抓起一把昂贵的餐厅椅子,把它放在自己的下巴上,向后倾身。突然,椅子滑了下来,砸在地板上,摔断了一条腿,令在场的人十分懊恼。这种招人注意的笨拙尝试不能解释为企求亲昵的行为,因为埃德温仍然像以前一样不合群。感到迷惑不解的艾伯特的看法是:"他所寻找的挑战超乎我们所能提供的。他的目标很高……他认为我们会拖他后腿。"更甚于此,艾伯特认为他是位梦想家,正像凡尔纳那样,他凡事都有计划。哈勃一家完全赞同这种评价。

海伦特别提到,埃德温早在进入大学之前,就对当时刚刚设立的罗德奖学金感兴趣。他可能是从当地报纸的一系列大广告中获知此事的,这些广告是由惠顿学院的院长布兰查德刊登的,该校正好赶上了一次财政危机。广告的中心意思是一所学院比一所大规模的大学具有更好的设备,以利于学生们今后的生活。实际上,惠顿学院没有出过罗德奖学金获得者,而其他三所伊利诺伊的学院却有,这说明此等幸运是相当有限的。

埃德温继续攻读他在新生时所选择的经典课程,重点是在拉丁语和德语。当他处于中学三年级中期时,埃德温已满15岁,他的成绩单记载着期末成绩全是90多分。拼写课在过去是埃德温致命的弱项,但他最后得到了100、99以及97的高分,这足以说明他的勤学精神。其他11门课,他几乎都很好,其中除了语文课以外,还包括历史、化学、英语以及地理。令人注意的是他的成绩单中没有记载有高等数学这一课程,这位未来的科学家中学毕业时,除了必修的代数与几何以外,没有再学什么。

他又一次感到需要检点自己的品行。与他的优秀学业成绩恰成对照,他的品行分数仅为80分左右的低分,比他的多数同学低了10个百分点。致毕业告别辞的年级代表名叫斯塔克(Olive Stark),在毕业照中站在后排的埃德温与亚历山大之间,他在过了65年之后对于这一谜团做了某些澄清。斯塔克回忆说,埃德温对教师所言从来不盲目接受,因而这些教师对于这样一个自作聪明的学生的提问,显然是不会高兴的。

埃德温在课堂上易动情感的稚气,由于他在体操以及运动场上的勇猛而得到了补偿,他在这方面的杰出成绩使他成了一个名人,其地位仅亚于惠顿城的不朽人物——"飞驰的精灵"格兰奇(Red Grange)。中心学校的第一支男子篮球队建于1904—1905年期间,此时埃德温正读三年级。要想安排赛程是很困难的,因为地方学校中很少有球队能与之对抗,然而中心学校的年报报道说,在一系列胜利的记录中,还是出现了少量失败。当平克尼(Howard Pinckney)教练的7人球队在11月准备上场时,人们的企盼甚高。开始时先发队员有6人,后来比赛规则更改为出场队员为5人。伦纳德(Will Leonard)、拉蒙·史密斯(Larmon Smith)以及布鲁克斯(Harry Brooks)出任前锋,哈勃为中锋,而马特(Rey Matter)以及劳伦斯·费希尔(Lawrence Fischer)打后卫,吉尔德(Ernest Guild)是仅有的替补队员。随着球队屡屡获胜,公众的兴趣迅速递增。球赛的主场惠顿学院体育馆经常座无虚席,并且,许多球员上路时,有他们的家人作伴,经常搭乘火车作相当长的夜间旅行。经过了全胜的赛季后,在州级决赛中,黄蓝色的惠顿队将迎战渥太华中学6人队。在一场被证明为一边倒的乏味比赛中,惠顿队以46比10击败了被他们压倒的对手。在报纸上,埃德温活像一个本土英雄那样独领风骚,他5次投篮中的,得分最高。报纸还报道了球队在高年级女生米尔斯(Rose Mills)家中得到盛情款待的情景。"女孩子们为男孩们感到如此骄傲,这一款待真是出于她们的由衷之情。"

惠顿的橄榄球历史要比篮球短。根据艾伯特·科尔文的说法,男孩们有时在放学后或星期六聚在一起,在一块空地上乱抢一气而已。有一天,孩子们意识到遇到了一位不寻常的观众——一个名叫纽伯恩(William Henry Newburn)的黑人,他年方18岁,刚刚从芝加哥大学的摩根·帕克学院退学回来,他在校时是个奖学金获得者。纽伯恩对于某些未经训练的孩子所表现出的才干印象颇深,于是提议成立一支球队,整队训练并安排比赛。孩子们接受了这一建议,并且大家自愿为每场比赛每人下赌1美元作为报偿,其总和为数不算少。他们还同意为他们自己购置了套服,其中包括垫衬的球衣、护膝、黑袜子,还有皮靴和头盔。15人的球队,还有小学的吉祥人韦尔登(Dink Weldon)相伴,于1905年10月与经验丰富的埃尔金学院队对阵(这很可能是他们的首次比赛)。在对手的主场,他们以6比5失利,但是地方报纸赞扬这次比赛取得了道义上的胜利。喜爱体育交往的埃德温担任阻挡角色,这样,他更加撑得住。不过像他的许多队友的父母一样,詹妮和约翰害怕儿子会严重受伤,差点禁止他参加比赛。到了赛季末,终于取得了回报,球队成员获得了由惠顿中学授予的第一个学校标志,自豪的纽伯恩教练也目睹了这一场面。

在保存下来的关于这一时期的少量材料中,有一本由小片纸页装订成的笔记本,记录着埃德温中学四年级那年运动队的活动情况。这位选举出来的队长,是位勇猛无畏的久经沙场的人物,他所创造的战绩就像是古希腊人所崇拜的传奇事迹。在即将到来的运动会的选拔赛中,他发挥得很好,属于那种特殊运动员之列,他的表现在预选赛过程中超出了大家的预期。在与埃尔金中学的对决中,他独占鳌头,赢得了撑杆跳、铅球、立定跳高、跳高、铁饼以及链球等项目,随后又在获胜的一英里接力赛跑中跑第二棒。只是在跳远赛中,他显得有点畏缩,以18英尺4英寸(约5.6米)的成绩名列第三。虽则这个年轻人以后再也没有这样辉煌的一天的经历了,但在赛季中后来的一系列赛事中都发挥上佳,在跳高、撑杆跳、链球以及铁饼等项目,他的名字载入了校记录册之中。在1906年5月6日举行的西北大学院际运动会上,他表现出了非凡的弹跳力,跳过了5英尺8又1/2英寸(约1.73米)的高杆。这一成绩不仅足以赢得胜利,报纸还呼吁他去创造运动项目的州级新纪录。

V

暑假找工作不容易,然而运动队的队员得到了优待。埃德温得尽量在拂晓以前离开温暖的床,然后骑上他的自行车赶到火车站,提取从芝加哥送来的晨报,分发给仍然沉睡着的城镇居民。最吃香的工作是坐在马拉的冰车上。埃德温与比尔都加入了这伙人,他们沿街缓行,从窗户里查看"冰卡"。他们用长镐按预定数量凿下冰块,尔后用一套笨重的金属夹子,把这些冰块举起放到垫有厚垫的人肩上,再扛进去,储放在冰箱的上部。除了锻炼肌肉以外,主要会从女仆或有溺爱心的主妇那里获得一些附加的好处,她们会给这些熟悉的年轻人一些刚烤好的面包卷、馅饼以及家常小甜饼,有时难得分发给人群中的一无所有者,偶尔还会招致敌意。当地路人把他们这种工作称之为"水童",并不令人羡慕。受到炎炎烈日的制约,这帮兄弟们没有新鲜的冰块去满足妇人们对于往更多水桶中加冰的要求。

在埃德温中学三、四年级之间的暑假中,他获准参加了威斯康星北部的一支勘测队,这一工作是由他父亲安排的,因为他父亲与首席勘测员相处甚善。根据海伦回忆,埃德温的这次经历乃是她哥哥早年生活的高光时刻。当他回来时,他已不再是原来的模样,"他成为一个凭自己本领生活的男子汉"。

这次暑假收入的一部分被存了起来,剩余部分花费在"虚饰"上,诸如购置衣物,这类衣物并不符合约翰所谓的"常识需要"。在城市商业区的冰柜前,女孩子们有时还会享用到冰淇淋,然而,除了偶然的调情以外,埃德温对于异性的罗曼蒂克兴趣十分淡薄。当他从篮球场陪伴洛拉·福克斯的姐姐梅米(Mayme)步行回家时,没有一个人把这当回事儿,他们自己也是如此。不安于现状的埃德温必定找到了一个视角良好的位置,在好几小时中凝视威斯康星的森林营火会。现时,他已经在估量着更为广阔的世界的诱惑,惠顿的狭隘世界已不再具有吸引力,尤其是对于一个梦想着驾驭星星的年轻人更是如此。

所能搜集到的埃德温中学四年级期间的成绩单,仍然像以往那样优秀。他的8门功课全都获得A等,总平均为94.5分。从秋季学期开始,他的应用课得分85,操行科目得了更低的80分,他努力使这些分数达到了90多分,次年他还保持了这一成绩。

毕业典礼定于1906年6月14日的星期四晚上在加里纪念教堂中举行。即便是惠顿历史上最大的班级里的27名毕业生的家长,也要经受一次冗长繁琐的典礼。除了惠顿中学女子三重奏的反复吟唱以及毕业典礼演说之外,毕业班的每一个学生都要发表一篇例行的演讲,题材范围从"加拿大的附属地"到"不舒适的好处",这些真是使难以听懂的听众啼笑皆非。感到害怕的艾伯特·科尔文在等待轮到自己时,整个晚上在重复默念着"爱尔兰土地问题"的是非曲直。他记得他是如此心烦意乱,竟然将埃德温口述的高年级历史错过了一大部分,但是,艾伯特确信他的挚友做得很好。"或许他感觉很好。"到了子夜,席间发生了一阵骚动,这时督学罗素从他的席位上站起,宣布了全年级的荣誉:"埃德温·哈勃,我已经观察你整整4年,你从来没有安静沉思过10分钟。"大吃一惊的听众,其中包括他垂头丧气的父母,变得鸦雀无声,而感到屈辱的埃德温多年以后仍然记得这一时刻是"可怕的瞬间"。然而,罗素只是为了加强效果而暂停了片刻,这个杰出而任性的小伙子过去整整4年的考验,终于得到了最后补偿。督学那恶作剧的脸上慢慢地透出了笑容,他继续说:"这是芝加哥大学给你的奖学金。"

◈ 第三章

"一件如此古怪的事"

I

1893年5月1日正午过8分,粗重圆胖的格罗弗·克利夫兰(Grover Cleveland)*面对聚集在大雾弥漫的密歇根湖畔的大约200 000名冷漠的观众作了一个简短的致辞。同时,他丰满的食指立即按动了一个大象牙按钮,驱使一组机械芭蕾装置开始启动,虽则其中的大部分已从上午10时左右预先启动了。美国星条旗在总统头顶300英尺(约100米)处霍然张开,1秒钟后,为了尊敬的哥伦布(Christopher Columbus)以及收容他的国家西班牙的旗帜也招展开来。另外,大约700面各式各样的彩旗在覆盖新古典主义的白色城市的600英亩(约242公顷)土地上空灿烂夺目地飘扬着;喷泉高高地飞溅开来,到处响起开启洋伞的啪啪声;巨大的阿利斯发电机——它是机械艺术宫的偶像——劈啪作响,开始启动,此时,巨大的帷幕从共和女神雕像上滑落下来,她镀金的手臂伸向现今神话式的西部疆域。哥伦比亚世界博览会(现今通称为芝加哥世界博览会)正式开幕了;在它预定的11月的闭幕日以前,大约有

---

*格罗弗·克利夫兰,美国第二十二任(1885—1889)和第二十四任(1893—1897)总统。——译者

2700万参观者前来瞻望未来世界,这次盛会是如此迷人,以至于通常四平八稳的历史学家亨利·亚当斯(Henry Adams)也认为宇宙本身为之震撼了。

在摩天大楼的初始时期,俯瞰芝加哥的最佳地点之一便是博览会中的巨型阜氏转轮。坐在转轮上往北鸟瞰,4座石灰石大型建筑物在摇晃状态下饰以某些东西,好像是一些活的怪物。但这不是海市蜃楼。这些看起来像是中古时期堡垒的建筑便是新芝加哥大学的坐落地,富于幻想的校长哈珀(William Rainey Harper),一个在体形、面相以及性格上都与西奥多·罗斯福(Theodore Roosevelt)*部分相似的人,正计划"营造城市的灰色区"。

13年后,即1906年10月1日,刚被录取的埃德温·哈勃与他的芝加哥大学新同学们肩并肩地站在哈钦森公地的大型集会厅(这是被称为"塔群"的4座新哥特式建筑物之一)之中,由校长、教师以及理事会成员带领,整个仪式内容有唱赞美诗、祈祷以及朗诵。正如几乎所有的大学那样,开学典礼举行得很有排场,议程的结尾是歌唱《荣耀颂》,完全不顾听众中的少量犹太人以及其他非基督教徒们。

对于一个目光早已盯住英国以及罗德奖学金的年轻人说来,这儿的环境是最合适不过了。芝加哥城建委员会已经选定哥特式作为代表风格来扩建这所大学,它是1890年由洛克菲勒(John D. Rockefeller)的数百万美元、千百个浸礼会捐款人以及哈珀的坚韧不拔精神所共同铸就的。哥特式拱起的塔尖以及垂直线被视为壮丽而雄伟的象征,直冲云霄,体现了哈珀的信念:"大学,是极其神秘、神圣而重要的传统的民主教堂的守护者。"高耸的米切尔塔楼——大学校园的新轴线,乃是牛津大学著名的马格达伦塔楼的直接仿制品。另外,建筑师库利奇(Charles A. Coolidge)为了设计大餐厅,还长途跋涉奔赴牛津,他在基督

---

* 西奥多·罗斯福,美国第二十六任(1901—1909)总统。——译者

教堂找到了设计原型。牛津和剑桥的建筑已历时500年之久,人们相信芝加哥的建筑也会很好地保存下去。

经过多方面的评估,芝加哥大学自从1892年10月第一届新生入学以来,乃是新英格兰西部沿海高等教育的最好机构。初期教职员名册中包括8位学院院长以及一位未来的诺贝尔奖金获得者迈克耳孙(Albert Michelson),他是物理系主任。教师中还有内夫(John Nef),原来克拉克大学的著名化学教授;穆尔(Eliakim Hastings Moore),他是从西北大学作为教授与数学系主任下来的;还有赫希(Rabbi Emil Hirsch),他是第一位在一所基督大学中执教的犹太学者。哲学家兼教育家杜威(John Dewey)两年后才跻身教列,他如同许多同事一样,是被哈珀创导的政策——升迁和工资直接与研究成果和出版的论著相挂钩——所吸引过来的。乐观的社会学系主任斯莫尔(Albion Small)瞻望未来,他相信芝加哥大学是唯一合格的大学,去实现他自己认为是他职业领域的主要目标:"创立一种所有科学的新研究法,为了解生命作出贡献。"按照喜欢沉思的校长哈钦斯(Robert Maynard Hutchins)在他1929年的就职演说中的说法:"即使第一次教师大会是在帐篷中举行,这仍然将成为一所优秀的大学。"

II

作为一个有教养的商人以及家乡俱乐部的积极成员,约翰·哈勃知道大学教育的智能价值以及发展社会联系的实际好处。因而他决定让埃德温住在校园中,而不是每天往来于惠顿。此时,哈珀校长还无意设立大学生联谊会以及大学女生联谊会,因为他认为这些组织是反理智的。然而,他的关于在大学中禁止设立这类组织的提议,在第一次教职员大会上却被全场否决了。将成立的大学生联谊会下属的一个芝加哥分会是卡帕·西格马*,在1904年该组织已经获得了国家许可。这一社会组织很快得到体育明星以及其他年轻人的青睐,在校园中具有很好的形象。埃德温在橄榄球、田径以及篮球方面的成绩已很出名,他同惠顿老乡、体育巨人亚历山大一起,参加了卡帕·西格马的秋季宣誓仪式。在获得一幢会所的房子之前,他和兄弟们一起搬进了希契科克大楼,而他们两在第一学年中住在一起。

按照牛津的蓝图所建造的希契科克被直言不讳地宣称为"在所有美国大学的宿舍区中……最具特色和独一无二,给'城市灰色区'声名远扬的雉堞墙塔楼增添了许多光彩"。没有那种常见的式样单调的一排排单间房,取而代之的是5个分隔开的单元,每一个都有它自己的楼梯与入口,然而,相邻单元之间有一条精致地贴上砖瓦的长廊连接着。5个单元都有它单独的租赁人,并有自己选举的主管人员,但是都要致力于促进被称为"家庭气氛"以及"学生宿舍成员之间的强烈的、有男子气概的伙伴关系"。早上9点以前,寄宿生在小间餐厅里共进早餐,通常有葡萄柚、面粉奶油饼以及热巧克力茶,他们的中、晚餐是在哈钦森公地的大食堂中进行,大厅里挂着爱挑剔的却被视而不见的洛克菲勒、哈珀校长以及一些芝加哥最有影响的理事的肖像。想吃快餐和谈话时,可以到57街和埃利斯大街交界处的"棚屋",它由木板和板条构成,是哥伦比亚世界博览会留下的遗迹,由慈母般的英厄姆(Ingham)太太经营。希契科克设备完善的图书馆兼作两用,也供作大学贵宾的聚会厅和接待室,这些贵宾讲学的课题从革命、纯文学到航空学与校际运动。走廊尽头是俱乐部,经常被深夜钢琴演奏以及流行的"拉格调"的声学演唱所震动。或许在这宿舍中穹形的小牌屋中,埃德温耍弄过手法,有时会迷惑他的姐妹及朋友们。

---

　　*美国的大学生联谊会多以希腊字母命名,此处的名称分别是希腊字母K和Σ的译音。——译者

社交生活形成了派别与社团。埃德温所联系的一些男女青年差不多属于中上阶层,因而有时间与财力去从事一些无聊活动。而工人阶级的学生与长期月票使用者——其数目是学生数5000人的一半以上——则集中精力求学,而平均说来成绩都较高,虽则占据了斯内尔大厅的60个"庶民",由于表现出的精神特征类似许多猴子和一只气球混在一起,从而受到了大学年鉴《方帽长袍》(*Cap and Gown*)的嘲讽。这种派别分野由于同这样的管理方式(它对于"幼稚习惯"极少有耐心)的不断冲突而加深了。恶作剧、比武以及类似的训练不受鼓励,但是对于学生奋力创造一种传统而言,唯一的模式便是东海岸的男生学校中大吵大嚷的喧戏活动。埃德温刚满17岁,他对大学生联谊会更为文明的要求感到厌恶,而参加了学校的跳舞活动。他很快知道:当一个毛头小伙子带着内疚心情离开了那些没有舞伴的女孩时,那些受人欢迎的女孩子能够留神照顾好自己。他通常带着绅士风度,虽则事后又感到懊悔。"她们跳得都很差劲,在她们的腰带上好像缠了个锅。"他悲叹道。

同样丢脸的事是"绿色标记"这种幼稚的习俗,这是同窗伙伴、游手好闲的"温"·亨利(Winston "Win" Henry)策划炮制出来的。尽管遭到很多人反对,但是每一个新生必须做一顶鲜明的绿色小帽,以此作为提升班级精神的手段。在每年秋季的学生议事会上都要为此事争议一番,但结果总是一样。那些高年级生已经有了同样窘迫的经历,因而出于报复心理,他们总是一窝蜂地压服那些反对者。

埃德温记得,他在大学期间承受了巨大的经济压力。他已经得到了入学奖学金,这在全国高中生中仅占几十分之一,可能由于弄错了,把奖学金给了第二个学生,留给他的只剩下他曾指望的数目的一半。不过另外有信件证明他的意外收获,包括好意的担保人为他支付一年级的所有3个学期的全部学费。然而剩下的费用,包括膳宿、书籍、洗衣、入学注册费,总共大约要280美元。

尽管约翰是位严父，但他并不是一个吝啬鬼。他的孩子们衣着甚好；他所租用的大居室装潢典雅；还有钱供晚宴、音乐课程以及购置书籍之用。他已经把他的儿子送进大学，不大可能任其自谋生路，因为如若冒险失败，后果不堪设想。埃德温说他在大学期间按他自己的方式工作，辅导学生，并且坚持暑假打工，但他参加各种体育运动以及其他课外活动的记述，让人们对于他上述个人经历的说法产生了怀疑。他参加了工作，并且不如他的某些朋友那么富裕，这可能是真实的，不过他还早早地养成了这样的习惯，对他的所作所为竭力称赞。

贝齐回忆说，他的哥哥"在脑子里只有一个想法，他不会让它受到其他任何人的打搅"。埃德温决心要当一个天文学家。然而海伦坚持说："如果他坚持要做一件如此古怪的事，那么爸爸是不会让他完成学业的。"埃德温意识到他父亲对于此事的决心，决定采取等待的方式。当他在准备进入法学院的必备课程的同时，他还攻读科学与技术课程，它们是进一步学习天文学所必需的。其后，他承认他尽可能争取时间，以冀有朝一日出现某种契机，使他父亲会改变态度。

他的第一学年的课程包括代数、解析几何、三角学、两学期的无机化学、测量术、英语、体育以及描述天文学。有一名与他相处甚好的运动员评论说："埃德温的数学非常棒，干起活来轻松而迅捷。"然而，这一评论是在哈勃作为一个天文学家成名之后，这样，人之伟大好像自幼便可知之。埃德温本人经常意识到自己作为一个数学家的局限性，后来他感到懊悔，没能在每学期中多修一些数学课程。

在校教师之中，留给他印象最深的，实际上也是他曾经言之于情的唯一一位教师，就是福里斯特·雷·莫尔顿（Forest Ray Moulton），他是天文学副教授。他是8个孩子中的长子，他极为罗曼蒂克的母亲把莫尔顿命名为福里斯特·雷，她以为她儿子是一束"美好的光线，在浓密的森林中欢乐愉快"。1899年他以最优异的成绩获得芝加哥大学的天文学博士学位,这是他以合聘助理教授以及研究生的身份加入该校的3年之后。在他攻读博士学位时,他受聘于满头银发的地质学系主任托马斯·克劳德·张伯伦(Thomas Chronder Chamberlin),参加了关于地球起源的研究工作。

19世纪初叶,法国天文学家拉普拉斯(Pierre Simon Laplace)提出假设,行星是由旋转着的太阳所抛出的一团巨大的炽热气体形成的。这些气体中的一部分液化为一个熔融的球体,以后便慢慢冷却下来。原始太阳的直径为55亿英里(约88.5亿千米),当它抛射出形成地球及其姐妹行星的物质以后,它发生收缩,现有直径为865 000英里(约1.4×10^6千米),自转速度为每秒270英里(约434千米)。为了验证这一理论,莫尔顿设想所有行星再被太阳吸收。他的计算表明,虽则太阳很大,它还没有足够的动量抛射出拉普拉斯假定的巨大物质环。基于对1900年5月发生的日食照片的透彻研究,莫尔顿与张伯伦提出了他们的星子假说,发表于1904年。按照这一理论,太阳与其他恒星抛出的气体形成了很多小块物质,以后它们在旋涡星云的动力学区域或称"结点"处集聚并熔合在一起。虽则莫尔顿—张伯伦假说没有站住脚跟,然而它为现代理论提供了基础,而且当热诚的埃德温刚开始聆听莫尔顿讲授的课程时,这一假说正是流行之时。这位教授的大学教科书《天体力学导论》(*An Introduction to Celestial Mechanics*,1902),这些年来已经大为过时了,但是在哈勃的书架上总是被放在珍惜的位置上。同埃德温有关的,还有莫尔顿教授所做的那些旨在调和天文学与宗教的公开演讲,它们也缺乏说服力。

III

1906年秋天的一个下午,埃德温听到有客叩门,发觉自己正站在一位活跃的传奇人物面前。斯塔格(Amos Alonzo Stagg)虽然只有44岁,体重仅有150磅(约68千克),深色波浪形的头发中没有一丝灰白,却在芝加哥大学校园中被起了个绰号"老大叔"。他在哈珀的盛情邀请下于1892年来到芝加哥大学任体育教研室主任,哈珀一度是他在耶鲁神学院的闪米特语教授。哈珀虽则不喜欢大学生联谊会,但是钟情于校际体育运动。当斯塔格(既是大学生又是神学院学生)为耶鲁神学院赢得了连续5次棒球冠军时,他在场外担惊受怕地观看着,斯塔格还在橄榄球场上表现卓越,连入选1889年首届全美橄榄球最佳11人也显得微不足道。斯塔格口才不好,因而自动离开了神学院去攻读体育,当哈珀召唤他时已经完成了学业。作为芝加哥的橄榄球教练,这位未经宣誓的绝对戒酒者在庆祝每次胜利时喝下一品脱(约0.57升)冰淇淋,显示出一位天才人物既实用又出奇的风格。橄榄球赛中声东击西摔倒对方这种战术的发明人还创造了诸如侧翼进攻、藏球把戏、双人配合以及蚤跳等这些让人心跳停止的战术。从1896年开始,斯塔格队赢得了6次西部联赛(后来的10强赛)的冠军,还有一次是并列冠军,他的球队有5次保持了不败纪录,即便是与附近刚刚崛起的圣母队对阵,也未败北。

斯塔格要知道为什么哈勃未能在马歇尔运动场露面。当然,他知道这是第一次午后训练。埃德温解释说,他最愿意的事情是在大学里玩橄榄球,但是由于他母亲认为这种运动野蛮危险,他已答应他母亲中学以后便放弃这种运动。斯塔格明白了。他就邀请心烦意乱的埃德温无论如何也要到场一下,到了那儿他可在场外观看,一直等到教练有机会同他父亲谈话为止。体育记者与摄影记者都到场了,向下俯视着。第二天,在埃德温不知晓的情况下被拍摄的照片刊登在报纸上。《赛情先驱》(Record-Herald)宣扬道:"斯塔格教练为他孤立无援的队伍物色到了另一位星级预备队员。哈勃,这位惠顿中学的'健将',是最新的后备队员。"被激怒了的约翰·哈勃刚巧看到了这张照片,马上走出他在闹市区的办公室,火气冲冲地要求得到一个解释。斯塔格企图息事宁人,但他的解释无济于事。埃德温已经向家里作出许诺,不再打橄榄球,再没什么可说!

然而,斯塔格不是一个易于被说服的人。埃德温开始往家里带去周末客人,这些客人刚巧是球队队员。约翰善待了这些诚挚的年轻人,但是执意已决。当听到他们外出并且重申了他的立场后,他明确地说,次日早晨不睡懒觉,要去教堂。受了告诫的队员向斯塔格汇报了情况,下周末,他又派去了另外两名队员,结果还是一样。绝望的埃德温最后决定采用更为理智的方法。他父亲是位职业棒球运动的密切追随者,因而他就开始记录所有受伤了的运动员。当他自己确实搞清楚棒球运动的危险性一点也不亚于橄榄球运动之后,他就把他的发现告诉约翰。但是,约翰却反唇相讥道:如果他的发现是真实可靠的话,那么他的儿子还是也不玩棒球为好。虽然这一段情节具有它自己的喜剧色彩,痛苦和屈辱却一直持续着。埃德温叙述道,除了他自己以外,无人能够真正了解到他放弃所喜爱的运动付出了什么样的代价。

出于他的男子气概,埃德温必须干出点儿名堂,以便在他联谊会的弟兄与朋友眼中挽回影响。具有讽刺意味的是,他双亲反对玩橄榄球的禁律并未扩大到拳击运动。这一运动近来已被轻浮的反传统主义者杰克·约翰逊(Jack Johnson)主宰,此人是一个解放了的奴隶的儿子,是自称世界重量级拳王的第一位黑人。拳击不是一种大学运动,但是53街的基督教青年会那儿有几个拳击场与一个练身房,离大学只有几街之隔。注册入学时体重175磅(约79千克)的埃德温,在业余重量级队中打拳击,而且,据他自己所说,他很快使得芝加哥的比赛包办人产生了兴趣,他们热切地希望埃德温成为职业选手并参与冠军赛。

当人们对这个年轻人在拳击场上的潜力打着如意算盘,而他很可能成为这种想法的牺牲品时,他很快参与了大学中的首次体育比赛。

以其6英尺2英寸(约1.88米)的身高,哈勃被芝加哥大学校刊《放逐者》(*The Daily Maroon*)吹捧为"高个子"朔默(John Schommer)——他是大学篮球队的明星中锋——的天然替角。12月4日开始集训,对于这次联合会锦标赛人们寄予了很大希望。然而,当运动员们在圣诞假期后返回时,埃德温与其他两位参加比赛的新生得知了令人沮丧的消息。按照主教练雷克洛夫特(Joseph Raycroft)博士的说法,联合会的新规则即将生效,它禁止一年级新生参加校运动队。只有非教育机构如业余运动联合会以及基督教青年会的球队,才容许新生加入高年级生中去。《放逐者》的体育编辑悲哀地说道:"联合会的规定事实上把校篮球队搞得支离破碎。"

同样的规定扩展到了田径运动,在1907年的室内赛季,埃德温被划归为新生队。当这位惠顿"健将"在此年首次集训时,他跳过了5英尺10英寸(约1.78米)高杆,真是令人瞠目,他创造了非官方的巴特利特体育馆纪录。这刚巧也是朔默的项目,埃德温参加的铅球项目也是如此。《放逐者》的田径记者预测,当埃德温成为大学运动队的合格队员时,将会有一场残酷的意志竞争,并且预言他将成为天才的朔默来年夺取桂冠的威胁者。

埃德温处在竞技状态的大倒退之中,他在集训期间的成绩一直高于比赛时的成绩。在他一年级期间的5次比赛中,没有1次成绩能接近他首次集训时的纪录,或者达到他州级中学比赛的成绩5英尺8又1/2英寸(约1.73米)。他的两次胜利,一次是5英尺4又1/2英寸(约1.63米),另一次是5英尺6英寸(约1.68米),来自与非联合会的运动队的比赛,这是赛程中最弱的队。他的两次最好成绩都是5英尺8英寸(约1.72米),登记在与来自伊利诺伊的新生队的一前一后的比赛中,分别获得第二名、第三名。铅球是埃德温的另一主项,他最后的最佳成绩是37英尺(约11.3米),得了第二名。既是大学田径教练,又细心记录着即将到来的新生的成绩进步的"老大叔"必定怀疑,是不是年轻的哈勃有什么不对劲。

IV

　　萨姆·谢尔登沿着城市商业区步行去参加地方上的国庆盛典,当他往街道对面扫视时,他大吃一惊。埃德温·哈勃在几名参加庆典的女子引导下,正大踏步地穿过马什菲尔德的县政府广场。正当萨姆注视着他们时,埃德温双手将一名面露惊喜之色的女子托起至空中。这名年轻女子名叫凯斯(Idith Case),当两人念完大学后,萨姆将与她完婚。萨姆为他的童年伙伴的变化感到惊奇,他已经从一个高个儿的腼腆的10岁男孩变成"一个健美的大个儿小伙子"。

　　埃德温回乡省亲了,同时利用暑假的部分时间在他父亲的牧场工作。在一本家庭剪报簿上剪下来的一份斯普林菲尔德的报纸上,把埃德温描写为"年方18岁,6英尺3英寸(约1.9米)的个头,芝加哥大学的最佳全能运动员之一"。他的名字被登在报纸上,是因为他做了一次被认为是"创纪录的散步"。一个暖和的星期六早晨,埃德温从马什菲尔德西北7英里(约11.3千米)的霍斯默奶牛场开始,花了4小时的时间步行大约22英里(约35.4千米),走到了他祖父哈勃位于斯普林菲尔德的家中。

　　自从哈勃一家离开了马什菲尔德以后,8年来发生了很多变化。埃德温的外祖父和外祖母都已经去世,埃德温出世并在那儿成长的房子已经被陌生人占用。詹姆斯一家仍然保持了突出的地位,这大部分要感谢埃德温受人拥戴的舅父杰斐逊·博雷加德·詹姆斯,他开了一个生意兴隆的珠宝商店,并且那时已经连任第二任市长,在这一城市的历史上是任期最长的官员。埃德温对于时髦服饰的鉴赏力,部分地是被他的舅父杰斐逊这个颇具名声的纨袴子弟激发起来的。在冬天,这位爱好交际的市长穿着定做的三件套服装,饰以金链条及优美的表饰;而在入夏后,他穿着醒目的运动衣、白色帆布裤,还戴着一顶硬草帽。虽然他在服装上的高贵品位可能使得马什菲尔德讲究实际的市民瞠目结舌,杰斐逊·詹姆斯以他的怜悯心和慷慨大方成为一个受人尊敬的人物。埃德温的继表弟弗吉尔(Virgil),杰斐逊的长子,就是哭哭啼啼、心存畏惧地从一列"孤儿列车"上被带下来的——这种"孤儿列车"自从南北战争后一直由联邦政府资助。在那个暴风雨的晚上,这位珠宝商带着那个1岁大的依恋他的小孩在地板上踱步,而次日早晨就去办理了收养手续。

已经退休的马丁和玛丽·简·哈勃仍如以往那样充满生气,而且全神贯注于这一城市早年口传历史的汇编工作中,埃德温在斯普林菲尔德做客期间与他们一起度周末。家里的保险业务当时由埃德温的姑母埃米莉·简——"贾妮"——掌管,她是个活泼、爽直、有着金褐色头发的老处女,她的嗓音以及家中的圣诞树,构成了埃德温对斯普林菲尔德的最早一部分回忆。姑母贾妮纠缠在有关"美国革命之女"的所有事务中。她并不了解这一城市以及它的市民的背景,但这一点被认为并不要紧。贾妮的妹妹路易莎·梅(Louisa May)对此十分精通,而且由于下列事件而提高了这一家庭的社会地位,这就是她最终俘获了一位当地脑膜的单身汉——迪克森(Dickerson)先生,他带着他的新娘频繁地赴欧旅行,凭借他的有利投资取得的利润,在旅行中出手大方。

两位姑母都对埃德温十分溺爱,按照埃德温姐妹的说法,当埃德温在未婚时作出头一次并且是十分罗曼蒂克的接触时,她们两人都忍不住要去干涉。关于这位埃德温那年夏天在斯普林菲尔德遇见的名叫伊丽莎白(Elizabeth)的年轻女子,人们知之甚少,除了海伦记得她是"一个十分可爱而妩媚的女孩",为此,她的哥哥已经坠入情网。海伦还写道,不幸的是,埃德温的姑母"对于我们任何人所看到的不符合她们标准的男孩与女孩,都有一套'美国革命之女'的观念的严格判据"。不管出于何种原因,伊丽莎白不符合条件,因而他们之间的关系中断了。她把事情看得比埃德温更清楚,决定走她自己的路,其借口是埃德温未来的计划。当他们分手时,她告诉他自己绝没有希望赶得上他对于火星与遥远星云的爱好。

V

当埃德温摆脱了绿色标记,即他的一年级期间的耻辱时,便进入了其他三个学期中的头一个学期,他把大部分精力花在学习数学与自然科学上。物理系的基调是"电"。1907年11月,该系教授兼主任迈克耳孙已经获得瑞典科学院的通知,由于他发明了测量光速的高度精密装置而获得诺贝尔奖金。迈克耳孙是获得诺贝尔奖的第一个美国人,而刚巧埃德温注册了系里的电学与光学课程,讲授这门课的教师是勤奋的副教授、迈克耳孙的门徒密立根(Robert Andrews Millikan),他正在编织着诺贝尔奖的桂冠。埃德温已经修读了密立根的力学、分子物理学以及热学课,因而他已处在这样的位置上:当密立根为下一学年准备选择学生实验室的助手时,可以特别考虑他。

卡帕·西格马还在寻找一所会所的房子,于是这伙年轻人重新占据了希契科克大楼的一些房间。热切而不过分地追求乐趣的埃德温曾与几位吵吵嚷嚷的大学生联谊会的兄弟以及运动员伙伴一起合影。所有人,包括篮球明星朔默与队长若尔让(William Georgen)在内,全都呲牙咧嘴地笑着,戴着硬草帽,身穿运动外衣,抱着玩具熊在膝上,那无疑是在一些不出名的球赛中赢得的。

在埃德温读二年级期间,他参与了一次典型的恶作剧,其潜在的后果在以后的几个月中一直纠缠着他。由于附近神学院的学生总是沉浸在一种斋戒的风气之中,因而卡帕·西格马的男孩们被他们疏远,为此,这些男孩想主动改变一下气氛。在积聚够了丰富的新鲜鸡蛋后,这帮兄弟在他们的窗口等待着递送高贵的黑袍（这是渴望成为神学家的标志）的洗衣工的到来。这些"黄、白炮弹"才刚刚照着靶子飞掷开来，这些罪犯就受到了当局的训斥。这件事被告知了他们的父亲，使得心神不宁的埃德温在下次回家时面对着"极度困恼"的约翰·哈勃。更糟糕的是担心这次恶作剧可能对于他获得罗德奖学金造成不可挽回的损失。或许唯一能够使这一事件变得柳暗花明的人是马丁·哈勃，他认为他的孙子很有前途。

当宣布新生不可参加联赛之后，与不幸的预想结果相反，在西部联合会锦标赛中，大学篮球队打平了明尼苏达队和威斯康星队。除了1人以外的全体队员都回来了，准备参加1907—1908年的赛季，他们与另外4个能干的二年级生（其中包括哈勃）合在一起，使得前所未有的最成功的一次比赛有了希望。在12月下旬，穿过中西部，在紧凑的安排中开始了比赛。在不到1周的时间内举行了5场赛事，其中包括与一些修道士组成的基督教青年会队在圣诞节进行的一场一边倒的比赛。常胜的"栗色"队（芝加哥大学队）在1月初打败了来访的哥伦比亚大学队后，以超过印第安纳大学、艾奥瓦大学与普渡大学队一倍的战绩在联合会赛事中长驱直入。然后，他们在1月的一个苦涩的晚上，终于要面对劲敌威斯康星队。芝加哥队无法挫败威斯康星人的顽强防卫，终于以17∶27的比分败北，疲困的球队于清晨3点回到家里。

从此以后，整个赛季全是芝加哥队的天下。在打败伊利诺伊队以后，球队被安排在赛场上与西北大学队对阵，它在联合会中一直是易于对付的对手。正式队员们都在场外席位上观看了比赛，预备队把这帮卫理公会教徒以41∶6的比分打得惨败。在整个赛季中，哈勃第一次也是仅有的一次，从大个儿朔默的身影后面走了出来。这位替补中锋以投中7个球——这是最高的得分者——作出了回报，在同一时间，他还没有让卡伯特森（Culbertson）——他倒霉的失败对手——得分。

在与威斯康星队对阵的一场势均力敌的复赛中,喧哗的巴特利特体育馆坐满了2000名观众,球队以24∶19的比分获胜,因而两支球队在联合会中并列榜首。由于攸关全国冠军的荣誉——这被吹捧为校际体育运动史上的第一次,"栗色"队回到了麦迪逊,准备进行决胜场次的比赛。5位参赛者在没有替补的情况下参加了比赛。当出现16∶16的平局时,刚好在吹响最后的哨声以前,朔默表现出他的全美明星队员的风采,从远距离投中了致命的一球,芝加哥队自豪地得胜。

宾夕法尼亚大学队,称王称霸的常青藤联合会强队,曾经赢得20次以上的胜利,该队充满自信地宣称要在即将来临的三场系列比赛中击败"栗色"队而夺取全国冠军。芝加哥队除了被低估以外,还有另一优势,这就是第一场比赛是在它的主场。3月21日的比赛就像对阵威斯康星队那样打得十分艰苦。在临近结束时,比分出现了僵局,当精疲力竭的公谊会教徒们出现了2次致命的防守上的失误后,芝加哥队以21∶18的比分获胜。

第二场比赛最后成为了决赛。它于4天以后在费城进行。芝加哥队有一支小型而有些名气的啦啦队,其中包括刚刚接替哈珀的新任校长贾德森(Harry Pratt Judson)。《放逐者》报道说:"从一开始到最后,整个比赛是一场地地道道的锦标赛。"像往常那样,朔默无处不在。他的进攻与防守被说成是无懈可击的,随着宽肩膀的阿喀琉斯(Achilles)*投中了引起轰动的两球,一次是背对篮筐投中,另一次是从中场投中,甚至公谊会教徒球迷们也为之疯狂。正像第一次比赛的重复,以后的比分几度出现难解难分的情况,但是芝加哥队更加强大的实力和耐力在下半场中表现了出来。随着芝加哥队以16∶15取得胜利,这个新的全国冠军队登上了一列火车向南行驶"去恢复元气"。埃德温第一次参

---

*阿喀琉斯是希腊神话中的英雄,出生后被其母倒提着在冥河水中浸过,除未浸到的脚跟外,浑身刀枪不入。——译者

观了国会大厦,当时两院都正在开会。他们还坐着一艘小艇沿着波托马克河和切萨皮克湾下行200英里(约322千米),一直到旧康福特角。这次游历中还有到纽波特纽斯的海军造船厂的一次有专门向导的旅游。赢得巨大荣誉的球队最终在3月31日星期一上午回到了校园,他们受到了一大群兴高采烈的学生、教师和校友们的欢迎。1周后,冠军奖章被授予了球队中的6名主要球员,而在23场比赛中只参加了2场的埃德温没有到手。令人啼笑皆非的是,他甚至未能在球场上出场足够的时间以争取到一个大学运动队的"C"——这是运动员成就的标志。但他仍然是全国最好的篮球队的队员,并以下述想法来安慰自己,即朔默的合法地位已经快要结束了,他将不再被迫扮演从帕特洛克罗斯(Patroclus)*到阿喀琉斯的角色。

与篮球赛一起开始现在刚刚结束的冬季田径赛,对埃德温的自信心没有起到什么支撑作用。在传奇人物斯塔格的第一次指导下,他跟生理上更加成熟的朔默再次面对面地参加了比赛,一直到第六回合,他才达到他的最高成绩,全队以55:31打败了伊利诺伊队。正如《放逐者》报道的那样:"马迪根(Roy Maddigan)与朔默在铅球项目中不出所料地分获冠亚军,但观众对于这一项目的兴趣是由哈勃引发的,他[在第三名的竞争中]同时击败了伊利诺伊队的麦科德(McCord)和利特(Litt)。"该报道继续写道:"朔默尽管在篮球方面参加了紧张的活动,但在跳高方面仍发挥出了少有的竞技状态。"高个子约翰以5英尺9又3/8英寸(约1.85米)的成绩位居第一,埃德温没有入选该项目。

尔后,灾祸降临了,看来命该如此。在5月初与普渡大学队的两回合比赛的准备过程中,朔默的一条腿的肌肉"撕裂"了,因而显然会失去比赛机会。埃德温成为令人注目的人物,在他参加的3项比赛中,总共

---

*帕特洛克罗斯是希腊神话中的英雄,在特洛伊战争中被赫克托耳所杀,后来友人阿喀琉斯为他复仇。——译者

得到了8个分点。同他的队友马迪根搭档,在第一次跳高中达到了并不令人满意的5英尺2英寸(约1.57米),其后,他在铅球比赛中,仅次于马迪根而获得第二名,而在掷链球比赛中得了第三名,从而帮助芝加哥队以62∶55的比分勉强取得了胜利。

朔默或许是因为不能活动而急躁,或许是有点儿关心情况的发展,就公然不顾关于他的运动结局的预言,重新上阵。在下一场联合会比赛中与伊利诺伊队对阵时,跳高与铅球两项比赛他都得了第一名,总共得到了10个分点,而埃德温是1.5。只是在最后一次规定的赛期中与威斯康星队对阵的跳高赛中,这名二年级生稍为满意地与朔默第一次也是最后一次打了个平手。年终个人记分的结果,大个子约翰为运动队挣得了68.5个分点,而埃德温则难以与朔默的"桂冠"相争,结果以15个总分点而屈居第九位。6月在马歇尔运动场举行的全联合会比赛中,虽然埃德温未获1分,但芝加哥队还是占了压倒优势,大部分要归功于朔默以及未来的奥林匹克短跑选手诺厄·梅里亚姆(Noah Merriam)与雅各布斯(Clare Jacobs),从而使得埃德温成为冠军队的队员。另外,像篮球运动那样,他仍然未被老大叔推荐获得大学运动队的"C"。

VI

1908年6月9日,这一天标志着埃德温的第二学年的正式结束。他被授予准理学学士学位,这在当时的芝加哥大学已经是规范化的制度。虽然单科的成绩被学校保密,埃德温勤奋学习所取得的成绩仍足以赢得高度评价,他获得了物理方面的大学低年级生奖学金,并且得到了一个为他人羡慕的、他自己渴望的位置,即做密立根的实验室助教。

名曰"测量术导论"的天文学课程——埃德温所学的课程,由一位地道的德国人、柏林大学的博士、助理教授拉弗斯(Kurt Laves)讲授——不久就取得了实际的效果。在与惠顿的同学科尔文多年以后的一次重聚时,埃德温谈到了1908年与1909年的暑假期间他在芝加哥、伯灵顿与昆西铁路上工作。他被指定为在艾奥瓦州的一位工程技术人员,在上述铁路向西扩展的准备工作中,负责从事普查测量工作。

虽然年代次序有些混乱,然而,看来埃德温另一个暑假是在"大湖区"周围的"大森林"中工作,由此产生了很多关于哈勃的"外传"。按照海伦与贝齐的说法,她们的哥哥的一个任务是要求他骑马数英里到达最近的一个镇上,去获得野营所需的给养。埃德温讲过如下一个故事,在一次这样的行程中,一只大熊由于闻到了驮马的异味,就横穿过他所经过的小路,这个感到好奇的熊先生继续跟随着埃德温,到了接近他的危险距离。除了一把小刀以外,埃德温没有任何武器,于是他就戳破了一袋糖,在路上留下一条无法抗拒的甜粉痕迹。熊被迷惑了,埃德温巧妙地逃脱了。"为了证明他有能力做到某件事,他总是努力去完成它。"贝齐补充道。

后来,这一经历被说得更加具有英雄色彩。埃德温说,由于看到了熊,这匹驮马受了惊,把所驮的货物散落下来。太阳落山很久以后,他仅仅依靠暗淡的星光,把这匹马引回了野营,而给养物资虽则已严重破损并混杂一起,但是还完整无缺。其后不久他跟另外两人共同居住的帐篷,在一次雷击中被一棵击倒的树压塌,睡在他旁边的那个人被压死了。

埃德温把边区附近小镇描述为"极其荒凉"。在一个黄昏时刻,当他路过一个这样的小镇上的铁路调车场时,两个意大利人上前与他搭讪,想要抢他的钱财。当他笑笑继续往前走时,肩膀上挨了一刀。他转过身来,把一个抢劫未遂者击倒,而另一个则逃之夭夭。只是在检查了被他击倒的攻击者并且确定了自己并未严重受伤之后,他才找人疗伤。侥幸脱险之后的这个身材高大的巨人在暑假结束以前还有其他事端。当他们一伙中的其他人转移到南方以后,埃德温与另一个人留在野营中完成一些工作;完工之后,他们将搭乘这一季节的最后一列火车在铁路终端与同事会合。然而,火车没来,而他们的给养在无聊的等待中耗尽了。这两个伙计没有其他选择,就步行了3天才到达有居民的边区村落。若无其事的埃德温说道:"我们可以宰了一头豪猪或者是一头小野兽,但是并无此必要。另外还有很多水。"这是一些哈勃的祖先会引以为豪的行为,也是约翰·哈勃支持的男子气概的行为,虽然他从来没有经历过。

VII

埃德温被鸡蛋事件的阴影笼罩着,而罗德奖学金仍然是他至高无上的企想,于是他除了致力于自然科学与数学以外,还修读法文、拉丁文、希腊文、政治经济学以及公众舆论。由于维吉尔、西塞罗以及其他许多经典作家乃是他已经熟悉的领域,所以这一学习上的喘息时间使得他可以更多地介入许多校园中的组织和活动,这对于奖学金的评选过程是起关键作用的。

在这些组织中有"黑袍修道会",它是1904年冬由一位失意的男学生演员弗兰克·亚当斯(Frank Adams)所创立的。"黑袍修道会"是仿照伊丽莎白时代伦敦的"多明我会"命名的,受启发于其他早期的大学音乐喜剧团体,诸如哈佛的"泥泞路"与普林斯顿的"三角铁"。其成员局限于男学生,从各个学生联合会以及大学男演员中产生"适合于自娱并能娱人"的成员。随着他们的第一个音乐喜剧《卡恩之死》(*The Passing of the Kahn*)开演,每年一次的传统就此形成。

排在高级职务——修道会长、副会长、书记员、护理员——之后的是48个兄弟,他们的伙伴"男修道士哈勃"进入了三年级。由于生就一副较好的嗓音,埃德温穿上了萨克森唱诗班的服装演唱滑稽剧《双鹰之兆》(*The Sign of the Double Eagle*)，它被《放逐者》鼓吹为"本年度的滑稽作品"。正如在莎士比亚时代，所有女性角色都由男子扮演。这些演出在1909年的《方帽长袍》年鉴中由演出的新闻广告员总结为："服饰很感人，有时近乎大胆；巨大而漂亮的合唱团的舞台变化惊人地灵巧。"

正当上述演出继续时，埃德温的成绩已经引起了校方的注意，他被选中参加一种自吹自擂的大学传统活动。由贾德森校长的秘书签发的信以"我极其愉快地通知您"开头，然后继续写道："校长已经指定您作为大学的一位仪仗队员……我希望您接受这一巨大的荣誉；而且相信您会高度地保持这一荣誉。"9个仪仗队员穿戴着地道的学究服装，与他们的女伴一起，在所有的学校集会中代表了学生主体，直到一年以后他们毕业。埃德温继承了他家庭爱好服饰的传统，立即接受了校长的邀请。当他最后一次参加学校的游行队伍时，他领着一班学生，随着埃尔加（Edward Elgar）的《威仪堂堂进行曲》(Pomp and Circumstance)的曲调，迈着极度怀恋的步伐，在公众中穿行，这是他作为一位仪仗队员最骄傲的时刻。

关于埃德温作为密立根实验室助教的经历，他没有留下什么记载。经过了40年之后，当他与密立根两人都早成为世界闻名的人物，而且重聚在加利福尼亚时，密立根要发表他的自传，但是仍然没有提到他往昔的学生。这样，对于哈勃是否意识到他当学徒的那段时期乃是这位物理学家生涯中的转折点，就不得而知了。这位老练的教师以及教科书的作者在1908年就"决定孤注一掷"，想去测量电子电荷。最初利用一种水蒸气的带电气雾，后来则借助于油滴——由于洛克菲勒与芝加哥的联系，这一媒质导致了许多"玩笑"*，密立根拿出了当时最有说服力的证据，证明了电子乃是具有相同电荷与质量的一类基本粒子。到

---

* 洛克菲勒是石油大王。"玩笑"就是暗指石油与油滴之间的关系。——译者

了1910年末,密立根已能公布电子电荷的数值了。3年后,由于改进了他的实验工作,密立根公布了一个改进了的数值,这是科学界的一代之作。后来在1923年,他获得了诺贝尔物理学奖。

在其他诸事之中,埃德温没有放弃的是成为体育明星的难以捉摸的梦想。这一直持续到秋季学期并且还到冬季学期,直到《放逐者》的头版头条刊登着"'高个子'朔默擅长篮球"为止。在西部联合会官员的一次特别会议上,表决的结果决定在某些场合放弃这种3年规则,从而保证"篮球史上最佳中锋"可以继续上场。如果埃德温保持充分镇静去阅读这一文件的其余部分的话,他会在很后的页次中读到他自己的名字:"在最近一年的替补队员中,哈勃、克利里(Cleary)与凯利(Kelley)将重新回来。"

随着集训的开始,他重又唤起了梦想——即便是很短暂的。雷克洛夫特教练——有些人必定认为他有精神病——把朔默调整为后卫,而把"大个子哈勃"安排为中锋。为了回答关于他的行动的一大堆质问,严阵以待的教练提醒新闻界:集训尚未结束,而且跟印第安纳队的首次比赛的比赛阵容仍然尚待确定。当两天以后对山地人*的比赛哨声响起时,哈勃与朔默已被换了位置。采访比赛情况的记者写道:"哈勃在后卫位置上打得很精彩,不过,他的大个子本身时常就起到了挡道的作用。"雷克洛夫特教练必定是同意这一评论的,因为哈勃在赛季中剩下的时间里被降为第6人,该赛季是芝加哥队第一次,也是仅有的一次保持不败的联合会赛季。在前一年与西北大学队的比赛中,当替换受伤的左后卫帕特·佩奇(Pat Page)时,他成为一个明星角色。当以27∶2的比分挫败明尼苏达队时,他得到了这一赛季个人总分28分中的8分。除了投中4球以外,他还被描述为"防守的中流砥柱"。当1909年度联合会冠军的照片刊登在《方帽长袍》杂志上时,哈勃已经首次获得

---

* 印第安纳人的别称。——译者

了他的大学运动队的"C"。

哈勃的第二个参与项目是田径运动,在这项运动中,又是朔默独占了高杆以及其他项目,一直到这名工程系学生在冬季期末退出田径队转向棒球运动为止。埃德温本来可以从此走运,要不是突然出现了一个朔默的活鬼附体的低年级生克劳利(William Lucas Crawley)的话,这个学生几乎是神话般地样样都行。除了同时参与120米栏与220米栏以外,克劳利还参与铁饼、铅球、撑杆跳以及跳高。这个敏捷的年轻人在与威斯康星队对阵时,个人获得21分,在第二次对阵伊利诺伊队时得到了16分,一周后在对普渡大学队时又一次得到了21分。每一次都使哈勃大为逊色,因为他在整个赛期中总共才得了11.5分。在跳高项目中两次与克劳利成绩并列第一后,这位昔日的运动豪杰公开致函,决定在他升入四年级后放弃田径运动。在他3年比赛中,他再也没有达到记录在案的中学时代的良好竞技状态。

VIII

"正如俚语所言,学习成了'我的中间名字',"埃德温在1909年8月给他祖父哈勃的信中写道,"这一暑假我除了为通过罗德奖学金考试准备好拉丁文以外,没有再做什么事情,现在我只剩下不到2个月的时间,考试将在10月19日与20日进行。"他是在海德公园金巴克大街上几乎无人居住的卡帕·西格玛大楼中写这封信的,该楼是一座砖砌的维多利亚式的3层建筑,与校园相隔很短的步行距离,离密歇根湖岸边也很近。当夏天即将过去时,古罗马语的诱惑力已经消退,他盼望着10月秋季学期开始前的剩下的4个星期,不知为什么总想挤出时间去一趟斯普林菲尔德,这是最近贾妮姑妈来访所勾起的对于密苏里的思乡病。与此同时,他还要尽力回答马丁·哈勃关于似乎不熟悉的天体的提问。

深夜在东南方可以看到的明亮"星星"实际上是行星火星。每15年中只有一次它会来到如此接近地球的位置。"因而我估计在今年秋季要做大量关于火星运河的工作。我想,真正的问题是拍摄这些令人迷惑的鬼魅。"埃德温对这种周期现象的解释是:围绕着太阳运转的两个行星,它们之间的引力会引起它们轨道的摄动,或叫扰动,有时把它们拉近,有时把它们推远。当这一宇宙伦巴舞重复进行时,地球上的观察者就把它视作一种一个世纪出现大约6次或7次的壮观景象。

实际上,这种引力所导致的变化是如此微小,它不可能解释行星的这一不寻常的近冲。更确切地说,这是天文学家所谓的恒星周期(即行星绕太阳的公转周期)现象。火星的8个恒星周期(8×1.88089年≈15.047年)跟地球的15个恒星周期大致相等。因而,在一次近冲(或者一次远冲,此时的火星最昏暗)之后的15年,出现了重复的或者近似的现象。

埃德温为何犯了如此基本的错误,这一点不甚清楚。最大的可能与天文学课程本身有关系。除了有关描述天文学的一门早期课程以及另一门名曰观测工作的课程以外,在他的三年级课程中,几乎都是纯粹数学,并未用心学习过自然力,它与这一问题密切相关。只是在他四年级的冬季学期中学习了莫尔顿的天体力学导论课程以后,他才明白他搞错了,有些事情马丁·哈勃是从来不知道的。

埃德温还提醒他的祖父去等待哈雷彗星的到来,这一彗星正在迅速靠近太阳与其会合,这在一个人的一世中是仅有的机会。下面的一件事提供了他通读科学史的第一个证据,这就是他注意到1680年哈雷(Edmond Halley)所追踪的第二颗彗星,被一些人认为应该是同一个命运之兆——当1066年诺曼底的威廉征服英格兰时,它就曾照亮了整个英格兰。"有的人认同它就是那颗曾经在公元前43年恺撒(Caesar)死亡时闪耀过的巨大的彗星。然而,有少数人宣称这不过是伯利恒之星。"

埃德温继续解释道,伟大的牛顿(Isaac Newton)的门徒以及他剑桥大学卢卡斯数学教席的继任者惠斯顿(William Whiston),相信1680年的彗星在伊甸园堕落以后确实掠过了地球,而在公元前2346年——"罪孽之年",引发了挪亚时代的洪水。对埃德温而言,惠斯顿的理论"对我来说是一种阅读享受,就像'精美的蓝皮书'对埃玛·简那样"。

IX

罗德(Cecil John Rhodes)是赫特福德郡一位牧师的儿子,喜欢冒险,于1873年被录取进入牛津大学,与乔治·帕金(George Parkin)在同一天,后者是一个面色忧郁然而气度非凡的年轻人。1902年5月,当这位早期大帝国主义者突然去世后,留下了600万英镑的财产。56岁的帕金这时已经成为英格兰国教所公认的领袖,同时也是一个殖民主义积极分子,他被指定负责把这笔巨大的捐款创办为罗德奖学金。一年以后,帕金致函芝加哥的大学与学院校长联席会议,告诉他们由他们组织各个委员会,其职责是从当时的44个州以及4个准州(已经准许它们加入合众国)中筛选出候选人。有人提问说:"准确地说,这一委员会的成员要寻找什么样的人?"帕金板着面孔回答说:"很可能会成为美国总统、最高法院大法官或者驻大不列颠的美国大使的这样一些候选人,当然几乎都满足罗德奖学金受托管理人的要求。"

罗德在他的遗嘱中提出的要求不是因袭传统。这位钻石大王的企望是奖学金的评选必须不限于书呆子。除了书本和学业上的成就以外,成功的候选者必须显示出人性的特殊气质——"忠诚、刚毅、忠于职守、对弱者的同情与保护、仁慈、无私以及合群"。"个性的道德力量"以及"对同学关心、起带头作用",几乎被认为是最重要的。最后,罗德奖学金获得者必须显示出"对于男子室外运动(如板球、橄榄球之类)的爱好,并有所成就"。

正如埃德温写给他祖父的信中所说,录取资格考试将于10月19日进行,仅如跨第一个栏。"整个一年中,"他告诉《放逐者》的一名记者,"我都在企盼着罗德奖学金的竞争,并且调整某些课程,以便在资格考试所指定的科目方面获得尽可能多的知识。"这种考试相当于牛津大学文学士的初试,用来确定参试者是否有能力去做数学、拉丁文以及希腊文方面的大学作业。虽然这并不特别困难,参加考试的候选者中仍只有小半数能通过,失败者都是由于在荷马和苏格拉底(Socrates)的用语上未经训练或训练太少。

由于考试结果直到12月中旬才能公布,埃德温苦熬了2个月。他的同学温·亨利也是如此,他就是学生所戴的绿色小帽的有争议的创造者,他也参加了考试,并且希望在1910年1月晋升到州级竞争。他正是亨廷顿·亨利(Huntingdon Henry),即伊利诺伊州第一个罗德奖学金获得者的弟弟。亨利是一名大学仪仗队员,是棒球队员,也是雷诺兹俱乐部——在校男生的一个有声望的聚会场所——的主席,还是克西·普西*学生联谊会的成员。

埃德温采取了漂亮的侧攻策略——对此罗德本人也是会赞赏的,他在1909年12月被一致推举为四年级副级长的候选人,刚好是在确定奖学金赢得者的面试之前的1个月。这一招是精心策划的,下列事实更说明这一点:他已经积累了足够的学分,将于3月毕业,而不是6月毕业,这就把他的任职期限限制在短短的4个月中,但如果他和亨利一同进入决赛的话,他就能有效地挫败亨利。另一个荣誉(年级执行委员会的委员)也随之而来,这一任命的宣布正是时候,他可以把它写入递给州评选委员会的最新申请中。

---

* 分别是希腊字母 X、Ψ 的译音。——译者

如果说亨利以及来自全伊利诺伊州的另外4个罗德奖学金候选人使得埃德温心事重重的话,那么朔默也是如此,他还有另外的烦心事。这名1909年度的毕业生以及未来的篮球名人堂成员已经被雇为大学校队的教练。

除了年纪轻而且在前一年他还是运动代表队的成员这些不利因素以外,朔默还面临着规则的更改,这将会影响整个比赛局面。当一个球员一旦在手中停球以后就不再容许他再带球前进,当球员的一条转动的腿踏定以后就不准许再离地。当试图耍手腕来替代身体接触时,前冲以及用手臂去阻挡对手,都可判为犯规。

《放逐者》把这一球队的早期训练描写为"真正悲观、笨拙的经历"。在11月27日的一次混战中,当一支"二流球队"意外地挫败了大学代表队时,大个子约翰与他的前任雷克洛夫特通了个电话,来了个"战事讨论会"。经过了许多争议之后,决定在冬季学期开始之前暂停训练。尽管大学代表队的羞辱埃德温也有份,但他私下的精神状态想必很高昂,这要感谢《放逐者》的一句话,即"哈勃看来肯定会占据中锋位置",这是从他二年级时开始就盼望着的。

突然传出了关于奖学金考试结果的消息。埃德温通过了考试,但温·亨利以及其他5个候选者中的4个都没有通过,全都是不熟悉希腊文的牺牲品。另一个成功的候选者——格林菲尔德学院的埃朗(L.E. Elan)——将与他一起参加选拔委员会最后的面试,而委员会的成员组成对埃德温更有利。只有杰克逊维尔学院的院长拉梅尔坎普夫(Ramelkampf)代表了一个小机构;权力的平衡落在伊利诺伊大学校长埃德蒙·詹姆斯(Edmund J. James)、西北大学校长哈里斯(Harris)以及他自己学校的校长贾德森的手中。

当他获知自己是一个决赛选手以后,哈勃就恳请他的教授替他写推荐信。正在第四次教他的数学家斯拉特(Herbert E. Slaught)是这样描写这名四年级生的:"从各方面讲他是个绅士,是个体态优美的青年,是个优秀运动员,是个面面俱到的人物。"斯拉特特别提到他的学生最近被选为年级的副级长,"这表明他在同学中间享有众望"。密立根甚至更加赞美他,他的评价近乎是一篇颂词:"我发现[哈勃]是个优美健壮、学问极好并且高尚而讨人喜欢的男子汉。"作为一个物理实验室的助教,他证明自己"工作一丝不苟、可信可靠,像一个教师那样受人尊敬,也很有才干"。密立根总结道:"我简直未碰到一个人依我看来比哈勃先生更有资格符合罗德奖学金的出资人所提出的条件。"

1月10日在伊利诺伊大学厄巴纳—尚佩恩分校的校园中举行面试。之后,埃德温马上乘火车返回芝加哥,及时赶到巴特利特体育馆,参加与非联合会的对手刘易斯学院的比赛,出场时担任中锋。他打完了前半场,没有得1分,在中间休息后让位给了索尔(Clark G. Sauer),他是一个粗壮的二年级学生,赢得了12分,等于是芝加哥队赢得的净分数。5天以后举行了联合会的揭幕战,给倒霉的西北队留下了31:4的谜局,而埃德温投中了这一年最早的3个球。这位四年级的中锋在篮球方面玩出了最高水平,在3局决赛中他投中了另外12个球,这一次黑奴队以79分的总分打败了他们的对手,把"悲观、笨拙的经历"打翻在地。

当这位队里的新英雄在众人注目下欣赏他来之不易的地位,指望着另一次联合会锦标赛冠军以及大学代表队"C"时,埃德蒙·詹姆斯——选拔委员会的主席——宣布埃德温·P.哈勃已被投票选定为1910年度伊利诺伊州的罗德奖学金获得者。在其后的3年中,获奖者将在牛津学习他所选修的科目,年度津贴为1500美元。当埃德温打电话到惠顿报信时,只有5岁大的贝齐,以为她的哥哥赢得了一艘游艇,他们全家可以马上横穿大西洋。在消息发布以后的某天,当大学记者问及他的计划时,他说他得知获奖的时间尚短,还来不及决定什么。"然而,我将编排出一个我极希望进入的学院的尝试性的名单,然后争取被录取进入其中的一个学校。"当被问到他想学什么时,他说:"虽然在芝加哥大学我主要攻读自然科学,特别是物理,但我在牛津希望就读法律或国际法。在这两个科目方面,英国的大学可以提供极出色的课程。"这种谨慎而老练的口气,使埃德温听起来已经像一个英国佬了。

第四章

女王学院之子

I

一天清早，当詹妮·哈勃在门前台阶上发现了一个匿名的包裹时，她对其中所装的东西感到惊奇而有趣。某个不知名的恶作剧者，为了跟"小约翰"开个最后的玩笑，把一瓶上好的威士忌酒送到了惠顿众所周知的绝对戒酒者的家中。她出于以平和方式告别周围的居民的愿望，就扔掉了这瓶酒，没有再告诉她性情暴躁的丈夫，此时她丈夫已经在肯塔基州的路易斯维尔，正在为即将进行的搬家做准备。

此外，詹妮还因其他更为严重的事情而心事重重，其中最恼人的是她丈夫的健康恶化。他是慢性疟疾的受害者，看来是在搬到北方以前在密苏里州时染上的疾病，这位50岁的保险业经纪人有时因为持续数小时的发冷发热而卧床不起。最近，这些症状变得更加复杂，出现了说不明白的头痛，眼睛周围肿大，血压高，尿液变色，使通常是紧绷绷的身躯逐渐变得松弛而苍白。他经常感到懒洋洋，易疲劳，不得不减少打高尔夫球的局数。医生也不知所措，只能劝他多休息，减少工作量。

从1908年开始，约翰已成为哈特福德全国性公司在芝加哥市的经理，他提出申请并获准搬到了肯塔基州，于1909年4月成为公司的州经纪人。像以往那样，为了把他的家庭约束在小镇美国人的保护圈中，他租用了一所位于谢尔比维尔市布兰德大街928号的白色框架的大房子，乘坐市际列车到西部铁路干线上的路易斯维尔他的办公室只有30英里(约48.3千米)路程。亨利进了惠顿学院念了一年书后退学，想试试他自己的翅膀但没有多少成就，很快就进入了他父亲的事务所。

哈勃一家意识到1910年夏天或许是他们的最后一次家庭团聚，在埃德温前往英格兰之前只剩下很少几个月了。海伦回忆说，她的哥哥喜欢肯塔基的那种节奏从容不迫的生活，同时花了很多时间复习他的希腊文。咯咯嬉笑的贝齐骑在她哥哥宽阔的肩膀上兜圈子，并且当埃德温带3个小妹妹去马戏场时她也是同样骑坐着。他还买票欣赏梅特林克(Maurice Maeterlinck)的《蓝鸟》(*The Blue Bird*)，这是关于一个贫穷的伐木工的孩子泰尔泰尔(Tyltyl)和马尔泰尔(Mytyl)寻找快乐的蓝鸟的一首轻柔而令人伤感的幻想曲。入神的贝齐、贾妮与海伦熟记其中的一些段落，以后的几个星期可以听到她们在不断重复。偶或也会伤感的埃德温也是这样，但他似乎最喜欢去看演戏。亨利被他的妹妹说成是"和蔼而不惹人的"，他暂时挣脱了保险佣金、赔偿以及法律申诉的世间俗事，转而给这些女孩一些"奇特的书籍"，他给她们朗读到深夜。

比尔，家里都认为他在智力和运动方面与埃德温相当，也回家度暑假了。由于他的冒险性格和爱好拉丁文而被他中学时的同学起绰号叫"埃涅阿斯"(Aeneas)*，这个结实、粗壮、英俊、被班里预言为"船长"的青年刚刚在密苏里大学读完了一年级。他特别关心他生病的爸爸，因而计划在秋季转学到麦迪逊的威斯康星大学。或许意识到家中很快需要另一个养家糊口的人，他决定攻读农业，希望在马什菲尔德郊外他家地产的附近，获得一个属于他自己的农庄。

---

* 埃涅阿斯是古希腊传说中的人物。——译者

黄昏来临，一双双眼睛注视着地平线紫绛色的边缘，以便先睹哈雷彗星为快，这一彗星预计在5月末当地球经过它巨大的滚雪球般的条状尾巴时，显得最为明亮。2年前，天文学家已经在莫尔豪斯彗星的尾巴中探测到了氰，这是有名的剧毒物质，它激起了公众的恐惧，尽管保险业界持相反意见。一位法国作家更加歇斯底里地推测说，哈雷彗星尾巴中的氢将会与地球大气起反应，在巨大的爆炸中使地球毁灭。接着有人宣称，科学家的轨道计算有错误：哈雷彗星的脑袋将会撞在波士顿与博伊西之间的某个地方，把地球撞入外面的黑暗深处，因而使它表面的所有生命都灭亡。有些人封闭了他们的窗户，以面对所预言的结果，而有些人通过自杀来摆脱彗星的灾祸。像哈勃一家这样更加勇敢的人，走出家门，以好奇的心情观看地球掩没在哈雷彗星明亮的尾巴中。幽默家瑟伯（James Thurber）那时才16岁，他回忆说："什么事情都没发生，除了在日落以后我的左耳朵奇怪地抽动一下，使我一阵小跑去划亮一根火柴或者点一盏灯以外。"要不是在为别的事情忙碌，马克·吐温肯定会喜欢这种情调。这位约翰·哈勃最喜爱的美国作家有他自己的预言，关于彗星和他自己，马克·吐温曾这样写道："这就是那些不可理解的反常现象，它们一起出现，也必然会一起消失。"事实的确如此。

星期日下午，哈勃家的大门对于愿意去访问的人是敞开的。蓝眼睛的露西，现在已经22岁，仍然与她的双亲住在一起，她坐在钢琴边的习惯位置上，而约翰则拉小提琴，比尔弹曼陀林。有时客人们带上自己的乐器，也有人像埃德温那样从不围住钢琴跟着合奏。永远和蔼可亲的女主人弗吉尼亚总是摆了许多柠檬水、茶水以及新鲜的烘烤甜食。海伦与贝齐从远处打量着她们宝塔似的兄长，他就要从她们的生活中消失3年之久。她们都明白，埃德温几乎从一开始就被挑选出来给予特殊的关注。他生气勃勃、外貌俊美、充满自信并且善于相处。然而，也很明显的是，他与家庭的关系与其他成员不同。贝齐心底里这样想：

"埃德温是眼不见,心不想。当他与你在一起时,你是世界上唯一的一个人,但是如果你不在那儿,他就会忘记你。他的心思在星星那儿。"

II

1910年9月7日,埃德温告别家人,乘火车离开了谢尔比维尔,准备去蒙特利尔。在那儿他将会同其他罗德奖学金获得者,登上"加拿大号"航轮,经过11天的航程越过大西洋前往圣劳伦斯。虽则他的儿子几乎已到了法定的成年年龄,并且从没有什么严重的麻烦,但是约翰感到还是有责任训导他要注意旧世界等待他的诱惑和陷阱。这位可靠而诚实的浸礼教徒硬是要他儿子作出实际上是不可能遵守的承诺:埃德温甚至于不能品尝各种酒类,其中可能也包括烹调用的法国雪利酒。

以其21岁的满怀自信,埃德温在甲板上拍了一张相片,他的双手若无其事地插在他的三件套服装的裤袋里,穿在茄克衫里面的羊毛衫领子翻了出来,特别打上了蝴蝶领结,时髦的粗花呢帽戴在宽阔的未分头的前额上。照片上除了罗德奖学金生以外还有其他旅客。但是这些年轻人有点引人注目,他们代表了这个国家著名大学中的精英。在以后几年中,埃德温对于标志着有幸迁移到英格兰以后的安全感表现出捉摸不定的情绪。由于将近一个世纪的和平与已经建立起来的秩序,国际间的猜疑已被冲淡。经济稳定是理所当然的。政府得到信赖,独立成为自豪。几乎每个人都相信可以凭借辛勤工作和诚实的职业改善自己的生活条件。生命就其本性而言是富于竞争的,而政府的作用是当面临腐败的威胁时,确保公平竞争。正像科学一样,社会似乎在进步,而年轻人热切地憧憬着大有希望的未来。没有人胆敢认为彗星的回归对于英格兰来说预示着灾难,正如在1066年那样。爱德华七世(Edward Ⅶ)继承了维多利亚女王的王位,当国王与他的母亲关系不佳时,他想维护英国的每一寸领土。爱德华把他的名字赋予了一个年代——灿烂的、炫耀的、有时庸俗而嘈杂刺耳的年代,也是各人的境遇和命运鲜明不同的年代。19世纪的最后10年和20世纪的最初10年有许多共同之处。最要紧的是,上帝仍然是英国人。

一旦埃德温收到了关于他被选中的通知,他就要负责使自己被录取进入20所学院中的一所,这20所学院的性质适合于接纳那种符合罗德遗嘱意愿的大学生。正像其他奖学金生的选择那样,他提出自己偏爱的6所学院的名单,还有有关自己的资格证明信、学校成绩单、关于宗教信仰的声明以及想要攻读的课程。他在芝加哥大学的最后2年的学分降低了,以B-的平均成绩完成了学业。这对于他的最终安排情况有何影响,就不得而知了。更重要的是他的父亲关于他的前程的固执主张。一定要他攻读法律而不是天文学,这意味着他所列选的每一个学院必须符合这一主张。

女王学院是牛津大学第六古老的学院,于1340年由埃格尔斯菲尔德(Robert de Eglesfield)牧师创建,这是在他的女赞助人菲利帕(Philippa)王后,即爱德华三世(Edward Ⅲ)的妻子的恩宠下建立的。埃格尔斯菲尔德的计划是邀请1位院长和12位学者,代表我们的主以及他的布道者,13位牧师以及72名"可怜的孩子"或"门徒",其中有一些人组成了一个唱诗班。每天当教职员工们——穿着象征十字架酷刑的精美的血红色长袍——被号角声召唤去进餐时(这种习俗——除去红长袍——在学期中一直被遵循),在大门口备有豌豆汤施舍给穷困者。在中世纪末期和文艺复兴时期,招生始终未达到期望,因而总是有很多空房。为了保证生存下去,女王学院接纳交费的客人,这样在它的档案记录中记载着一些最杰出的人名:宗教改革家威克利夫(John Wyclif)、红衣主教与罗马教皇的使节博福特(Henry Beaufort)以及博福特不可思议的外甥亨利五世——阿让库尔战役中神话般的英雄。1726年,远在一个新建方案完成以前,笛福(Daniel Defoe)就把女王学院描写为"这一最美丽的学院在大学中无与伦比"。

"加拿大号"航轮于9月下旬抵达利物浦,这些奖学金生登上了一列由政府提供的特别列车。当埃德温抵达女王学院后,被指定安顿在靠近图书馆的四方建筑的2层楼上最远那一边的房间中,背靠也是在14世纪建成的"新学院"。芝加哥大学想要在建筑上一下子创造历史的意图突然屈服于历史本身。埃德温漫步的回廊回响着艾迪生(Joseph Addison)、边沁(Jeremy Bentham)、佩特(Walter Pater)以及(出乎意料的转折)天文学家哈雷等人的脚步声。在他书桌的一箭之遥的距离内,许多其他知名人物——西德纳姆(Thomas Sydenham)、雷恩(Christopher Wren)、布莱克斯通(William Blackstone)、雪莱(Percy Shelley)以及高尔斯华绥(John Galsworthy)——开始了他们的智力劳苦之道,使他们赢得了名望,有时甚至是财富。

在他9月30日写给他母亲的信(很可能是第一封家信)中,埃德温认为要感谢他的"命运之星"使他选择了女王学院。"对于女王学院我了解越多就越喜欢'她'。我的房间很舒适,待我把它稍加整理后就很理想了。"他的钱还够用,等到第一期75英镑发放以后,他准备把"生活标准提高"。他还计划去伦敦以便购买"我想挂在我墙壁上的复制艺术品"。

历史学家奥尔特(Warren Ault)曾在1907年做过与埃德温同样的旅行,他把这个使美国人增辉的年轻人在乘火车前往牛津时的形象描写得栩栩如生:

> 他穿着宽大的运动裤、皮纽扣的诺福克茄克衫,戴着一顶大帽子。他还手持一根手杖,操着使我简直听不懂的英国口音。事实上他是一名美国罗德奖学金生,在牛津已待了2年。他已能为我们做指导。看来这2年使他变成了一个冒牌的英国人,就像他的冒牌口音那样。我被他的眼神和嗓音弄得神

情恍惚,但我下定决心,牛津不会使我变得那样。

除了有些糟糕的拼写和错误的标点以外,埃德温在最早的一封信中流露出当他在牛津的开头几天中正在经历着一种显著的变化。好像是故意似的,他开始以奇怪而做作的"-egger,-ugger"这种难懂的语言来说话和书写,这种语言在战前时期是盛行的,但在20世纪二三十年代已经消亡。人们不是谈上几个小时,他们喋喋不休。人们都有非常好的时光,衣服赏心悦目,正如他们的住所和为了更具有人性而购买的花朵那样。他已经遇见了加利福尼亚州的赫伯特·斯托尔兹(Herbert Stolz)、俄亥俄州的布兰德(Bland)以及亚拉巴马州的克罗斯兰(Cross-land)——"全都是杰出人物"。新西兰的爱德华兹(Edwards)虽然不是罗德奖学金生,但"是一个非常好的人"。他已经把他自己的"轮子"(自行车)借给了埃德温。"一旦我取得了稳固的经济基础,我便立刻购置我自己的自行车。"通过了初试以后,他与其他3人住进了乡村小旅馆,以便等待新学期的开始,"待在那儿的10天是最美好的时光"。他的文体是如此怪异,被搞得糊里糊涂的詹妮可能要两次核对他的手笔,以便确认那的确是她儿子所写。

为了被大家接纳,埃德温很快与在牛津的大多数美国人混熟了,而且与他住在同一层楼的3个德国人很快成了他的挚友。1个月以后他写的信中说道:"现实的问题是要遇到英国人。"让他父亲更操心的是,他还因下列事件而引以为豪,上一年的划船队员们喝醉了以后拥入他的房间,大声喧嚷,吵醒了学院中的大多数人。"他们……确认我是一个'活泼有趣的大好人',他们十分豪放。从今以后,我敢说他们中的大多数人不会在街上认出我,不过这是一桩寻常事件。"但是,队长是清醒的,次日下午他邀请埃德温去喝茶。而他的同国同胞背地里开了一些善意的玩笑。艾奥瓦州的拉森(Jakob Larsen)——他在女王学院攻读古典文学——写道："当我们中的其余人都在极力保持来自家乡的口音时，他想学会一种极端的英国口音，我们都取笑他的这种努力。我们经常断言他不可能会自始至终，他不过是在一个澡盆中洗个澡而已。"

Ⅲ

在拉森的记忆中，埃德温进入牛津以前，是个十足的天文爱好者，并不酷爱法律。埃德温回避他为何选择法律而不是科学的真实原因，他自己解释说当他回到家乡以后他要挣钱。他申请了高班生身份，以便希望免除"法律初级考试"，它被定在12月的期末，而且需要大量的准备工作。然而，女王学院的院长驳回了他的申请，这位院长认为他在物理方面的背景知识与手头的功课极不相干。

在这几个星期中，他抱怨一些急迫的社交事务太多，还要进行身体训练以便保持竞技水平。虽然他以前从未涉足赛艇活动，他还是决定学习划船，这是一项麻烦的活动：

> 我们这些新生在每天下午练习划船。每艘练习艇可放进2个人，这是一种有2支桨的艇，由一个老划手发号施令，由他教我们划桨的科学和技艺。一开始那是一种十分缓慢的过程，然而如果我能学下去的话，我想我可以成为院队中的一员，因为一个强壮的人是他们十分需要的。

当练习划船时，他第一次尝到了城市居民对大学生的蔑视，在早些时候，这种蔑视触发了一场导致谋杀的暴乱。"对于市民们来说，这些孩子随心所欲，而且这是很普通的情景：他们穿着短裤——那是我们的田径运动衣，一起走进河中……他们全都这样穿过主街道。"他赶紧使他母亲消除疑虑："你可以相信我不在其列。"他的自我本性还没有完全被强烈的崇英病淹没,他说道:"每个人都手持一根拐杖——这是另一种习俗,而我没有遵从。"

他很快便琢磨着扩大交往圈子。"我的房间已成为有名的'沙龙',这正是我希望的,但是我必须如此勤奋地学习,这样就显得有点烦人。"他的三面三角形窗户俯瞰着浮雕建筑的东圣彼得教堂大院,在阴沉的秋雨中这是一处勾人愁肠的景观。2间房间的墙壁被他描写为"散漫但令人愉快的不规则",其中较大一间里的家具参差不齐。色彩艳丽的小食柜里放着茶叶罐,当有重大活动时,他便在小壁炉中为客人调茶。小食柜中还放着他逐渐增多的烟斗和烟草的收藏品,因为他已经养成了像他父亲那样的吸烟嗜好。一间小卧室敞开在一边,只够放下一张小铁床、一个脸盆架以及一个梳妆台。在学院里只有另外2间房间比他的房间便宜,然而那些房间太矮,他不能舒服地站立其中。

在大多数的下午或晚间时刻,他把自己围于炉火旁边,在一堆书籍中学习、阅读以及做白日梦,挂在墙上、叫起来像杜鹃的报时钟[他的德国朋友格明根(Hans-Lothar Gemmingen)送给他的礼物]嘀嗒嘀嗒地走过每一分钟,并且报出度过的钟点。当詹妮写信提到他所喜欢的2个年轻女郎最近已经成婚时,他回信说许多人认为一个人能够学会去爱几乎任何人:

> 情况也许如此,但我仍然梦寐以待,等待或许会到来的一次猛醒,大彻大悟,或许更加梦想连翩直至不再梦想。"她那凝目一瞥的光辉,可与头顶上真实的星光相比拟。"我所知道的自娱捷径便是梦想,这与外界的事情没有关系。

他的导师们全都是乐天派,然而3个月的苦读却给他留下了奇怪的不悦。

苦读,仅仅是苦读而不是什么别的,已成为一件令人厌烦的事情……工作要成为愉快之举,那必须能导致某种非凡的结果。这种结果要如此非凡,梦想着它,参与它,就能克服所有劳作之烦苦。因而,直到一个人获得了等同于他的全部生命的某种结局之前,工作是很难使人感到满意的。

这种伤感之调不是让约翰过目的,他给约翰的信是另外单独写的,而且不那么直率。詹妮的心必定是钟情于她那烦心的儿子的,但她对于他的苦恼爱莫能助。分享他的浪漫倾向,她可能已把希望寄托于他在信末透露出的另一个梦想上,这是一个命运未卜的梦想:"我有时感到我有这种感觉,去做常人不做的事情,只要我找到了某种基本的东西,为此我便能放弃其他任何事情,而奉献我的生命。"

到了12月中旬,他的精神状态明显改善,说到他已通过了法律初级考试,并且盼望着去德国度过圣诞假期。他苦读3个月,把整整1年的功课都死记硬背了下来,因而就能在2年中而不是通常的3年中拿下他的法律学位。他在穿越英吉利海峡之前在伦敦给他父亲写了一封公函式的信,在信中报告了上述好消息。他大刀阔斧勇往直前的进一步证据,便是他所描写的首次参观议会。埃德温、艾奥瓦州的齐格勒(William Ziegler)、佛蒙特州的沃森(Joseph "Bart" Worthen)一起走到了上议院,凭着美国法律学生的名义要求进去。"这种激情奏了效,因而我们获得了参观上议院的权利,它是王国案件上诉的最高法律机构。"在此以前的一天,他们3人还参观了王座法庭——英国最高的刑事法庭。当首席法官阁下出现时,他们感到一阵惊恐。

黑兹尔(Hazel)先生是埃德温的法律导师,他给了埃德温6本书,让他带着去德国,而在下一学期埃德温要读历史课程了。"多样性"(这就是关于希腊原文的《新约》的口试主题)在春天里隐隐呈现。他仍然从事划船活动,而且看来很可能他会成为学院8人队的队员。拳击也在他的议事日程上,而且他还想被选拔为大学田径队员。

德国留给埃德温大多数印象是模糊单调的,因而未记下来。然而,日耳曼那种刻板的偏见还是不会被忽略的。"柏林确实是一个模范城市,清洁干净、规划良好、条理井然。相比之下,伦敦差多了。"他不知怎么地能够见到皇帝威廉二世(Wilhelm Ⅱ)以及他的皇后奥古斯塔·维多利亚(Augusta Victoria)。尽管皇帝的胳膊很柔弱,但埃德温确信这位维多利亚女王的很容易感情冲动的外孙是"一个美男子,严厉,但很少发狂",根本不像英国媒体近来漫画式地讽刺的那样。为了讨好詹妮,他还补充道:"他的妻子,即皇后的样子十分慈爱。"

埃德温要想在体育比赛中成为大学运动队员的希望受到了挫折,因为他的一只脚挤进了跳坑,踝关节脱了臼,使他整整两个星期在自己房间中闭门不出。他的情况由于下列事实而变得更加悲哀,这就是由于时间关系,他放弃了近来他在学院8人队,即女王学院划船队中赢得的地位,这是他成为大学8人队成员的好机会,以前还没有一个美国人跻身其间。他的德国朋友、也是罗德奖学金生的波普(Alfred Eugen Popp)与埃德温住在同一层楼,他也退下阵来,被剥夺了女王学院的老手们的"首席锦衣",因而在划手们中间引起震动。在困恼的埃德温康复期间,女王学院已被削弱的水手们被巴利奥尔队、基督教堂队和新学院队打得惨败。其后新学院的学生们出动狂闹,把两个四方院子中的每扇窗子都打碎了,而且还把院长的私人花园中的玻璃温室也砸得粉碎。埃德温在给詹妮的一封信中抱怨说:"新学院是一个'纨袴子弟学院',所有人都很富裕。他们所遭受的唯一惩罚只是处以罚款并且'禁闭'两个星期——我这样猜想。"

为何在埃德温的信中从来不提教堂的事情? 詹妮提出了这个问题,父母双亲的心头都这样想。当埃德温16岁时,他曾经返回惠顿并在9至10岁的男孩组成的主日学校的班中教课,这一工作一直持续到他进入芝加哥大学以后,在芝加哥大学中礼拜仪式是必须参加的。现在他不愿承认他已经离开了主日学校,而且"或许我上浸礼会教堂的次数没有理应的那么多。无论如何我在下周日要去一次"。对于不信奉国教的曼斯菲尔德学院的教堂(装有彩色玻璃并有精心雕刻的牧师座位)中所举行的更为理性的布道活动,他更感兴趣。当"一位大人物"访问牛津时,埃德温有时穿戴所需要的帽子和长袍,在圣母玛利亚大学教堂里聆听他的讲道。海伦回忆说,她的哥哥有一次对天主教表现了短暂的兴趣,在此期间,他的一位朋友给了他一串念珠。

除了直接处理关于他自己摇摆不定的信仰问题以外,他企图安抚约翰,说他正在寻访很多宗教圣殿,这更是出于历史方面的兴趣,而不是由于虔诚。他长途骑车50英里(约80.5千米),到达了多切斯特,去参观废弃了的大教堂,在它的神圣不可侵犯的围地,克伦威尔(Cromwell)的骑兵把他们的马匹关在那儿,敲掉了壁龛中的膏塑的天使。这位全神贯注的朝圣者猫着腰缓步穿行于石板地,读着死者的铭文,萌发了在墓地中的一种压抑的阴沉感。他用铅笔把一个死于1799年的年轻女子的碑文抄录在记事本上,然后寄给他的兄弟比尔。碑文曰:

> 如果您有一颗体贴而怜悯之心,请思考一下这篇短文:
>
> 这里掩埋着一个年轻女子的遗体,她天然美好的纯真无邪的心灵以及温雅风度,得到所有认识她的人的珍爱。但是她的神经过于纤弱,不能承受这一短暂的世界的猛烈震撼。它们被压垮了,她衰弱下去乃至死去。这位多愁善感的殉道者。

埃德温为自己另抄了一份,并且发誓有一天还要回来。此外,他富有哲理地写道:"我在远处肃然起敬,正如但丁所言,那是人类的精心杰作。"

Ⅳ

经常见到埃德温与夏威夷出生的赫伯特·斯托尔兹在一起,后者是斯坦福大学的斐·贝塔·卡帕*毕业生,现在女王学院攻读医学。由于善于拳击,这个方颚、粗脖的中等体重的青年在拳击中击败了剑桥的最佳选手,赢得了大学体育蓝队选手**的资格。埃德温在写给詹妮的信中说,他们俩"一开始就黏在一起",成了好朋友。"当我感到孤独或不愉快时,我就本能地想去找赫伯特,确信会找到真正的同志情谊——这是一种充满着深厚的宁静意义上平凡又平凡的同情。"在每年一次的与剑桥大学的划船比赛周里,他们俩打赌,看谁会首先遇到一位女王学院学监的"十分漂亮"的女儿——艾伦小姐。埃德温赢了,因而去和她们一家吃中饭,去跳舞,去野餐;而赫伯特却令他赢得胜利的朋友大吃一惊,他被另一位学监的妻子俘获,这位夫人是"一个打扮粗俗的女人",有两个"十分讨厌的女儿"。

虽然经过了一些时间,但是现在美国人已经"抱成团"了。在标志着比赛接近尾声的音乐会上,埃德温、赫伯特还有其他两个年轻人拉过椅子坐在前面院子的柱廊下,日本灯笼柔和地照亮了灰色的石板。他们要求埃德温演奏"曼陀林",这是他在德国购买、自己练就弹奏的。"我们开始唱歌,很快就有30人聚集在周围——全都是穿着礼服、模样光彩照人的小伙子。我们在那儿一直待到1点钟才结束。"

另外几个晚上是在一种令人毛骨悚然的情况下度过的。如果有一个学生晚上坐在女王学院的楼梯井外的某个房间中,他会听到登上古

---

*这是美国大学毕业生的荣誉团体,其名称分别是希腊字母"Φ""Β""Κ"的音译。——译者

**蓝色表示该生是大学校运动队的主要成员。——译者

老楼梯的脚步声。当然他会等着听到敲门声或者叫门声,但是却听不到任何声音。当他打开门查看时,却见不到任何人。埃德温乐于揭开这一有趣的神奇现象,他与赫伯特以及其他几个人决定去寻找答案。他们在房间里坐等了几个晚上,情况确实是这样,他们听到了楼梯的登步声在门外中止了,而过道中却空无一人。这一谜团继续存在,影响了他们的学习。在绝望之中,最后有人建议做个实验。派他们小组中的一个人到楼梯下面,告诉他登上楼梯,进入房间,尔后把门关上。经过很长间隙之后,就出现了鬼魂般的随之而来的声响,据此,就揭开了此神秘现象的骗人的简单答案:当陈旧的栎木踏板被一级级踩下时,它们将会在某段时间内维持原状,直到登上最后一级楼梯后才一级级噼噼啪啪地响了起来。

关于在二层楼上可以俯瞰整个四合院的一间鬼魂作祟的卧室,还有更多的私下说法。这间房间一度是边沁的下榻处,而晦隐经历对于这位政治理论家的下列名言作出了嘲弄,他声称大多数人的最大幸福在于基本和不言自明的道德准则。当这位功利主义者离开很久以后,一位年轻的教师住进了这间房间,他告知院长他要沿着康沃尔海岸去观光。然而,他却一去不复返。经过一段时间之后,这一住处被分配给另一个人,他不知道这位失踪了的教师。头一天晚上,这位新到的住客在房间里,突然被惊醒了:在夜色朦胧中有一个人向卧床爬去。此人衣服浸湿,他那扭曲的表情是如此可怕,以至于使得这位住客昏厥了过去。次日早上,根据这位住客对于事件的描述,人们认定夜晚的闯入者就是失踪了的那个教师。他们没有再说什么,而这位吓坏了的住客就被安排到别处去了。下一个学期这个房间又分配给另一位新来的教师,他也经历了同样令人毛骨悚然的恐怖事件。第三次尝试也照样出现了这种怪事,之后,就决定把这一房间改为阅览室,日落之后就关闭。

埃德温很清楚地知道这一故事,当他在学校中待了不到一年的时候，又从德国传来一个令人毛骨悚然的偶发事件：一个女王学院的学生（也是他的朋友），名叫皮特里（Petrie），当他跟一个朋友一起在一个湖中洗澡，朝着一个小岛游去时就一去不复返了。经过长时间搜索以后，最终在 12 英尺（约 3.7 米）深的水中发现了他的尸体。埃德温在给他的兄弟比尔的一位朋友的信中写道："我自己能够看到当时的景象，似乎水鬼降临于女王学院——我怀疑这水鬼是否就是罗蕾莱（Lorelei）*？"

埃德温逐渐与埃尔默·霍姆斯·戴维斯（Elmer Holmes Davis）相亲近，此人是来自印第安纳州的 1910 年级罗德奖学金生。来自富兰克林学院的这名善辩而又悲观的斐·贝塔·卡帕毕业生在女王学院攻读古典文学，他与埃德温及斯托尔兹同桌进餐。戴维斯想在完成学业后成为纽约的一名记者，然而对于在一个印第安纳州的小地方奥罗拉长大的人来说，要在大城市中谋生的前景是很暗淡的。他与埃德温经常谈论他们的未来计划。有一次戴维斯显露出他的犹豫，他说他宁做鸡头，不做凤尾，这时埃德温回答说："为什么不做凤头呢？"戴维斯对此颇感惊奇。

谷物市场街上的美国人俱乐部乃是远离家乡的美国佬之家。每天下午，3 层楼上的房间全部开放，以供会员光临，谈论通过仔细阅读大量美国期刊而挑选出来的有关家乡的情况。晚间集会的内容是演讲，还有模仿牛津大学联合会的正式辩论。轮流担任书记与主席的戴维斯很快跟埃德温辩论下述问题："决议：这次议会将宣告州长会议的最近动议——企图修改州权条例——为有罪"。埃德温把这一辩论描写为"一场狂暴的战斗"，其涉及范围从"州际贸易委员会的条例到州与联邦权力之间相互冲突的边缘领域"。他是有关问题的光荣的提议人，最终以 40 票对 32 票获得通过。

---

* 罗蕾莱是德国传说中的女妖，出没于莱茵河的岩石上，以其美貌及歌声诱惑船夫触礁而淹死。——译者

听众中有小个子田纳西人兰塞姆（John Crowe Ransom），他与他的朋友戴维斯轮流担任俱乐部的书记与主席。作为干净利索、长相令人悦目的一个不装模作样的年轻人，这位褴褛中的诗人使得他的同乡肃然起敬，这是由于他作出了看来是自招失败的决定——在基督教堂中朗诵"主神们"，一般说来这在大学中的任何地方所提供的节目中被认为是最崇高的。在罗德奖学金生中不讲英语的人是罕见的，然而兰塞姆不仅攻读古典拉丁文和希腊文已有8年之久，实际上他还讲授这两种语言。不过，正是兰塞姆不知道而哈勃却知道的东西使这个田纳西人对高个儿、镇静的女王学院之子产生了很大兴趣。"我记得在牛津当我阅读英译本的康德（Immanuel Kant）时，他却在阅读德文本的康德，这一点使我印象很深。同样，他向我借书后总是还给我。他十分英俊。"兰塞姆最亲密的朋友、班里未来的历史学家、来自巴里奥尔的弗吉尼亚人斯图尔特（William Alexander Stuart）永远不会忘记埃德温·哈勃用火柴玩的"愉快的小把戏"。当他赢得了有争议的辩论以后，他就点燃他的烟斗，把火柴抛入空中兜上一圈，尔后再抓住它，当火柴下落时它仍然在燃烧。

短兵相接的推理辩论使埃德温对法律产生了一定的兴趣。他在写给他母亲的信中说，最佳类型的英国人似乎是在法学院中，自从他成为新建的法律俱乐部（它是一个假想法庭）的一个创始成员之后，他遇到了其中的几位。他的第一个案件涉及合同的复杂问题，使他与一个澳大利亚人对庭。他充作原告的"辩护人"。他的调查研究证明，法律条文有利于他的对手。他能做的全部事情就是努力说服3人法庭相信"我的当事人的要求的确是正当的"。他从来不说他的遭遇如何，但是他很快就自愿去为一桩更棘手的案子辩护，在这件案子中，"法律似乎全部有利于对方。我只是……恳请绝对公正"。

与此同时，他写信给他的祖父，说他每门功课学得都很好，除了罗马法律以外；罗马法律"非常枯燥，然而必须学，因而我要像一个男子汉那样面对它"。他的最大诱惑是"扔掉所有事情，只是在精神、肉体上漫游。不要注视我去向何处，但我在行走中"。在偶然的坦率时刻，在牛津待了14个月以后，他毫无戒备地写了一封信同时给他的父母亲：

> 已经决定放弃所有其他念头而专攻法律。有时候，我怀疑攻读法律的决定是不是最佳选择。我越来越感到我是一个学生而不是一个生意人，而我所能取得最佳成就的领域是理论而不是实战。无论如何我不是不喜欢工作的念头——相反我急切希望开始行动，但我怀疑其结果。反正我都不太在乎。我现在的雄心是在于一本书、一张便椅以及一个壁炉。也许有朝一日会改变，但可能为时太晚了。

一年前向她母亲透露的更高欲望的想法看来不再是如此非使人相信不可了："在过去，一些愿望一般说来都已兑现，不过，这将持续多久就成问题了。"

他没有告诉他的双亲关于他正在花费时间与约克郡人赫伯特·霍尔·特纳(Herbert Hall Turner)相处的情况，后者是牛津的萨维利安天文学教授和大学天文台台长。特纳是一位杰出的演讲人，他是有天赋的天空绘制者，是天体摄影术的杰出人物，除了大量学术论文以外，他还是4本天文学科普书的作者，其中包括少儿名著《遨游太空》(A Voyage in Space)。这位萨维利安教授所住的房间是在拉德克利夫天文台(牛津最漂亮的建筑之一)东侧楼的东端，这个建筑的中央耸起一个八角形的塔楼，高有4层，模仿雅典的风塔。在东道主的陪同下，埃德温绕着塔上围有栏杆的平台散步，在平台上安装着一个风速器和天球仪，由擎天巨神阿特拉斯(Atlas)和大力神海格立斯(Hercules)的雕像支撑着。

他们之间究竟讨论些什么，这就不得而知了。只是在两人去世以后才披露出来关于他们之间的联系。黛西·特纳(Daisy Turner)写道,她与丈夫早在埃德温大学时期就认识了他。"当他第一次来吃中饭时,他以温雅的嗓音道别,'夫人,真是感谢您的好意,招待我这顿午餐。'"特纳一家陶醉于他的说话方式,这是密苏里家乡培植起来的遗风,有时在他给他双亲及祖父的信中也溢于言表,这是影响他英国腔的另一原因。特纳夫人还描述了另一次聚会,当她邀请埃德温来吃晚饭时,她还约了另一位好朋友。埃德温一次又一次地摆弄他的三纸牌把戏,无人可以正确地猜中。她至今尚能记得当埃德温告辞后她的朋友的评语:"您说您邀请了一名女王学院的大学生来吃晚餐,但您并没有说他是一个阿多尼斯(Adonis)*。"

V

埃德温现在已经临近23岁生日,他体重190磅(约86.3千克),比他刚来牛津时重了20磅(约9.1千克)。除了臀部保持苗条以外,他的腿部、胸膛、脖子以及双肩已经丰满,突出了他擅长运动的特点。他的眼睑习惯于直视,注意力集中,眯着眼看东西。他已经学会运用他威风的体格和友善的举止发挥充分的效果。有一次,当某一位上尉与一位摩拉维亚伯爵为了谁与一位未来的英国公爵夫人跳下一轮华尔兹舞而发生争执时,埃德温伸臂抱着这个引起争执的妩媚娇小的身体,随着梦幻般的旋律《爱之夜》跳了起来。"活像年轻的洛金伐尔(Lochinvar)**",他写信给詹妮说,"这是开了个大玩笑,绝对的镇定总是可以无所畏惧地正视一个人并打败他。"

---

*阿多尼斯是希腊神话中的美少年。——译者

**洛金伐尔是英国诗歌中的人物,在其情人将与别人结婚时偕她潜逃。——译者

　　踝骨脱臼阻碍了他面对牛津的其他重量级运动员取得与剑桥队比赛的校队资格。根据最新的经验,他相信自己可以超过挡他路的唯一一个人。"当我离开了我的交椅后,齐格勒和斯托尔兹将会成为美国人的明星。"在留存的信件中,再也不能读到关于拳击方面进一步的情况,然而他后来宣称,在一次表演赛中,他与法国的重量级冠军卡尔庞捷(George Carpentier)打成平手。

　　以体态匀称、面貌英俊而前所未有地吸引妇女前来观看体育运动的175磅(约79.4千克)重的卡尔庞捷,在与英国冠军"绅士"沙利文(Jim Sullivan)的两局比赛中,击倒了对手,从而获得了欧洲中量级冠军的头衔。在转升到重量级以后,他运用他闪电式的右拳,打败了"炮手"韦尔斯(Billy Wells)。这个英国的另一大希望,仅在73秒内(包括10秒钟倒地计数时间)就告败北。尽管这个法国人也许曾跟这个年轻的美国人打过几局练习赛,但看上去值得怀疑他们曾经进行了拳击比赛。

　　牛津棒球队——埃德温是它的队长、干事、第一守垒员和替补投手——在1911年春天的首次亮相,在这片板球的领土上激起了某种骚动。他们的第一次出击是与来自伦敦的一支球队对阵,结果以压倒性比分16∶1大获全胜。"英国佬掀起一阵骚动,对比赛印象很好,而且想要知道为什么我们不干得更好些。"埃德温给他们解释说,美国人并不指望引进一种新型运动项目。一场复赛于6月21日在水晶宫展厅进行,正值国王乔治五世(George Ⅴ)和王后玛丽(Mary)加冕典礼的前夕。其后,埃德温与他获胜的球友穿着白色的法兰绒衣服在伦敦大街散步,直到清晨2点,他们被加冕前夕不寻常的景象和叫声所吸引。

　　埃德温要想荣获校队资格的希望现在就与他在田径方面的成绩联系在一起了。斯托尔兹在写给加利福尼亚的双亲的信中说道,当他们参加几乎每一个项目时,牛津的运动会就使他回忆起他的中学时代。"芝加哥的哈勃与我代表女王学院队担任了主要角色。他参与了3个项目,而我试图参加5项。"

就埃德温而言,他在跳高、链球以及铅球等一些项目中的表现,使他第二次赢得了大学代表队的"C"。在这个紧要关头,他获准参与跨栏与较短距离的赛跑。在1911年春季他参加的第一个赛季中,他成功地代表跳高队出场。一周以后,在由伦敦体育俱乐部资助的一次运动会上,他与一名剑桥的跳高选手并列第一,使他首次赢得了绶带和奖章。由他的崇拜的姐妹们忠实地剪贴在家庭影集中的一系列照片与印刷品透露出埃德温横穿大西洋以后所取得的成绩,他的父亲也注意到报纸上关于他儿子所取得成绩的新闻。"埃德温·哈勃,哈特福德国家保险公司的肯塔基州代理人约翰·P.哈勃的儿子,"一篇文章在一开始时说,"是牛津的一个罗德奖学金生,干得很出色。"

埃德温所期待的机会终于在1年之后到来了,这是3月23日在伦敦举行的牛津—剑桥年度运动会。虽然整个星期都在下雨,阻碍了所有成绩的发挥,但他还是把它说成是"一次宏伟的运动会"。跟他的朋友齐格勒一起,他们顽强地取得了5:5平局,挽救了当天的牛津。在他参与的2个重头项目中,埃德温没有赢得任何一个,但是他的名次已经足够靠前,可以赢得"半蓝色"*,因而他写信给他的双亲,现在他正穿着"有色服装"。尽管这是引以为豪的时刻,但他的侧重点自从在芝加哥读大学时期就已开始转移了。他写信给他母亲说:"体育运动已经不那么重要,因为它们早已使我不那么在乎了。"在他写给露西的、标明日期仅在他取得胜利的几个星期之前的一封信中,他计算了一下,从他离家以后已经读了300本书籍,平均一星期读5本,其中大约只有十分之一是小说。"我以为时间利用得很好,而涉及领域也很广,从比较宗教学到俄国历史。"

---

*半蓝色表示该生是大学校运动队的次要成员。——译者

VI

在第二年开始时,埃德温搬进了内院对面角落里的另一间屋中。他还被选为"桌长",负责照料新旧罗德奖学金生,另外还有大约15名其他的女王学院学生。当他第一次给美国学生传授如何泡制一杯特殊的茶饮时,他感到特别愉快。女王学院的传统习俗与宗教仪式成为他终生的回忆:号角声宣布到了晚餐时刻;中古时代的感恩祷告;圣诞节的拉丁歌曲,以及抬着公猪头的游行。他背离了他对父亲的承诺,经常饮用由女王学院酿造厂(该厂是牛津现存的唯一一家学院酒厂)出产的烈性的、3次酿制的啤酒,并且成为法国酒方面崭露头角的品尝行家。

当女王学院被选作一年一度的罗德晚餐会的东道主时,埃德温坐在主桌上,席间有米尔纳(Milner)勋爵、格雷(Grey)勋爵、几位下院议员、一位大学法律学监,"以及许多教育界与政界的次要名人"。他仰慕乔治·帕金爵士,这位先生在海外组织了罗德奖学金,希望培养出未来的总统和大使。埃德温写信给他的双亲:"帕金……是一门心思做事的人物,一种思想充塞他的整个生命、他的行动以及他的讲话。这一思想便是大英帝国,它将如何扩张、集权,并且控制整个世界。"只有这样一些人物,"那些发现自己能够全心全意接受某种法则,并且不论如何都按此法则生活的人,才是伟大人物"。

埃德温已经把他的美国衣服折价换成了宽松的灯笼裤以及一件诺福克茄克衫。他现在违背了以前的宣言,手持一根手杖,有时披上一件黑色短披风。这使他出没于古老牛津的林荫大街与昏暗小巷,增添了已够威严的仪表。他的社交面已经扩大到这种程度,他所收到的宴会与正式茶会的邀请信,使他应接不暇;周末经常在乡下。他从伍斯特的特里希尔写信给詹妮:"要是您能看到您的儿子正在访问一个华丽阔绰的英国家庭那有多好。"接待他的那家人的父亲是乡间的行政司法长官、第一流的商人、城镇的法律顾问以及6个委员会的主席。"我们要穿上晚礼服赴宴。我进入房间,寻找晚礼服——衬衫、硬领、领带,把所有衣物摆出来以便备用。"正如常言说的那样,早上打高尔夫,晚上玩桥牌。"客人被允许随意走动,并被当作家庭中的一员。他可以自己照料自己,差遣佣人,寻找自己的乐趣。"

这家人被埃德温天然的魅力折服。在8人划桨赛的一周中,一个名叫阿特金森(Atkinson)的女王学院的人找到埃德温,告诉他说,他的一个堂表姐妹不愿在能与这位美国人首次相识以前离开舞会。埃德温已经在整个星期中留意这个威尔士美人,但是他没有接近阿特金森,唯恐失礼。经过介绍,埃德温跟这位小姐的母亲谈论服饰,跟她父亲谈论政治,跟她的兄弟谈论耕作。"她跟我之间——呃,我记不大清楚了,但我想那是天文学。她确实很美。我感到应该立即去威尔士边境那儿察看他们的果树庄园。"正如以前那样,他的青春骚动最终过去了。他在给詹妮的另一封信中使她放心了:"毫无问题,我要收回我整个的心,离我严肃考虑这类事情,还有好几年呢。"

圣诞节有6周假期,复活节又有6周,还有4个月的暑假,罗德奖学金生有很多时间去旅行,他们也盼望着去旅行。他们经常去欧洲大陆,节省开支,尔后就蹲在某一个英国村庄中,一直等到新学期到来,并且获得下一期的奖学金资助。埃德温喜欢位于泰茨沃思的"天鹅之乡",在那儿,一个星期花上一个畿尼*,他就可以住到一间房间,而且每日供应4餐。这个村庄位于牛津12英里(约19.2千米)处,有一个商店、一所邮局以及两打茅草顶的小型住宅房。上午,他像一个书呆子那样苦读,下午,则施教于泰茨沃思的玩纸牌的乡下人。在附近的"公猪头"村庄中,兰塞姆已经读完了德文的康德著作。

---

* 旧英国金币。——译者

埃德温与一个英国朋友在他们的一个假期中拜访了在安达卢西亚的城市加的斯的另一名牛津学生。主人家的父亲是一位雪利酒出口商，年轻人到藏酒地窖中逛了逛，主人给他们介绍了地窖中的"12传道者"，即12个琥珀酒的大酒桶，其味道从"无甜味"到"很甜"。在埃德温见到"传道者"以前，那儿有一本客人名录，以备每一位来访客人在上面签名，因而，当他品尝了所赠的12种雪利酒样品后，他又一次签下了大名。签名被作了前后一致性比对，引起很多逗笑。埃德温并没有提到他自己的举止，但说到他在签名簿上看到了许多著名的名字，其中包括西班牙国王阿方索（Alfonso）。

在德国比其他任何国家都有更长的假期。1911年的暑假当埃德温第二次访问欧洲中部时，骑着自行车用8个小时就走了90英里（约144.8千米），总行程达1000英里（约1609千米）。在经历了艰苦的一天骑车以后，他第一次欣赏了多瑙河。它的宏大与色彩使他回忆起俄亥俄河。然而，它的水流比他看到的所有河流更加湍急，除了尼亚加拉河以外。他忘记了女王学院的"罗蕾莱"，他告诉他的双亲他出去游过泳。他刚离岸下水，在一艘摩托艇上的两个警察就招呼他上岸，他们警告说由于水流太急，此河禁止游泳。

1912年夏天回到德国度假的埃德温，外表上更为自信和老练了。他来到了基尔，这是西北部石勒苏益格—荷尔斯泰因州的首府，也是德国的主要海军基地。"这儿的人比其他大多数地方的人的人种更纯，在这儿可以看到真正的条顿人——白皙而强壮。亚麻色的头发，美妙的皮肤，碧蓝的眼睛。他们都很坦率。"直接遵从英国的严格习俗，他感到在这个城市的生活令人愉快和自由自在。

尽管埃德温深深热爱英国，但他还是看到了足够多的德国军事力量，从而再度确认了早些时候的判断，即可能要发生一次欧洲战争。在饮茶期间，2个年轻狂热的民族主义者先是诽谤伦敦主教，然后炫耀英国军事力量在不久的未来的辉煌成就，使得他烦躁不安。他愤怒地说："正是这种自负的年轻人的愚蠢，将使英国卷入战争。"形势的发展很清楚——一方是英国和法国，另一方是德国。要是俄国在巴尔干半岛以外袖手旁观，那么仍然"几乎不可能想象目前会有什么真正的大麻烦"。

埃德温还看出德国铤而走险的唯一因素就是面子，面子必须要用刀剑和手枪维护。他已经获准进入一些秘密的决斗团体，已经目睹6次佩剑械斗，这是动真格的事情，流了很多血。背钝刃锋的战刀不像佩剑那样致命，但是需要更高的技巧。"参与者必须丝毫不能摆动头部——在整个决斗过程中几乎不能眨眼——否则会使整个脸部被戳伤、耳朵被割掉或者鼻子被划开。"谁要去玩别的花样就会由于被学生联合会开除而蒙受耻辱。埃德温也产生了玩战刀的想法，一个想要学习如何拳击的德国人也渴望交换一下课程。阻止埃德温这样做的全部原因是害怕伤疤会落在不恰当的部位。

近来，埃德温与名叫克鲁格（Kruger）的海军军官交往密切，对于这位军官，他描写为"是一个30岁的野性而满不在乎的人物，从海军上将到音乐厅的艺术家，他都认识"。他们一起在基尔湾中游泳，而且克鲁格还带着他的新朋友前往一家私人网球俱乐部，在那儿埃德温打败了最好的选手，因而引起了注意。"我已经结识了很多军官太太。基尔的女人非常好看，然而，我已开始懂得为何在这儿每个月要发生一次手枪决斗。"

约翰没有停下来想想，他的儿子可能作了不恰当的修饰，越来越虔诚的他就赶紧重申戒规，多年中这是很少受到挑战的：

"人之为人，在于思考。"当杀戮与纷争的思想主宰了头脑……那么，美好的、更为崇高的品质因素必定受到摧残。

在你将生活的这片土地和这个时代，决斗者的伤疤绝不是一种光荣的标记；知识是一种无价之宝，而刀剑和手枪的使用知识却一文不值。你按照我所期望和相信的那样把自己充实起来，这将是一种有用的经历。无论如何已经有10名天才被委托给了你，因而可以期望你的学生干事职位会给你一份良好的报答。

我信赖你给你母亲与我作出的诺言，这就是你不沾任何一种酒。我相信你会做到这一点，然而你为何经不起诱惑呢？……

我的儿子，人的品性是真正的检验标准，而你必须使你自己在每一机遇到来时担起重任。就我对于基尔的了解，我不得不认为你并没有为你的度假选择了最好的地方。

我知道你会明白我之所以如此喋喋不休地劝诫，是因为我爱你，而不是想惹起任何不愉快，无论如何也不是要限制你的行为。要诚实、忠诚、严肃，利用给予你的机遇，相信你能自己干一番大事情。

约翰对自己基督教徒的顾忌作出了适当的处理，他尚感不满足，因而当他的儿子取道回牛津以后，继续对他进行训诫。他又一次提到饮酒的话题，然后转入一个更加紧迫的问题：

我还要让你牢记上教堂的必要性。不要养成不去教堂的习惯。上教堂是生命中的最大满足，一个认为能够不与上帝同在的人，将会痛苦地认识到他的过失，或许这种醒悟太晚了。

约翰·哈勃写给埃德温的其他书信已经不复存在，但是海伦把其中的有些信函概括为"狠狠责骂"。为了适当地缓和一下，这位获得了权利的儿子回了信，回避了他父亲提出的问题，而运用了恰当的情感杠杆。"现在我要动真格，真正发奋读书。"他将在以后的几个月中攻读有关公司法这一新领域中的德文教科书，并且已经要求约翰告诉他有关肯塔基州律师考试方面的信息。有几个芝加哥的朋友正在伊利诺伊州进行同样的考试。已经消了气的约翰对于儿子的新动向感到"非常高兴"。"夜间碰到了机遇,我们也应该立刻把握它。"

若干年以后,关于他在基尔时的历险,埃德温讲了一个十分不同(即使有些可疑)的故事。在他到达以后的那天,他去游泳,听到呼救声。他冲向挣扎着的受害者,发现这是一个白皙的、十分漂亮的年约30岁的女子,他把她拖上了岸。次日,这位女子的丈夫——一位官衔颇高的海军军官,他的嗓音奇怪得像"野性而满不在乎"的克鲁格——打电话感谢埃德温并且邀请他去吃中饭。两人成为好朋友。埃德温与向他介绍的其他海军军官打网球,并且几乎天天与德国人一起游泳。因而他对下面发生的事情感到惊奇:他的朋友来到他房间,有点窘态地说埃德温正在动他妻子的脑筋,对他妻子他只能以礼相待,因而有必要要求埃德温进行决斗。

其中涉及了一个女子,因而通常应该用手枪而不是刀剑。两人单独会面,在军官的用栎木镶饰的餐厅中面对而立。埃德温故意乱射一发,打入木头中。他的对手依法炮制。然后他们相互点点头,没有再说什么,于是这个美国人离开了房间,并且很快离开了基尔,不过带着明显的格斗纪念。在他的两边脸颊上,在耳朵和鬓角之间,留下了新月状的小伤痕,这是他教德国学生拳击,反过来德国学生教他战刀期间,被这个德国学生划伤的。

VII

1911年3月,哈勃一家计划迁往路易斯维尔,埃德温写信给他母亲让她不必为此事忧虑。到了6月,哈勃一家已经安顿在布鲁克大街1318号租用的房子中,这是一所令人悦目的3层维多利亚式砖房,离约翰在市区的办公室不太远。詹妮雇用了她的最后一个"丫头",在闷热的夏天她睡在3楼。

在谢尔比维尔的两年是愉快的,如若不是由于约翰的健康恶化的话,他们是不会搬家的。约翰的疟疾很顽固,使他体力衰减,体重减了20磅(约9千克)。詹妮虽然被告诫不要去惊扰她的儿子,但还是禁不住要求她儿子回家过圣诞节,虽则她没有说明是什么原因。埃德温决定按他自己的安排生活,因而勉强回绝了。在他得知他的姐姐露西已经跟他们的祖父母一起度假后,他带着怀乡的心情写信给她说:"我的确希望全'家'能在圣诞节会聚一起,斯普林菲尔德的所有老乡——或者其中的大多数——叫我一声'埃德温';而不是什么哈勃先生。能够使我应召而至的唯一的另一地方就是马什菲尔德。"

在夏天苹果收获季节,疾病缠身的约翰·哈勃回到了马什菲尔德,他告诉埃德温,这是有史以来的最好季节之一。在那儿他由他的小舅子埃德温·詹姆斯大夫检查,这位大夫发现了芝加哥和路易斯维尔的大夫所忽略的地方。虽然约翰的确患有疟疾,他的疗效不佳却几乎与这种蚊子的寄生病没太大关系。他还患有布赖特病,即肾炎。长期发烧、头疼、尿变色,这些都是肾病的典型症状,很快会使整个肾脏丧失功能。还没有任何手术或药物能够使之恢复,充其量,约翰只能再活几个月。

尚不知情的埃德温已经快要在2年级取得法理学的学士资格,在另外的9个月中,他一面读法律,一面从事他所喜欢的任何研究。由于受兰塞姆的榜样的影响,他不经意地产生了还要取得文学士的想法,这是"牛津大学所给予的最时髦的头衔之一"。一位盖纳(Gaynor)夫人曾经断言他最终会成为一个作家,因此带着对文学的癖好与他作了一次贴心的谈话,谈到错过牛津大学所提供的极好机会的危险性。即使他的导师也已经习惯于以赞许的方式评论他的作品,尽管埃德温似乎从来不求助于词典,他是如何逃避训斥的,这就不得而知了。"我的小品文不断地进步着,我正在学会扩展题材,不用过分雕琢的词汇。这种每周一篇的小品文写作对我来说是件大好事。"他还涉足西班牙文学,"只是为了知道它是什么样子而已。"

在他的书信中,只有一次讨论到天文学这一科目,但是就是这一次也足以使他病入膏肓的父亲感到不愉快,以往他有足够的理由相信他儿子已经坚定地确定了自己的课程。信中说道:

> 近来我有一两次涉足天文学这一王国——使得大学里的一些科学行家大吃一惊。作为一个法律学生的我被认为对于天文学这一科目一无所知。然而,当后来几位稍长的同伴涉及天文学这一行当,以轻蔑的口吻谈论莫尔顿其人及其工作时,我立刻知道他们的谈论不是取之于第一手的知识,而是来自评论文章和传说。因而我很谦恭地开始进入舞台,在我离开之前,已经完全打败了他们,因而感到沾沾自喜。莫尔顿及其重大的方向性工作乃是英国孤陋寡闻的一个典例。

到1912年秋天,埃德温已经得知他父亲患病并且濒临死期。这一时期的信件已经找不到了,但是海伦记得她的哥哥给家里写信要求准许他尽快赶回家。约翰现在已经卧床不起,他不同意埃德温回来,因为他担心他的儿子就此不再回到英国去。约在1913年1月末,亲友们开始聚集一起。马丁当时已经坐着轮椅,因而不能从斯普林菲尔德赶过来,不过玛丽·简在他们的几个孩子的陪伴下赶过来了。在他的晚辈的陪伴下,约翰在他完全陷入昏迷之前曾有几次回光返照。在19日星期天的下午4时,这位52岁的保险业经纪人在他自己的床上平静地死去。2天以后,在布鲁克大街的家中举行了葬礼。其后,约翰被葬在路易斯维尔的洞窟山公墓中,而不是斯普林菲尔德的家墓中,这反映了一种严格的、新型的经济现实性。

埃德温收到了电报。当他正与一位牧师朋友进餐时,他给他母亲写了回信,尔后在讨论宗教与信仰问题中度过了这一晚。在分别前,他俩进入小教堂,进行了祈祷。他立下了诺言:在他回去以后,全家人要生活在一起,并且赞扬亨利是"一条好汉",因为在此期间担当了一家之长。"我的手头有极多的事情要做,使得我自己无暇思痛。"

父亲逝世对于一个人说来是一生中的关键事情——既是超脱又是打击。当活着的儿子第一次严肃地想到了自己的死亡,那他可能会满怀恐惧。突然之间,不再有更多的事情发生,万事俱在,历历在目。他还可能感受到一种新的自由,尤其是他的父亲若是专制横蛮、吹毛求疵的人的话。埃德温通过在牛津最后的春季社交应酬而恢复过来。他担任了世界主义俱乐部的主席;他与一位外国的伯爵夫人进餐;在八桨划船比赛的一周之中,他跳舞跳到后半夜;他还策划了一个河上晚会招待他的一个好朋友。情况既然这样,唯恐自己显得太放纵,他写信想使詹妮放心:

> 半个月后,我将离开牛津踏上归途。当然在某种意义上,要离开我曾经度过了3个愉快舒适年头的这块地方,我感到有点儿遗憾。不过,这仅仅是我生命中的一个篇章而已,我深深感谢完成了这一篇章,转入新的更宏伟的篇章。这一新篇章包含着比旧篇章更为艰巨、更加光荣的任务。想到我最终会回家尽我所能地帮助您,我感到高兴,十分高兴。一开始,我做不了太多,但是我希望并且决心很快就会做得很多。
>
> 我想您会为我担忧,以为我回家以后会趾高气扬,会有不满。坦诚地说,我回家以后会乐于做我力所能及的事情,这与其说是出于一种责任感,倒不如说是一种权利——去帮助您。

埃德温在国外的3年期间,家人中唯一去看望过他的人便是他的姑母路易莎·梅,她在稳重的迪克森先生陪伴下周游英国和欧洲大陆。

路易莎从汉堡写信给她的姐姐贾妮时,显得热情豪放:"我跟这个大男孩一起的3天参观访问刚刚结束。我已经细心察看过他,他符合我的最高期望。除了他把男人称作'家伙',还有说'这挺不错'以外,没有任何外国味道……他所不足的社交稚态也在改善之中。只要稍加栽培,他便可造就成材了。"

第五章

天　门

I

　　期待已久的埃德温的到来使他兴奋的妹妹们感到震惊,她们以为自己的兄长仍然如她们所记得的那个样子。8岁的贝齐和14岁的海伦围着一个身材高大的陌生人所坐的椅子,她们的目光满是不解。"他穿着灯笼裤,"贝齐回忆,"而当时男人并不穿灯笼裤的。"他的小指上饰有一枚图章戒指,他还戴上跳高比赛获胜夺得的手表,它是这些女孩最早见到的手表之一。"在我们看来那是女性用的。"她们的哥哥用奇怪的腔调对某些字发音。当离开屋子时,他难得不带着自己的牛津短披风和手杖。这种纨袴习气并不很合女王学院院长的意,这在他对这个年轻美国人的最后评定中反映出来:"不可忽视的才能。具有男子汉的气魄。在这里干得十分好。我并不很计较他的举止——但他比他的举止要好。将得优等。"

　　埃德温的归来需要更大的空间,从而导致他家搬迁到埃弗里特大街1287号,即接近路易斯维尔高尚聚居区的一幢舒适的木结构房子。坐在餐桌首席的是埃德温,倒不是年长的亨利。遵照其儿子的吩咐,肥胖又头发灰白的詹妮递给他一壶沸水以按英国方式泡茶。如同在牛津一样,用餐一开始,先把放在盘上拿来的未切片面包切开。埃德温骄傲地把自己的英国制烟斗挂在书房里的陈列架上,他在此书房里以阅读度过了自己很多的空闲时间。他已变得善于吹烟圈,似乎通过回忆其父生前和再现其父的影响,能够弥补感情上遭分离和受伤害的一生。

尽管约翰·哈勃全心忠于职守,他为其家庭也只留下了一份菲薄家底。除了一张5000美元的人寿保险单之外,他仅有的一笔较大财产便是哈勃田地和果品公司价值3382美元的合股利息。在他久病期间,他一度令人宽慰的收入实际上已耗尽,迫使他取出一张500美元的私人票据。他死时尚欠从送牛奶的人到裁缝这些债权人好几百美元,还有就医账单和丧葬费要付。为了省钱,他的遗体未曾运往斯普林菲尔德安葬在他们家庭所有的一块地上,詹妮也未在约翰墓地旁为自己买下一块坟地。按法律,这位寡妇有权分享遗产的一半,即3451美元。而遗产的其余一半则被分成7等份,每份493美元,在这对夫妇的7个儿女中间分配。

继续住在家里的亨利成了肯塔基保险统计局的一名检查员,保证自己有了一份虽不丰厚但稳定的收入。时年25岁的露西,脸上始终充满笑容,每周一和周四往返于芬奇维尔教钢琴课,每次报酬为50美分。这些课在一所小学旁的艺术楼里举行,仅有的热气从相邻的教室通过一个墙洞传入。她穿着漂亮,但以前的一名学生伊丽莎白·温洛克(Elizabeth Winlock)怀疑这位哈勃小姐很需要钱,否则她就不会从路易斯维尔搭乘单程几乎需一小时的火车,有时还在当地一个家庭过夜。露西永远愉快的神情掩饰了她的内心凄凉;因担心自己的未婚女子身份,她编造了一个假想的情人,把假托的他的情书念给住在街道对面的一位女性朋友听。

比尔离在威斯康星大学获得农学学士学位尚有一个学期,1913年之夏,他在家度过,忙于毕业论文——"影响奶油发泡的各种因素的研究"。由于有8口人在家吃饭，埃德温逐渐相信，凭借接管买东西，他能在食品上节约钱。严格的计算持续了一个月；当他把自己花去的总款与詹妮的比较时，他被迫承认失败了，从而羞怯地放弃了对食品储存室的控制。

"空想家"亨利，以及姐妹们认为几乎不切实际的埃德温，使这个家庭濒临经济崩溃。虽然详情不甚了解，但这兄弟俩说服他们的母亲大量投资于注定要失败的投机买卖中。在家庭的剪贴簿里有一张褪色的剪纸涉及在紧张的交易中亨利的简要任务，但它没有标明日期。不管发生了什么事，这一事件使他们的姐妹在精神上深受创伤，以至于此后将近80年里她们不会提到它。

罗德信托基金会档案里有关埃德温的注释中间有如下一句："于1913年9月从坎贝尔处获悉，哈勃回到了路易斯维尔，并已通过了律师考试。"女王学院院长所提到的这位坎贝尔便是沃尔特·斯坦利·坎贝尔（Walter Stanley Campbell），1908年由俄克拉何马州来的罗德学者，他于1911年获文学士，然后于1915年返回牛津以完成硕士学业。其间，这位老西南地区的未来传记作家、历史学家和以笔名斯坦利·维斯塔尔（Stanley Vestal）写作的小说家在路易斯维尔的男子中学教了一年英语，因而他那时在周日下午是埃弗里特大街上哈勃家的常客。

坎贝尔的消息来源几乎肯定是哈勃本人。在女王学院的最后一年里着手文学士学位论文之后不久，他放弃了西班牙语这个半心半意的消遣，因为对它的需求较少。他回来的那个夏季里，他成功获得为一家在南美开展业务的路易斯维尔进口公司翻译或许是法律文书的工作。他后来便声称这家公司曾向他提供一个高薪职位，但被他谢绝了。可以很肯定的是：他从未通过直到1923年才完全实行的肯塔基律师考试。他也并不遵照既定的方法系统研究法律，以及在另外的一个县里一手拿着一瓶陈年波旁威士忌酒，另一手拿着一盒精制雪茄，当着巡回法庭法官的面,参加律师考试。与埃德温住在同一个屋檐下的海伦,当被问及她哥哥所谓的律师业务时,她的反应是不相信:"那个消息从哪里来的? 他并没有挂牌当律师。"

也许可以认为,坎贝尔在听到自己的朋友正翻译着法律文件之后,简单地匆匆作出错误的结论,尤其因为他知道埃德温在英国是个学法律的学生。然而,正是埃德温本人,后来说自己父亲的老朋友向他保证会有很多的律师工作落到他的身上,并说他在非全日开业的那年里从未漏掉一个案件。此外,他恐怕还挣得了10 000美元,假如这属实的话,便会使他被列入肯塔基州律师界的杰出人士,并解决哈勃家的经济问题。向朋友承认自己所受的优越教育只不过使他从事不连贯的自由职业性质的工作,这可能已是哈勃所不能面对的。宣称自己是个律师也会有助于在心理上与不愿被儿子对天文学的热爱感动的父亲结清旧账。不管他的动机是什么,他撒了一个谎,这个谎言一旦被识破将会在今后好几年中紧紧缠住他。

II

印第安纳州新奥尔巴尼女子中学的学生对她们新来的英俊的西班牙语老师显得很"狂热",他穿着暗示为外国货的灯笼裤和飘垂的短披风,乘有轨电车往来跨越俄亥俄河。她们对他所谓的"牛津矫揉造作风度"窃窃嗤笑,迫不及待地报名上他的课,然后在新奥尔巴尼中学的学生报纸《纪事》(*The Blotter*)上以理性的根据把她们的决定说得合乎情理:"起先我们可能会怀疑,为什么一个普通的中学生愿意学西班牙语。然而,随着巴拿马运河的开通,我们同其他国家的贸易必将增长。我们与南美的联系必定开始更紧密,因此西班牙语在我们的商业交往中必将有用。"

除了西班牙语之外,埃德温还被聘教物理学和数学,以及当男篮教练。后来他吐露说教学使他感到高兴,他还着手证明自己的理论:随便哪个科目都能被通晓,如果使它足够有趣的话。他接管了一个意想不到的男学生班级,这些学生的数学一直不及格,而他煞费心机地逐渐把他们引向大学低年级的水平。在他们的兄长从各个不同大学放假回家,告诉他们正在做什么之前,一切都好。此后这个班级一下子失去了信心而消沉了。埃德温所教二次方程课程的一名学生厄尔·海尔(Earl Hale)却讲述了不同的经历。尽管大多数男学生把自己的老师当作世间偶像崇拜,但他的水平比他们高出好多,因而不会把自己降低到他们的水平。

厄尔·海尔还请埃德温到他们的自修室,他注意到埃德温对自己的阅读比对学生正在做什么要感兴趣得多。埃德温继续不断恳求保持安静,却显得徒劳。最后,他计上心来,让最大、最不安分的男学生当监学,把他们安置在每排的后面,并赋予他们惩罚在谈论或传递着笔记的任何人的权力。惹是生非的人会被轻拍肩膀,带到更衣室,并以挨打相威胁。从此以后自修室一片平静,于是他不受打扰地阅读自己的天文学书籍。

埃德温对英国及在牛津所经历过的生活的留恋之情时不时涌上心头,于是为了弥补他的失落感,别人得付出代价。当归结到对待他们的母亲时,贝齐认为他很自私。"妈妈在每周日下午必须为他的罗德学者朋友准备茶点,并且她要做像他们在英国吃的小得可怜的棕黄色面包卷。"詹妮不过问许多谈话,但她同女儿们一道,对年轻男子的礼貌,以及对露西、比尔和随身带瓢琴回家的埃德温所演奏的音乐感到无比的喜悦。只有当埃德温努力教贝齐西班牙语时,詹妮才表示坚决反对。他不愿让自己的妹妹说一点英语,这个禁令扩展到餐桌上。无法理解的詹妮(对她来说,与其家人一起吃饭始终是接近神圣不可侵犯的)粗暴地喝令停止练习西班牙语。

埃德温回家后第一次圣诞节期间,他们一家人去斯普林菲尔德拜访哈勃的祖父母,这是一次盼望已久的重聚。马丁当时已近80岁,行动被局限在轮椅上,而昏头昏脑的玛丽·简有时会从家里消失,然后在一两天之后,出现在路易斯维尔其媳妇的门阶上。海伦当时是个相当漂亮的中学一年级女生,在拜访期间埃德温带她去第一次跳舞时,她感到很激动。她非常喜欢跳舞,以至于无论什么时候轮到他监管新奥尔巴尼的学校舞会,他就邀请她陪伴自己去,在那里,学生把他们当作王族对待。"我认为那儿正是人间天堂。"她渴望地说。"那是,"妒忌的贝齐主动地说,"那是。"

埃德温高高地置身在一群年轻仰慕者——男女都有——之上,他对他们讲自己牛津时代的经历并向他们介绍英国文化的奥秘。在这圈子里最迷人的成员便是一个娇小、端庄且肤色有点黑的女子,名叫埃米·"罗"·罗斯布劳·罗伯茨(Amy "Ro" Rosbraugh Roberts),拍照时埃德温常常站在她身旁,因而人们说他一直在向她献殷勤。罗的妹妹莉迪娅(Lydia)和她在自修的小弟弟杰克(Jack Roberts)也是这小圈子里的成员。罗伯茨一家住在新奥尔巴尼叫作锡尔弗希尔的郊区,那里未遭受破坏的俄亥俄河谷风光一览无遗。在附近的海兰大街上住着海尔一家,这位海尔的6个儿子中两个,厄尔和戴维斯(Davis),几乎总是跟随着埃德温走。埃德温造访海尔家甚是频繁,因而在主人家这位客人有自己的行军床。正是在海尔家的停车场上他架起了一架借来的望远镜,对着深夜的星座眉飞色舞。

这6个人会徒步一整天去诸如鲍尔德圆丘和斯比克特圆丘这样的当地地理界标,偶尔还有别人加入。女人们穿短上衣和长及踝部的裙子,而男人们扛帆布包,里面装的东西从橘子酱到茶壶一应俱全,他们穿戴长袖衬衫、短外衣、便帽和领带,预备好由幼树削制的手杖。杰克·罗伯茨具有艺术家的眼光,他用自己的布朗尼照相机记录下这些游览过程,在俄亥俄河上创造了一种贵人光降的氛围。有时女人留下,如当埃德温和杰克徒步远行到哈里森县的怀恩多特岩洞的时候,他们黎明前起身,直到午夜后顺利归来。海尔兄弟俩为埃德温环游欧洲的经历深深迷住,因此后来他们乘车从新奥尔巴尼到费城,在这以后,厄尔重复自己崇拜的英雄的先例,环游英国和欧洲大陆的许多地方,南下意大利半岛。尽管曾有所谓的"若干次合适的求婚",但罗对音乐以及自己的家庭比对一个丈夫更感兴趣。她永远没有结婚,而以舒适的未婚女子身份度过自己的一生。

到1914年2月,埃德温在学生中间的名气已扩展到新奥尔巴尼的许多学校。他执教学校历史上最好的篮球队,在整个赛季未尝败绩。根据它5次战胜俄亥俄河对面各支球队的实力,一名《纪事》报的过分热心的体育运动专栏作家断言肯塔基州的篮球冠军属于埃德温的学校,当占据球场一侧窗下位置时,明星前锋约瑟夫(Julius Joseph)投中了一球,这是与列克星敦队比赛精彩的得分场面。更大的考验于3月中旬,即在布卢明顿举行的印第安纳州锦标赛期间来临。火车载着获得社会捐赠的40美元资助的教练及其8人篮球队,在"一片确实抑制不住的热情欢呼声"中开出了新奥尔巴尼。在第一场比赛中,新奥尔巴尼队比对手新温切斯特队的得分多一倍而获胜,然后于次日晚上,对米沙沃卡队以13:5的比分赢得了一场防卫战的胜利。接下去的一个夜晚的赛况几乎相同,只是新奥尔巴尼队发觉本队在14:9的比分中处于劣势的一方,输给打得更快、更顺的克林顿队5分,因此不得不满足于全州的第3名。教练哈勃被看作同选手一样的英雄。两个月后《毕业班纪事》(Senior Blotter)发行时,他的照片连同如下的题词出现在这本年鉴的献辞页上:

献给

埃德温·P.哈勃

我们敬爱的西班牙语和物理学老师

他曾是我们毕业班生的一位忠诚朋友

不但在学校里而且在赛场上

始终乐意于鼓励和帮助我们

我们

1914年级亲切地呈献本书

Ⅲ

　　埃德温已对詹妮遵守自己的诺言,在他从英国归来之后,全家继续生活在一起,可是教中学的一年使他确信路易斯维尔是个陷阱。如果他不马上离开,他或许永远实现不了自己的理想。随着学年就要于1914年5月结束,他写信给自己以前的芝加哥大学天文学教授莫尔顿,询问有关他本人进研究生院以及获得某类资助的前景。他说明自己花了去年一年时间来处理先父的遗产和在印第安纳州教中学。他进一步指出自己已通过肯塔基州律师考试,使他有资格开业当律师。

　　莫尔顿答复说,来年天文学方面的少量研究生奖学金已派定,且告知哈勃很可能要花3年时间完成博士学业。然后这位天文学家致函位于威斯康星州威廉斯贝的芝加哥大学叶凯士天文台台长埃德温·布兰特·弗罗斯特(Edwin Brant Frost),向他说明哈勃的情况,并催促弗罗斯特提供额外的资金以吸引哈勃北上:"作为一个人来说,他属于最优秀类型的人。在体格上他是个极好的典范。总之,他在这里的工作中,尤其在科学工作上,显示了他的特殊才能。"

　　在莫尔顿的敦促之下,埃德温也写信给弗罗斯特,强调自己的实验室经历以及在威斯康星森林中磨炼出来的测量技能。在芝加哥大学的学生时代期间,他已学到怎样用3英寸(约7.6厘米)口径的班伯格中星仪"测时"并已能熟练运作小赤道望远镜。他正在教物理学且良好地掌握德语、法语和西班牙语的知识。与他给莫尔顿的询问信大不相同，这封信里一点也没有说到律师考试。

如莫尔顿已猜想到的，埃德温的信拨动了对方同情的心弦。弗罗斯特曾长期抱怨在叶凯士天文台里缺乏技能好的助理，这个悲叹得到全国他的台长同行们的共鸣，他们对天文学毕业生缺少就业机会表示失望。由于事实上大学生受到工作必需的知识和技能的牵制，在芝加哥大学的情况更糟，莫尔顿把它表述为"一个笑话"。"就我而言，没有机会给学生任何激励。"

弗罗斯特写信给埃德温，如果依靠120美元的学费补助金加上交给当地客栈老板索耶(Sawyer)太太每月30美元的食宿费，他能勉强混过去的话，那么欢迎他于10月1日到叶凯士天文台开始他的学习。然而，弗罗斯特希望，在此以前他们两人也许要彼此打量一下对方。"我倒是非常希望你来而使大家相互了解和讨论工作，在此花上一两天时间。"同时，埃德温应尽可能好好完成天文学和天体力学领域基础知识的阅读。

在另一封未经证实的信中，埃德温回答，他对弗罗斯特的提议"绝对地高兴"，而他将在秋季到威廉斯贝。"就科学文献而论，路易斯维尔这个城市属于可怕的未开化之地，但我手头上有巴利(Baly)先生所著的《光谱学》和莫尔顿先生所著的《天体力学》，同时我还会复习微积分。"弗罗斯特深深为埃德温的热情所吸引，因此从自己的图书室拿出两本书邮寄给他，并向他允诺，如果需要的话，会寄给他更多。经过重新考虑，这位台长确信，要是埃德温打算8月的最后一周而不是10月初到达的话，那就最好了。这能使他参加在西北大学校园内举行的美国天文学会年会，此后他可直接来到威廉斯贝。弗罗斯特冒昧地把他的名字提交给理事会，"所以在你抵达埃文斯顿时，你就可以把你自己看作一个成员"。

接着照相时,自信和装束高雅的埃德温·哈勃在美国天文学会团体照中站在第一排,颇为策略地把自己安排在离该学会的理事长爱德华·查尔斯·皮克林(Edward Charles Pickering)和副理事长科姆斯托克(George C. Comstock)与施莱辛格(Frank Schlesinger)距离很近的合适位置上。靠近倒数第二排末端,实际上被别人遮住的,则是一位爱挑剔的和基本上自学的病弱天文学家斯里弗(Vesto Melvin Slipher),他的论文把听众的注意力都吸引到自己身上。当斯里弗宣读完自己的研究结果时,所有天文学家一致起立欢呼——在以前的科学会议上从来没有人目睹过如此场面。

珀西瓦尔·洛厄尔于1901年把斯里弗带到亚利桑那州弗拉格斯塔夫以他自己名字命名的天文台,或许是作为对自己夸张和莽撞的个性的弥补。这位来自印第安纳州马尔伯里、过去是农家子弟的天文学家总是穿着一套西装并保持领带完美地打着结,即使黑暗之中单独一人在24英寸(约61厘米)洛厄尔折射望远镜处也是这样。斯里弗对其老板相信火星上的运河(后来发觉是光学幻象)在心底里一直存有怀疑,拒绝走捷径或发表,直到他确信是事实。

1900年,即斯里弗来到弗拉格斯塔夫前一年,洛厄尔委托有天赋的仪器设计家布拉希尔(John A. Brashear)提供给他能制造的最有效的摄谱设备。对光谱认识的一个重大进展发生在19世纪里,当时物理学家了解到,使一束白光穿过一瓶气体,就可在实验室里人工地产生谱线。不同的气体吸收光谱中特定波长的光,从而生成独特的暗谱带和谱线组成的图案,使人联想起钢琴键盘。由此合乎逻辑地得出结论,同样类型的图案可由太阳光谱和无数其他恒星生成的光谱中得到,从而导出宇宙的化学图。也了解到光如声音一样,表现得似乎是一种波。它穿过空间越远,它"延伸"得就越长。因此,如果一个光源朝着观测者运动时,谱线向蓝色波段位移,即称蓝移;如果光源远离观测者运动,那么谱线向红色波段位移,即称红移。而谱线位移量——所谓的多普勒频移——揭示了光源的视向速度。

在大行星上花了10年时间对自己的技能精益求精之后,斯里弗已准备好开始对星云的分光观测,这些巨大的圆形和旋涡状遥远天体的起源、结构以及在宇宙中的位置迄今尚未确定。遵照洛厄尔的指示,他把装有一个狭缝摄谱仪和照相机的折射望远镜对准庞大的仙女座旋涡星云,并使用铁和钒作为比较元素。1912年9月17日得到的光谱揭示这个星云是蓝移的,朝着太阳以每秒300千米左右的惊人速率奔跑过来,这是当时记录到的天体最大运动速率。然后斯里弗为摄谱仪配备了一个比普通透镜感光快199倍的透镜,并继续拍摄另外的底片,每张底片都证实了他原先的测量。对其他40个星云和星团得到了它们的光谱图以及理所当然的视向速度,这些结果似乎更加不可思议。与仙女座旋涡星云大不相同,大多数星云被发现以每秒1100千米的高速飞驰远离太阳,这个数值足以把任何一个天文学家吓倒。

斯里弗在印第安纳大学做大学生时的教师约翰·A. 米勒(John A. Miller)也是听众中的一员,他简直不能克制自己:"在我看来好像你发现了一个金矿,而且通过仔细的工作,你能作出像开普勒所作的一样显著但方式完全不一样的贡献。"热情奔放的丹麦大天文学家赫兹伯隆(Ejnar Hertzsprung)从波茨坦天体物理台写信给斯里弗:"我衷心祝贺你对某些旋涡星云所具有的巨大视向速度的美好发现。据我看,由于这项发现,关于旋涡星云是否属于银河系这个重大问题最终非常肯定地得到了回答,即它们并不属于银河系。"在赫兹伯隆看来,旋涡星云的速度总之显得太巨大,且它们的距离也显得太遥远,因而它们不可能被银河系引力束缚住。它们必定是宇宙中独立的岛屿,银河系也只不过是宇宙中无数岛屿中的一个。

斯里弗私下已得到了类似的结论。虽然后来他断言,"没有别的因素能使这些底片的信息无效",但他决定暂时保留自己的深思熟虑。正是像加利福尼亚州利克天文台台长威廉·华莱士·坎贝尔(William Wallace Campbell)那样的权威和美国一流的视向速度专家,业已举起警告的旗帜:"对仙女座星云,你得到的高速极其令人惊讶。我认为,由于你的仪器的色散度必然非常低,因此你的视向速度测量的误差可能相当大。"人们也不能忘掉里奇(George W. Ritchey)——一位使用当时世界上最大望远镜,即威尔逊山天文台60英寸(约1.52米)反射望远镜进行工作的坏脾气却又灵巧的天文学家——所做的照相研究工作。1910年,里奇公布了12个他称为"星云状恒星"的较大旋涡星云的照片。看来这些旋涡星云中没有一个包含足够多的物质,因而不能把它们分类为可与银河系相比拟的星系。在最后的分析中,一切都依据所得到的星云距离的可信估计以及随后建立的这些距离与退行速度相关性而定。只有在那时,天文学家才能真正地知道银河系到底是整个宇宙,还是在更广阔无垠的宇宙里飘浮的一颗微粒。

IV

1892年9月,在芝加哥大学开学后3天,叶凯士(Charles Tyson Yerkes),建造市区高架列车系统的芝加哥有轨电车大王,提议购买当时世界上最大的望远镜——一架40英寸(约1.02米)赤道式装置折射望远镜——并把它捐赠给芝加哥大学。叶凯士也同意建造一个巨大的天文台以安放自己赠送的这件礼物。在烟雾弥漫的市中心,它的受污染的天空被扩展着的灯海照亮,没有地方进行暗星云和彗星的精细观测。于是为建造天文台提供的空地接踵而来,从伊利诺伊州到加利福尼亚州,此后芝加哥大学的校董们接受了位于威斯康星州日内瓦湖北岸53英亩(约21.4公顷)土地的捐赠,这个湖是个未遭污染的原始水域,有8

英里(约12.9千米)长和1英里(约1.61千米)宽,从芝加哥乘火车约75英里(121千米)路程。离该湖最近的是威廉斯贝的村落,它仍然用蜡烛和煤油灯照明。最近的电灯则出现在7英里(约11.3千米)外的一个常住人口为3000的日内瓦湖热闹小镇上。

这架继续在世界博览会制造商大楼里展览的巨大望远镜的安装处要在规模上同它的价值一样大。大学的建筑师科布(Henry Ives Cobb)选择罗马式建筑风格和纵长十字结构,在这幢天文台大楼诸端处有3个圆顶的望远镜塔楼和一间子午室,使人回想起蒙雷阿尔的教堂和修道院。棕色砖结构的内部要用精致的制陶赤土雕塑华丽地装饰,其中包括在飞奔的战车上的阿波罗以及那位受崇拜程度略低的叶凯士的漫画。

在3年建造之后,当叶凯士天文台于1897年向公众开放时,充满渴望的参观者径直往主楼西端的大塔楼前进,在那里巨大的40英寸(约1.02米)折射望远镜像一门巨炮指向天空。它的钢制镜筒有60英尺(约18.3米)长和6吨重,坐落在一根由4段构成的铸铁柱上,此柱从底部的5英尺×11英尺(1.5米×3.35米)变细到与机架连接处的5英尺×10英尺(1.5米×3.05米)。作为维多利亚女王时代土木工程的名家作品,柱子的这4段被拴在一起并搁在一个14英尺×18英尺(4.37米×5.49米)的铸铁底座上,而此底座又牢靠地固定到一个由32英尺(约9.75米)长、5英尺(约1.52米)厚的混凝土地基支承的巨大砖墩上。柱子和机架合起来达到了43英尺(约13.1米)高、50吨重。

在头顶上伸展着140吨重的圆顶,它的直径为90英尺(约27.4米),高度为60英尺(约18.3米)。这个巨大沉重的倒置碗用木板覆盖着,外包盖屋顶用的白铁皮,它在由一根电缆启动的26只轮子上旋转。观测用的狭缝有13英尺(约3.96米)宽,它从地平线延伸到超越天顶5英尺(约1.5米)的一点上。两扇覆盖此开口的百叶窗有85英尺(约25.9米)长,由中心向外同时移动,在一切位置上互相保持平行。圆顶底部正下方是排成3行的32扇窗,它们平衡内外气候状况,因此望远镜不再使穿透地球大气的微弱光线发生畸变。

站在此圆顶室旁的观测者变得像小人国里的人,他的注意力立刻被在他下方由硬木构成的巨大宽阔地板吸引住,它宛如一艘大船上的甲板,叽叽嘎嘎作响和抖动。为了使望远镜能在所有高度上作观测,整个观测室的直径75英尺(约22.9米)、重37.5吨的地板在揿一下按钮后像歌剧舞台装置一般升起,于是顶峰处孤独的天文学家就站在天门处。

作为天门的看守者,48岁的埃德温·布兰特·弗罗斯特具有耐性和各种高贵的资历,它们有益于他的职位。这位方下巴的台长用类似《圣经》的华丽书法签署信件和文书,从一副黑边眼镜后面傲慢地注视着世界,看上去与其说是个活生生的血肉之躯,倒不如说更像一尊雕塑。由于意识到自己咄咄逼人的态度,这位自我贬抑的扬基佬曾写及"我的标准新英格兰人的冷漠"。作为新罕布什尔州波士顿和汉诺威的老清教徒家族的一个子孙,弗罗斯特在达特茅斯学院获得了文学士和文学硕士学位,他的父亲,卡尔顿·彭宁顿·弗罗斯特(Carleton Pennington Frost),在该校任医学院院长,后任校董。1897年,在担任该校天文学教授和达特茅斯天文台台长之后,弗罗斯特受叶凯士天文台开张和使用当时世界上最大望远镜作巡天研究的前景吸引,去了西部。

碰巧,这位台长是个假装的乐观主义者,同时是个性情豪爽之人。哈勃于1914年8月抵达叶凯士天文台的时候,坚忍的弗罗斯特正忍受着落在一位天文学家身上的最坏命运。因饱受白内障的折磨,他的视力遭到损失,他不再能使用大望远镜,并被迫请求埃德温及其同班研究生大声朗读他的信件和科学论文。

假如近年来叶凯士天文台没有这么多人才流失的话,这位台长的情况原本影响不太大。里奇、沃尔特·S. 亚当斯(Walter S. Adams)、皮斯(Francis G. Pease)和埃勒曼(Ferdinand Ellerman)都加入了西迁到加利福尼亚的知识分子行列,在那里威尔逊山天文台的新望远镜不久就要彻底改变对星星的研究。这些天文学家的作用都无可替代。在那些仍留在威廉斯贝的人之中,巴纳德(Edward E. Barnard)是个资深的天文学家,他与美国最高法院法官霍姆斯(Oliver Wendell Holmes)非常相像,这位法官在年轻时会因看到某些轰动一时的发现而扬起眉毛表示惊讶。巴纳德完成了银河系一系列突出的大视场照片的拍摄,但他没有理论上的训练,也不指导研究生。其他天文台同仁受到的奉承较少,被突出地描述为"天文学的轻量级选手"。帕克赫斯特(John A. Parkhurst)同身兼叶凯士天文台图书馆管理员和秘书的巴雷特(Storrs B. Barrett)文学士,在"一流队伍"奔赴帕萨迪纳之际留了下来。而与此同时,奥利弗·李(Oliver J. Lee),叶凯士天文台的一名多年的助教,则刚升为讲师。从前是个称职光谱学家的弗罗斯特本人缺乏创新思想,难以弥补受损视力带来的影响。大概在视力开始衰退之前,这位台长已安排了一个常规的观测计划,它多年来几乎一直没有改变。仅仅10年这么短的时间,叶凯士天文台已从天文学的前沿阵地退居到后方。

1914年10月到1916年5月之间,埃德温每学期仅注册一门3小时的课程:在叶凯士天文台作研究。基于使用望远镜和别的设备努力工作"对这位合格的学生来说比设置讲授的课程更有利"这一理由,在威廉斯贝没有开设定期课程。假如遵照芝加哥大学便览中列出的雄心勃勃的计划,埃德温本应使用分光仪、太阳单色光照相仪和太阳全色照相仪进行太阳物理研究;作双星、行星、卫星和星云的测微观测;拍摄彗星、恒星和星云;以及完成外加的目视和照相测光工作。按照他的兴趣和早期发表的著作,看来他几乎没有使用叶凯士的许多较复杂的仪器做什么工作——尤其是与星云和恒星无关的工作——而是宁愿提高遨游夜空所必需的观测和照相技能。

在叶凯士天文台,同在所有大天文台一样,首要仪器上的"观测时

间"数量很难满足需求,于是导致一种严格等级制度的建立。在本台天
文学家之后,优先权给予具有卓著资历的访问科学家,资历不足、希望
有朝一日成名的研究生跟在其后。再轮到埃德温在40英寸(约1.02
米)折射望远镜上,参加进行中的视向速度计划。然而,大多数夜晚,他
只能独自在定日镜室,在那里,里奇制造的24英寸(约61厘米)反射望
远镜安装在混凝土地面上的一个临时机架之上。其实这架仪器正是他
所需要的(但很大程度上被忽略了),可用以继续进行他对暗弱星云的
独立照相研究。

或许受到因斯里弗的宣布而产生的徘徊不去的肾上腺素的刺激,
埃德温把望远镜和照相机对准天文学家称为NGC(星云星团新总表)
2261的天体,他把它评述为"北半球星空中彗状星云的最佳例子"。经
历1915年和1916年间6个月的进程,拍摄该天体的15张底片以后,他
把这些照片与1908年天文学家弗兰克·乔丹(Frank Jordan)用相同望远
镜所摄该天体的一张照片比较,并同从其遗孀处得到的艾萨克·罗伯茨
(Isaac Roberts)于1900年1月所摄的另一张NGC2261的照片比较。起
先,哈勃不能相信自己的眼睛,因而去找也曾拍摄过此星云的巴纳德寻
求证实。在不到8年的时间里,这个星云的后边缘已鼓起,显示了比以
前更大的凸度,强有力地证明此天体按天文学的措词说是小而相对近
的,否则,这种变化本应处于不可检测的状态之中。不久他在有声誉的
《天体物理学杂志》(Astrophysical Journal)上向科学界宣布自己的初次
发现,继承小心谨慎的保守研究者的衣钵,他始终保留了这一态度:"在
此没有企图解释这种现象,保留地说,除非我们正目睹着光照射的现
象,否则此星云必定非常近。"然后他挑选在对NGC2261照相的同时所
拍摄到的12颗暗星,所有这些星都是15星等或更暗。他把这些底片单
独一张一张地与乔丹、里奇和帕克赫斯特所拍摄的其他底片并排安放
在称为闪视比较镜的仪器上。在亮暗交替闪烁过程中,他能够检测自

行（proper motion），即恒星位置的微小角变化，然后精确地计算它们。"就我所知，"他在作为最后结果的论文中写道，"这些是已发现有可察觉运动的最暗的恒星。鉴于只检查了少量区域……因此可以合乎情理地认为，这样的暗星大量存在于紧靠着我们的太阳邻近。"弗罗斯特对自己的研究生向天体动力学初次发动的攻击留下如此深刻的印象，因此他在1917年4月于华盛顿召开的美国科学院年会上，放映了哈勃对这个变化着的星云研究工作的幻灯片。因希望尽可能保留哈勃的预见，所以弗罗斯特曾要求埃德温起草原稿，且他只讲了3分钟，这是一个简短而吉利的开端。

V

埃德温常常在叶凯士天文台和日内瓦湖树木茂盛的湖滨之间的半英里（约800米）坡路上走，手中拿着三明治、泳衣和毛巾。他有时用一根长钓丝缚住自己的身躯，然后游泳，似乎从一条渔船进行拖钓。"假如我捉住一条相当大的鱼，"有一次他开玩笑地说，"我想我原本会不穿泳衣回来的。"他后来细述了离开一个码头的经历，在那里他经过一位正在度假的中年教授及其妻子旁。当他回转来时，他看到这位妇女掉落湖中。他迅速脱去外套，紧跟着她跳入水中。她抓住他，但继续在挣扎。"我不愿那样脱离她，因为水不深，我让她坐在我的肩膀上，恰好使她的头浮出水面，于是在水下走，直到水变浅为止，然后我可把她放下。"与在基尔的德国丈夫大不相同，在感谢这位水上英雄之际，教授显得并不激动，"他似乎也并不特别高兴再见到她"。

哈勃的姐妹有数次机会去威廉斯贝游览，而她们喜爱坐在独木舟上由自己的兄弟或他赞赏的朋友之一划桨环游日内瓦湖。贝齐在作出不讲一句话、也不打扰别人的保证之后，被领到"密室"，她在那里通过大望远镜注视星空并伸手向前,试图用手触摸星星。1916年夏,在埃德温的帮助下,这些女孩随同母亲和亨利从路易斯维尔迁往了威斯康星州麦迪逊市,在搬迁过程中,埃德温把幸运变成了小小的不幸。同一箱又一箱书籍搏斗之后,他中止了,并告诉有文学头脑的姐妹,她们所爱护的大多数小说书必须舍弃。尽管有抗议的眼泪,但只有非小说类的文学作品将被运往北方。

由于他们的生活水平逐渐降低,哈勃一家在查德本大道1826号租了一幢有3间卧室的小屋。这正是传闻亨利的身体垮下来的时候,因而至少有一年时间,他不能回到保险业。秋季,海伦开始在威斯康星大学上学,而露西继续教钢琴。虽然埃德温离家仅60英里(约96.6千米)远,但用贝齐的话说,却是他的弟弟比尔"全面负担家庭"。比尔于1914年从威斯康星大学毕业后曾从军,并被派遣到堪萨斯州东北部利文沃思堡,在那里他经管营地的乳品商店。这个年轻人把自己能节省的每一分钱寄往家中接济母亲和姐妹,他回到平民生活后,这种方式仍继续保持。虽然哈勃家的姐妹欣赏埃德温,但是愿牺牲自己的婚姻和家庭的比尔才是受到她们崇拜的那个人。爽快的海伦后来写道:"比尔实在是我们'未被歌颂的英雄'。贝齐和我都觉得,比尔正是埃德温取得成就的间接原因。比尔放弃自己的理想,做必需的俗事。"

在证明了自己后,埃德温在第二年获得了320美元的研究生奖学金(仅授予两人),并在第三年被推荐获得520美元的最高奖。财政紧缩后,理学院院长索尔兹伯里(R.D.Salisbury)把款额减少到从前的同样数目,弗罗斯特写了一封不特别尖锐的信对院长的决定提出异议。"我明白我们常常没有得到520美元,但这次是无其他申请者时的特例,而且[哈勃]是个特殊的人,他需要钱。"有战斗创伤的院长不肯让步:"每个系里都有许多人,看来有像哈勃先生同样高的需求。当然,这绝不是藐视他名列前茅的资格。"似乎是意见一致的,这位初出茅庐的天文学家在叶凯士天文台教职员工和学生的年度照片中肩并肩地同弗罗斯特和巴纳德站在一起。

1916年5月,埃德温通过法语和德语的考试,整个夏天留在叶凯士天文台,为自己的博士论文收集额外的资料,然后秋冬两学期回到芝加哥大学,去修毕数学和天体力学最后的课程。为使收支相抵,他教一节天文学导论课,并接受斯内尔学生宿舍的研究生舍长职位,这个宿舍在校园里被贬称为男生宿舍中的基督教青年会。它由4层楼面和一个地下室以及60名左右生龙活虎的小伙子组成,以它的"睡衣展览"和马拉松式的打闹出名,这种打闹迅速升级为乱打一气,以至于众多的床单、书籍和个人所有物充塞着走廊。令埃德温惊讶的是,迎接他的是一种和睦稳重的氛围。他期待别人的鞋落下,但它从未发生。他甚至于一次也不需斥责谁。他对此很困惑,随后他才发现运动队的"C"和重量级拳击手的名号已先于他来到宿舍前传到了这些小伙子的耳中。

1916年7月23日,沃尔特·亚当斯,帕萨迪纳附近威尔逊山天文台的台长助理,致函其上司乔治·埃勒里·海尔(George Ellery Hale),告知他100英寸(2.54米)新反射望远镜的反射镜测试数据不久便会准备好。虽然这架仪器本身在一年多的时间里不会投入正常运行,但着手考虑为威尔逊山补充已给人深刻印象的工作人员的时机已经成熟。到10月,亚当斯似乎十分肯定他至少已找到了所需要的5位天文学家中的一位,即他最近访问芝加哥大学校园期间遇到的名叫"哈贝尔"(Hub-bell)的研究生。当然,作为台长的海尔能够自由地进行自己的考核。

这位天文学家正是那样做了。他与自己的好朋友和同事、芝加哥大学物理学教授盖尔(Henry Gale)商量此事,这位教授除了说哈勃的好话之外没有说别的什么。接下来是海尔向弗罗斯特说。海尔在弗罗斯特之前担任叶凯士天文台台长,并使后者成为自己的继承人。11月1日,海尔由剑桥的麻省理工学院来信通知亚当斯,他提供给哈勃一年

1200美元的一个职位，至于哈勃的博士论文完成问题待定。唯一为难之处在于这个年轻人对弗罗斯特的忠诚，因而弗罗斯特原来希望雇用他在叶凯士工作。在了解到资金变得不能得到之后，新近在眼科医生建议下停止乘火车的弗罗斯特告诉埃德温，他必须完成博士论文，然后离开。

VI

埃德温在他久欲购置的新打字机上写头两封信的日期是1917年4月10日。他的一封信是写给弗罗斯特的，另一封信则是写给海尔的。4天前，在德国政府宣布它将进行无限制潜艇战以图打破英国对海洋的控制之后，美国国会宣告对德作战。在埃德温热爱的英国，面包实行配给制，英国王室刚放弃德国名字和头衔。可是他通常为在牛津认识的有天资的年轻人形象所萦绕。包括他本人在内的这些年轻人中间只有极少数承认了可怕的力量在事物的表面下起着作用，暴力已开始向外部世界蔓延。那些人虽然干了，但都无力改变所发生事变的结局。于是沿西部前线，他们横尸遍地，犹如街上的很多树叶。仿效从前阵亡的武士，他们的名字立刻被刻在他们求学的大学附属礼拜堂的彩色玻璃上。

引用美国国会于1916年6月颁布的备战法，埃德温告诉弗罗斯特，他打算申请到军官预备队服役。除了自己的申请书之外，他还需要5位公民的推荐信。"如果你认为我是个很好的对象的话，那么请寄这样的一封信给芝加哥大学贝尔（O.W.Bell）陆军少校，以帮助你的国家。"他希望在两周内准备好自己的博士论文初稿。"当这初稿成形后，有没有可能早一点进行考试？"弗罗斯特立刻答复，同时附上所要求的信件并答应提前进行口试。"在我收到你的学位论文初稿之后，我定会迅速审阅它，由于这个缘故，因此不可能延迟。"

埃德温同样向海尔请求多种照顾。在埃德温结束服兵役之前,这位威尔逊山天文台台长会保留提供给他的职位吗?海尔会为他写信给贝尔陆军少校吗?由于无有力的证据表明这两个人实际上已面对面相见过,所以这些是大胆的要求,并能解释为什么他用难得卑屈的防止误解的说明结束自己的信:"就个人而言,如果你知道能及时地取得学位的我们为什么竟会不遵循这个进程的任何理由,那么我们之中的一些人便会对听到它们的结果显得非常关切。"当时已在华盛顿的国家研究委员会里组织全国战时科学工作的海尔,对此一点也没有细想。"我赞同你,在这种情况下你申请服兵役是很自然的事。"他允诺哈勃从军队回来后会在威尔逊山天文台有一个职位,并附上一封信推荐哈勃"是很值得接收入伍的一个人"。

心思已在别处的这位博士论文作者评述自己的博士论文《暗星云的照相研究》"似乎太短了"。然而,几乎没有什么要做的。那时已是5月1日,而他的口试预定于12日星期六上、下午在叶凯士举行,3天后他就要去军队报到。"当然它在许多研究工作上取得了独到的见解,"他在给弗罗斯特的附信中继续写道,"可是它并不在人类知识总和中明显地增添什么。有朝一日,我希望能相当成功地研究这些云雾状斑点的本质。"

了解埃德温所承受的压力,这位同情而忧虑的台长努力对这种困难的情境抱最乐观的态度。"我认为在用打字机打印的论文初稿里并没有充分表达你倾注其中的研究工作。"只要加入论变光星云,特别是NGC2261的一章,便能轻易地充实这篇博士学位论文。确实,他新近发表的有关论文可以几乎一字不改地插入自己的博士论文里。弗罗斯特两天前在芝加哥大学校园逗留期间,曾试图同他联系,讨论有关他的其他事宜,"可是收到电话通知的这位斯内尔学生宿舍管理者并未表现出非凡的聪明。"假如不是为了战争,弗罗斯特原本几乎肯定地会坚持埃德温必须修改和扩充他所提交的内容相当贫乏的博士论文初稿。

大学的规章要求所有的博士学位论文至少有一份打字机打印的复本存放在总图书馆里。哈勃的博士学位论文,作为延迟校订以及仓促离校的结果,要么遗失了,要么更可信的,从未到达那里。由17页加大的纸组成的版本直到1920年才被发表,而且仅因为弗罗斯特不懈的坚持和编辑上熟练的帮助,才得以出版。

到埃德温开始拍摄NGC2261和若干个其他星云时,这种暗弱的形成物中约有17 000个已被编表。估计尚有130 000个星云在现有的望远镜视野范围之内。"对星云的本质知道得极少,"他写道,"也未提出过有效的分类,甚至连一个精确的定义也没有系统、简洁地阐述……大概它们在种类上不同,因而并不形成一个单向的演化序列。"至少某些庞大的弥漫星云状物质,它们与肉眼可见的恒星有关联,是位于我们的恒星系统范围内。看来离太阳更远的行星状星云、巨大气体云也是如此。其他的,具有非常高视向速度和察觉不出自行的庞大旋涡星云,显然位于我们的星系之外。除了这些不确定的种类之外,则是好像数不清的暗弱星云,它们在照片底片上只不过以狭小的斑纹出现。"它们会给出气体光谱,或连续光谱;它们可能是行星状星云或旋涡星云,也可能它们属于完全不同类型的星云。它们甚至可能是星团而根本不是星云。这些问题要等待比我们现在所具有的更强有力的仪器出现才能得到回答。"

暂且,星云的研究本质上必定仍然是用广角照相机和大焦比反射望远镜照相的问题。作为使用24英寸(约61厘米)望远镜所做工作的扩展,他专注于天空中较小和较暗的星云有成团倾向的广大区域。在这些较大区域内存在着聚点,围绕它们,星云集结成团。这位天文学家选择了7个这样的聚点,拍摄511个以前未知的星云并把它们编表,这是一项冗长的任务,它需要远远超过1000张的底片,同时每张底片必须至少曝光2个小时。然后他按照德国观测家沃尔夫(Max Wolf)制订的方案,依据形状、亮度和大小,努力把它们分类。大多数暗星云显得不像曾广泛相信的旋涡状,而是如今所称的椭圆状。同时,他能证实它们在天空中的分布避开银河,且它们中的大多数的确成团出现。然而在星云距离的某种具体概念能够系统地阐明之前,有谁能够肯定这一切呢?"假定它们是位于所观测到的恒星之外的,于是我们或许看到星系团;假定它们在我们的恒星系统范围之内,它们的本质就变成一个谜。"

虽然学术上的根据靠不住而且它的理论分析也很混乱,但《暗星云的照相研究》预示了这方面的探索向前进展。作者的目光已经盯在快建成于威尔逊山顶的100英寸(2.54米)反射望远镜上。"给我支点,我就将移动地球!"据说阿基米德(Archimedes)曾就杠杆这样宣布。埃德温·哈勃装凭借自己放在威尔逊山优美的巨型望远镜上的双手,找到宇宙的真正关键之处。

VII

成绩优异,这是6人考试委员会对在他们面前参加天文学和数学最后口试的埃德温的成绩评定。这位博士学位应考人觉得弗罗斯特、巴纳德、帕克赫斯特、李、莫尔顿以及正患严重扁桃腺炎侵袭后遗症的天文学副教授麦克米伦(William D. MacMillan)都对他相当宽厚。新制作的哲学博士学位证书最终要等到8月下旬,即他离校3个多月后才能拿到。

二等兵埃德温·鲍威尔·哈勃已于1917年5月15日在附近的谢里登堡,即密歇根湖上的一个军事专用地报到。这个军事基地在埃文斯顿他儿时短暂的家北面。在那里他被分派到第10连,加入到在同一星期开始预备军官训练的其他150名伊利诺伊州高校毕业生的行列。一个月的速成课程进行了3个星期后,他写了一封短信给弗罗斯特。"这军事演习似乎是我适应的一段服役期。我是成为学生队长的第四个人……且我是从刺杀到发信号一切军训的教员。下个星期天,作为连队代表,我将随一个代表团去参观一些示范战壕。"他已决定不跟随受军训的同伴进入炮队,在那里本会得到如陆军中尉或少尉相当职位的任命。"我因梦想比一个陆军中尉职位更高一点的军衔,已被吸引到步兵团,所以我在那些炮兵离去后仍要留在这里。"他的指挥官格雷厄姆(Graham)上尉要求他教自己连内其他人利用星辰行军。有关此问题的任何书,如弗罗斯特能借给他,便会受到感谢。这位台长立刻发送3册书和一封信,信中轻斥他一处也未作改正便把自己的博士论文校样寄回。弗罗斯特自愿把数据中某些不相符处一致起来,但埃德温本人必须在出版前非常仔细地检查这些改变。

哈勃是于8月15日被授予上尉军阶的10人之一,并受命服现役。在日内瓦湖休假以后,他知悉自己已被分派到以美国将军格兰特(Ulysses Simpson Grant)*的名字命名的格兰特营地,它是军方新近组织的第86师的大本营。军训地位于罗克河和基什沃基河之间的3000英亩(约1200公顷)土地上,即伊利诺伊州罗克福特南面5英里(约8千米)处。哈勃一到达就指望弄清楚的这支伟大军队由工人而不是士兵组成。驻地一片嘈杂声,铁锤叮当响,起重机嘎嘎响,它的满是灰尘的长街由成熟玉米田开辟出来且到处是紧张工作的工人和疯狂的承包人,他们正突击完成一个新城市的建设。自6月下旬首批木材运送到货以来,已储备了1000车皮的建筑材料。按设计图,要求1400幢建筑物,25英里(约40千米)长的下水道,22英里(约35.4千米)长的水管,6英里(约9.7千米)长的煤气总管以及12英里(约19.3千米)长的坚固道路。在罗克河的两岸,营地的中心是第86师的司令部、基督教青年会以及哥伦布骑士团**大会堂、基督教信仰医疗福利院、图书馆、雷德帕

---

* 格兰特(1822—1885),美国南北战争时北军总司令,第十八任总统。——译者

** 罗马天主教一个"国际互助慈善"团体的名字,成立于1882年。——译者

思游乐棚(它不久会让给自由戏院),还有犹太人福利院、营地商店、邮局和电话电报局。到8月28日,当1000名差不多全是最近毕业于谢里登堡的受训军官抵达时,尽管营房和食堂发出刚锯开松木和新上漆的气味,但已准备好可供居住。

第86师"黑鹰师"的绰号来自大约60年前在此地区既同白人也同苏族人作战的索克族首领*,该师当时由巴里(Thomas H. Barry)少将统率,他是个西点军校毕业生,因随同著名的第7骑兵团(即卡斯特团)与印第安人作战,他获得了第一次升迁。更近些时候,这位酷似留浓密胡髭的法国总参谋长福煦(Ferdinand Foch)**元帅的将军曾担任自己母校的校长以及在芝加哥的中央军区司令官。受其部队尊敬的巴里带领炮队行军演习到拜伦营地,为的是由居住在该镇上的医生伍德斯托克(A. J. "Old Doc" Woodstock)教他们黑鹰的战斗呐喊——"基啊—基啊克!基啊—基啊克!"

最终115 000名受训者中的首批350人乘火车于9月5日,即星期三傍晚抵达。这批出生于明尼苏达州、威斯康星州和伊利诺伊州的衣着光鲜的士兵,唱着"万岁,万岁,全队都在这里",从车厢里爬出来集合,不料被一场暴风雨搅起的一大团尘雾所吞没,当他们步行至营房时都湿透了。下星期一,哈勃上尉当上了第343步兵团第2营的营长。"我有25个军官和600名士兵。"他写信给自己的母亲自豪地说。"营不是个行政单位,因此我并不为关心士兵的个人需要的职责而烦恼,而只为训练此部队以尽可能绝对有效的方式与德国人作战的职责而操心。我训练军官,他们训练士兵。"两周后,68岁的玛丽·简·哈勃在中风瘫痪后去世的同一天,她的孙子正穿着制服,带着骄傲得近乎狂妄自大的神情。"他们给了我一个营,让我按自己的意思行事,而且希望我带领它上前

---

* 苏族和索克族是北美印第安人的两支。——译者

** 福煦(1851—1929),第一次世界大战期间协约国的联军总司令。——译者

线。"他写信给一个罗德学者同学艾德洛特(Frank Aydelotte)说。哈勃同他仍保持密切联系。"轰轰烈烈的时代——我不能想象自己会错过这个可以说是一个小团体的聚会。"

　　起床号在黎明前近一个小时,即5点45分响起;而熄灯号令人沮丧地在子夜前一个小时响起。健美操、密集队形操练、越野行军、步枪打靶练习、刺杀和帮厨勤务是些日常活动,再加以前从未教过美国士兵的可怕军事行动的课程:伪装、坑道、深地道隐蔽、狙击、炮火掩护和防芥子气。10月中旬,一个大规模战壕系统的挖掘工作开始,它仿照的是在法国和比利时的首批美国军队已在其中战斗并面对死亡的那些战壕。此系统一完成,这些战壕就以芝加哥和其他城市的街道名来命名,而地下掩蔽部和射击位置则以著名的旅馆和娱乐场命名。沿这个战壕系统和它的上面,一仗接一仗地打,突破带刺铁丝网和撤离,炮火掩护,袭击,反攻,直到构筑在战壕和掩体前方的沙质胸墙和战壕里的射击踏垛在紧张中塌陷才停止。因缺乏外国语言知识,不但敌人而且协约国联军都援引黑鹰的战斗呐喊,它不时被更熟悉的"我们冲啊! 我们冲啊!"所打断。

　　就要过29岁的哈勃以高领卡其布军服、皮长筒靴和绑腿出尽风头。他迅速引起了团长豪兰(Charles R. Howland)上校的注意,这位上校是一名固执的老式正规兵,他几乎不信任哈勃上尉未经考验的训练和经历。有一个早上,在采访记者旁观下,豪兰迈步走到步枪射击场,然后进行射击,6次射中靶心和4次得4分,总计46分。他一跃而起,宣布,"我能用自己的转轮手枪连击那个靶心",有一次他使用11.43毫米口径长柄枪射击,射出的一粒子弹穿过靶的黑心。哈勃平静地走上界线,10次射击全中靶心,得50满分。此后,听说哈勃"一在打靶场",这位上校总是知晓,因为部队都集结到打靶场目睹哈勃的射击去了。在密切注意这位以前的预备军官一会儿之后,一个下午豪兰把他叫到一边,向他致以崇高的敬意。这位上尉的营中许多士兵正在努力成为像他一样的人。

士兵们是如此地急于想行动,以至于一周内允许娱乐的那一天,即星期六,碰见自发地在乡村到处行军以期提高耐力的部队也不奇怪。那些因身体缘故曾努力争取免除勤务的士兵那时已投入战斗,就像他们结实得能继续参加战斗。有爱国热忱的年轻人不时嘲笑他们入伍以前过的日子,以穿着一套不整洁的衣服在营地散步为例暴露他们自己是不适应环境的人。可是随着岁月的流逝,以及持续不断的关于坐船去国外的流言原来是无稽之谈,部队士气低落,而单调的训练变成了苦活,于是安排了著名人士来访以鼓舞部队的士气。曾在美西战争中服役的陆军中校菲奇(Fitch)说服自己以前的司令官西奥多·罗斯福向士兵们致词。这名美西战争时的老义勇骑兵,一面唾沫飞溅地说,一面剧烈地摆动,谈及了在战役开始时"斗志从心中升起",又谈及了他在圣胡安山上的不朽功绩。美国地方法官兰迪斯(Kenesaw Mountain Landis)曾经企图对印第安纳州标准石油公司处以2900万美元的罚款,新近又以妨碍战争工作罪判决伯杰(Victor Berger)和其他6名社会主义者,这次他在格兰特营地开庭,大多数士兵首次看到现场审判过程。然而,这位法官的严峻外表和握有的大权对自称为纵酒狂欢的浪荡子并无威慑作用。当地违禁卖酒者的非法交易已变得如此猖獗一时,以至于设立了由以前的芝加哥警察组成的一个特别法令实施单位以保证此营地免遭"酒鬼"之害。

1917—1918年间的冬天提早来临,且很快要在创纪录的档案中占有一席之地。暴风雪从加拿大北部接连袭来,比以往任何时候都要厚的一层白雪覆盖着营地。有好几个星期,外表冻结的温度计中的水银停留在管子的底部附近,温度曾经降到零下27摄氏度。冒着刺骨寒风和刀割似的雨夹雪,耳、鼻、手指和脚趾都冻僵了。可是军训仍继续进行，只是在吹积成的雪堆高达营房屋顶的两天，除了依靠滑雪板或雪鞋之外不可能到处活动的情况下，军训才停止。豪兰上校从不戴耳套。因希望对自己的士兵依然显出是个榜样，所以哈勃外出也不戴耳套，直到耳朵冻僵，他才勉强接受，戴上耳套。随着春天的到来，融化的雪使连队的街道成河，而将操练场变成了湖。平时温和的基什沃基河猛推覆盖了步枪射击场的冰雪，也扫清了桥、靶子和炮台上的冰雪。根据第86师的正史，只有士兵的情绪仍然保持高涨。

VIII

1918年7月9日，即入伍后14个月，陆军少校埃德温·哈勃接受检查并被发觉在体格上适合执行海外任务。此前1月，他获得此次擢升，这使他的军衔在年老害病的马丁·琼斯·哈勃上尉之上，部分是团长豪兰上校"不可思议"和"无可比拟"的记录所产生的结果。等待已久的上船消息很快传遍营地，于是许多军官兴高采烈地表示欢迎。然而，在士兵中间这却是不同的情况，他们的紧张情绪是明显的。在去年，该师曾被反复地抽调走许多做好战斗准备的部队，好几千士兵很失望地留下。在此之后不断增加的伤亡名单开始来到，每张名单上含有几百个阵亡的黑鹰的名字，这些黑鹰，如他们自己那样，曾渴望地等待司令部传来轮到他们上战场的命令。

伪装的船队由新泽西州霍博肯启航，船一艘接一艘地南下纽约港，经过自由女神塑像。此船队与一艘巡洋舰、一艘战列舰、一艘软式小飞艇和数艘猎潜艇会合，并在它们的护送下于9月6日出海。哈勃被分配到"沃尔马城堡号"（Walmar Castle）过分拥挤的军队运输船上，它的底层舱里吊床摇荡着。他受委任负责船上分配给红十字会护士的救生艇，而且要是发生紧急情况，便使自己的转轮手枪保持着准备射击的姿态。他的很多时间用于在船桥上进行潜艇监视。因暴风雨的天气，横渡大洋进程缓慢。起伏颠簸的船上晕船状况迅速蔓延。此后他承认，为了避免自己在同样受折磨的士兵面前显露窘态，他尽可能下定一切决心不让自己倒下。被护送的船队最终绕过爱尔兰北海岸，接近克莱德湾，到达格拉斯哥，9月19日，这位体重显著减轻、走路摇摆的陆军少校在该地离船上岸。

在一周内，哈勃回到了一个与他4年前离开时很不相同的英国。在离南安普敦10英里（约16千米）下着倾盆大雨的拉姆西，被泥浆包围着的这个师遭到了"西班牙流行性感冒"的袭击，它是全世界范围内夺去2000万以上生命的流行病的一部分。士兵倒在队伍里、操练中以及列队行进中。哈勃特别喜欢的一名红头发年轻军士，高烧达104华氏度（40摄氏度）仍排队站着，几小时后便死去。如许多其他黑鹰一样，他的遗体永远埋在英国土地上。

该师借助灯火管制下曲折航行的装有翼板以击水推进的明轮船从南安普敦渡过英吉利海峡到达法国港口勒阿弗尔。一进入法国，士兵便扎营于波尔多附近，而哈勃和许多同僚被指派到由潘兴（John "Black Jack" Pershing）将军率领的远征军所建立的高等军事训练学校。10月的第一周，部队驻扎在离潘兴的司令部不远的朗格勒，哈勃的目光终于越过了有许许多多士卒正被消灭的凹凸不平的棋盘。最近第二次马恩河战役已使德国人受阻，到达不了巴黎。在福煦的指挥下，协约国联军发动了默兹—阿戈纳攻势，把敌人击退到兴登堡防线之外，军事上的这一重大进展成为战局变化的前兆。

自己的服役档案在许多年后一场火灾中可能被烧毁的哈勃断言，他曾在战壕里和战斗中既担任阵地军官又担任前线部队军官。"最艰难的事，"他说，"便是看到受伤的士兵倒下，立马向前去帮助他们。"他也谈及在炮弹落到梅斯周围和掉进摩泽尔河之际，他被诱入蓬塔穆松附近一只摇晃的观测用气球中。11月初,随着德国人的全面退却,他却被一颗爆炸的炮弹击倒失去知觉。他醒来发觉自己无人照看地躺在后方的一个野战医院里。除了轻微脑震荡和一些在身体上留下白瘢痕的小伤口之外,他的右肘受伤,此后再也不能伸得十分直。然而,他起身找到自己的衣服穿上后,连一句话也未同任何人说便离去了。

就像受到治疗的其他战场负伤者一样,哈勃有资格加上负伤的袖章,即戴在左袖末端的一英寸半(3.81厘米)长、倒山字形的条纹。附属在他的光荣退伍证书上的服役记录里,3个类目(即"大战斗、战斗、小战斗""授予的勋章""核准的负伤袖章")的每一栏后面的空格中都出现"无"的字样。他唯一的勋绶则是金色战斗袖章。在战争的混乱之中,他声称的这种类型负伤本来就可能容易发生未被记录的现象。然而,这并不能解释为什么在他的退伍证明文件里缺少有关战斗经历的依据。在给弗罗斯特的一封表示遗憾的信中,他写道:"在炮火下我什么也没有得到,总之,我对战争很失望。"

哈勃及其同僚重返在波尔多的第86师,妄想他们能在"这重大事件"结束之前被征召上前线。可是事实并不是这样。一旦决定每个人已捐献给公共基金的钱款必须花费在一次饯行宴会和供奉死去的一大群人上,那么离战争的结束就要不了几天了。本地的酒可随意地斟满。在哈勃的一生中第一次,也是唯一一次,他喝得酩酊大醉。翌晨,他不记得曾发生了什么事并被自己的朋友灌满了什么酒。他们告诉他,他曾站起,神志十分清醒地且陈述周到地做了一个论战争起因的演说。"但愿,"他妙语连珠,"我听到了它。"

IX

第86师从未看到战斗,而在11月12日早上,随着停战协定生效,奥古斯特大炮最终陷入沉默状态,于是该师拆除了防御工事。18个月的向往并为之献身以后,光荣却躲开了这位英俊的陆军少校及其同僚,他们之中的大多数被派遣到勒芒协助大量的装运工作。然而,这里有军服的威风,有与一支战胜的伟大军队相关英雄诗篇般的共识,且有深深感激的老百姓,有那些把自己的生命置于危险境地(或一直乐意这样做)的伙伴之间依恋不舍的友情。在对问题作仔细考虑之后,哈勃决定留下。

他在法国和德国的占领军中服役4个月,据说他在那里处理赔偿要求事宜和在军事法庭担任军法官,此后他在剑桥振作精神,过着菲茨杰拉德(Francis Scott Fitzgerald)*笔下神秘的盖茨比(Jay Gatsby)般的现实生活。1919年5月,他在剑桥写信说他负责在十几所英国大学读书的美国军人。更重要的是,他重新开始了解天文学。

每天早上,哈勃从位于圣埃利吉乌斯街6号赫恩公寓所住的房间走到三一学院,在那里他经过"巨门",在它的宽广外部竖立着奠基人和捐助者亨利八世的雕像。该学院楼的2层右侧便是科学革命时代牛顿系统地阐明了基本定律和数学的房间,他在那里同时始终想象着甚至比他的科学所能包容者还要庞大的宇宙。哈勃上由普鲁米安教授阿瑟·爱丁顿(Arthur Eddington)爵士讲授的球面天文学课,并在别致的雷恩图书馆的回廊里散步,在那里他细心观察里斯布拉克(Rysbrack)所雕刻的浪漫主义的牛顿半身像,举起这位伟大人物的手杖,并注视这位偶像的一绺银发,它在有直棂的窗下闪闪发光。晚上,做完功课后,在具有橡尾梁天花板、旅行歌手坐席以及亨利八世的巨幅肖像的富丽堂皇的餐厅里,他自豪地在校长、导师等的餐桌上就座。然后,如果天空晴朗的话,他便前往靠近剑桥天文台的一幢大住宅马丁利海丘。它的主

---

*菲茨杰拉德(1896—1940),美国小说家,主要作品有《了不起的盖茨比》等。——译者

人是富有的英国天文学家纽沃尔（H. F. Newall），他差不多每晚在那里招待客人，偶尔他的客人漫步到剑桥天文台查看星座和星云。

5月9日，在伦敦召开的皇家天文学会的一次月度会议上，纽沃尔亲自提议哈勃为该会会员。两个月后，在一次特别会议和招待来访的美国天文学家的一次宴会上，哈勃不但出席了，而且坐在靠近桌位的首席，天体物理学家舒斯特（Arthur Schuster）和皇家天文学家戴森（Frank Dyson）之间的荣誉席上。这是威尔逊山天文学家沃尔特·亚当斯、查尔斯·圣约翰（Charles St. John）和西尔斯（Frederick H. Seares）第一次有机会打量他。他们无疑对给予这位装束光鲜的军官突出的礼遇表示惊讶，它几乎同他的科学成就不相称。在这爱国心高涨时期，他恢复在牛津学到的英国口音和英国语法也不太会受到赞赏。

由于海尔承诺战争结束后这位将近30岁的天文学家在威尔逊山天文台上会有一个职位，所以哈勃的自信心更强了。前几个月期间，这位台长否决了至少3名具备资格的人的申请，因为他认为马上便可以得到哈勃。最后，当哈勃于6月写信说他已差不多准备妥当时，不耐烦的海尔答复道："请尽快到来，因为我们预料100英寸（2.54米）望远镜很快会投入使用，而到你抵达的时候，这里必然有充分的机会做工作。"海尔建议哈勃同英国技术人员商谈适合于做暗星云观测工作的大棱镜和短焦距透镜。"重要的是把你的摄谱仪的光效率提高到最大限度。"他的薪水将是一年1500美元，比战前给予他的多300美元，且海尔向他保证预付，"由我们随意支配的经费定会像你的工作一样迅速地得到保证。"

哈勃最终告别自己精神上的故国，于1919年8月登上几乎无人乘的"皇帝号"轮船驶往纽约。登陆后，他直往加利福尼亚，在芝加哥短暂停留，为的是同母亲和姐妹重聚一天。然后他继续到旧金山，在那里的卫戍区于8月20日收到自己的退伍证书，并领取因在欧洲战场服役应得的出征奖金60美元。他很少的纪念品包括：自己的钢盔，自己的陆

军少校标志,第343步兵团的交叉来复枪,以及一把像剃刀那样锋利
的、白刃战用的匕首,他发觉它对裁法国书籍的书页有用。

第六章

探 测

I

当哈勃憔悴地在格兰特营地等待有关第86师命运的消息之际，100英寸（2.54米）望远镜于1917年11月1日之夜首次指向天空。映在圆顶室黑暗背景上的是从威尔逊山天文台台长海尔到看门人的帮手德斯蒙德（Roy Desmond）共19个人的身影。海尔和台长助理沃尔特·亚当斯爬上一长段铁梯到观测平台，如同被判死刑的囚犯走上断头台。在下方地面上，仅有一盏暗红信号灯标志着操纵板的位置，夜间观测助手霍格（Wendell P. Hoge）摁了一系列按钮，同时启动3种运动。观测平台上升并转动；已打开一条狭缝对着星光灿烂的夜空的圆顶绕相反方向旋转；望远镜的镜筒本身转动而自动跟踪它的目标——木星。身体欠佳的海尔弯下腰来通过目镜观看。他所看到的引起了一阵恶心。他什么都没说，转向亚当斯，一脸受惊的样子。这位台长后退一步而亚当斯弯腰低头自上向下透过目镜看。取代预期的单一像，有6个木星——不规则地相隔并部分重叠——差不多充满了透镜，似乎反射镜的表面被畸变成许多小镜面，而每个这样的小镜面给出它自己的像。

性情暴躁的里奇帮助安装和抛光这面反射镜，他曾预言镜面中的气泡或许会产生看得到的影响,在随后的讨论期间,他重申了这种推测。当夜晚消逝,又一个假设浮现,它看上去好得让人无法相信。在工人忙于机架的部件时,曾整天让圆顶开着。看来很可能阳光如不是直接照射在反射镜自身上,至少照射到了其上面的罩盖上,从而引起了畸变。在反射镜冷却到山上气温期间,这些人开始紧张地值夜。海尔和亚当斯轮流检验星像,3小时后仅稍微有所改进。更令人忧虑的是,意大利军队在卡波雷托瓦解的消息刚传来,亚当斯回忆当时坐在地上沉思着意大利是否会退出战争。

最后决定所有人都应去睡觉,然而海尔和亚当斯约定在凌晨3点钟回到圆顶室相见。海尔和衣躺下,但他睡不着。在床上翻来覆去有一小时后,他开灯阅读一部侦探小说,但并不能催他入眠。他停止阅读而于2点半回到了圆顶室,在那里他不久便同彻夜不眠的亚当斯会合。他们重新登上有回声的扶梯并发出新的指令。木星在西边够不着,于是他们向北转动这架大望远镜,指向天琴座最亮的星——织女星。随着他的第一眼,海尔的沮丧消失了。反射镜在半夜一两点钟的寒冷中恢复了它的正常形状,因而织女星在目镜里像个清晰的光点十分醒目,几乎是光辉灿烂。

在山上,英国诗人诺伊斯(Alfred Noyes)是那晚海尔邀请的唯一客人。在等待反射镜冷却期间,海尔曾要求自己的朋友写有关"为知识而奋斗",有关科学的发展,而不是有关战争的诗。诺伊斯以叙事诗《天空的观察者》(*Watchers of the Skies*)作答:

> 现今我们的100英寸望远镜
>
> ……
>
> 我简直不敢想象
> 我们的这架新炮口会发现什么。
> 上来吧,在众星之中度过那夜。

Ⅱ

海尔对自己1903年夏在威尔逊山上的第一夜记得清清楚楚。他躺在帆布床上观看着星星越过意大利语叫作"卡西诺"的小屋屋顶上巨大的洞,此屋由雪松原木建成,在它造好几年后便被弃用。他为了建造一座新太阳观测台寻找台址,曾沿从西马德雷山脉延伸到峡谷的古代印第安人的足迹徒步行走了8英里(12.9千米)抵达顶峰。一年之内,他已说服新近拥有基金的华盛顿卡内基研究院提供150 000美元建立由卡内基研究院主办的威尔逊山太阳观测台。此后一年,在山顶上使用斯诺望远镜拍摄到了第一张太阳黑子的光谱照片,而海尔始终梦想着更大的科学奇迹出现。

由儿时照片隐约可见这位后来成为天文学家的海尔所蕴有的无穷精力,然而这种精力导致他4次处于心神衰竭的状态,最终它自行消失了。海尔不得已从其父威廉·埃勒里·海尔(William Ellery Hale)身上继承了不停转动的眼睛,撅起的嘴唇,短小、捏紧的手指,表现出顽固而难改的急躁脾气。威廉·埃勒里·海尔是位芝加哥实业家,靠制造摩天楼所必需的水力升降机而发财。海尔对学校生活固定不变的方式很恼火,企图做个自由行动者,他喜欢做属于自己的课外自修项目,尤其是涉及工具和机器的项目。在肯伍德的家庭住宅里,他的小屋不久被他自己设计的一座建筑物取代,它配有一个小实验室,在那里他进行简单的化学实验,制作电池和感应线圈,并用一架显微镜进行观察。在他自己制造了一架小望远镜之后,其父买给他一架精良的4英寸(约10.2厘米)克拉克望远镜。1884年,满16岁时,这名少年宣称自己最大的奢望便是拍摄光谱,应用一块小棱镜,他成功地做到了。4年后,按照儿子的蓝图,威廉·海尔建立了属于自己家庭所有的分光实验室,它便是位于德雷克塞尔大道4545号的肯伍德天文台的核心部分。

海尔于1890年从麻省理工学院物理系毕业,他觉得与自己的实验室工作对比,在那里的大部分课程不那么激动人心。在空闲时间里,他到波士顿公共图书馆阅读并摘录自己能找到的关于天文学和光谱学的一切。1889年8月,当他在芝加哥乘坐电车时,一个想法突然"从天而降"。他要设计并制造一架仪器,它可解决在阳光普照下拍摄太阳爆发的问题,而且也能为这些和其他有关太阳的现象提供永久的记录。海尔把它命名为太阳单色光照相仪。

威廉·海尔再次答应其子的要求,购买一架12英寸(约30.5厘米)反射望远镜给他,这架望远镜比许多大众天文台所拥有的更好。海尔接下来于1892年获得了新建的芝加哥大学的天文学副教授职位,此后不久他了解到在马萨诸塞州剑桥港阿尔凡·克拉克(Alvan Clark)*的公司里有两块40英寸(约1.02米)的透镜可供利用。于是他便劝说有轨电车大王叶凯士提供在焦距和聚光本领方面都要超过所有其他望远镜的一架望远镜,并认捐建造安放这架巨大望远镜的天文台所需费用。

跑来跑去的海尔没多久便同神经衰弱症、严重消化不良,以及医生诊断为由脑充血引起的大脑后部的剧痛作斗争。1914年秋,哈勃在叶凯士天文台开始研究生学业的时候,海尔自威廉斯贝出发作长途旅行。由于已按自己的愿望在一个遥远的湖边建造世界上最具威力的望远镜,所以海尔热衷于在加利福尼亚一个孤立的山头上再进行这样的开拓。

1904年,卡西诺式的小屋已成为能舒适地居住的地方,且第二条到山顶的路,所谓的威尔逊山收费道路,马上开通。这条道路蜿蜒向上行进在5714英尺(约1742米)高山峰的崎岖不平的南面,它平均宽2英尺(0.61米),只够容许运载受伤的参观者和生活用品到山顶的小毛驴、小型电动机车和偶尔的马匹通过。由运货车所加的限制影响到这个天文

---

* 阿尔凡·克拉克(1832—1897),美国天文光学仪器制造家。——译者

台早期建筑物的设计和材料的每一项。斯诺望远镜的单独构件没有一件制作得超过8英尺(约2.44米)长,而原先的宿舍的木门,其宽度仅限于允许人们可在一头驴子的两肋上运货进出,而不用在地上拖。事实上,有数扇门刚装配好就发觉在拐角处略呈圆拱形。这里有很多野生动物(除了被过度猎捕的鹿以外),而卡西诺式小屋里藏有一个小武器库。一棵老松树的树桩成了最平常的靶子,惹得亚当斯讥讽它或许已被错当作一座铅矿了。同外界通信始终是有问题的,仅依靠延伸在灌木丛和偶尔一根树枝上面的一根铁丝电线。即使在最佳状况下,也不得不大声地叫喊,以使有时看来似乎在另一端的同伴能理解所传的口信而不用借助于仪表器具。

1906年,洛杉矶的一位年长实业家胡克(John D. Hooker),对天文学发生了兴趣,因此答应海尔的要求,为从巴黎的圣戈班玻璃厂购买100英寸(2.54米)镜面提供经费。将以其名字命名这架令人向往的望远镜的胡克也答应建立一个光学车间并承担反射镜表面修琢和磨光所需熟练技术人员的工资。尚需要50万美元用以安装望远镜和完成天文台的建造,这迫使海尔再次向卡内基研究院求助。

已成为海尔朋友的安德鲁·卡内基(Andrew Carnegie)决定于1910年3月,带着夫人和女儿玛格丽特(Margaret),对威尔逊山进行一次私人视察。随着那条收费道路在1907年的拓宽,运货车已被小型电动机车队、马和马车所取代,尽管上山仍然有些风险。惟恐这位白胡子的慈善家将无力爬梯到圆顶室的地面,故海尔请里奇设计一只加固的箱子,以便用吊车把这位高贵的来宾吊到新近安装的60英寸(约1.52米)望远镜的平台上,此箱放在靠近扶梯脚的混凝土地面上,可是卡内基抵达时,他打它的旁边过去,冲上阶梯,像个学生。因注意到他的身材,所以当同样身材高大的海尔以及诸如胡克和博物学家缪尔(John Muir)等其他贵宾站在斜坡上拍照的时候,他总是占据较高位置。

虽然卡内基好像对天文台的设备感兴趣,但他的天文学知识却遭受怀疑。在他回到纽约后,这一情况得到了证实,在那里他宣布在威尔逊山已发现60 000颗新的星,这显然和里奇所拍摄的单个星团照片有关系。此评论引出了芝加哥大学莫尔顿的带挖苦的旁白,他讲任何人都可以说在密歇根湖里"发现了60 000加仑(22.7万升)新的水"。然而,卡内基公开自己给卡内基研究院院长伍德沃德(Robert S. Woodward)的一封信的原文后,他所犯的这个大错立即被遗忘了,在此信中他保证追加1000万美元的捐款,并表示希望威尔逊山的工作尽快推进。

经多次试验后,圣戈班的玻璃工人制造出了一块巨大的镜面,它大得足以塞满一个小房间。它的直径达101英寸(约2.5米),厚度13英寸(约33厘米),而重量超过5吨,装在"圣安德鲁号"(St. Andrew)轮船上,于1908年11月到达霍博肯。纽约的新闻媒体把它称为迄今为止横跨大西洋的最贵重的单件货物,并耐心地追踪它的进展。镜面又被送到新奥尔良,然后从那里运到位于帕萨迪纳沉睡的圣巴巴拉街上的威尔逊山太阳观测台的光学车间,它于12月7日抵达那里。次日拆箱取出镜面后,令人讨厌的里奇被分派担负磨光它的任务,但他声称此物无用,使海尔陷入闷闷不乐之中。玻璃的浇铸要求3次把材料注满模子,每次以快速、连续的方式注浇。此过程使得无数微小气泡在玻璃液的内部成为陷阱,而延长退火过程则使玻璃在若干处变脆弱。圣戈班自愿再尝试一次,这次由该公司出钱。第二块镜面注浇和掩藏是在一个巨大的马肥堆中,但在冷却时,它在那里面碎裂了。额外的几次尝试也都不幸地失败了。

原先的那块镜面安放在粗帆布和绒布下面有两年,与此同时,海尔所遭受的挫折增多,导致他神经衰弱。最后,于1910年,又请了科宁玻璃公司副总经理戴(Arthur L. Day)检查这块被丢弃的样品。进行若干次检验后,戴得出结论,气泡层加强而不是削弱了它,它们也没有很靠近表面,因而不妨碍平滑光学面的形成。

磨光玻璃的7800平方英寸(约5平方米)面积这个艰巨任务花了将近5年才完成,在此期间,显得不高兴的海尔被迫用光学家金尼(W.L. Kinney)取代心绪不佳、日益爱挑衅的里奇。第一阶段,使镜面复原到球面形;第二阶段,把球面形改变成抛物面形。为了避免划伤表面,除了最初大体成形阶段之外,一切光学的工作都用各种大小和形状的木制工具做;宝石匠的红粉同蒸馏水混合做成磨料。像冰河运动般缓慢的磨蚀过程,其结果为,去除了一吨玻璃,说明镜面中心处弯曲的深度有1.25英寸(约3.2厘米)。技艺是如此精细,以至于表面的每一部分所生成的焦距,就大约九万分之一的精度而言,都是相等的。

至于天文台圆顶室的建造,亚当斯差不多把它同金字塔的建立相提并论,它开始于1913年夏。场地被爆破和划分,此后混凝土柱墩的样式确定下来,在它的上面要安放望远镜。整个柱墩高33英尺(约10米),长40英尺(约12.2米)。在其顶上有一环形混凝土层面,这样的结构需要100吨以上的水泥,并用螺旋钢杆和工字形梁牢牢地加固。柱墩内有一个房间作反射镜重新镀银之用,且安置着在夜间通过螺旋管绕镜面作冷水循环用的多半无实效的设备。

为便于60英寸(约1.52米)望远镜的圆顶室的建造,那时已拓宽过的道路不得不再次拓宽。一辆麦克牌卡车于1912年购买后投入使用,它结实的轮胎和坚硬的弹簧赋予它如拖拉机那样的运载特性,跟着在第二年获得了一辆更吸引人的运载车。这辆无篷卡车是为山地拖运而造的数辆车中的一辆,它由一个汽油引擎发动,此引擎使一部发电机运转,发电机依次把电流供给安装在车轮里的4个马达,这些车轮的独立运作证实对车子的急转弯是有用的。然而,人们发现该车满载时,靠自己的动力不能通过陡峭的斜坡,而必须由小型电动车队给予援助,于是上山延长到2天时间。担任着管理工作的是多德(Merritt "Jerry"

Dowd），他是唯一了解此辆卡车特性的人，后来成为山上的电力总工程师。

1914年，大战刚刚开始，铁制圆顶室直到（且包括）支承旋转圆顶的轨道的那部分完工了。需要排列呈环形的3排圆柱：内排22根柱帮助支撑二楼，第二排25根柱作为圆顶的主要支撑，而沿外排的45根较轻的柱子支撑薄金属板的外墙。地平面铺上水泥层后，安置波状马口铁的内墙并漆成黑色。在冬天来临时，单独一个工人着手磨光环形铁轨的长期任务，支承圆顶的24个四轮转向架要在其上运行。

因望远镜的大小和超过100吨的巨重之故，选择了"闭叉式"装置，所以镜筒悬挂在由沉重钢梁构成的长方形框架的中央。整个长方形框架则安置在顶部和底部的轴承之上，它们保证了望远镜的东西向运动。为了减少巨大的摩擦力，两个钢制大浮球浸在水银槽里。这两个浮球负荷望远镜重量的98%，使得这门对着天体的大炮用手碰一下就能运动。

马萨诸塞州昆西市的福河公司获得了机架的合同。它一完成，便被认为太大了，无法靠铁路装运，因而不得不装在"阿拉斯加号"船上沿绕过合恩角的路线运送。对暴风雨和进行劫掠的德国潜艇的担忧，在海尔的内心添加了可觉察得到的烦恼。1916年2月，它抵达了圣佩德罗港，镜筒从那里用卡车装运上山，在4次增速的情况下平安无事地来到山上。到这个时候，高100英尺（约30.5米）、直径95英尺（约29米）、重达600吨的金属片圆顶已经接近完成，观测平台也一样。这一阶段的建造工作曾经历唯一一起因不安全操作引起的严重事故。1915年9月30日，夜间观测助手在60英寸（1.52米）望远镜的观测记录簿上写道："铁工穆尔（Moore）先生从100英寸（2.54米）望远镜的圆顶室的顶上掉落到水泥柱墩上，坠落70英尺（约21.3米），因而当场死亡。"

配电盘、电子控制器，以及其他大部分附属设备的制造在帕萨迪纳的工场或山上类似的工场进行。至于转仪钟，它以与地球自转一致的均匀速率转动望远镜,除2吨的转仪重锤以外还需要超过1吨的青铜铸件和将近1.5吨的铁铸件。安置在靠近南端混凝土柱墩里面的转仪钟轴与直径17英尺(约5.2米)的蜗轮互相啮合,固连到望远镜的轴上。转仪钟的运动以及望远镜、圆顶和百叶窗的运转都由接入单一控制面板的30多个马达操纵。

随着山上一切臻于完成,落到其表面的光点数不止60 000而估计是30亿的巨大反射镜镀银和抛光的时刻已来临。抛光车间的窗门是双重且密封的,而另一方面上漆的水泥地面用水浇以减少灰尘。只有保持常温的过滤过的空气进入该车间的内部,它的天花板上悬挂着帆布帐篷,以挡住任何落下的微粒而保护好玻璃。穿戴着外科手术用衣帽的光学师及其两位助手则是被允许通过此车间门的仅有的人。

边上镶着编织物的一条上蜡金属带围绕反射镜被紧紧夹住,把它变成一只巨大的浅盘。然后将氢氧化钾溶液和水倾注在玻璃上,它的表面用缚在T字形棒上的棉布拖把擦净。提前一个月配制,由蒸馏水、酒精、硝酸合成的还原液,以及5盎司(约142克)冰糖接着加进已倒在玻璃上填充凹处的25加仑(约95升)水中。此后,缓慢地加入浓缩氨同硝酸银,与此同时,把银存留。再擦净后把溶液倒出,并用水冲洗反射镜。拿去金属带,并用麂皮和风扇产生的一股微风把暗银表面弄干。最终一次手工擦拭在直径3英尺(约0.91米)的马达驱动抛光机的协助下完成了这个精细的工序。镀银层显得如此之薄,以至于留在玻璃上的银总量原本只能制作一只不大于一枚25分币的银盘。

1917年7月1日,即胡克当初馈赠之后11年,100英寸(2.54米)的反射镜被安全地搬运上山顶。可是发现观测平台太重,需要把它取下重新设计,因此反射镜的安装又推迟了两个月。直到9月22日,反射镜才被吊装入它那笨重的机架。蜗轮巨齿的磨光则于10月26日完工,而转仪钟的装配工作正在顺利进行中。观测记录簿这样记载:"初步观测以及拍摄一些照片很可能将在接下来的很少几天内进行。"正在华盛顿担任战时国家研究委员会主任的海尔，为了这至关重要的试验，从那里乘火车向西疾行。此时他的真正想法并不为人知晓。谅必诗人诺伊斯不至于远离海尔这个目标，既然他写下：

> 时间、忍耐、财富，做孤注一掷
> ——要这么豪赌的赌徒在哪里？

III

1919年8月末的一个早晨，在加利福尼亚大学伯克利分校攻读天文学博士学位的唐纳德·沙恩（C.Donald Shane）正在圣何塞等候去哈密尔顿山上利克天文台的公共汽车。他的注意力被不久走到那边的一位穿军服的高大绅士所吸引，这位绅士自我介绍为哈勃少校。沙恩从在叶凯士天文台所做星云工作的论文里认得这个名字，可是他有点被这个陌生人做作的口音所压倒。哈勃解释自己正朝威尔逊山行进，决定顺路访问利克天文台。沙恩记得这位英俊客人只在哈密尔顿山上停留一天，但这点时间已足够给人以持久的印象。所从事的专业与哈勃相同的利克天文学家今后一辈子愿意称呼他为"少校"。

哈勃于9月3日加入威尔逊山太阳观测台的员工行列，当他抵达圣巴巴拉街该台的办事处时，大概仍旧穿着军服。虽然南加利福尼亚已为史无前例的持续迅速发展时期做好准备，但它仍然是个具有清静乡村风味的地方。帕萨迪纳的20 000名市民分散在广阔的区域。与散乱又肮脏道路纵横交叉的众多葡萄园和小橘林便是这一开阔乡村的主要景观。在这个半沙漠环境里由私人开的水公司向偶尔的农场住宅和大多数小住宅供水，而这些公司的命运，像其主顾一样，取决于变化莫测的冬季雨水以及他们能买、借或偷的水量。商业区主要限于科罗拉多街,在它的终端坐落着一个令人欢欣的被弃美景的遗迹。假如在当时汽车尚未成熟的话,那条再也没有完工的自行车道,原本会让居民以小额通行税为代价,在一条围起来铺木板的小路上骑自行车进入洛杉矶,避免深埋于沙砾中的道路陷阱以及用马拉东西所产生的讨厌渣滓。

哈勃不得不等待自己首次在山上的轮班机会将近6周,它于10月中旬来到,是在10英寸(25.4厘米)库克望远镜上观测。跟着是一周后在60英寸(1.52米)望远镜上进行为期3天的一次作业。在观测记录簿的封里上匆匆记下的简短忠告语,对稍后一个时期里带偏见的双眼来说,显得有教训性质:"视宁度比你所想象的要更好";"当觉得疲倦、寒冷和想睡时,无须踌躇和思索,千万不要转动望远镜或圆顶";"不要在绝望中放弃而回家,子夜后情况多半会改善"。碰巧由于云的遮盖,3夜的视宁度依然全都很差,他的收获只是9张照相底片,其中包括他特别喜爱的天体——彗状星云NGC2261的30分钟曝光的一张底片。快速仔细察看这张负片证明他最初在叶凯士的研究结果是正确的。自上次他于1916年观察它以来,这个三角形天体已发生了惊人的变化。

这位观察者本身也在被观察。哈勃服兵役的言语以及可怕的态度已先于他传上了山,使台上的维护和辅助人员预料会发生最坏的情形。一名夜间观测助手米尔顿·赫马森(Milton Humason,其一生与哈勃的一生要以他们两人在那时都绝不会想象到的方式互相交织在一起),正在偷偷地打量这位新来的天文学家。34年后,赫马森写道:

> 他正在60英寸(1.52米)望远镜处拍摄,在导星时站立着。他口叼烟斗、高大而强健的体态,以天空为背景清晰地勾画出来。凉爽的风吹打着他身上的军用雨衣,而从他的烟斗偶尔喷出火花,消失于圆顶室的黑暗之中。那夜的"视宁度"按照我们威尔逊山的等级,被认为是极差的,可是哈勃在暗室显影好自己的底片回来时,显得兴高采烈。"如果这属于视宁度差

情形的例子，"他说，"那么使用威尔逊山上仪器，我将始终能够获得有用的照片。"他明白自己要做什么，且怎样去做它。

虽然在回顾长期合伙之中，所描写的这种场合被浪漫化了，但它已使一个非凡的人产生如此清楚的印象。

100英寸（2.54米）望远镜大获成功地通过首次最关键的测试后，它闲置着，海尔却回华盛顿去了，而台上其余工作人员则被卷入与军事有关的工作中。直到1919年9月11日，即哈勃到达山上之前约3周，才最终准许这架望远镜供普遍使用。然后，于9月22日，就是在皮斯成功地拍摄到迄今用该架仪器所能拍摄到的最好的月球照片后不久，它再次关闭，这是由于所谓的"匹兹堡视宁度"，指的是附近林火，它的灰烬落在灵敏的反射镜上。事实上，哈勃到达山上的时间可能没有再凑巧的了。

在节假日期间威尔逊山会是个寂静之地，这一事实由霍格在60英寸（1.52米）望远镜1912年观测记录簿上的生动记载"祝全宇宙圣诞快乐"得到证实。然而，对远离家庭和朋友的哈勃来说，孤独并不要紧。1919年圣诞节前夜，他发觉自己脱离绕其小恒星旋转的这颗小小的行星而在世界之巅，他的拇指和其他手指都搭在100英寸（2.54米）胡克望远镜的撤钮上作好准备，而这架望远镜则是任何一位天文学家都渴望的最大礼物。

视宁度接近于完美，如根据大多数底片出现的等级数字均为5所证明的，这是排列在以1起始的视宁度等级表上次高的等级。他拍摄的首张照片H1H（依次表示：胡克100英寸望远镜，第1张底片，哈勃）属于一颗星云里的恒星，跟随着的是3张NGC2261彗状星云的"优美"底片以及各种各样其他天体，包括猎户座大星云、椭圆星云M60和金牛T星（一类其亮度显示快速和反复无常变化的恒星中的典型星）的底片。就像一位严格的科学家，他努力掩饰自己的兴奋，于狭小的空隙中酌情作评注："一个壮丽展开的旋涡星云""明显的否定""良好的清晰度"。

夜间观测助手们花了一些时间了解这位新来者名字的正确拼写法："Hubble""Hubbel"和"Hubbell"全都出现在观测记录簿中,有时候就在同一页上出现。然而,依照赫马森的说法,哈勃直率、无废话的态度很快就把他们争取过来。轮到他上山作业的时间来临时,他要从事的活动早已提前充分计划好。如果视宁度不好,或者天空多云,他会比自己的天文学家同事熬夜熬得更长,一直等到凌晨2点半才上床睡觉。有一次他把一名夜间观测助手打发走了,因为这名助手违背约定,甚至当天空中的云随后散开了,也让他睡觉而不叫醒他。他很少说话,却委以责任,然后让下属放手工作。他返回时,期待着结果。假如所委托的事情没有严格地做好的话,他会十分严厉。按照赫马森的话说:"你应知道在那里与他保持一致。"

因为哈勃从来不让一名夜间观测助手为他做他自己能做的事,所以他也受人尊敬。如果是归结于设备上的事,那么他是一个固执己见的人,在望远镜从牛顿或反射焦点改变为卡氏焦点的时候,他一直在场,卡氏焦点式凭借促使光通过更长的路径来增长焦距,因此产生更大的像。这个运作要求细巧地操纵重达几吨的钢制巨笼。在60英寸(1.52米)望远镜下方不热的混凝土地堡里供应夜宵之后,观测助手们也要负责收拾干净。硬饼干同可可茶组成了通常的饮食,咖啡在山上则被饮食有度的海尔禁止,他认为它对健康无益。让大家吃惊的是,哈勃在洗完自己的碟子之后才返回到望远镜那边,同时他要弄清楚自己的观测助手确实得到了一份这种平淡无味的供应食品。

在哈勃的心中,他仍然是个少校,自他上山第一天起,他就培育这个形象。他平常的装束是衬衫、领带、诺福克外套、骑马裤和军用高筒靴。随着岁月流逝,他在牛津时代打高尔夫球穿的较宽松的灯笼裤取代了骑马裤。当产生他是"高等游民"错觉的时候,这位前指挥官懂得怎样博得自己下属的尊敬。他抵达后不久的一个暴风雨之夜,赫马森在凌晨一点左右走进照相实验室,而当这位天文学家询问赫马森昨晚早些时候在哪里之际,这名夜间观测助手着实吓了一跳。不愿说谎的赫马森承认曾一直同看门人和一些同事打扑克牌。这名局促不安的"谋反者"料想此事要被汇报给"更高职位的人",从而很可能被解雇,所以当桥牌老手哈勃问,自己是否能玩几手时,他简直不能相信。这位少校走进来时其他人都大吃一惊,但每个人立即便"过得很愉快"。

在哈勃不值班期间,他在"修道院"享受生活,因为海尔喜欢如《黎凡特的修道院》(*The Monasteries of the Levant*)这样的古代惊险小说,所以他如此取名。除了厨师和管家之外,其余所有妇女,包括天文学家的妻子,都被禁止出入生活区,因为依据理论,她们的出现只会分散工作人员对手头上重大工作的注意力。是海尔亲自选择了这个地点。在亚当斯协助下,他以普通速度骑马从斯诺望远镜处下行1/4英里(0.4千米),出现在山岭那个边缘处的一小块开辟地里。斜坡消失在3面都是几乎垂直的悬崖之中,在这里展现圣加布里埃尔峡谷和远处显出紫色边缘的山脉的壮丽景色。第一幢建筑物在6个月之内即可供使用,可是在哈勃来到以前它已被完全烧毁了,如最早的威尔逊山宾馆的命运一样。该宾馆于1913年3月消失,由天文学家范玛宁(Adriaan van Maanen)记载于60英寸(1.52米)望远镜的观测记录簿上:"由于火灾,于凌晨1点10分关闭圆顶。一个好宾馆被烧毁了。"

第二幢"修道院"结果规模更大,它由大约15个小房间组成,每个房间配备着一张单人床、椅子、桌子和灯。宿舍走廊的前头是图书馆,它的搁架上收藏着在圣巴巴拉街办事处能找到的杂志和书籍的复印本,使得研究人员能跟上自己的领域里的新近发展。浅黑色上清漆的栎木制成的摇椅面对着俯视山谷的一排窗户。就是在这里,在恰好由3根圆木构成且小心谨慎建造的炉火旁,哈勃常常于晚饭前阅读和沉思,而一支烟斗则牢牢地含在他那拳击手的口中。

在冬天,下午5点钟响铃,而在一年中的其余日子里,则在下午6点钟响铃。每一位穿着外套和戴着领带的就餐者从图书馆走进毗邻的房间,参加一个使人联想起宴会上主宾席的正式仪式。预定在100英寸(2.54米)望远镜上作观测的人被安排在荣誉席,他的身份由在餐巾中套环上标出的名字来确认。在他的右边坐的是100英寸(2.54米)望远镜的观测助手,接着是60英寸(1.52米)望远镜的观测者。在这位首席观测者的左边坐着太阳主要观测者、他的助手等人,两边接下去坐,直到木制的套环用完为止,然后其他带着标志资历较浅和地位低下的衣夹的人就座。

直到拂晓,这些天文学家才回来,他们因寒冷而手足僵硬,且由于好些钟头全神贯注于仪器,造成精神上疲乏不堪。即使世界上最精良的望远镜也有它本身的特性。当100英寸(2.54米)望远镜的巨大镜筒倾斜着跟踪一个星云或单独一颗恒星的时候,它要么领先要么落后于目标,这是传动装置中微小缺陷造成的结果。对它的摇摆倾向同样感到为难。战争期间,水银变得非常昂贵,所以只能配给浮槽所需水银量的一半。当温度变化时,衬垫变弯曲,从而产生一个永久性缺陷。并且,光经由山上大气射落到反射镜时受到较差折射的影响,因此恒星的视位置产生移动,很像通过一玻璃杯水侧面看一根稻草的情形。为了补偿,天文学家一面揿手提控制面板上的按钮使望远镜加速或减慢,一面不得不站在移动平台上以单独移动目镜。圆顶也必须同时推进,且必须保证它的狭缝继续在反射镜的前方打开。寒冷是仅次于不睡觉的大敌。在最寒冷的夜里,手指和脚趾都逐渐麻木了,而泪水则把观测者的眼睫毛完全冻结在目镜上。

对比之下,当下方山谷在曙光里逐渐现形之际,穿过松树的剪影漫步走回"修道院",则呈现出一种心灵上的超然。渐渐消失着的夜晚极其宁静,当我们认识到宇宙正向我们展开而一张照相底片捕捉到了它的某个片段时,这标志着反省和沉思时刻的到来。佛祖本人也会在山顶上平静下来。

IV

在给接近失明的埃德温·弗罗斯特的信中,哈勃把在帕萨迪纳所住房屋状况描述为"一幢极其不牢固的建筑物。房间天天可找到,但一个令人满意的房间经过数日还空着则是少有的"。在从一个供膳住宿处跳到另一个之后,他最终搬进欧几里得大道55号的一幢小住宅,在那里他同新近命名的加州理工学院人文科学系主任朱迪(Clinton Judy)分住第一层。第二层则由卡内基研究院的工作人员、地震学家哈里·伍德(Harry Wood)住着。这些堆满书籍的小房间和开口的小壁炉使哈勃想起牛津的单身宿舍,朱迪也一样,他曾在牛津作为一名独立学者,度过了一段时光。这3个单身汉一起在附近的皮科克饭店吃饭,而不自己烧饭。

哈勃没有汽车,如果不上山的话,他步行往返位于圣巴巴拉街813号白色新古典主义大楼里的天文台办事处。他办公室的门在第一层沿左侧楼往下大约一半处。它通向一个朝南、面对街道的宽敞房间,它的高大、栎木贴面的窗使用威尼斯式软百叶窗帘遮蔽上午的阳光。同其他房间一样,它配备着一张台面平直的大办公桌、一把转椅和一把单人直椅,这把直椅巧妙地暗示来访者不要坐得过久而使他生厌。办公桌对面是个高大的金属柜,保存着他最近收集的底片,其余的底片则贮藏在防震的地下室里。墙上未挂画。唯一可称得上他私人的东西便是一块嵌有许多化石的岩石,位于办公桌的一个角落处。哈勃办公室区别于他人办公室的一个特征是它有专用的盥洗室,它使人回想起,直到最近为止,这间办公室曾为正生病的"太阳崇拜者"乔治·埃勒里·海尔所使用。

沿着该大楼一、二层铺着地毯又装饰着镶板的过道,有其他衣冠楚楚的绅士们的办公室,从外表上看,这些人也许是银行家、证券经纪人或公司总经理。因为海尔长时期缺席,所以大部分行政管理职责由在1917年被任命为台长助理的沃尔特·亚当斯承担。亚当斯是新英格兰公理会传教士夫妇的儿子,在叙利亚靠近安条克的一个村庄卡萨布长大,由此出发,他随其父沿曾被波斯、希腊、罗马帝国、阿拉伯的军队以及后来大十字军的骑士踩踏过的路作长途徒步旅行。这个家庭于1885年返回新罕布什尔州的德里,使得8岁的沃尔特第一次能进正规学校。他的预备教育终于使他通过菲利普斯·安多弗学校的入学考试,在校时他的数学、物理和化学成绩突出。"在我受教育的很早时候,"他后来写道,"当同涉及选择性的科目和需要大量判断的课程相比较时,我对有具体和明确答案的精密科目所产生的偏爱强烈发展着。"作为达特茅斯学院的一名大学生,亚当斯注册了唯一一门讲授天文学的课程。他的老师便是名叫埃德温·布兰特·弗罗斯特的一位年轻有为的教授。在后者被海尔召到叶凯士时,亚当斯跟随他且承担研究生工作,指导一名芝加哥大学的硕士。在慕尼黑大学研究天体力学一年以后,此时已在海尔支配之下的亚当斯回到叶凯士,担任助理天文学家职务。1904年,即海尔在威尔逊山顶上建立天文台的那年,亚当斯也在场。

这个具有刚毅坚韧的面孔、叼着烟斗的新英格兰人阅读着《纽约时报》走到天文台办事处。他严守时刻,定时来去十分准确,以至于邻近的人依据他的经过对钟。此外他还具有扬基佬的耐心,是在时间不断掠过显得毫无意义的地方培养出来的。因被吸引到统计学和光谱学领域,所以他乐意花几十年工夫收集恒星的位置、亮度、温度和运动的资料。他期望别人照同样方式遵守规定,而当他闻知有个报道说在一个特别寒冷的夜晚有人未花全部时间在望远镜上时,他通过口头传递方式让大家知道它。他自贬又容易窘迫,有一次他的一位同事恭维他设计了一系列作用大又巧妙的摄谱仪,他回答说:"它属于巧妙中的非常低级的形式。"这位台长助理天生的谦虚把他的意想不到的智慧和讲故事的高超本领都掩盖了。海尔最喜爱的就是在"修道院"一面懒洋洋地靠在炉火旁,一面听最要好的朋友讲在所有东西上都点缀着"东方的"字样的某个人的奇异童年的往事。亚当斯也同帕萨迪纳最有造诣的桥牌爱好者一起打桥牌,他还擅长打网球、徒步旅行、打高尔夫球以及其他运动项目。这位"数学专家"是圣巴巴拉街最好的台球手,在山上无数次比赛中从容得胜的能手。

此类比赛中的一个老对手便是荷兰天文学家范玛宁,他长得与伍德罗·威尔逊(Woodrow Wilson)* 相像,虽然他是由法官、内阁成员和海军指挥官所组成的高贵家族的后裔,但他未提出抗议地甘受美国式的昵称"范"。他于1912年9月来到帕萨迪纳,在此之前,他在叶凯士当了一年志愿助理,在那里冬天他睡在屋顶室或24英寸(0.61米)反射镜的楼面底下,而夏天则睡在地上的帐篷里,直到一场狂暴的雷雨促使他东奔西跑寻找永久性的遮蔽处为止。年轻的范玛宁在乌得勒支大学攻读博士学位时,受到荷兰杰出的天文学家和海尔的至交卡普坦(Jacobus Cornelis Kapteyn)的影响。正是卡普坦沿着18世纪威廉·赫歇尔(William Herschel)爵士的足迹,得出结论:太阳位于一个由恒星构成的巨大扁平圆盘,即银河系的中央。相应地,不可能有其他星系存在,对这个主张,范玛宁全心全意地赞同。自1908年起直到1913年为止,卡普坦应海尔的邀请,一年一度去威尔逊山参拜这个天文学的圣地。他居住在仍旧标有自己的名字的农舍式别墅里,在这幢别墅的贵宾册里填满了住过几夜的知名人士的签名,他们在烧木头的火炉旁忍受艰苦,而仅离此别墅的前门廊几米处,山麓陡急地下降。

很自然这位卡普坦的门徒应为海尔所接纳,于是海尔立即安排他白天进行太阳观测而夜晚拍摄旋涡星云以试图测定它们的内部运动。到哈勃加入员工行列的时候,为了比较的目的,范玛宁已花费几年时间

---

* 伍德罗·威尔逊(1856—1924),于1913—1921年任美国总统。——译者

拍摄了几百张底片,如果不是几千张的话。并不意外,他能证明最遥远星云的明亮核心正以每100 000年一周的速率自转着,固然,是缓慢的,然而对它们来说仍简直是太快了,因而它们不是以由斯里弗所计算出的不可思议速率远离太阳的独立星系。

范玛宁是个爱交际、头脑机灵的单身汉,净是顽皮的胡闹,他喜爱与年轻人交往,因而在买下一幢小住宅之前在基督教青年会住了若干年,从那里他乘有轨电车到办公地,几乎总是比同事早到。他又是个健谈家,而且有点像个花花公子,他加入峡谷狩猎俱乐部,它的会友则是他的私人宴会上的常客,为此他热情快活地准备和摆出食品。如果他认为自己是对的话,绝不屈服,他会倔强得可爱。他对100英寸(2.54米)望远镜上观测时间的分配极其猜忌,且从不考虑一下放弃自己的荷兰国籍。尽管哈勃乐于同许多欧洲人交往,但从一开始他便"藐视"范玛宁,不肯用昵称称呼他的同辈天文学家,也不肯同这位天文学家交往,除非是少数绝对必要的场合。这种反感是相互的,似乎双方都发觉他们已处在发生冲突的进程中,且不希望诙谐地混淆争端。

范玛宁有个朋友,进一步把事情弄得麻烦了。"不久以前,"洛杉矶县的园艺督察瑞安(Harold J. Ryan)在给亚当斯的一封信中写道,"我从一位提供消息的人士那里听说有个隶属威尔逊山天文台或与它有联系的人曾对处于不同温度下蚂蚁活动的变化进行过一些观察。"这位督察想要更多地了解这种稀奇的现象,因此要求亚当斯使他能同此位天文台里的业余昆虫学家取得联系。该信写于1924年11月,收到它时已太迟了,因为3年前,即1921年,议论中的人物哈洛·沙普利(Harlow Shapley)便已离开威尔逊山到哈佛学院天文台当台长了。

据沙普利自己承认,他,一个直言不讳、易激动的密苏里人,不喜欢山上的寒冷。"我经受了相当多的那些漫漫寒夜。我认为我在白天并没有得到我所需要的充足睡眠,因为我在丛林里到处跑来跑去观察蚂蚁。"这名昆虫的侦察员开始对蚂蚁的监视纯属偶然。在沙普利从他曾到那里采集植物的一个峡谷往上攀登的过程中作暂停休息的时候,他注意到一队蚂蚁沿着一垛混凝土墙快速运动——有的走这条路而有的走那条路。还有一队蚂蚁爬进一些熊果属植物丛的阴影中,当它们这样做时显然是缓慢的。这种令人费解的行为促使这位天文学家用温度计、气压计、液体比重计和秒表装备自己。为了守夜,他在自己的行装中添加了一个手电筒。应用30厘米长的"速度监测器",他随时测定这种昆虫的运动。在中午的高温下,蚂蚁运动得比傍晚快,但在夜间比傍晚运动得还要慢。温度越高,它们运动得越快,同蛇和蜥蜴一样,且不受湿度、气压和季节的影响。沙普利已发现蚂蚁的热运动理论。他详细写出自己的发现并赶紧到威尔逊山天文台台刊编辑室把他的论文交给天文学家和编辑西尔斯。通常严格的西尔斯曾是沙普利的教授,他扫视一下标题,笑了,并把这篇文章退回给沙普利。沙普利以不服从和诙谐闻名,因而西尔斯设想这仅是他最近的小小失常。此外,威尔逊山天文台不从事昆虫工作。《论长颈蚂蚁的热运动》(On the Thermokinetics of Dolichoderine Ants)以及有关专题论文便必须期待诸如《美国科学院院刊》(Proceedings of the National Academy of Science)和《美国生态学会通报》(Bulletin of the Ecological Society of America)这些著名期刊的更有欣赏力的读者了。

哈洛·沙普利是辛苦劳动才能勉强维持生活的饲草农民和乡村教师的儿子,他于1885年出生在欧扎克斯湖边,离密苏里州纳什维尔小镇约5英里(8千米)远的一个农庄上,它距极小的拉马尔镇几乎等于骑马一天所行的路程,就在拉马尔,走路蹒跚的杜鲁门(Harry Truman)*于上一年出世了。当哈勃在东边约70英里(113千米)处诞生的时候,

---

* 杜鲁门(1884—1972),1945—1953年任美国总统。——译者

哈洛和他的异卵双胞胎兄弟霍勒斯(Horace)刚满4岁。两兄弟在由他们的姐姐莉莲(Lillian)管理的沙普利农场边上只有一间教室的学校上学。由于缺钱,所以在沙普利的家里几乎没有什么书籍。《圣路易斯环球民主主义者》(*St. Louis Globe-Democrat*)的周日版便是这个家庭与外界的主要联系。威利斯·沙普利(Willis Shapley)被自己的儿子描述为一个"品德优秀的人",他没有宗教信仰。哈洛·沙普利的母亲萨拉·斯托厄尔(Sarah Stowell)则显然是个"虔诚的浸礼教徒",但在哈洛看来,她在主日学校炫耀自己的孪生儿子的兴趣似乎超过以自己祖先的原教旨主义者传统来教育和培养他们。哈洛的父母都是共和党人。从很早开始,这对孪生兄弟便得到警告,所有的民主党人都嚼烟,而"我们不是吐烟圈的人"。

虽然哈洛的姐姐鼓励他上中学和高等学校,但当他离家进入位于很远的堪萨斯州匹兹堡镇的商业学校的时候,15岁的哈洛只完成了相当于5年级的学业。数月之内,他读完训练课程后应聘在附近的沙努特——石油行业兴旺时一个杂乱的城镇——当《太阳日报》(*Daily Sun*)的一名犯罪案采访记者。当地由安德鲁·卡内基出资建造了一个新公共图书馆,是沙普利所见到的第一个。他着手阅读历史、文学和诗歌,记住许多丁尼生(Alfred Tennyson)的诗,与愿意倾听的任何人讨论陀思妥耶夫斯基(Fyodor Dostoyevsky)。在沙努特待了一年后,他去了密苏里州乔普林,成为《乔普林时报》(*Joplin Times*)的一名治安采访记者。沙普利称它为"可怜的小报",而作为一个铅、锌城镇的乔普林比沙努特更糟。满足他的姐姐较高期望的时候来临了。

沙普利同其注定要成为一位著名艺术史专家的小弟约翰一起申请入学离家20英里(约32.2千米)的迦太基中学。由于缺乏准备,他们两人都被拒之门外。并不气馁的兄弟俩走了3个街区到迦太基特别中学,"一个基督教长老会团体"十分乐意尽他们所能提供仅有的菲薄之力。仅两个学期住读加上特别考试之后,沙普利于1907年毕业,这名21岁的学生代表总共只有3名学生的毕业班致告别词。他的毕业论文《伊丽莎白一世时代诗歌中浪漫主义的评价》(The Romantic Values in Elizabethan Poetry)，虽然被公认为矫揉造作，但倒帮助他获准进入密苏里大学哥伦比亚分校。"从那时起，"他回顾道，"我永不停止，自负很可能是有用的。"

沙普利原本能恰当地称自己为偶然的天文学家。在他的童年时代，当被一颗行星迷惑住的时候，他未经历过对它的神化和崇拜，也未经历过对恒星本质了解的渴望。受他们的父亲鼓励去观测流星雨时，这对孪生兄弟在一个美丽的8月之夜躺在毯子上迅速睡着了，一点也没有观看飞驰的英仙流星群。

沙普利的计划是成功地成为一名新闻记者。到达哥伦比亚市后，他震惊地了解到登很多广告的新闻学院已延期一年开学。他翻开按照英文字母编排的大学学科目录，他因不会念"考古学"一词感到格外羞愧。然而，下一页里记载的科目没有给他带来麻烦。"天文学"是个熟悉的名字，倒是充满着引人入胜的联想。

他由西尔斯教授—— 一位一丝不苟、严格的学究——安排在劳斯天文台工作，这位教授支付给那位初出茅庐的天文学家每小时35美分工资。西尔斯偶尔会用"干得出色"的话鼓励自己的学生，这句话是任何人从他身上所能盼望的最高赞扬。两年后沙普利接着兼做一份教辅工作，使他这名在密苏里大学里唯一主修天文学的学生于1910年，即他进校园3年后以最优成绩获得学士学位。在沙普利取得学位之前不久，沙努特《太阳日报》他原先的主编科恩(Fred Cone)想把该报的1/3权益让给他。当他谢绝时，科恩发怒说："好吧！你就要在此长大并坐在粗大的椅子里转动，吃着糖果。"这番评论深深地刺痛了他。当在出版物里细述自己一生的时候来临时，这名往昔的犯罪案采访记者把自传加上了《通往星星的崎岖道路》(Through Rugged Ways to the Stars)这一标题。

沙普利又在哥伦比亚市逗留了一年，并于1911年获得硕士学位。

这年秋季,他登上开往新泽西的火车,在那里普林斯顿大学天文台已授予他陶氏研究生奖学金。普林斯顿大学的天文系当时由亨利·诺里斯·罗素(Herry Norris Russell)领导,他是脱颖而出的天体物理学领域中重要部分,即恒星演化方面最著名的专家之一。这位贵族气派的长老会教友对沙普利的知识和工作能力大为惊异,于是同这位密苏里农家小伙子开始了一位天文学家同事所称的"一项极好的合作研究计划"。

他们的研究对象是双星,它们在引力束缚下相互绕转跨越虚空。在粗略地占所有可见恒星一半的许多类型双星系统中,罗素和沙普利把注意力对准食双星,之所以称为食双星,则是由于地球非常靠近它们的轨道平面,造成一颗恒星在另一颗恒星的前面通过。在夜间,沙普利使用装上偏振光度计的普林斯顿23英寸(0.58米)折射望远镜,取得近10 000次测量结果。在白天,他则坐在配备两把计算尺和一叠综合用表的办公桌前,应用由有数学天赋的罗素所倡导的新计算方法,计算光变曲线和恒星的粗略质量。刚一绘出10对双星的轨道,他就加入搜索。在罗素的激励下,这位年轻天文学家又添加了90对。两年狂热工作的结果简直是革命性的。发现100颗恒星所具有的密度仅为太阳的百万分之一 ——沙普利称它们为庞大的气囊。但令他极感兴趣的则是距离因子。虽然卡普坦把太阳安放在银河系巨眼的瞳孔附近,但沙普利正在明确表示自己的首次怀疑。与早期的计算相比,他的轨道工作表明从地球到双星的距离"非常大"。或许宇宙本身的大小被显著低估了。然而,在一次物理学术讨论会期间,他在事先未与罗素取得一致意见的情况下充分表达了这些个人的冥想时,受到了自己导师的轻微责备,因为走得太远了而处于危险的境地。

沙普利的圆脸、鼓鼓的面颊和闪烁的眼睛赋予他永远年轻的外表,虽然他从来不是一名烟鬼,但他吸起烟斗来,并丢弃自己的共和党人根底,成为一名开明的民主党人。他克服艰难所取得的许多次胜利导致自我膨胀意识的进一步发展,可是在打倒他称为"傲慢鬼"的那些偶像时,他高兴得像个孩子。他总是那么爱说俏皮话,总是那么喜欢争论,不管是什么问题,他难得不下定论。他把自己在密苏里所受的教育和培养看作财富,他开始毫不费力地模仿受过高度教育的人的说话,仅在学术期刊中把他少年时代的飞驰而过的星星叫作流星。他同样地对待每个人且自然地对自己的同事在做什么感兴趣。然而,像月球一样,他有自己的永远阴暗面,那些妨碍他的人处于激发他的专制倾向的危险之中。在它之下,那里所有人潜伏着当下层人的不安全感。"对此我始终烦恼。"沙普利承认。

当沙普利于1914年来到威尔逊山时,差不多是29岁,实际上与哈勃5年后上山时的年纪相同。他以最优的成绩毕业于普林斯顿大学,已写了12篇学术论文,就要出版他的论食双星的博士论文扩充版本——它在此后几十年里仍保持为此领域的权威著作。到1920年,归于他名下的论文总计达近百篇,它们之中最重要的,证明他的惊人结论:银河系——仍是唯一的星系——大约为卡普坦宇宙的10倍。尽管沙普利的宇宙学有它的贬低者,且其中之一正要约它的创立者参加一场20世纪招徕听众最多的天文学大辩论,但一个不可否认的事实则是,这个自负、冲动的密苏里人正从有权力的职位上蔑视着科学界。

犹如他的同事和偶尔胡闹的朋友范玛宁,沙普利一点也不关心哈勃,后者的贵族气派似乎掩盖了这位几乎没有经受过考验的天文学家的各种可疑证书。"他曾是个罗德学者,"沙普利追忆道,"他并未因新生活而忘却它",他在威尔逊山上既不寻觅、也不接受友谊之手。尤其令人气愤的是这位新来者的准军人装束以及瞧不起"密苏里话"。哈勃讲"牛津话",使用诸如"好家伙"(Bah Jove)和"垮台"(to come a cropper)等习惯用语。可是尽力回避这位贵族的沙普利迫不得已承认,与哈勃交往的女士们"非常欣赏那种牛津气质"。

V

在一个这样的仰慕者看来,哈勃似乎如枕头另一面那样冷淡,并会在雨中散步。1920年6月,利克天文台的天文学家威廉·H.赖特(William H. Wright)为了把他的紫外摄谱仪使用到100英寸(2.54米)望远镜上,接受海尔的邀请访问威尔逊山。赖特是个积习已久的露营者和背包徒步旅行者,时常同一群年轻朋友隐居到高岭*,他们指望他成为他们的首领,于是给他起个诨名"上尉"。往威尔逊山的途中,赖特和其妻埃尔纳(Elna)在一位著名的洛杉矶银行家的女儿格雷丝·莱布(Grace Leib)的家里停留,邀请这位时常一起徒步旅行的朋友陪同他们到威尔逊山天文台。这个娇小、活跃、肤色有点黑的女子并不想去,但她最终动了怜悯之心,想让害怕独自一人待在卡普坦别墅的埃尔纳高兴。这是格雷丝第一次访问威尔逊山,这位马术娴熟的女骑手把她平时的时髦装束改换为打补丁的旧马裤和衬衫,期待着探索许多小路。在他们3人缓慢地驶上陡峻的收费道路时,格雷丝努力识别盛开在斜坡上的各种花卉,因此她仅部分地听到这位"上尉"热情介绍同他一起曾访问哈密尔顿山且显示出大有前途的一位新来的天文学家:"他是个勤勉工作的人,他想要对宇宙作出发现,显示他是多么生气勃勃。"他的名字叫埃德温·哈勃,但赖特、沙恩以及利克天文台的大多数其他人都叫他"少校"。

那天下午,这两位女士决定走一小段路到实验室去,她们希望在那里借一些书。当她们进入房间时,格雷丝的注意力被吸引到窗口处一个表情严肃的人身上,他正在研究一张猎户座的照相底片,这个星座是以伟大的猎人——黎明女神厄俄斯(Eos)的情人——的名字命名的。

---

* 即内华达山脉,在加利福尼亚东部。——译者

一位天文学家对着光检查底片，这本来似乎是件平常的事。可是如果这位天文学家看上去像个奥林匹克运动会选手，身材高大、体格强壮，而且英俊潇洒，有着普拉克西特列斯（Praxiteles）*所雕刻赫尔墨斯（Hermes）**的肩膀以及亲切安详，那么便变得不平常了。感觉有一股力量在与个人抱负和对它的渴望以及缺乏安宁丝毫无关的一场冒险中引导和指导着。虽然有艰苦、聚精会神的努力，但却也有超脱。这种力量得到了控制。

哈勃回过头来，于是埃尔纳把他引见给格雷丝。随后的几个下午，"上尉"和"少校"一道顺便访问那幢别墅，坐在门廊上，把圣加布里埃尔峡谷当作他们的背景。为两位女士着想，他们谈论普通的天文学知识，讲述有关星星的口头传说，以及那些伟大的发现。哈勃说到自己的研究宛如一场"梦"或"冒险"，格雷丝后来便明白这两个字词是他特别喜爱的。在这次观测作业结束之后，他询问是否可同其他人一起驾车下山，然后他们在他的天文台办公室离开了他。后来格雷丝把自己对这次刺激的邂逅的回忆写到纸上时，她忘记了这样的事实：那时她是个已婚的女子，而埃尔纳·赖特则是她丈夫的姐姐。

这位"上尉"的来访很可能唤起了哈勃对儿童时代的甜蜜而又辛酸的回忆和最近的一种失落感。马丁·琼斯·哈勃，一个真正的陆军上尉，因诊断患心力衰竭症已于2月去世。在生前最后几年，这位头发灰白的南北战争老兵骄傲地佩戴着勋章至死。自埃德温从牛津归来，接着在圣诞节团聚以后，他未见到过其祖父。马丁将近85岁，在斯普林菲尔德的先驱者之中，除了一两个以外，他比其他人都长寿，他曾记录下

＊普拉克西特列斯是古希腊雕刻家，创作活动时期约在公元前370—前330年，主要作品有《赫尔墨斯》等。——译者

＊＊赫尔墨斯是希腊神话中为众神传信并掌管商业、道路的神。——译者

他们对吃猪头肉和萝卜蔬菜的逝去岁月的追忆,并在多年间发表了它们。埃德温没有回来参加其少年时代偶像的葬礼,也没有东行再去看自己家庭的其他成员。

由于同芝加哥大学未完全结清账单而被弗罗斯特紧紧缠住,所以哈勃好不容易才把他在整个战争时期所忽视的已改正的博士论文校样退回。"我并不了解,"他羞怯地写道,"原稿交上去的糟糕情况。"此后不久,《暗星云的照相研究》发表在《叶凯士天文台台刊》上,它是他于1920年,即在威尔逊山上整整一年所发表的5篇论文之一。

4月8日,哈勃同自己的天文学家同事一道,参加了由海尔主持的关于100英寸(2.54米)望远镜的规划会议。根据备忘录,亚当斯、沙普利、范玛宁和西尔斯左右了讨论,而威尔逊山同仁中这位最新的成员则一声不吭地旁观着。难以反对沙普利的见解:遥远的星云呈现为所有未探测区域中的最大难题,因此需要最高的机械功率和无限期的观测时间。对此难题的进攻可从很多不同方面发动,而几个观测者中没有人需要侵犯其同事的研究领域。会议以参加者正式分工而告结束。由亚当斯领导,光谱学家即"白天人"在月球处于最明亮的时候,承担100英寸(2.54米)望远镜的工作。当月亏时,便要求以西尔斯和沙普利为首的"夜人"上山。至于哈勃,则同西尔斯和皮斯——负责100英寸(2.54米)望远镜设计的机械学天才—— 一起被分配给所有时间中月球处于最黑暗的时刻。

到他在山上进行第三、第四次观测作业的时候,他像在白天那样轻松运转着100英寸(2.54米)望远镜的圆顶,为了避免故障,他爬梯子和楼梯,引导偶尔在暗中摸索的访问者到所希望去的地方。他对夜空的熟悉使赫马森大吃一惊,像使别人大吃一惊一样。这位天文学家似乎在头脑里装着整个的天图。在刚对焦的时候,他便识别他正打算拍摄的区域进入视场,并常常在夜间观测助手预料之前,大声发出固定望远镜的命令。同样给人以深刻印象的则是他的记忆力，这也许多少应归功于在牛津的正规训练。虽然他的橱柜和办公桌始终是混乱的典型，但他能取出自己所要的底片。他还具有不可思议的能力，即在把一张底片放到闪视仪上同别的底片作比较之前，他就能辨别它的新特征，例如一颗新星。当他扫视一下自己同事的底片而不在意地指出他们忽略的极重要细节的时候，他们十分惊讶。

如根据哈勃的早期著作推测，则连他本人也并不确切地知道他在寻求什么。事实上沙普利曾声称银河系是独特的，而聚集在利克天文台的一群天文学家却赞同宇宙不是由一个而是由无数个散布在诗人弥尔顿(John Milton)所谓"这个未开化的混沌"中的星系组成的理论。然而这些不过是理论，它们都没有得到谨慎小心的哈勃的认可。无论哪一个理论是正确的，都得要靠造化和许多乏味长夜中在寒冷山头上收集的严格数据相结合。

从在叶凯士天文台起，哈勃就相信星云是关键所在。他认为它们作为许许多多散布的信标，含有关于距离和宇宙物质分布的主要线索。他的计划是首先拍摄更突出的星系，以尽力了解它们的结构和本质，以及它们共同的特征。有此信息在手，我们可开始大力向外推进到深空，以根据光度推出距离尺度。最后，可着手考虑星云空间分布的问题，期待着确定宇宙本身的结构和界限——如果存在界限的话。

哈勃下定决心开始一次时间和距离上不确定的"航行"，他犹如首次远洋航行的水手，以一次星系普查开始了自己的探索。他的个人航行日志表明他广泛使用着库克望远镜，它的广角透镜对于拍摄天空中的大样本是理想的。这些底片使他能够形成一幅粗略拼凑起来的天图，然后他急忙来回寻找个别星云的遗迹。他在威尔逊山上的第一年，可查明他在100英寸(2.54米)望远镜处总共有41夜，在此期间他积累了115张底片。至于曝光时间则取决于所要拍摄的星云，从2分钟到9

个小时,而大多数在45—120分钟之间。令人啼笑皆非的是,视宁度很少有他第一次在100英寸(2.54米)望远镜上观测作业所经历的那样良好。他在该山上的其他夜晚花在60英寸(1.52米)望远镜上,他的白天时间则花费在冲洗和评估自己拍摄的许多底片上。除此之外,他还承担着历史学家的重任。别人的底片在他的研究中几乎起着与他自己的底片同样重要的作用。如他在自己的博士论文中曾论证的,即使星云也在多年中经历变化,无论是明显的还是难以捉摸的变化,这些变化对了解它们的结构和最终的分类都有着决定性的意义。

他刚开始取得进展,天文学界的注意力就被两个重要的新事件分散了注意力。哈洛·沙普利正打算与利克天文学家柯蒂斯(Heber G. Curtis)当着美国科学院的面辩论"岛宇宙"理论。添加在这戏剧性事件上的另一件事是广为流传着的谣言:这个爱争吵的密苏里人已决定离开威尔逊山,去寻找看似更郁郁葱葱的牧场。

第七章

宇宙的群岛

I

罗马人把天上明亮的光带叫作 via lactea，即"牛奶路"。但却是希腊人首先把它比作牛奶（gala），由此派生出现代英文词汇"星系"（galaxy）。在试图探测仅于夜晚"流动"、以暗"浅滩"为堤、在微微发亮的"水坑"里搅起旋涡的灿烂天河方面，希腊人也是迟到者。更古老的文明世界的人在很久以前已命名了行星和星座，建造了亚述古庙塔*并完善数学以更好地追踪它们在千年里周而复始的循环运动，创立了宗教以讨好固有的男女诸神——他们的游船往返于这条发光的河流。对于缺乏想象力的盎格鲁—撒克逊民族来说，它不过是条路；对于古代斯堪的纳维亚人同他们不信基督教的骑士来说，它是通往瓦尔哈拉殿堂的道路；对于中世纪的武士来说，它则是对着暗黑核心张开的饰有纹章的亮盾。

然后骄傲自大而又博学的伽利略（Galileo）出现了，他是文艺复兴时代具有深远历史影响和对这令人注目的场面具有非凡鉴别力的人物。这位大科学家毕生闭门谢客，而把自制的望远镜对准猎户座和昴

---

* 古代亚述人和巴比伦人所建的庙塔。——译者

星团——人类最古老发现中的两个。他所观测到的甚至超过了他极尽所能才可表达的范围：

> 借助望远镜，[银河的物质]得到了如此直接的仔细查看并有了如此明确的视觉确信，致使哲学家经历很多年的一切争论获得了解决，从而最终使得我们对此摆脱了啰嗦的争论。银河其实不过是无数聚集成团的恒星的一个大集团。无论望远镜指向它的哪一部分，许许多多的恒星都会立即呈现在视野中。它们之中有许多显得相当大和十分亮，而较小恒星的数量远超出计算。

海尔有自己的诗人诺伊斯，然而伽利略拥有一位造诣更深的诗人拥护者，处于双目失明状态中的弥尔顿，他曾会见这位欧洲最自负的天文学家，于是他回到家在所写的长诗《失乐园》（*Paradise Lost*）中把银河描写为"这银河……你看到的，撒满星星"。

关于银河的成分，伽利略是正确的，但他的断言"……一切争论获得了解决"则显得太乐观了。长期争论的自然哲学家立刻便开始自问这个显然不能解决的问题："银河是否构成整个宇宙？"

雷恩是首先思索这个问题的人之一，他是个在建筑学上有声望的学识渊博的天才。1657年在其担任格雷舍姆学院天文学教授的就职演说中，雷恩猜想未来的天文学家也许会发现"每个在无限远处以似乎是别的某个世界的苍穹出现的云雾状星体都埋没于天体间广阔无垠的真空深渊之中"。虽然这一段话显得很不确定，但它被认为其作者想到了"星云"是银河外恒星系。

一个世纪以后，德国形而上学家康德在一系列大胆直觉的推敲中，预测了只有用最强有力的观测技术才能证实的天文发现。"宇宙，"康德在显示其天才的早期著作《天体论》（*Cosmogony*）中写道，"因其不可测量的庞大以及由它向四面八方明显流露出来的无穷变化和美丽,使我们充满寂然的惊叹。"这位马具制作者的儿子想象聚集在一个共同平面或像银河系那样的薄盘面上的众多恒星所组成的一个系统,但它离地球远得即使利用望远镜也不能辨别其个别成员。相反,它们本身便呈现为被微弱地照亮的小斑点——如果它的平面垂直于视线的话,呈圆形;而如果斜视的话,则呈椭圆形。星云就是这样,是无数个"太阳"——距离非常遥远,使它们看上去像聚集在一起。星云光度有限,使它们看上去像天空中微弱的烛光——所组成的无数个天体系统,还是我们自己的银河系的姐妹星系。在设想宇宙任意一个大样本大致像任何其他的大样本之下,康德信奉自然界的均一性原理,并被认为系统地表达了"岛宇宙"理论,而"岛宇宙"这个术语则来源于探险家冯·洪堡(Alexander von Humboldt)出版于1845—1862年的多卷著作《宇宙》(Kosmos)。

除了极少数例外,天文学家本身与这样的推测毫无关系,几乎没有人注意到康德的指示,即发现之门敞开,因为观测本身"必然会提供线索"。他们的仪器设备显得有局限性而只能较合适应用于解决和邻近太阳系成员相关联的问题。

一个在自己父亲于1753年组建的乐队里吹双簧管、到处漂泊的汉诺威人威廉·赫歇尔,便属上述极少数的例外之一。因其年纪小,赫歇尔未曾正式入伍,而同自己的兄弟雅各布(Jacob)一起后来从德国逃到英国,最终定居在巴斯。虽然直到他35岁时,他才被认为是一位天文学家并建造了一架望远镜,但移居国外所取得的巨大成就使他赢得了"天文学泰斗"的称号,并被认为也许是空前的最伟大的天象观测者。

赫歇尔设计并建造了到当时为止世界上所看到的最大且最精良的反射望远镜,然后着手抓住天文学中最困难的问题。在着了迷的生活中最活跃的30年期间,他扫视了整个天空若干次,发现了800个以上的双星并在之前已知的100个左右星云基础上添加了2400个新星云。对于那些曾询问"我们在宇宙中的何处?"的人,赫歇尔以展示自己的天空大星图作了回答。他证实了康德的猜测,表明银河系果真是个由恒星组成的盘或"磨石",它在中心稍微凸出,像个透镜。太阳及其伴随的行星便位于此磨石的中央,这好像是哥白尼(Nicholas Copernicus)把地球从宇宙中心拉下来后显著失落的恢复。赫歇尔既不是神学家,也不是自我主义者,他是在系统表述精确距离的努力中所积累的大量资料,即他所谓的"恒星计数"的基础上得出自己诚实但有缺陷的结论。

星云原来是更大的谜。在颇具天分的妹妹卡罗琳(Caroline)的陪伴下,这位天文学家口头描述了用自己的固定式望远镜在天空中分离出来,凭借记下这架仪器的仰角和通过视场的时刻测定其位置的每一个奶白色网状物和"玩具风车"似的天体。恒星计数使他接受伽利略的结论:恒星的暗淡意味着其距离遥远。如果这些星云同银河系一样,是恒星的大量聚集的话,那么它们必定在银河系外边,其中有些"在宏伟程度上也许完全胜过我们的银河系"。然后,于1790年11月13日,赫歇尔观测了由一颗中央星,周围环绕着不能分解为恒星的明亮壳层组成的星云。在次年发表的一篇论文中,他承认有"真正的星云物质"存在。他的宇宙构造崩溃了,因为不能分解的星云有可能是小而近,且呈烟雾状的,但也有可能是在远处庞大的恒星系统。想象中的天文学便是这样,这两者很可能在宇宙中都存在。

哈勃很了解这个未结束的故事的细节,因为他对科学史的强烈爱好早已有之,比之于其他形式的文献,科学史更能激发他的想象。当他作为一名罗德学者时,他绝不错过任何一个书店或书摊,他沉迷于自己的藏书癖,达到了其经济来源许可的最大限度。哥白尼、开普勒、伽利略、牛顿和赫歇尔都是他的偶像,而他阅读了他们本人所写的著作之后才转向阅读论述他们的著作。由于他所从事学科的历史较短,以及他所选择的星云研究领域处于有限和无限两可之间相持不下的状态,所以当沙普利为了抬高银河系的地位,于1920年4月去华盛顿的时候,没有人比哈勃更意识到所涉及的利害关系。

Ⅱ

在文献所称的"一场大辩论"之夜,烦躁不安的沙普利发觉自己坐在美国科学院的一张宴会桌旁,感到"非常可怕"。他的不安与他即将作的报告无关,也与他就要面对的人无关。其实,倒不如说他期待着它。在他乘上南太平洋铁路的火车之后不久,他便发现自己的意气相投的对手,爱挑剔、戴眼镜的柯蒂斯也在同一列火车上。这两位天文学家有礼貌地回避谈论本行的事情,而以谈论大自然和古典文学打发时光。当火车在亚拉巴马发生故障时,他们走在铁轨上寻找蚂蚁,供沙普利收集。

沙普利烦恼的原因则是授奖仪式。某个来自政府机构之一的"高贵老古董"因其消灭钩虫的战斗正被授勋。没完没了的褒奖使得每个人都觉得不自在,其中包括约翰斯·霍普金斯大学教授珀尔(Raymond Pearl),他坐在沙普利的正对面。珀尔在一张菜单卡上匆忙写了评语,然后郑重其事地把它递给哈佛大学的植物学家奥斯特豪特(W.J. V.Osterhout)。沙普利瞥见这留言:"耶稣·H.基督!"奥斯特豪特潦草书写了一个回答,而沙普利又偷看到:"耶稣·H.基督,然而H代表钩虫*!"坐在首桌的则是欧洲来宾爱因斯坦(Albert Einstein),他的表情显得眉飞色舞。由于对作报告感到局促不安,沙普利想知道爱因斯坦向荷兰大使馆的一名官员耳语什么,这名官员来此是代表物理学家塞曼(Pieter Zeeman)受奖的。后来当问及此事时,这位官员笑着回答:"我刚获得关于无穷的一个新理论。"

---

* H是钩虫(Hookworm)的英文首字母。——译者

至于这场辩论本身,沙普利后来声称已把"这整个事情"忘了,以一些正当的理由所进行的争论,却被历史学家变成了小说般的事迹。此事主要源于海尔的偶然想法,一年前,他设立了纪念自己父亲的一项基金,以赞助在科学院所作的年度演讲。这位威尔逊山天文台的台长向科学院的秘书阿博特(C.G.Abbot)建议两个可能的论题——岛宇宙理论和相对论。海尔本人偏爱相对论,但阿博特答复,甚至只有少数科学院院士能理解演说者所说的几句话。"我祈祷上帝,科学的进展将把相对论送往超出四维空间的某个区域,它可永远不从那里回来困扰我们。"这位秘书因类似的理由担心岛宇宙理论,因而询问海尔,是否有别的论题,诸如冰川或动物,它们有利于使演讲的那晚更令人感兴趣。可是海尔却表示异议,因此阿博特勉强地打电报到威尔逊山和利克两个天文台,于是这场辩论便发生了。

然而,不久之后,通常斗志旺盛的沙普利便开始有了第二种想法。他写信给普林斯顿大学自己的导师罗素,说不仅利克和威尔逊山天文台的人非常重视即将来到的辩论,而且全美国的天文学家"似乎把[它]看作崭新的天体物理学理论的一场危机"。罗素,这位传奇式简短论文的报告人,当然想要知道,如果他自己的观点竟然在华盛顿遭到攻击的话。

沙普利继续透露了烦恼他的第二个更使人无话可说的原因。爱德华·皮克林作为哈佛学院天文台的台长长期在位的时代因他于上年去世而结束。正是那天,沙普利承认,在回家吃中饭的途中,他暂停于两条路的交叉口,仔细考虑是否争取所有选择中这个最值得选择的重要学术职位:"我应抑制自己的雄心吗?最终,我暗自思量,'好吧!我将试试看。'"在明确了自己的意图之后,他最近已了解到他在首都会遇着哈佛学院天文台视察委员会的阿加西斯(George Russell Agassiz)。

据可靠消息,阿加西斯会在听众中"流连",所以这个密苏里州人须谨慎行事,争取万无一失。因担心早年致力于精通拉丁语、希腊语和其他古代语言而擅长演说的柯蒂斯会"用他的橡树棒……猛烈地"追击他,于是他求海尔给予帮助。海尔不顾一心想进行"一场很友好的'争论'"的柯蒂斯的强烈反对,把辩论降级为无时间作反驳的"一次讨论",尽管将允许听众提问题和意见。沙普利更进一步使海尔相信原先分配给每位演讲人的45分钟时间显得太长了,因而演讲时间各减少5分钟。至于天文学家就指定的论题"宇宙的大小"所希望讲的别的任何内容,将在稍后的日子里由国家研究委员会出版。

沙普利的策略的最后部分涉及他演讲的方法。他将面对200名左右的听众,其中天文学家应只占少数,向他们作一个很浅近的演讲,使得他的言语激起最少的争论。他的用打字机打的19页原稿中,一直到第7页才出现光年的定义,而把它的最后3页专用于介绍他所研制的使非常暗的恒星照相变得容易的增强器——与理论上的争论无关,然而无疑是针对听众中受托关心哈佛学院天文台未来的某个人。另一方面,柯蒂斯带着幻灯片和学术性的手稿出现了,他确实为沙普利的粗俗演讲所震惊。

这位威尔逊山的天文学家首先起立发言。虽然沙普利的论文几乎等于是他长年深入细致的工作的评注,但他相信银河系是宇宙中唯一这样的实体这个观点得到可靠的科学论断支持。就在他获得博士学位之前不久,他曾访问哈佛学院天文台。在圆顶室里,他曾同天文学家贝利(Solon I. Baily)进行了讨论。贝利已听说沙普利新近受聘于威尔逊山天文台,这主要是受西尔斯和海尔的影响的结果。贝利鼓励沙普利使用"大望远镜"——当时的60英寸(1.52米)望远镜——测量球状星团里的某些恒星。

因类似大球体而得名的球状星团由"密集的"、往往数以百万计的恒星组成。贝利的主要兴趣在造父变星,它们自从18世纪末以来已为天文学家所知。造父变星在数量上稀少,以光度变化的方式区别于其他变星。犹如指示钟,它们迅速增亮,然后以有规则的形式缓慢变暗,且以约一天到3个月或更长的时间(这取决于恒星本身)经历一次循环,即光变周期。借助在秘鲁的哈佛望远镜,贝利已在球状星团里观测到了若干造父变星,但沙普利未来成功的关键则基于勒维特(Henrietta Leavitt)小姐,一名哈佛学院天文台研究助理在很大程度上被忽视的工作上。

勒维特曾把自己的注意力集中在变星的发现上。她特别对位于小麦哲伦云,即南半天球中恒星、星团和星云物质组成的一个集团里的那些造父变星感兴趣。1908年,她出版了一个很长的变星表,其中包含少量其周期从1.25天到127天的造父变星。她能确定在照相底片上的这类恒星越亮,则其周期越长,这是具有深刻含义的一项发现。显示相近周期的造父变星必定在实质上十分相似,而不管它们的视亮度多大,也不管它们位于天空中什么地方。如"标准烛光"般,它们可成为计算跨越虚空的距离用的信标。

就像孟德尔(Gregor Mendel)*关于豌豆杂交的论文一样,勒维特的论文被忽视了。她不屈不挠地从自己智力活动的冬眠状态恢复过来,接着测定了另外9颗变星的周期。4年后,她发表了第二篇论文,为了方便目标读者阅读,她用图表展示自己的结果。如前所述,这图表明小麦哲伦云里最亮的造父变星具有最长的周期。

这次,勒维特发现的如今已大名鼎鼎的"周光关系"未被忽视。波茨坦的赫兹伯隆理解了未受歌颂的勒维特所做工作的含义。对由13颗变星组成的一个不同样本作研究,他刚好具有足够的资料计算银河系各个不同区域里造父变星的绝对星等,即真实亮度。尽管个别星的亮度到那时为止还不知道。然后他把自己的变星的绝对星等与小麦哲

---

*孟德尔(1822—1884),奥地利遗传学家。——译者

伦云里周期相同的勒维特的变星视星等（从地球上看到的一颗恒星的亮度）相比较。赫兹伯隆首先使用造父变星作为示距天体，测定此云离地球30 000光年，也就是说，如他所想的，在银河系的外围。这是当时天文学上的最大距离，可是赫兹伯隆的同事都不知道它。他发表在德国《天文学通报》(*Astronomische Nachrich ten*)上的论文存在排印上的错误。30 000光年被疏忽地减少到仅仅是3000光年，其结果造成距离尺度差了10倍。

正如科学上常常发生的，另一个有创造力的人几乎同时被同样问题吸引住了。在普林斯顿大学，罗素也独立研究着，使用同样的13颗造父变星以及相似的一组前提，得到的绝对星等也几乎同丹麦同行系统阐述的那些绝对星等没有什么不一样。后来他致函赫兹伯隆，以称得上一种谨慎陈述之典范的口气说，他们的工作与勒维特小姐的工作之间的对比可向前推进"更远一点儿"。他计算勒维特的造父变星是照相星等15等，而银河系的造父变星看来是照相星等5等。要是这两组星确实相似，且它们的光在其以往通过太空的旅程中几乎没有被吸收的话，那么小麦哲伦云的距离便是银河系里造父变星的距离的100倍，即大约80 000光年。罗素承认："这是一段非常遥远的距离，但它本来并非不可思议的。"

这些进展发生在沙普利攻读博士学位的最后一年。沙普利证实食双星位于比以前所想象的远得多的深空中之后，接踵而来的罗素惊人的结果谅必已使贝利和沙普利两人震动。沙普利在哈佛同贝利的偶然谈话在几个月后进行。此后不久，沙普利同自己的新娘和合作者，即玛莎·贝茨(Martha Betz)一起迁入帕萨迪纳的维拉街上一幢租借的房子，离威尔逊山天文台的办事处和工场仅一个半街区。这位以往的农家小伙子立即爬山，同时倒拖着一头不顺从的小毛驴。然而如海尔答应过的，他获得了自由支配60英寸(1.52米)望远镜的特许，于是他迅速地把它对准球状星团。

沙普利着手对造父变星是其表面以巨大煮锅般的波动起伏形式胀缩的脉动恒星这个假设作系统阐明。他为了仍未知的造父变星的一丝微光而搜索着斑点状的球状星团,这项令人畏惧、单调的工作注定要耗费岁月。当造父变星一颗接着一颗出现时,他注意到,在某一给定的球状星团里的那些造父变星似乎总是显示勒维特所发现的相同的周光关系。而当视星等从这个球状星团到那个球状星团改变时,他认为无疑这个效应是它们的距离发生变化的结果。然而,在他制订出一种可靠的方法测定出这些密集的恒星的距离之前,他从未希望去利用这个重大发现。

遗憾的是,没有一颗造父变星离太阳近得足以用三角方法测量其距离。因此,沙普利被迫依靠银河系的造父变星作为建立一个绝对星等标的基础。他从赫兹伯隆和罗素使用过的同样13颗变星着手,当有两颗变星的光变曲线显得不可靠时,又把统计学上本已贫乏的样本减少到微弱的11颗。就根据这些少量的恒星,他定标了一个新标准烛光,以测定恒星的距离。

沙普利擅长巧妙处理难题,但他也清楚知道自己论点的不确定性。因此他继续锲而不舍地追踪造父变星,直到1918年他已画出230颗光变周期从5小时到100天的恒星的周光关系图为止。对他的论点来说,一切顺利:小麦哲伦云里勒维特的变星,银河系里赫兹伯隆和罗素所分析的那些变星,以及沙普利本人在球状星团证认出的变星显得是同样的。这些定标得到了对许多较暗但更普通,且其平均周期小于1天的天琴RR型变星同等的仔细跟踪的支持。如履薄冰的艰难处境有了改善。当这位天文学家在威尔逊山上度过了极其疲劳的4年,决定在实质上的出版风潮中下笔的时候,他对银河系能做的正如当年哥白尼对太阳系所做的。

沙普利的银河系模型是意料不到和大胆的——因而对诸如柯蒂斯

等许多天文学家来说,是内在不合理的。沙普利本人于1918年1月致函剑桥大学的爱丁顿,说到球状星团以"惊人的突然和明确"已阐明了"整个的恒星图像"。

在此以前,认为银河系的直径至多20 000到30 000光年且太阳靠近它的中心,在众多恒星组成的扁平透镜状圆盘中间。在沙普利的探索过程中,他发现当时天文学家已知的球状星团中约有百分之四十几集中在小于百分之三的天区里。这些球状星团联合起来又大致在人马座的方向形成一个庞大的球状云,估计距离为60 000光年。对沙普利来说,这个恒星的大规模集结标志了银河系本身的中心,并且只能意味着一件事情。行星地球属于处在银河系边缘的太阳系的一分子,而银河系的直径增大到300 000光年,使狭小的卡普坦宇宙相形见绌且推翻了公众的一般看法。

那么宇宙群岛,即认为浩瀚星海中聚居着类似银河系的岛宇宙的理论,又怎样呢?沙普利争辩说,这是一种幻想。某些人设想为银河系的伴星系的大小麦哲伦云突然被银河系吞没了。暗淡的旋涡星云——它们在其他人的头脑里是真正的星系,但在他看来却是不成实体的气体——被来自银河系的辐射压驱赶着,这也能解释斯里弗的奇异的多普勒频移。其他星系会存在,这几乎不可想象。沙普利把它叫作"大银河系",而宇宙就是它。

虽然为了听众着想,沙普利避开了"枯燥乏味的学术性事项",但在让柯蒂斯发言之前,他简短地陈述了3个附加论点,它们全都是关于旋涡星云的令人恼火的问题。天文学家已久知,到那时为止这些未明确的天体密集于银河系的两极周围而在银道平面却数量很少——所谓的隐带。这对沙普利已打过交道的球状星团更是正确:其中46个球状星团位于银河系的平面之上;另外47个球状星团则位于银河系平面之下,几乎完全对称。无疑地这必定意味着旋涡星云,就像球状星团一样,不知何故与我们的银河系有些关联,否则它们在全宇宙中的分布应是相对均匀的。

接下来,沙普利引用了近代天文学史中最著名的大事之一。1885年,一颗新星在仙女星云的中央附近闪耀,变得同与它有联系的那个星云一样亮。单颗星能与由千千万万恒星组成的整个星系相匹敌看来是极端荒谬的,因为当时已知的物理过程不能取得如此的效果。按类比推断,沙普利得出的结论是,这颗被叫作仙女S的新星只得像银河系里的其他新星,其中有几颗新星的距离已知。不管旋涡星云可能是什么,它们远比我们的银河之家小得多。

最后,还有范玛宁的照相分析,他是沙普利的受尊敬的同事,某一天有颗恒星便以他的名字命名。范玛宁在把自己的一系列旋涡星云的照片与早年拍摄的类似底片相比较时,他的测量揭示了它们的中心处的亮结节存在横向运动。随后对所有著名的旋涡星云,包括M33、M51、M81和M101等的观测,揭示了类似的自转运动,或许范玛宁真诚相信如此。三番五次,在许多论文中,他计算了此运动的速率,约为每年十万分之一周。站在人类的地位上看,这个数字似乎很小,甚至是无穷小,但当放在宇宙的尺度上,它却给予岛宇宙理论致命一击。离地球仅500 000光年的一个旋涡星云的边缘恒星,却必须以每秒30 000英里(约48 300千米)不可思议的速率旋转。那些更遥远的运动速率不但接近,而且超过光速! 引用叶芝(William Butler Yeats)* 的话说:"万物土崩瓦解,中心不能保住。"

变卦者正是沙普利,他撤回了自己的发言。至迟在1917年10月,即在给爱丁顿的信中描述迷雾突然散开之前仅3个月,这位天文学家那时正倾向于赞成他的对手拥护的岛宇宙理论。然后他愈加强烈地致力于一个在根本上改变的宇宙景象,他伸展并亲自测定了到宇宙中心

---

* 叶芝(1865—1939),爱尔兰诗人。——译者

的距离。成为不朽的人物似乎是可达到的理想,在哈佛的职位正是应得的奖赏。

虽然海尔曾答应过沙普利的要求而修改了约定的规则,但这位威尔逊山天文台的台长被他傲慢的抱负吓坏了,因而匆忙评判,并这样告诉他。罗素也从普林斯顿写信来,同样是谴责:"我得悉你加入那些提倡'要是真的话会使人吃惊'的理论的人一伙,我深感遗憾。在最近没几年里,这已做得太过分了。"

柯蒂斯对利用造父变星得到的距离的可靠性颇为怀疑。因此以引用沙普利的话来反对沙普利这种精明的策略,柯蒂斯开始自己的攻击。在他的许多具体表现的另一个表现之中,他曾写道:"银河系的最大半径很可能不大于10 000光年,也许稍微小些。"爱丁顿和其他人已选定一个更加小的银河系,而柯蒂斯本人正认为银河系的直径不大于30 000光年,假如那样的话。

柯蒂斯更感兴趣于建立银河系和旋涡星云之间的直接关系,而不是争论银河系的大小。他凭借挑战沙普利关于旋涡星云由气体而不是恒星组成的观点,开辟这条战线。已知的旋涡星云的光谱与青白色和黄白色的 F、G 型恒星所组成的巨大星团的光谱是无区别的,而无论如何不像气体云的光谱。作为像哈勃那样的一名伽利略著作的热忱研究者,柯蒂斯指出:"它是那样一种光谱,因而应料想到它源于庞大的恒星集团。"

接着柯蒂斯针对沙普利关于旋涡星云分布的论点。我们不必依靠异乎寻常的斥力理论解释银道面里观测到的旋涡星云如此稀少的事实。这位利克天文台的天文学家对沿其边侧照相的许多旋涡星云的分析已揭示掩蔽物质组成的暗带,这些暗带是否由气体、星际尘埃或某种未知的物质组成尚不可能说清。然而,他猜测这样的环带属常例而不是例外。如果这样,作为许多岛宇宙之一的银河系必定有类似的束带。

隐带不是那回事。旋涡星云在四面八方到处都存在，虽然它们躲开了因"浓雾"进退不得的天文学家窥视的眼睛。

1885年的新星也得到另一种解释。辩论前至少两年，柯蒂斯曾分析旋涡星云里许多新星的照片，其中仅一颗半人马Z新星同仙女S的"焰火"相匹配。碰巧，威尔逊山天文台的里奇发现了一颗新星，它仍看得见，引起天文学家复查自己的老底片。沙普利属其中之一，而当没有更多的惊人的例子出现时，他宽慰地舒了一口气。然而，柯蒂斯不肯退却。他在理论上讨论了比天文学家以往所想象的任何东西更有威力的另一类新星，它们远在银河系边缘之外闪耀。正如几年后了解的，这种现象——称为超新星——其实的确存在。

在柯蒂斯的眼里，范玛宁声称的自转也经不住复查。这位荷兰天文学家所使用的许多老底片是差的，确实对测定自行（proper motion）无用。并且范玛宁自己拍摄的旋涡星云的像必然呈云雾状，因而需要更长的时间，我们才能有把握谈及它们的运动——如果自行小的话需25年，对离地球100 000光年以上的旋涡星云，则需数世纪。只有当"下一个25年"期间，不同观测者检测到的旋涡星云的年自转接近一致，平均值等于或超过0.01″，柯蒂斯才会放弃这个观点和岛宇宙理论。这位47岁仍富有朝气的研究者正乐意于等待机会。

柯蒂斯满怀信心地离开了华盛顿，相信他取胜了。"我已确信，"他于5月15日写信给自己的家人时说，"我首次出现在相当令人注意的地方。"关于沙普利的感受没有当时的报告，但在年老时他回顾说，他认为从指定的论题，即宇宙的大小的观点来看自己得胜而归。老实说，两个加利福尼亚大天文台的战士之间的论战未曾解决什么问题。柯蒂斯及其支持者仍旧信奉一个小银河系，旋涡星云飘浮在由许多类似岛宇宙组成的茫茫大海之中。在沙普利及其追随者看来，银河系仍然是这一望无垠的海洋，它最远所能达到的界限以很稀少物质组成的玩具风车般暗星云为标志。作为他们的迷人想象力的俘虏,双方的支持者都不曾停下仔细考虑真相也许位于两者中间的某处的可能性。

Ⅲ

沙普利谋求哈佛职位的决定充满着风险。只有新资料才能解决他同柯蒂斯的根本争论。在这方面,100英寸(2.54米)望远镜仍然是关键,因为世界上无处有另一架望远镜能与它惊人的聚光能力相匹敌。即使他在"大银河系"上错了,这个密苏里人仍有极好的机会作出重大发现,它将把他放进科学成就的神圣殿堂。留下这架仪器正好能为别的某个哥伦布赢得"茫茫大海的舰队司令"的衣钵开辟道路。

善于掩饰自己情感的哈勃,私下渴望沙普利走。他不习惯于站在其他任何人的阴影之下,尤其是他认为行为讨厌但野心与自己不相上下的人。他发现自己很难摆脱军旅生涯的束缚,所以他一点也不理解其同事对战争的憎恨和对于1917年同德国人一决雌雄的勉强。沙普利对重大科学问题打了就跑的做法也与他的固有的保守主义相冲突。因有一点运气,另一个密苏里人不久便成为山中之王。

沙普利离开华盛顿,相信哈佛的现状一切都好。他与阿加西斯和选拔委员会的第二位委员莱曼(Theodore Lyman)之间的面谈进行得很顺利。在单独的面谈中,沙普利夫人已博得韦尔斯利学院教授邓肯(J. C.Duncan)的认可,但在沙普利心中这个教授不过是"另一个不那么伟大的名人"。显然他们夫妻俩在错误的印象下运作着,一点也不了解沙普利正被考虑给予一个比他谋求的职位偏低的职位。

在阿加西斯及其委员会同事的眼里,罗素属第一。这位普林斯顿大学教授根据这次辩论中的发言作了有说服力的表述,此后私人交谈期间也不乏给人深刻印象。相反地,就一切预先的准备而言,沙普利显得不成熟，又缺乏说服力。阿加西斯的评价既直率又中肯："[沙普利]并未给人以具备伟大的品格足以担当这个职位的印象。"

然而，哈佛需要这位才华洋溢、即使古怪的天文学家，但只能任命他为第二号人物。哈佛学院天文台的台长职位给予了罗素，他致函海尔说道，沙普利会做一个"顶出色的老二，而且肯定会长进——我的意思是指在对世界和事务的认识方面。如果他理智地长进，他便是一个奇才！"导师和学生一道可涉及恒星物理领域，也可做了不起的理论研究。"我会制止沙普利过分的想入非非——在纸面上的。"

海尔谅必展颜微笑，因为他明白罗素所说的。沙普利最近灵机一动关心起菌藻植物的细胞来，他在给这位台长的一封热情洋溢的信中描述了它不可思议的潜力：

> 你是否知道，有一天我们将应用这些……倾听天上的音乐？倾听太阳黑子或月球绕地球的旋转（用留声机把它们复制下来给目瞪口呆的听众）将非常容易——比倾听大人物的话更容易；因而我想我们能倾听恒星被食；也许是大陵五食。为此和更有价值的目的，我一直在计算恒星的烛光。

跟在此番谬论后面的是一派狂妄的胡言："昨日在胆大的瞬间，我抓住了辐射压，于是因这样容易地发现它而暗自吃惊，同时对于旋涡星云的运动也激动不已。驱赶旋涡星云将根本没有困难。"

最后，罗素拒绝了哈佛，同时迫使选拔委员会考虑，由于沙普利所有的局限性，任命他当台长的风险。到那时为止，不愿大胆抓棘手问题的哈佛大学校长阿博特·劳伦斯·洛厄尔（Abbott Lawrence Lowell）任命沙普利为拥有副教授和天文学家头衔的主要"技术人员"，但不是台长职位。在沙普利立即谢绝此项聘任时，海尔觉得必须进行干预。尽管海尔对于沙普利的成熟持保留意见，但他致函洛厄尔，提议沙普利在哈佛试用一年。如果一切都好的话，那么这个哈佛学院天文台的台长职位便是他的。如果不是这样，他可回威尔逊山天文台复职。这个折衷方案迅速赢得洛厄尔的支持和沙普利的同意。1921年3月21日晚，威尔逊山天文台的夜间观测助手在60英寸（1.52米）望远镜的观测记录簿上记下如下的话："沙普利博士今日离台加入哈佛学院天文台。"

就在沙普利动身去美国东部之前，有过一个奇妙的进展。按照赫马森的意见，为了在体视比较仪上复查，这位天文学家把仙女大星云M31的底片给了他。在闪视这些底片的过程期间，这位夜间观测助手辨认出以前从未看到的星像。他用墨水标出它们的位置，但想得到沙普利的确证。要是他没有搞错，这些底片包含着超越银河系范围的造父变星。对自身有把握的沙普利却对此不予理睬。他以简短形式展开了他在那场大辩论期间所使用的同样论点，然后平静地取出手帕，把底片翻过来，并用手帕揩拭它们，而把赫马森所做的记号清除。

第八章

未知的海域

I

1921年5月，斯图尔特接替埃尔默·戴维斯担任了1910级罗德学者同学会的秘书，他写信给以前的同学，请他们谈谈停战以来个人的"成就、困难和失败"。哈勃用在牛津大学时代爱用的老腔调把他的回答潦草地涂写在斯图尔特来信的下面：

> 有件与众不同的事是我成了同学会中唯一的天文学家。但是，当我在玩弄像宇宙结构一类小玩意儿时，有时也得对付生命、自由这一类严肃问题，并且认真地努力躲避那些该死的禁律。托天上诸神之福使我可以冒点小险，不过迄今为止我一直在逃避教堂和法庭。自从穿着学生制服和背书那个遗憾时代以来，我没有见到过任何老同学。如果你们有人路过帕萨迪纳的话，请前来玩玩。

虽然这位年级秘书可以对哈勃的自负抱着宽容的态度，不过，来自其他人的诽谤是不可避免的："从他的来信你或许会得出结论，他没有在牛津大学学过拼音。"*

撇开哈勃的缺点不谈,他远非只是在玩弄宇宙的结构。这位天文学家在他新近发表的学位论文中悲叹,至今没有一个可靠的星云分类系统。巴纳德常常访问威尔逊山天文台,哈勃在1920年春给他的信中特别提到:"扼要地说,我的计划是打算寻找所有我可能感兴趣的银河星云的性质、形状和位置,以及它们与有关联的恒星的关系。"一年以后,哈勃给威廉·赖特写了一封长信,信中提到对各种银河星云所作的分类尝试和与之有关的恒星类型。"有几个是反常的,"他承认,"但是总的说来,进展是毋庸置疑的。"他要求"上尉"——此领域的权威——对他的分类图提出重要批评意见,他一再声明无意侵犯这个已被占领的领域。他也没有提出银河星云演化的理论,"在能提出所有某种程度上可信的理论之前,要做的只是将资料系统化"。

赖特的回答算不上是一种鼓励:"你对行星状星云到弥漫星云的进展是极为有趣的,我希望你能把某些事搞清楚些,不要搞错了。"关于侵犯问题他写道:"请将它忘了。我绝不是星云的主人,我现在也没有对它们进行观测。"

哈勃又花了一年的时间用60英寸(1.52米)和100英寸(2.54米)反射望远镜进行照相观测,直到他觉得证据已经充足到可以公布他的发现。1922年他在14人组成的国际天文学联合会星云和星团专业委员会中赢得了一个席位,该专业委员会由法国老态龙钟的比古尔当(G. Bigourdan)把持着,这个人依然处在目视观测的年代,完全缺乏现代照相观测的知识。除了哈勃以外,美国籍的委员还有柯蒂斯、贝利、威廉·赖特,以及已当选但未上任的主席、当时洛厄尔天文台的代理台长斯里弗。专业委员会中其他杰出人物有年高德劭的爱尔兰天文学家、科学

---

*在这封信中哈勃有两处发生拼写错误,将earnestly拼成美语系拼法ernestly,altar拼成alter。——译者

史家和星云分类学家德雷耶尔(J.L.E.Dreyer),不久成为英国拉德克利夫天文台台长的诺克斯－肖(H. Knox-Shaw)和博洛尼亚大学天文台台长德阿图罗(G. Horn D'Arturo)。

早在1922年7月罗马会议之前,哈勃就写信给斯里弗,给出了他那张优美的分类图。但是柯蒂斯、贝利、比古尔当,以及专业委员会的另一名成员、主持伯明翰的一个私人天文台的雷诺兹(J. H. Reynolds)也都分别提出了星云分类模型,特别是比古尔当,他是一个带有极度偏见的观测者,不是那种见微知著的人。这次会议开得无声无息,哈勃的分类图被认为属于不可发表的报告,即使这样它已经给斯里弗留下了印象。

面对有人正在企图绘制同样分类图的情况,哈勃决定摊牌,对此他充满了希望。他再次起草了《弥漫星云的综合研究》(A General Study of Diffuse Galactic Nebulae)一文,并将它寄给了《天体物理学杂志》,该杂志没有浪费时间,即刻将它送去付印。

哈勃首先从目视观测回顾了星云的分类史,由威廉·赫歇尔爵士开始直到柯蒂斯提出的分类系统。他发觉每个系统都或多或少存在着缺点。按照星云的位置,他大胆地将它们分为两大类,银河星云和非银河星云。银河星云又细分为两组:行星状星云和弥漫星云,前者是赫歇尔命名的,因为它们与金星、火星和木星相像,后者则有亮弥漫星云和暗弥漫星云之分。他断言,所有的银河星云都明显地与恒星成协*。即使是暗星云也可以通过遮挡星光的办法加以探测。相反,非银河星云——旋涡星云、梭状星云、卵状星云、球状星云和不规则星云——则没有恒星明确地与之成协,除了在旋涡星云中有罕见的新星现象(如仙女座S新星和半人马座Z新星)以外。

经过罕见的慎重考虑,哈勃在专题论述中写道,巨旋涡星云"有着巨大的视向速度和难以察觉的自行",因此明显地位于我们的银河系之

---

*"成协"是天文学上的术语,即指两个天体有物理上的联系。——译者

外。但是后来他愈发变得小心翼翼,以避免卷入大辩论的派系之中。他警告读者,术语"非银河星云"不要取意为这些星云处在我们的银河系之"外",虽然它们有向高银纬集聚的趋向。至于它们的真正性质,只有时间才会予以解答,而这恐怕也不会太长久了。

同年,哈勃发表了意义同样深远的第二篇论文,再次支持了这个新分类图。在这篇论文里,他根据银河星云中光源的分类,从物理上详尽地解释了为什么某些星云能像矿灯般发光,而其他星云似乎只是在昏暗的太空背景中映衬出朦胧的轮廓。许多行星状星云都呈圆形且有清晰的边界,星云中央有一颗黯淡的蓝星,向星云提供发光的能量。这种星云的物质由来自中央星的膨胀气体所组成,因此,星云内的物质数量远小于一颗普通恒星的质量。还有,膨胀气体正在向空间逃逸,因此基本可以肯定,这是恒星表面轻微喷发的结果。

更有见识的是他对亮弥漫星云的研究,这是些呈束状、纤维状或无定形的星云。哈勃推测它们必定是由对恒星辐射十分敏感的物质组成。从附近恒星发射来的光被再发射出去形成星云的连续谱,再发射的数量与星云接收到的数量准确相等。至于其他一些弥漫星云,发射的光是由内部恒星和外部恒星共同提供的。他用光谱仪获得了82个这类天体的资料,从而证实了自己的假设。星云状物质不仅随离恒星距离的增加逐渐变暗,而且还服从平方反比定律,这正是牛顿理解引力作用范围的基本概念。

哈勃断言他对银河星云的分析可以解释暗星云,这里根本不需要什么数学原理。这类无定形的、隐秘的星云没有内部光源,并因离恒星辐射太远而不再发光,以至于呈现为浓密而暗弱的恒星背景上的"黑洞"。这些黑暗的庞然大物,它们才是这名太空水手的唯一兴趣所在。

II

当哈勃正在继续精雕细作他的分类图时,哈佛大学的沙普利正处于兴旺与烦恼之间。这位天文学家拥有了极其引人注目的权力,那是1921年10月31日,即在他进入试聘年的第6个月之后,那天他居然写了一封只有一句话的信给海尔:"您会感兴趣听到今天我已被任命为哈佛学院天文台台长。"

柯蒂斯仍然是坚持岛宇宙理论的斗士,但是他自1920年从利克天文台转到阿勒格尼天文台后已经停止了对旋涡星云的研究。他在这个堡垒中的地位已为伦德马克(Knut Emil Lundmark)所取代,这是个腰围粗壮、阴沉忧郁的瑞典天文学家。被某些人认为才华横溢的伦德马克于1921年来到美国,在利克天文台和威尔逊山天文台待了两年从事星云的研究。旋涡星云M33的光谱使他相信,这个星云中的星状光点的确是恒星,于是他在到达后的数月之内便发表了这个结论。

沙普利怒不可遏,立即向这位作者寄去了一封怒气冲冲的信,质问伦德马克为什么忽略范玛宁对这个旋涡星云的转动测量。他还把他干的事写信告诉范玛宁:"我以为他大概有怀疑你的结果有系统误差的理由。显然,他什么理由都没有,而只是或多或少受到他自己的假设的诱惑。"年轻的伦德马克对沙普利的嘲讽批评大吃一惊,感到了潜在的威胁,他希望能继续在哈佛大学从事研究,于是写了两封调解信,显然是想把事情平息下来。因此,当沙普利收到1922年《太平洋天文学会会刊》(*Publications of the Astronomical Society of the Pacific*)4月刊时气得晕头转向,他把这期杂志与敌方阵营联系起来。这期杂志刊登了伦德马克的一篇论文《论旋涡星云的运动》(On the Motions of Spirals),在这篇论文中他公然向范玛宁的测量提出了挑战。

沙普利被激怒了，他的大银河系理论受到了突然袭击，他认为伦德马克从背后刺伤了他，于是再次向范玛宁发泄了自己的感觉：

> 他在声明中不是说他不聪明吗？不是没有广泛扩散、没有搞袭击吗？我可以（用录音机）花上一个小时跟您谈谈有关他的讨论的弱点。不过我不打算在这封信里说，于此，我希望您能尽快地回答他，并且只想问您是否愿意予以回击而不论采取哪种方式？……我非常不愿意在这类事务上卷入争论，当然也讨厌甘冒挑拨伦德马克之类的年轻人感情的风险。从去年冬天我和他的通信来判断，他似乎是个非常敏感的人。

沙普利的生气掩盖了一个被追猎者更深层的感情。他一直过分地依赖于自己朋友的自行测量，现在他也开始怀疑范玛宁是不是一根平衡整个宇宙的太纤细的芦苇。他近乎抱怨地请求让他知道，“人们是怎样严肃地看待伦德马克的，您是怎样看的？”

1923 年 4 月，沙普利与伦德马克终于在哈佛学院天文台面对面地相遇了。正如他向范玛宁所述，他直截了当地问他对范玛宁关于旋涡星云自行的看法。伦德马克的答复使这位主人不知所措。“使我大吃一惊的是，他说他认为现在要做的事最好就是接受您的测量。很明显，他对星云 M33 的研究使他相信那里有什么东西。因此，祝贺您。”伦德马克还暗示说，他根本不相信岛宇宙理论，“但是绝不能怀疑他所发表的论文中的结论”。要是采用伦德马克的测量就可使这位对手的威胁比以前大为减少。“根据我的所见所闻，我十分惊讶地发觉，比起罗素来，他算不上是一个聪明的天才。”

局面缓和了，但就在伦德马克公开宣布放弃自己的主张前不久，他对 M31 作了重复测量，但并没有测到这个旋涡星云有任何的系统运动。斯里弗并不为范玛宁的发现所动摇，他比以往更为强烈地相信旋涡星云正以可怕的速度远离地球。《纽约时报》上刊登了一篇保证让沙普利头痛的文章，它宣称位于数百万光年之外的德雷耶尔584号星云是"天体的速度冠军"。

Ⅲ

　　1923年10月1日，在沙普利和伦德马克面对面私下会谈的6个月后，威斯康星大学天文学家斯特宾斯（Joel Stebbins）写信给海尔，叙述最近对威尔逊山天文台的访问。他与哈勃、皮斯在谈话室里彻夜长谈。"我们几个人回到这间小屋来，觉得我们的机会是多么难得，何况这毕竟不要求物质装备，只要求热情地工作和铭刻在威尔逊山上每个人身上的研究精神。"虽然满怀渴望的斯特宾斯没有披露这些谈话的细节，但是他们无疑是在谈论哈勃最近对旋涡星云中的新星进行照相观测的打算。如果这种耀星数量足够多的话，就能够计算它们的平均视亮度，天文学家也就能按造父变星的办法估计旋涡星云的距离。*

　　斯特宾斯给海尔写信之时，哈勃正在100英寸（2.54米）反射望远镜上观测值班，这是他这一年的第九次。10月4日夜晚，当夜视宁度差于1，这是不关闭天窗时可能出现的最差情况，他把望远镜锁定在M31的旋臂上，曝光了40分钟。尽管条件不利，仙女座星云的底片上还是显出一颗"可疑"的新星。这激起了他的好奇，第二天夜晚他重复了这个观测，还增加了5分钟曝光时间。那夜视宁度也好了许多，命运注定那张H335H底片将成为拍摄过的最出名的底片，它证实了这颗可疑的新星。对底片的进一步检查表明还有两颗哈勃认为也是新星的恒星。这天是他当班的最后一夜，他仍然穿着惹人注目的短裤下了山，虽然疲惫

---

　　*造父变星的绝对亮度被认为是相同的，测定它们的视亮度可算出距离，类似方法可用于新星。——译者

困乏,却为获得"三胞胎"而心满意足。

一回到办公室哈勃便对底片作了更仔细的研究。他搜寻出沙普利、赫马森、里奇和他自己过去拍的天文台底片档案,很快便发现这三颗"新星"中有一颗具有周期变化,它交替地变亮和变暗,这是爆发恒星不应当具有的行为。他绘出这个天体的光变曲线,测出它的光变周期是31.415天。因此,根据沙普利测量距离的技术,他发现这颗恒星离地球至少30万秒差距,相当于100万光年,这是整个沙普利宇宙直径的三倍。看来不用再怀疑了,仙女座星云旋臂上镶嵌的是一颗珠宝——造父变星——揭示了这个巨星云是由数以百万计的恒星组成的河外星系! 哈勃在他私人日记的第156页上记录了以下的更正:"在这张底片(H335H)上发现了三颗恒星,其中两颗是新星,另一颗是变星,后来证实它是颗造父变星——M31中被证实的第一颗。"然后他取出笔在底片上用大写字母写下变星的缩写"VAR!"

1924年2月下旬,沙普利收到的消息如同晴天霹雳一般。"您将会感兴趣地听到,"哈勃一开始便写道,"我已在仙女座大星云(M31)里发现了一颗造父变星。这个季节只要天气许可,我就跟踪这个星云。又及:最近5个月里我已捕捉到9颗新星和2颗变星。"他将第一张变星的光变曲线图附在信内,它"基本准确无误地体现了造父变星的特征"。它肯定处在这个大星云的旋臂边界之内,背景是麦粒样的暗斑状星云物质。第二颗变星大约比第一颗暗半个星等,它恰好位于旋臂的边缘,由于太暗,没有现成的资料可以可靠地测定它的周期,虽然21天的估计值似乎是有理由的。他决定把这封煽动性信件记成一篇欢悦的笔记,好像有意地在创口上抹盐。对一股"牛津"腔的哈勃怀恨在心的沙普利,发觉难以吞下用这种方式书写的苦果:"我有一种感觉,仔细检查长曝光底片将会发现更多的变星。总而言之,下个季节将是丰收的季节,迎来的将是预期的仪式和庆典。"

生于英国的塞西利亚·佩恩(Cecilia H. Payne),这位不久将成为哈佛天文台的第一位天文学博士的人在这封信送来时恰好在沙普利的办公室。沙普利浏览了一下信的内容，把它递给了她，一面说道："这里有一封诋毁我的宇宙的信。"

一周后沙普利回复了哈勃："您那封提到仙女座星云方向上有群新星和两颗变星的信，是我长期以来所曾见过的最引人入胜的文件。"然后他作了一系列诸如"或许是有趣的，或许是对你有用的"之类的评语。沙普利提醒哈勃，周期大于20天的造父变星"一般是不可靠的"。哈勃的第一颗变星的周期超过这一极限的一半，而第二颗还在研究之中，虽然因周期较短可能性会大些。哈勃的经验也应当告诉他自己，在这个云状体的浓密之处每一颗恒星都是变星，这取决于曝光时间和底片的显影方法。哈佛大学有许多含有这一类虚假变星的底片，它们的星等变幅与哈勃声称发现的变星变幅差不多。

假如哈勃是在指望对手无条件投降的话，那么他会十分失望的，当然事情似乎并非如此。人马座有些富含恒星的星云，哈勃把100英寸（2.54米）望远镜当作天体攻城槌，对这附近的一个星云NGC6822发起了攻击。沙普利再次成为他新发现的首批听众。"我有9颗变星的正常光变曲线，"他在1924年8月25日写道，"它们的周期从64天到12天，这些光变曲线似乎全都属于通常的造父变星。"还不只这些，他还在仙女座里发现了另外十几颗变星，其中至少有3颗造父变星。此外，在另一个大旋涡星云M33中也找到15颗左右的变星，而"在M81和M101中也疑有变星，但是还不能确认"。他在证实中的傲慢往一个不可避免的方向渐渐把沙普利挤向角落："我感到基于旋涡星云中这些变星来得出结论尚不成熟，但是，所有苗头都指向同一的方向，那么倒不妨开始考虑一下各种有关的可能性。"说得更直白些，这场大辩论结束了。

被压垮的沙普利几乎无所事事，除了压下自己的骄傲和缴械投降。他在伍兹霍尔度假时写信承认，哈勃"激动"的信件煽起他矛盾的心理：

"我不知道我是该道歉还是该高兴地看到星云研究上的突破。恐怕两者兼而有之。"这是挖海星的好时光。那天早晨,沙普利和他的同伴们在20英寻(约36.6米)深处抓到一大团海星,约有上千个。真奇怪,他仿佛从未去过威尔逊山天文台,仿佛从未用过这架可以使他的名字像哈勃一样流芳百世的巨型望远镜似的。一年前,由于感到末日来临,他在给哈勃的信中惊呼:"这架100英寸(2.54米)的家伙对显露那些极暗的星云的威力是多么巨大啊!"

沉静的天文界轰动了。罗素第一个从威尔逊山天文台最近的访问学者詹姆斯·金斯(James Jeans)那里听说了这个发现,他在12月从普林斯顿大学写信给哈勃道:"这是项漂亮的工作,您应当受到一切应赋予您的所有荣誉,这项工作无疑是伟大的。您打算什么时候详细发表这项工作?"美国科学促进会已定于在华盛顿举行一次短会,罗素强烈催促哈勃提交这篇论文。这个会将因为作出重大科学宣布而成为一个辉煌的讨论会。"顺便提一下,您应当去申请1000美元的奖金。"

3周后,美国天文学会理事长斯特宾斯在华盛顿的保厄坦旅馆与罗素共进晚餐。两人都是为参加美国科学促进会会议来的。在谈话中罗素问道:"一个叫哈勃的年轻人有没有提交一篇论文?"当斯特宾斯回答没有时,罗素惊讶地喊道:"啊,他这头蠢驴!"后来,两人加入到旅馆休息室里一群天文学家中间,谈论自然地引申到哈勃发现造父变星的话题上。出于对这项研究工作的兴趣,有人建议联合起草一封电报给哈勃,催促他寄一份可向学会提交并列入会议议程的论文摘要电报来。斯特宾斯和罗素一起起草了这封电报,向服务台走去。就在斯特宾斯伸手去拿西部联合公司空白电报表时,罗素发现墙上有个写着他姓名的大信封。斯特宾斯在信封的左上角上见到了哈勃的名字,于是两人匆匆返回休息室,他们的举动引起了其他人的惊讶。"就是它,"斯特宾斯宣布说,"很完整,还有图,这正是我们所要的。现在完全有把握可以当场宣读讨论这篇论文了,它的标题是《旋涡星云中的造父变星》(Cepheids in Spiral Nebulae)。"

第二天,罗素和沙普利在休息室一起看这篇论文。后来,美国天文学会选择这篇论文推荐美国科学促进会奖。大家推选罗素和斯特宾斯向奖励委员会起草写推荐信。斯特宾斯清清楚楚地记得,罗素拔出随身带的计算尺,按哈勃研究的结果计算宇宙已经膨胀了多少。他们作出结论道:

> 这篇论文是一个公认有出色才华的年轻人在他自己的独特领域里从事研究的成果。它打开了前所未及的空间深度,为在最近的将来取得更大进展提供了可能性。同时,它把已知的物质宇宙的体积扩大到一百倍,显然解决了长期争论不休的旋涡星云性质的问题,指出了它们是些大小几乎可与我们银河系相比的巨大的恒星集团。

2月7日,哈勃收到了奖励委员会利文斯顿(Burton E. Livingston)发来的电报:"决定分享今年的美国科学促进会奖,500美元奖给您在华盛顿会议上提交的论文。"哈勃在收到其后的一封信后才知道,与他分享该项奖金者——约翰斯·霍普金斯大学的克利夫兰(L. R. Cleveland)博士——被公认为在截然相反的微小宇宙,即白蚁和其他昆虫消化道的原生动物生理学领域中成就卓著。

尽管在1700篇论文中哈勃并列第一名,斯特宾斯在给亚当斯的信中仍失望地说道,他的天文学同事被迫与他人分享荣誉。同时,"我们几个人对周光曲线如何艰难曲折地将某些持沙普利观念的人说服表示赞许。"但是,他对哈勃推迟发表论文确实迷惑不解。罗素也同样如此,哈勃于1925年2月19日写给他一封拼错了这位支持者姓名的信*:"这

---

*哈勃将罗素的姓名 Russell 拼写成 Russel。——译者

个奖励来得就像快乐的惊喜……我们意识到这个奖99%属于罗素,1%
属于哈勃。"

> 我不愿急于发表的真正原因,正如您猜测的那样,是由于
> 与范玛宁的转动结果有着尖锐抵触。把这两种资料糅合到一
> 起确有相当的盅惑力,不过尽管如此,我还是相信必须抛弃这
> 样测量到的转动。我对这些测量进行了第一次检查,有迹象
> 可靠地表明,很可能存在很大的误差。转动似乎是一种勉强
> 的解释。

几周后他给斯特宾斯写了封内容类同的信,另外还提到"您会意识
到这类事务的讨论将是多么棘手"。

在哈勃写给罗素那封解释信的前一天,受狼群步步紧逼而四面楚
歌的范玛宁写信给沙普利:"自哈勃发现造父变星之后,我老是在想着
我的转动和怎样看待这些测量结果。在M33中我找不到什么问题,因
为对它我有最好的资料。它们似乎是尽它们所能地可靠。"耐心几乎丧失
殆尽的沙普利简短地回复道:"我全然不知道该对这种角运动相信些什么;
而且似乎毫无怀疑造父变星的理由,哈勃提供的光变曲线跟我们听到的
一样是确确实实的。"几年后,当有人问这位喝了苦酒的天文学家,他被范
玛宁的测量结果困惑了如此之长的原因时,他回答说:"他们奇怪沙普
利为什么会犯错误。关键是……范玛宁是他的朋友,他信任朋友!"

IV

1915年天文学家玛格丽特·哈伍德(Margaret Harwood)在叶凯士访
问弗罗斯特夫妇家时第一次见到了哈勃。这位当时的研究生带她参观
了天文台和周围地区,她记得他礼貌而冷漠。给她的印象是,哈勃全神
贯注在弗罗斯特的女儿凯瑟琳(Katherine)身上。8年后的1923年,这

两位天文学家在威尔逊山天文台相遇,那是有一次亚当斯趁海尔不在的时候临时取消妇女不得使用望远镜的规定之后。哈勃还记得哈伍德,这次他显得十分友好,但仍有所保留。有5个兄弟的哈伍德认为他的行为是一种自然的防御反应,因为他被看作"很合适的未婚男子"。

好长一个时期以来,天文台的大多数员工都在准备9月10日的日全食,这个季节通常天气暖和、天空晴朗。两个观测位置都已选好。一个在圣迭戈附近的洛玛角,它完全处在全食带内;另一个在莱克赛德,它靠近全食带边缘。哈伍德被邀请参加洛玛角队,这一队还有勉强参加的哈勃,亚当斯强使哈勃担任计时员。他的工作是看着钟,大声地读秒,让观测者按时程表行事。哈勃对这次日全食简直毫无兴趣,他一心想着其他的事情。

利克天文台也派出了一个观测队,它得到了洛杉矶银行家约翰·帕特里克·伯克(John Patrick Burke)的部分资助。伯克的女儿、刚成了寡妇的格雷丝·莱布打算参加远赴墨西哥边界南部的利克天文台观测队,参加的还有她以前的姐夫威廉·赖特。哈勃曾希望在那里见到格雷丝,这个计划因亚当斯要他参加洛玛角观测队而匆匆放弃。这对受相思折磨的情侣不得不同意在履行各自的职责之后在圣迭戈见面。

令人沮丧的是,原来正常的天气在全食前几分钟变坏了,一场突如其来的暴风雨遮暗了天空。哈伍德瞧见天文学家一个接一个地从临时暗房里出现,他们的努力全部付之东流。她感觉到他们力图装成悲伤的样子,但是心里想的却是:"现在可以回去干我自己的事了。"在哈勃一生中最重大的那次100英寸(2.54米)望远镜值班之前3周,哈勃接了格雷丝和她的母亲去在佩布尔比奇的伯克的夏季别墅。这对情侣在寒冷的海水中游泳,在薄雾朦胧的海边散步,并筹划举行简单而又严格保密的结婚仪式。

格雷丝家境优越,她的童年都在圣何塞度过,那是西加利福尼亚的一个水果盛产区。她的父亲和母亲露爱拉·"露露"·凯帕福特(Luella "Lulu" Kepford)都是中西部人,1891年来到加利福尼亚,在那儿这位爱尔兰天主教徒伯克成了圣何塞和圣克拉拉铁路公司的副总裁兼董事。他们有两个女儿,老大格雷丝生于1889年,她童年的女友、小说家苏珊·厄茨(Susan Ertz)形容她是个有一对淡褐色眼睛和一张活泼可爱脸蛋的小女孩。友好、聪明而敏捷的格雷丝每天骑着马去上学,后面跟着一条宠物狗,那是条名为蒙特莫伦西的狐狗。

对这位雄心勃勃的银行家来说,圣何塞跟曾经待过的艾奥瓦州沃尔纳特一样都显得太小了。伯克把全家迁到了洛杉矶,并很快地攀上了金融之梯,成为第一国家银行的副总裁及该银行董事会的董事。这位共和党的百万富翁长期担任洛杉矶商会、美国红十字会当地分会和结核病协会的董事,在公民事务中发挥了积极的作用。伯克夫妇的家在拉斐特花园区505号,他们和他们的女仆居住的是一套有十个房间、十分讲究却毫不铺张的公寓。家里有两辆凯迪拉克,当露露和她的女儿们外出采购时,由司机驾车送她们去镇上。

南迁以后,格雷丝和她的妹妹、绰号为"马克斯"的海伦(Helen)在马尔伯勒学校注册入学,这是洛杉矶西部的一所著名女子学校。格雷丝是名优秀的学生,只是很不幸地受到一个精神失常的拉丁语教师的纠缠,他整整折磨了她半年之久,最后还给了她一个不及格的分数。她终于证明了自己的清白,并于1908年6月得到了中学的毕业文凭,同年的秋天进入了斯坦福大学。

格雷丝是个热爱文学的浪漫派,选择主攻英语。她的成绩全是A,但这并不影响她有选择地参加活跃的社交活动。她宣誓加入阿尔法·斐姐妹会*,参加英语俱乐部,并代表她的姐妹会参加各种舞会委员会。这名女大学生把马拴在附近的马厩里,她会花上数小时骑着它驰骋在

---

* 此联谊会的名称分别是希腊字母 A 和 Φ 的音译。——译者

仍不发达的郊区,作为一名自然主义的业余爱好者观察树木、花丛、飞鸟和野生生物,以继续丰富自己的知识。

维多利亚式裙子依然主宰妇女的服装款式。格雷丝穿着当时并不流行的骑装、马裤和长筒靴,穿上长外套或飘拂的女裙,再套上一件缝制复杂的、衣领上装有掩饰颈部的布花的宽罩衫,她蓄着浓密的黑褐色头发,大片地向上卷起,脑后打着一个流行的法式发髻。瘦小的骨骼和白皙的皮肤像她那爱尔兰祖先,她并不美丽也不优雅,却有点介于两者之间。

大学四年级前,这名不久被吸纳为斐·贝塔·卡帕姐妹会成员的女生与斯坦福大学1911届学生厄尔·沃伦·罗素·莱布(Earl Warren Russell Leib)相爱了。这名瘦高的地质采矿专业学生比他的未婚妻大一岁,来自加利福尼亚一个社会关系极广的家庭。厄尔的父亲塞缪尔·富兰克林·莱布(Samuel Franklin Leib)法官被公认为圣何塞的杰出市民,他当然是个有钱人。莱布毕业于密歇根大学,在短暂地担任高贵的法官之前曾从事律师职业赚了一大笔钱。他与铁路巨头、共和党官员斯坦福(Leland Stanford)的私人友谊使他在斯坦福大学董事会中获得了一个席位,后来又担任了董事长。这位法官是个热心的园艺家,他和新英格兰的种植天才伯班克(Luther Burbank)保持着通信联系,并种植了110英亩(约44.5公顷)法国李树,通过革新治理坏死李树的方法大大地增加了他的财富。那年丰收之后,位处阿拉梅达街上优雅的莱布家被公认为该城镇中最美的、充满欢乐音乐和佳酿美肴的家。

作为这个小城镇中两位雄心勃勃的律师,伯克和莱布在伯克一家迁居洛杉矶之前彼此肯定十分熟悉。当他们的孩子在同一所学校上学时,他们的妻子或许也有过社交往来。这场婚姻的唯一问题可能来自宗教信仰,莱布一家是主教派的,伯克一家是天主教的。新娘最终如愿以偿,1912年12月23日洛杉矶神父为格雷丝和厄尔主持了婚礼,那时她刚从斯坦福大学毕业6个月。这对新人没有买房子或租房子,而是搬入了伯克在拉斐特花园区的家。

当格雷丝在威尔逊山天文台实验室第一次见到哈勃的时候,他们已在那儿住了8年。这对夫妇没有孩子,32岁的厄尔作为地质学家刚刚获得了南太平洋公司的新工作,他把大量的时间都花在矿区里,化验煤矿和矿石。1921年6月他来到萨克拉门托东南的阿默多县,那里曾是发起著名罢工"四九工潮"的矿区。15日星期三下午1时30分,这位地质学家进入了艾奥尼村附近一个废煤矿的竖井里去采集样品。按他的死亡证明,他沿着梯子下降到地面下50英尺(约15.2米)时被瓦斯击倒,使他从余下的40英尺(约12.2米)处摔到了矿井底。直到晚上7点才找到他,当时大量的瓦斯使得人们不可能冒险进入地下,只能用绳子和铁爪钩,他的身子、腿和背全摔碎了。

这场悲剧的一则新闻报道在评论时认为这次事故难以理解,死者有着长达10年的采矿经验,却没有戴防毒面具。这则报道引发了州立工业事故委员会对此事故进行了调查,验尸官对尸体进行了检验。不过还是得不出莱布是死于窒息还是死于下落时受到的内伤的结论。两天后尸体用专列运回圣何塞。格雷丝和她的父母从北部来到莱布家中参加星期六早晨10时30分的葬礼,随行的有圣三一主教会教区长、主持司祭的诺埃尔·波特(Noel Porter)牧师。仪式举行后,厄尔的兄弟们和其他家人抬着棺材,将尸体送入当地公墓,安葬在家族的墓地里。

第二年,当埃德温赠给格雷丝众多书籍中的第一本(他的一本由雪莱翻译的《文集》的旧牛津版)时,他们两人便卷入了浪漫的交往。虽然她把他的早期信件连同其他别的许多信件一起销毁了,但是他在1922年写的一封信的摘录却在她关于他的天文学家生活的记载中幸存了下来:

这几天山上闹哄哄的。60英寸(1.52米)望远镜已停下来以便修理圆顶,也趁机给"修道院"添加了层屋顶。第一天我睡在卡普坦小屋,早晨气压铆钉机的咣咣声将我吵醒了。上午我去"修道院"那儿试了一试,但是电镀铁皮上的锤子也让我不好受。正在南面积聚的云层出现了暂时的消退,这才是真正受欢迎的。

几年后的一个在山上第一次相遇的周年纪念日,他们追忆起了1920年6月的日子。埃德温说道:"我日日夜夜不停地思念你。"

求婚是十分谨慎的。交往一段时间后,哈勃来到伯克家,在那里等候去将长发理成20世纪20年代流行的波浪烫发并配以短裙的格雷丝。那天晚上,他待在书房的火炉旁朗诵给她听,她父母常过来陪他们。正如格雷丝所回忆的:"我能记得的唯一真正满意的情景是埃德温来看我的时候,有时他大声地朗读。"她承认她渴望内心情绪的平衡,"我……当我在埃德温那里领会它时才第一次认识到"这种渴望。

尽管哈勃的家远在2000英里(约3220千米)以外,他还是完成了这个漫长的再创自我的过程。他在威斯康星森林的英雄故事、与名家拳击、抢救溺水的年轻妇女、律师经历以及领着胆小鬼们打架,格雷丝忠实记录了这些情景,它们的真实性似乎不会有疑问。这种印象深刻的表白帮助他赢得了她和她的父母。他表示要放弃天文学去当律师,以便让格雷丝可以继续过优越的生活,这种极好的姿态进一步激起了好感。她提出了反对,她告诉埃德温,她不会嫁给他,假如这意味着他将抛弃对星星的爱的话,这正是哈勃一直所期待的。

婚礼在1924年2月26日星期二的早晨7时30分举行。出于约翰·伯克夫妇的愿望,这对新人同意由家庭牧师奥哈洛伦(Michael O'Halloran)主持仪式。在与格雷丝的父母和妹妹同进早餐后,这对新人驾车北上佩布尔比奇的伯克别墅。这是一片面积6英亩(约2.4公顷)、没有受到过破坏的孤立林地,生长着蒙特雷松和白皮栎树,它位于一片起伏的高原上,向下越过牧草地可以瞧见斯蒂尔沃特湾,向南可以瞧见洛伯斯海岬。埃德温燃起了篝火,篝火渐渐熄灭后,格雷丝在木炭上炙烤骨排。一只他们称为阿博特的黑猫从黑暗中突然出现。它分享了他们的晚餐后蜷缩在火前埃德温的膝上。两天后送来了《洛杉矶时报》(Los Angeles Times),格雷丝感到极大的宽慰,因为没有看到有私人事件的评论。"如果有记者来的话,"她在信中谨慎地对母亲说,"请尽量不让他们发表任何东西。"

V

一周后哈勃夫妇回来了,他们马上开始准备剩余蜜月的第二阶段。3月中旬,他们登上了去纽约的加利福尼亚高级快车,格雷丝从未到过东海岸,往日镇定自若的她在自然博物馆里见到来自蒙古国的雷龙和一枚恐龙蛋时"简直说不出话来"。她在给母亲的信中把它们描述成"纽约最美的东西"。然后他们乘火车去波士顿和哈佛大学与沙普利进行讨论,就在一个月前沙普利刚刚收到哈勃关于仙女座造父变星的第一封冒犯他的信。他们从波士顿向北旅行到寒冷的加拿大,乘坐在一艘重新命名为"蒙洛里耶号"的蒸汽轮的舒适船舱里,这是从德国缴获的一件战利品。这艘驶往利物浦的陈旧班轮驶进了不祥的北大西洋,很快便遭到了巨浪的袭击,用格雷丝的话来说,乘客们被颠簸得"像碎木片上的……许多小臭虫"。包括埃德温在内的大多数人都晕船了,整个航程都是在甲板下的床上度过的。分泌大量肾上腺素的格雷丝是那么兴奋,连糟透了的天气也毫不在乎。她的新丈夫写信给她的父母说,她是唯一幸免的乘客。"她像母亲般地照顾我,蜷伏在我的铺位上,并还能挤出时间去迷住船上的每一个人,从船长到司号员。"

4月初他们到达了目的地,企盼已久的陆地真正归来了,这是格雷丝多次在书中读到过的。她描述了从利物浦到伦敦那趟列车的200英里(约322千米)历程,窗外飞驰过美丽的绿色乡间、树木、牧场和小河,其间零零星星散布着可爱的村庄、砖房和茅屋,它们衬托在鲜艳的野花和人工栽培的鲜花丛中。站在威斯敏斯特教堂(以前的本笃会修道院教堂)里是毫无天主教经历的她在伦敦最激动的时刻。时间,就像一条缓慢流动的古冰川,曾经流过这所圣殿,将铺路石磨出了软坑。"我从未意识到,"她在给家里的信中写道,"一个人的工作可以具有如此敬畏的色彩。我过去绝不曾意识到死亡的永恒是那么的庄严。"她沉默地驻足于她的"老朋友"塞缪尔·约翰逊(Samuel Johnson)和躺在旁边的加里克(David Garriek)的墓前以示敬意。对幽静的诗人角里的古代诗人——乔叟(Chaucer)、勃朗宁(Browning)、丁尼生,还有牛顿和他的邻居约翰·赫歇尔(John Herschel)爵士,她都表示了同样的敬意。

在牛津大学时,这对新人住在迈特尔旅馆,过去它是个公共马车小旅馆,已经有600年的历史。关于埃德温新发现的消息比这对新人更早来到这里。当牛津大学的萨维利安天文学教授特纳骑着自行车前来拜访时,双方都深为感动。在这次热忱的拜访后,特纳给他的许多同事发了一封相同的电报"哈勃与他可爱的新娘正在这里",以及格雷丝所记录的"他们都请我们去,要我们留下来"。

从牛津大学出发来到了剑桥大学,纽沃尔夫妇邀请他们一起住在马丁利海隆。这位纽沃尔,就是在战后任职于剑桥大学时就曾提议聘哈勃为皇家天文学会会员的那一位。最早领会和信奉相对论的物理学家爱丁顿被邀请去共进午餐,但是更重要的晚宴则被取消了,这是纽沃尔夫妇不喜欢那些主张彻底创新的人的缘故。宽大的房间里没有浴室,哈勃夫妇跟他们的主人一样在户外篝火旁洗盆浴。他们坐着四轮马车而不是汽车外出。给格雷丝留下的深刻印象是,她发觉纽沃尔夫妇"有惹人喜爱的文明教养,直言不讳;他们喜欢评头品足,苛刻挑剔。

在一切都顺当的时候,这是种比别的快乐得多的生活方式"。

回到伦敦后,哈勃成了皇家天文学会晚宴上的荣誉客人,宴后他谈了他对星云的突破性发现和分类。与会者为"哈勃和哈勃夫人"干杯,并提醒他注意幽默杂志《笨拙》(Punch)中有关于他的评论,那是对他最新名望的一种衡量,因为在不列颠这是本很受人尊敬的杂志。

他们经过法国加来港来到欧洲大陆。埃德温和巴黎天文台台长共进午餐,他还买了几本罕见的书,其中有一本很不错,是普林尼(Pliny)的一本用精制羔羊皮纸装帧的书。这对新人从巴黎动身前往巴塞尔、卢塞恩和瑞士中部的因特拉肯。这两位侦探小说迷前往赖兴巴赫瀑布朝觐,那儿福尔摩斯(Sherlock Holmes)和莫里阿蒂(Moriarty)教授曾在地下300英尺(约120米)的大旋涡里与死亡共舞。

意大利是他们认为仅次于英格兰的最感人的地方。佛罗伦萨巨大并有城垛的旧宫曾经是梅迪奇大主教科西莫一世(Cosimo Ⅰ)的住所,在那里的走廊里溜达时,哈勃夫妇发现了一套小巧漂亮、十分和谐的房间。"造我们自己的房子时,"埃德温谈论道,"要造得有点像这些房间。"他们参观了伽利略的墓地,然后上了去托斯卡诺乡阿切特里镇的路,1633年这位几乎失明和蒙受耻辱的天文学家就在那个镇上被天主教宗教裁判所宣判终生软禁。

他们终于在牛津大学划船赛的那一周回到了牛津大学,接着从利物浦乘船取道圣劳伦斯前往蒙特利尔。5月,他们在离开了将近3个月以后回到了加利福尼亚。到达的当天晚上,这位天文学家便回到威尔逊山天文台去值该周的观测班了。他下山时,发现格雷丝已把家安顿在帕萨迪纳加州理工学院对面威尔逊街和圣帕斯奎尔街的西北角上一套公寓里。住所很小,底楼有一个起居室、一个小厨房,二楼有一个单人卧室和一个洗澡间,不过它非常适合单身汉长期居住。他向他的新娘坦白说:"我绝没想到我会有如此美好的家。"

VI

1922年,海尔遭受到了第四次他所称的"精神崩溃"。不久,他便去了欧洲和中东,在那里待了一年多,喝矿泉水,与许多医生磋商,希望找到治疗的办法。当健康改善失败时,55岁的海尔认为现在到了评价自己一生的时候了。1923年3月,他破例写信给卡内基研究院院长梅里亚姆(John C. Merriam)。这封3页长、单行打字的信读起来像一本临床医生日志。除了接二连三的精神崩溃外,海尔还受到急性阑尾炎、胆囊病和严重肾炎的困扰,所有这些疾病都需要做外科手术。

附上一张每天脑部充血的迹象表,它们常常是急性发作;痔疮反复发作,有几次不得不卧床几个星期,还有一次动了大手术;另外,腰部风湿疼或类似的麻烦也不断,现在你得到了一张能使病理学家欣喜若狂的病例表!假如回溯到较早时候的伤寒、反复痢疾、结肠炎和其他困境……他还会愈加高兴。

脑部充血主要是焦虑、激动、工作职责、各种科学问题讨论、出席科学会议、演讲(特别是因为对人脸的记忆很糟糕,在需要的时候却叫不出姓名,即使是很熟悉的人),以及连续的脑力劳动所致。

所有这一切使他确信,该是辞去威尔逊山天文台台长职务的时候了。他提议他的助手沃尔特·亚当斯接替他的职务,在近几年的大多数时间里都是他主管着天文台。如果卡内基研究院认为合适的话,他愿意接受名誉台长的头衔,因为在他希望他还剩下的15年中还好做许多事。"我极不善于按部就班地……工作。事实上,我是个天生的冒险家,性喜流动,它常常怂恿我追求未来的新机遇。"

亚当斯对海尔有着真诚和深厚的感情,他打电报给梅里亚姆,希望维持现状。当梅里亚姆答复海尔坚持己见时,亚当斯才同意担任年薪8000美元的台长,同样的年薪也赋予了海尔的新职位。

哈勃自从来到威尔逊山天文台以来几乎没有见到过海尔,他把领导人的更替视为很自然的事情,甚至可能还欢迎它。他并非沙普利的朋友,在沙普利去哈佛大学前,他无疑是饶有兴趣地关注着亚当斯和这位也是密苏里人之间越来越激烈的冲突。亚当斯曾对沙普利的距离测量表示怀疑,他认为这些测量所用的资料太有限,方法也有缺陷。这一分歧不久便扩展到私人关系上,使亚当斯对沙普利的看法带上了个人色彩。他是一位来自中东的清教徒,不喜欢爱虚荣的人,即使是沙普利的最亲密的朋友也几乎难以否认他的这种指控。沙普利的同盟者范玛宁是个花花公子般的人,在严肃稳重的科学家亚当斯眼里他是个道德败坏的伪君子。1918年初,沙普利给一位朋友写信道:"我非常肯定,假如我离开这里,就不再有回来的机会了,只要亚当斯还在当权的话……范玛宁和我都是邪恶的,因为我们想做的事太多。"

随着沙普利永久的离去和哈勃的名声像蘑菇般地四处滋生,这种名声突然变成了哈勃自己的避雷针。根据格雷丝日记的记载,她的丈夫1922年在国外待了3个月,访问了英国、法国和葡萄牙。现在他又带着全薪花了3个月的时间陪伴他的新娘横越了大半个欧洲,与此同时,他那些威尔逊山上包括亚当斯在内的同事却正凑合着打发一个月的假期。这要是成了惯例是件头疼的事。这位新任台长懂得必须不露声色,于是开始暗中收集有关这件事及哈勃的其他违规行为。

Ⅶ

哈勃喜欢邀请有名的访问者,特别是英国的一些有高贵身份的访问者到家中晚餐。格雷丝喜欢女主人的角色,不久她便有了向来到洛杉矶的世界著名大科学家显露的机会。她招待的第一个贵宾是单身汉贵格会教徒爱丁顿,他是在他们结婚那年的9月来的。他们曾与这位现代的阿基米德在马丁利海隆共进午餐,他最近发表了一部杰作《相对论的数学原理》(Mathematical Theory of Relativity),爱因斯坦后来认为在各种语言对相对论的解释中它最为精辟。每天下午格雷丝在爱丁顿下榻的旅馆附近接他到弗林特里奇乡村俱乐部去。拿本书坐在草地上,看着她的客人从跳板上跳下,横越游泳池,游回来,然后再重复跳水。他告诉哈勃夫妇,他每天早晨在剑桥游泳,不论夏天还是冬天,他还透露了判定水池温度的诀窍,不过格雷丝很快便给忘了。她只记得爱丁顿是个沉默的人,深深地沉浸在自己的思考之中。

她对詹姆斯·金斯的记录最生动。这位已经当选但尚未上任的皇家天文学会主席曾在1923年被威尔逊山天文台聘为客座研究员。1925年,他回到帕萨迪纳继续从事以前做的恒星动力学和星云演化的研究,这是个哈勃曾非常感兴趣的课题。那时金斯已经获得当时大多数重要的科学奖,他与同样出名的爱丁顿一起被乔治五世封为爵士。金斯的孤僻举止部分是对他那胆怯而过敏的心态的一种保护,他在童年时代因酷爱风琴音乐和钟表而缺乏人际交往使心态受到了永久的伤害。还在英国时,罗丝·德马塞勒斯(Rose de Marcellus)告诉格雷丝,她曾被这位她在多金的科学家邻居吓了一大跳。无论她说什么,金斯总是翘起他那挑剔的一侧眉毛含糊地慢吞吞说:"蛮好。"

哈勃夫妇是少数几个与金斯熟悉并能毫无拘束坦诚相见的人,因为他们珍视金斯那出众的才智和可笑的孩子气。他告诉他们,他厌恶在剑桥大学与伯特兰·罗素(Bertrand Russell)*一起就学的那段经历,

---

* 伯特兰·罗素,英国著名哲学家和数学家。——译者

后者"在争论时恶意伤人、怀恨记仇"。(关于金斯,罗素后来告诉哈勃夫妇说,"[他]是个令人讨厌的人,爱丁顿是个圣人。")金斯是在他的夫人夏洛特(Charlotte)和女儿奥利维娅(Olivia)的陪伴下来访问的,他用只有她们才能理解的语言和她们开玩笑,在这场对外部世界保密的玩笑中金斯的手表充当了第三者的角色。哈勃夫妇开车把这一家人送到圣莫尼卡附近的海滨别墅,埃德温和奥利维娅不顾寒风,穿着浴衣跳进了汹涌的海涛。他抓住女孩,把她高高地举在滚滚浪涛之上,竭力取悦那位爱好风琴胜过大海的父亲。

金斯的来访使得哈勃有机会向这位英国同事阐述他关于星云分类图的进展,这位物理学家兼天文学家曾对这方面有过浓厚的兴趣。哈勃知道他了解什么,而国际天文学联合会对他的研究缺乏兴趣继续使他恼火。事实上,作为报复,他已经发表了两篇有关这一领域的文章,这是个好办法,但是他还在下更大的赌注。星云和星团专业委员会已决定根据当时仅有的照相观测而不是目视观测编纂新的星云表。但是如果没有一个众所接受的分类法,很难预料这个计划是否还能进行下去。1923年7月斯里弗担任了该专业委员会的主席,哈勃也是这个专业委员会的成员,他对自己的星云分类系统作了长篇注释后连同部分照相资料一起寄给了住在弗拉格斯塔夫的斯里弗。"与其将它们加工成论文发表,"他写道,"还不如把它们提交给星云专业委员会作为讨论的基础更好些,这样或许会获得一个专业委员会满意并得到国际天文学联合会批准的分类系统。"威尔逊山天文台的研究人员,包括正在访问的亨利·诺里斯·罗素,"都已看过并赞同这些注释。"

这次的分类方案与哈勃1922年发表的分类系统已大不相同。虽然银河星云仍维持原先的情况,但是他开始把非银河星云只分为两类。在椭圆星云和旋涡星云两类中再分为锤状星云、卵状星云和球状星云。

椭圆星云在外貌上是不定形的,与黑斑几乎毫无二致。哈勃按照椭圆外观扁的程度将它们再进行分类。很圆的椭圆星云称为E0星云,逐级过渡到E7椭圆星云,这是这一类型中最扁的,它们看上去像透镜或者拉长的足球。

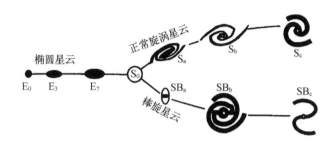

哈勃星云分类系统

有两条旋臂的旋涡星云要美丽得多,正如它们的名称所示,它们呈现风车状的特征结构。哈勃将它们分为对数星云(后来称为"正常"旋涡星云)和棒旋星云,后者是稍小但有特色的一个次群,之所以这样命名是因为它们弯曲的旋臂起源于穿过云核的"棒"的两端,而不是云核本身。与椭圆星云按扁率分类一样,无论是正常旋涡星云还是棒旋星云都是根据旋臂的卷紧程度进行次分类的。Sa类型表示旋臂卷紧的正常旋涡星云;SBa是卷得最紧的棒旋星云符号。Sc和SBc是两类旋涡星云中卷得最松的。

最后,哈勃剩下了一类反常的星云,这类星云不属于前面三种任何一类。对非银河椭圆星云和非银河旋涡星云,他不得不增加了一个杂类,他把这种"非常稀少"的星云称为"不规则星云"。"不规则星云,"他写道,"由于缺乏转动对称而引起了特别的关注,它们是对这类天体进行正常分类的主要障碍。"某些不规则星云扭曲、凹陷、缠绕,似乎正处于膨胀过程,另一些则由于在原始时代便与闯入的邻居发生碰撞或者走得很近而明显地弯扭变形。大小麦哲伦云就属于这一类。

1924年2月罗素在多伦多大学作的演讲里评述道:"[星云演化的]'金斯理论'似乎符合我们在宇宙中所发现的情况。"哈勃同样很清楚这种已被察觉的关系。金斯在获得1919年亚当斯奖的短论《天体演化学和恒星动力学问题》(*Problems of Cosmogony and Stellar Dynamics*)中推测,椭圆星云是处于形成过程中的旋涡星云。起初球状气体物质不具有结构和形状,经过一步步的系列变化,它们变得越来越扁直到长轴成为短轴的三倍。此时椭圆星云开始过渡成旋涡星云,它的旋臂紧紧地盘绕着它的中心或云核。在更晚的类型里,旋臂随着云中心的模糊越来越展开。最后,旋臂开始断裂成由一颗颗恒星组成的细长团块。

这种观测与理论的拟合具有诱人的前景,通常很谨慎的天文学家也会受到这种魔力的影响。哈勃将金斯的演化形态用于两种旋涡星云,把其成员分别称为"早型"(紧缠绕)、"中型"(中等缠绕)和"晚型"(松散缠绕)。后来他又设计并发表了著名的宇宙"音叉图",图上的叉柄是椭圆星云,它分成双叉,其中一个叉是由正常旋涡星云组成,另一个叉由棒状旋涡星云组成。

斯里弗迟迟不理会哈勃给他的长篇注释。1924年2月,沉默了7个月之后,哈勃写信提醒他"海尔先生认为我应当发表这个分类系统。不过我宁愿先得到专业委员会的通过,如果这在恰当短的时间内行得通的话"。斯里弗及时地把哈勃的长篇注释拷贝了许多份,在5月底以前送到了专业委员会的各个成员手中。

关于对哈勃注释的评论从第二个月起开始逐渐发表出来,其中多数完全是鼓励性质的。柯蒂斯宣布这张图"非常彻底和完整",不过他更偏爱斯里弗在1922年的报告中引用的这位天文学家的"简单分类"系统。诺克斯肖发现这个研究"特别有趣",但他选择保留意见,到以后再说。德雷耶尔在8月也写文章认为这个研究"极为有趣"。专业委员会认为"在决定该总星表的'说明栏'形式时几乎不可能有比以它为基础更好的方式了"。哈佛大学的贝利虽然迟至10月才予以响应,但他是所有人中对哈勃的工作最为肯定的:"总之,我现在看不到还能对它作什么更多的改进。"

委员会的墨守成规意味着哈勃还没有平安地脱离困境。贝利尽管充满热情,但在谈到旋涡星云时避免使用"早型""中型""晚型"这类术语,"演化顺序现在还没有足够好地建立起来,如果可以避免的话不要把理论引入到分类中去,因为这样做很讨厌"。斯里弗也有类似的想法。在该注释页边的空白处可以找到他写有相同措词的批语,譬如"我们今天的知识现状几乎不能保证演化意义"。

沙普利是掉进油膏里的另一只苍蝇。这位哈佛天文台台长作为星团权威的地位促使斯里弗在1925年初将他补入该专业委员会。上年的10月他曾写信给哈勃,反对哈勃信中谈到旋涡星云时采用"非银河星云"术语。说到底,后来证明这类星云是些独立的恒星系统的正是哈勃本人。究竟哪个术语更恰当,叫"银河星云"还是干脆用沙普利选择的名称"星系"? * 他绕过哈勃以相同的语调写信给斯里弗。

沙普利赢得了一个有效分,这是不可否认的事实,但是哈勃平心静气地按照他的意见行事,尽管这个人的宇宙曾被他推翻。最后他在发表分类图时,非银河星云改成了"河外星云",这种称谓在威尔逊山天文台一直保持到1953年哈勃去世,那时"星系"这个术语已为全世界所采用。

失望仍在继续。该专业委员会的下一次会议于1925年7月在剑桥大学举行,哈勃没有出席这次会议。对是否需要新的分类系统讨论了很长时间,但是最后决定不采用哈勃模型,认为它严重地受到理论的偏

---

* 非银河星云(non-galactic nebule)、河外星云(extragalactic nebule)和星系(galaxy)都是当时天文学上对银河系以外星云采用过的名称,现在都采用星系一词,以区别银河系或星系内部的星云。——译者

向性引导。编纂新总星云表的时机也还不"成熟"。假如哈勃选择继续干下去并予以发表的话,国际天文学联合会将不会给予他长期以来一直在寻求的支持。

1926年春天到来之前,这位天文学家发现自己突然被卷入了一场大论战之中,他决定进行申诉。曾与哈勃共同撰写1922年半人马座Z新星论文的伦德马克发表了一篇论文,论文的标题《星云的初步分类》(A Preliminary Classification of Nebulae)极具挑衅性。伦德马克刚刚成为该专业委员会的成员,曾出席了剑桥大学会议,哈勃很清楚后来发生了什么。他立即写信给斯里弗,严厉控告这种抄袭行为:

> 我见到了伦德马克发表的《星云的初步分类》一文,实际上除了名称以外它与我的分类是完全相同的。他竟厚颜无耻地无视我的存在,还宣布这是他独有的思想。现在我强烈地提醒你们委员会注意,因为我不允许他以这种巧合的方式借用这项艰辛的劳动成果。

接着的几个月里他的火气越来越大,最后终于发怒了,让人想起了牛顿对被认为是剽窃者的莱布尼茨(Leibniz)的控诉。他向伦德马克发出了连珠炮般的谴责:

> 这只是有分寸地表达了我对你个人品行的看法,除非你能作出特别解释,否则只要有机会,我都将以向别人大声疾呼注意你的荒谬品德为乐。当同行们意识到他们在讨论自己的研究以前就肯定会被别人发表出来时,你想,他们还会欢迎你参加会议吗?

虽然他们几乎不可能统一意见,但是哈勃很清楚,沙普利的态度是向着那个心怀鬼胎的瑞典人的,并要他知道在这个问题上他们是同一立场。伦德马克"把好的与坏的、真实的与想象的用某种方式混合起来,以至于完全误导了他的结果的普遍意义"。

人们在品德问题达成共识,但在剽窃的指控上意见不同。正当哈勃怒气冲冲而伦德马克申辩自己清白之际,沙普利向罗素吐露了他的看法,他认为伦德马克的图"比哈勃的好得多"。他还写信给哈勃的头儿亚当斯,希望悄悄地削弱那张修改分类图的信任度,"这个分类图把现在照相观测得到的极大多数(旋涡)星云都放到废纸篓Q类里,即不能分的那个类型里*,它们对一般的统计研究基本无用。"沙普利是打算把他所见到的哈勃系统和伦德马克系统的优点综合起来,企图发表他自己那套几乎无人记得的分类图,然而这种解决办法把两边对手都得罪了。

哈勃那篇具有发展性的论文起了一个简单的名称《河外星云》(Extra-Galactic Nebulae),在伦德马克的论文发表几个月后出现在《天体物理学杂志》上。他使用了专业出版社所允许的最强硬措词,打算用在同行面前对侵权者予以狠狠谴责的手段进行清算:"伦德马克……最近发表了一种分类法,除了命名不同以外,实际上与我过去提交的系统是相同的。"但是,"伦德马克博士没有表示一丝一毫的感谢,除了使用术语'星系'以外,也丝毫不提专业委员会的讨论"。

出于对金斯的信诺,哈勃把他的分类图和演化假说两者都发表了,那些内容都包含在1923年向星云和星团专业委员会递交的注释中。但是似乎无可置疑的是,他已被专业委员会批评他赞同星云演化说搞得十分敏感。因此,他指出用100英寸(2.54米)胡克望远镜拍到的结果与有关更宏大的理论本质问题之间存在明显的差别:

> 经过周密的研究发现了一种描述性分类,虽然它应当完全独立于理论思考,但其结果却几乎与金斯从纯理论研究推

---

*在这里沙普利指哈勃分类中的不规则星云。——译者

导出的演化路径完全一致。从资料覆盖范围的宽广性来看这种一致性是很有建设性意义的,或许用金斯理论既可解释观测,也可指导研究。但是应当牢牢记住,这一分类的基础是描述性的,与任何理论都完全无关。

几年后人们对哈勃概括的星云演化的思想提出了质疑。曾得到哈勃拥护的金斯最终也不得不承认所有用动力学解释旋臂起源和演化发展的努力都失败了,迄今情况依然如此。反之,稍稍作过修改的哈勃分类图则一直经受住了时间的考验,并继续作为公认的标准应用于数量极其巨大的星系。巴德(Walter Baade),这位与哈勃在威尔逊山天文台共事20多年的著名天文学家,在1958年哈佛大学演讲中提到这位星系分类系统创始者的才华时意味深长地说:

> 我已经用了[这个分类系统]30年,虽然我一直在寻找不适合它的那些恒星系统,最后我发现,这种系统——真正给哈勃分类系统造成困难的系统——的数目是如此地少,少到我可以用我的手指数得清。

第九章

星云世界的水手

I

1926年春，哈勃夫妇梦寐以求的新居已快落成。那还是他们在度蜜月时访问意大利旧宫的事。在一次长距离的周日散步中埃德温偶然发现了一个长着浓密树林的地方，婚前他曾带着格雷丝去瞧过。那时候，圣马力诺的伍德斯托克路并不比被矮树丛包围的巨栎树中迂回曲折的小径更宽。土坡向下直通浅浅的山涧河床，它标志巴顿农场的边界，小乔治·史密斯·巴顿（George Smith Patton, Jr.）就出生在那里，有时也在那里居住。巴顿是一个傲慢大胆的战地军官，1918年指挥一个坦克旅在法国作战时受了伤，并获得了勇敢勋章。

沿着山涧往上可以看到一排黑黝黝的树林，那是从亨廷顿花园通往威尔逊山的标记，它那遥远的后方是山上闪闪发光的圆顶。东面的远处是高高的山群，整个冬季几乎都为白雪所封盖。向南往下看，越过圣加布里埃尔山谷可以望见圣哈辛托山，并延伸到西南方向的帕洛斯弗迪斯。根据附近的悬崖显然可以判定，整个地产处在地震带上，这引起了哈勃的极大兴趣，他总是兴高采烈地把这个特征向来访者指出。当来自加州理工学院的两位地质学家将它称为哈勃—亨廷顿断层时他更是笑容满面。扫兴的是他收到一张500美元的账单,那是他雇来修剪树枝和清除枯木的男子给的。这一代价与报刊上报道的他获得的美国科学促进会奖金额恰好相同,他曾对格雷丝谈起,这两笔账居然分文不差似乎是件十分奇怪的事。

当然,哈勃毫不在乎这种意外的账单。他刚刚从助理天文学家提升为天文学家,在威尔逊山天文台工作7年来他的年薪几乎增加了两倍,眼瞧着已达到了4300美元。这所新房子连同众多的家具都是伯克夫妇送的结婚礼物。除此之外,格雷丝有她自己相当可观的财产。厄尔·莱布是个富商的儿子,他的遗孀除了继承的遗产外,几乎可以肯定还从南太平洋公司领取了大笔生命保险费和其他保险抚恤金。根据一篇日记的偶然记载,暗示她的父亲留给她一笔计息基金。哈勃不用再次面临从事天文学研究还是去当律师的选择。

他们的建筑师是几乎被人遗忘的库切拉(Joseph Kuchera),一位来自欧洲的移民,他以西班牙复兴风格的设计而著名。他的第一张草图就博得哈勃的赞美,称之为有一种伟大的佛罗伦萨文艺复兴宫的"相近感觉"。"我们知道,"格雷丝写道,"我们见到的图样将会是我们的房子。"

新居中最引人注目的是哈勃的书房,它位于比楼面低的客厅的一端。漆得光亮的栎木地板、厚厚的泥灰墙和拱形天花板(它们不久以后就被他那不停点燃的烟斗里上升的烟熏得变了色),都给人一种修道院的感觉。哈勃工作用的书桌十分普通,它搁在用泥灰砌成的拱形罗纹扇贝壳状的彩色玻璃窗下,像一件闪光的珍品。嵌入式书橱排成了书房的墙,里面装满了皮革封面的书册。其中一个书橱上方有个圆形壁龛,里面放着一个小小的伽利略在费拉拉的大理石坐像,他的眼睛凝视着手中的天球仪。

书房的角落里有个几乎弃而不用的小箱式壁炉。哈勃喜欢旺火,每当下班回家,就把栎木块扔进有横梁的客厅的大炉膛里堆得高高的,然后坐进他那张绿皮革椅子品味冒着嘶嘶声的杜松子酒或者一杯加水的苏格兰威士忌。面对他的墙上挂着一些大科学家的画像,有约翰(Augustus John)所制的爱丁顿头像,内勒(Godfrey Kneller)的牛顿金属版画像,以及默里(Gilbert Murray)的哈雷金属版画像。桌上和书橱里散落着半打以上直柄烟斗,它们是用不带花纹的登希尔欧南石做的。含有一种特别混合物的大听雪茄是从洛杉矶一家伦敦烟店运来的。书橱的第二块搁板上有个小收音机,用来收听天气预报和新闻,偶尔也听听政治演讲。

餐厅跟客厅一样,也比楼面低,餐厅门是法式的,打开门可以看到威尔逊山天文台。一张栎木桌,八张与之相配的椅子和一张沉重的餐具柜,它们出自精巧工匠盖茨(Gates)之手,他专打木工活,如门、器具、壁炉工具和其他家具。

位于客厅侧室边上哈勃书房的隔壁有个难得启用的卧室,除此以外,库切拉在通往小厨房的瓷砖过道上还加了一间侍女房。埃德温和格雷丝都生长在有佣仆的家庭,他们一直想雇用一个全时仆人。在格雷丝37岁那年,她很可能已经怀上了他们第一个也是唯一的孩子,那是非常危险的分娩年龄。当她的产科医生罗伯特·L. I. 史密斯(Robert L. I. Smith)博士被匆匆请来时,埃德温正好在山上的天文台。医生完全无能为力。早产婴儿是个死胎,据说是个男孩。考虑到丈夫的工作太重要,不能打扰,格雷丝禁止医生在埃德温值班结束之前与他联系。

格雷丝是个既聪明又出色的记录员,她在二楼卧室的写字台上写下了大量笔记。临窗坐着,往下可以看到院子,或者越过一个空旷的斜坡望见远处的巴顿农场。仅几步远处有张躺椅,她会躺在那儿,花上数小时的时间来阅读她特别喜欢的小说家的作品,多数是法国的或者英国的。这间卧室另一端的外边有一间地面抬高的浴室,它的隔壁是夫妇俩各自独用的更衣室。

格雷丝以前的姐夫威廉·赖特是他们的第一批客人。这位"上尉"从哈密尔顿山开车过来,在这里度过了一个周末,一起讨论"天堂磨坊的苦差使"。离开时他带着深挚的印象说:"总算拜访过你们的家了,想想看,我还真想不出能完全表达我对它敬畏和赞美的词汇,嗯……无可挑剔的美丽。"

对于哈勃来说这所新居是理想的,并为此自豪,一点也听不进别人提出的改动建议。虽然如此,格雷丝还是担心他缺少真正当家作主的天性。所以,在他们数次访问英国期间,当他表现出需要包括壶和盘一类附加摆设的兴趣时,她是既高兴又惊讶。"像王子般慷慨大方,他的皮夹子或支票本随时准备着。"

但是,格雷丝不久便发现,他的兴趣只限于某些范围。他憎恶任何瞧不起体力活的行为,他会花上数小时去修理100英寸(2.54米)望远镜的复杂线路,而让唤来的电工去修理他那张皮椅旁的台灯电线。除了望远镜以外,他绝不拍照或者摆弄照相机。对格雷丝来说,"看到他在使用暗房设备似乎是件自相矛盾的事"。格雷丝每天栽花种树,管理小灌木丛,为屋前那株有两百年树龄的英格尔蒙栎树担惊受怕,而埃德温则把客人们的注意力引向树干上那道深疤痕,那是19世纪30年代大干旱时期留下的痕迹,是当年西班牙士兵为了去喂饿得发慌的马匹把低处树枝砍下的结果。

II

每天早晨,哈勃的灵魂就已飞向了山上,对格雷丝来说他似乎已经走了。他心不在焉地吃着早饭,眺望着远方,对报纸和谈话丝毫没有平时的兴趣。他匆匆地收拾东西,把外衣、书、雪茄和电筒塞进一只破旧的、贴着蜡印纸片的小提箱里,纸上印着"埃德温·P.哈勃少校,第343步兵团"。每当冬季的夜晚,他会带上一件棕色鸵毛大衣、一条与之相称的围巾和一顶黑贝雷帽,这种帽子外缘很柔和,不会妨碍观测。当他准备好后,格雷丝开车送他去圣巴巴拉街,天文台的卡车早已等候着,司机是迈克·布朗(Mike Brown)。"自己小心",他一面道别,一面带着"深情"的一瞥匆匆下车离去。

十二时十五分在"修道院"午餐后,他会溜回100英寸(2.54米)望远镜观测室里去准备当夜的观测底片,然后再回到实验室的办公桌旁继续工作。晚饭前他显得活跃起来,去鹿园或山边小道散步。除了用假蝇钩鱼,他最喜爱的户外活动是跟格雷丝及朋友们在高西亚拉山上长途跋涉,而且他一直坚持当年当排级指挥官时的露营时刻表。肩扛着50磅(约22.6千克)重的背包,里面塞满了各种物品,从书籍、雨披、绑腿、蚊蝇拍,到威士忌和用火证件,按一小时三英里(约4.8千米)、十分钟休息一次的部队行军法规行走,格雷丝"军队大概不会齐步翻越高岭吧"的讥讽也只是耳边风。五点半左右,他最喜欢在还没有暗下来的冷色朦胧中大声疾呼"喂!"把整个营地吵醒,格雷丝称它为"造反"腔。晚上,夜风在营地篝火的四周吹拂,搬运骡夫讲述着山区里发生的不幸事故和莫名其妙死亡的荷马式故事,这时他却呆呆地坐着。

晚饭后,天色渐渐变黑,这位天文学家返回巨大的白色圆顶,穿过外表与圆顶一样用瓦楞铁皮制的梭状门进入圆顶。攀上长铁梯,登上安装望远镜的混凝土楼层,再经过几级台阶走上一个阳台样的平台。平台的四周都是仪器,从这里他登上通往观测平台的铁梯。

天窗打开了,越来越黑的天空映衬出高挺的松树顶。夜间助手已在楼下木控制台旁作好了准备,旁边放着恒星钟。就像站在巨型商船舰桥上的船长,他大声发出命令——时间、度数。接着传来金属转动的嘎嘎声,一连串的亢答亢答声是这架维多利亚时代100英寸(2.54米)望远镜制动时最后发出的沉闷的铿锵声。他从口袋里掏出一个小放大镜检查目镜的视场。如果一切都很满意,他便坐进长弯木椅里,不慌不忙地将烟斗装满,点着烟,灭掉剩下的灯光,让圆顶内部留在一片黑暗之中,除了柔和闪光的点点繁星。他俯身取下照相底片上的盖子,大声地告诉助手曝光时间。"没你事了,你请便。"亲自导星的时候,他有一个漫不经心的坏习惯——翘椅子,椅子的后腿离开平台,身体临空倾斜。格雷丝指出这种危险,他竭力说服她,辩称他能轻易地抓住望远镜而不会失足。

有时他通过改诗来消磨时光,一段段地改,直到全部改好。脑海中还会不时浮现出古老的歌曲和民谣。夜间最佳的时光他用来回忆流行歌曲《相信我所有这些可爱的年轻人的魅力》(Believe Me If All Those Endearing Young Charms)的每行歌词,有人发现他有时会出现不相称的激动,一边哼着牛仔们所喜爱的《红河谷》(Red River Valley)和《红棕马》(Strawberry Roan)一类歌曲,一边渐渐涌现出眼泪。

一夜又一夜,寂静而孤独,时间在遥远的朵朵星云之中流逝,它们常使人联想起宗教中有灵性的东西。哈勃买了许多这类书籍,有原始宗教的和古代宗教的,有教堂历史的,有著名神学家的评注,还有神秘主义者和圣者的著作。但是,自离开牛津大学后他再也没有去过教堂,也很少谈论它。1923年日食远征失败后的一天早晨,他驾车带格雷丝向北驶去,途中他第一次宣扬了怀特海(Alfred North Whitehead)*关于上帝的观点,怀特海宣称上帝或许在众多可能中加以选择,以创造一个不同的宇宙,不过它创造的恰恰是现在的宇宙。经过对宇宙的认真思考,人们或许会接近它的原始创造者的某种想法。然而,思考的时间越长哈勃似乎越疑惑:"我们不知道为什么会来到这个世界,但是我们可以试试寻找这是个什么样的世界,至少在它的物理性质方面。"哈勃的

---

* 怀特海(1861—1947),英国数学家和哲学家,《自然知识原理》的作者。——译者

一生都献给了科学和气象万千的客观世界。科学不可能进入用纯粹价值衡量的世界,科学也无关乎人的才华,但科学屈从于个人的发现或欣喜若狂的一瞬间。一位极度消沉的朋友曾问起他的信仰,哈勃有意婉转地回答:"世界比我大得太多,我不可能懂得它,所以我必须让自己信赖它,而且忘了它。"

夜宵已经不再在60英寸(1.52米)望远镜观测室下面寒冷的煤仓里供应了。亚当斯十分了解山上的严寒,同意在圆顶之间建造一个有暖气的小楼。海尔对咖啡的强制禁令被仁慈地解除了,以前通常食用的硬饼干也改为煮鸡蛋、吐司和新鲜的水果。天文学家们一边默默地用餐,一边听着一个定期来访者的脚步声。一头瘸腿的雌鹿每当春天到来时会带着它的幼鹿爬上饭厅的台阶来分享他们的食品,而狐狸则在"修道院"的门边乞讨。

跟同事们一样,破晓前是哈勃觉得最困难的时刻,令人麻木的寒冷和瞌睡会分散他的注意力。星辰终于渐趋暗淡,这是一夜值班结束的标志。按下开关,电动马达带动链条,随着一长串炸雷般的隆隆响声,圆顶合上了。这位天文学家从椅子上僵硬地直起身子,把已曝光过的底片装入箱子,然后往回走下三段楼梯。他曾向格雷丝吐露过,在天色蒙蒙亮时的拂晓走回"修道院"是他最愉快的一种散步,因为有种幻觉会启示你什么是神秘的感受,一种事情有待于被揭晓的感觉。

III

一天早晨,哈勃在返回"修道院"时遇到了降凡的"山神"。一头美洲狮悄无声息地出现在他面前,盯着这位不能动弹的天文学家的眼睛。一会儿,这头黄褐色的猛兽缓慢地转过身,溜进了森林里。

几年前,山上另一头美洲狮的命运则没有这么幸运。夜间助理霍

格在60英寸(1.52米)望远镜的观测日记里写了一首打油诗,记载了这头美洲狮的死亡,它也因此得以流芳后世:

> 山狮吞食多德羊
> 奔忙狩猎米尔顿
> 获得山狮皮一张
> 婴儿邦廷当包裹。

> 山狮巨大又威猛
> 超过百磅重又壮
> 鼻尖量到尾巴端
> 足足五尺八寸长。

> 天文学家勇敢汉
> 夜夜工作在山寨
> 漫游山狮同为伍
> 见者心惊又胆战!

> 天文学家虽勇敢
> 相信他们都乐意
> 吞食多德山羊狮
> 不再漫游圆顶间。

米尔顿·赫马森成了声名狼藉的"美洲狮屠夫",有人还为他拍了一张肩上扛着那头被杀死的巨兽的照片。他向《洛杉矶时报》记者描述这头美洲狮当时是如何正在美味地享受他的岳父、山上的总电气工程师多德的山羊。他跟踪这头巨兽,打算干掉它,还安装了一个大钢圈套。第二天拂晓,他手持着来复枪匆忙赶往钢圈套处,一无所获。突然间,他抬起头,发现自己正面对着这头蹲伏着的美洲狮那愤怒的眼睛。"他吓得寒毛矗立,下意识地举起了来复枪。砰!子弹准确地打在那对瞪大的双眼之间,美洲狮倒下了,死在他的脚旁。"

可爱的赫马森是个天才的故事员,大家都唤他"米尔特",他或许受到某种诱惑,擅长绘声绘色铺陈渲染。按照他后来受到的赞扬来看,几乎无人知道这位自我奋斗的天文学家的来历,这是十分奇怪的,他的大部分资料被埋没在华盛顿卡内基研究院的档案里。

米尔顿·赫马森1891年8月19日生于明尼苏达州道奇森特一个当地人威廉·G. 赫马森(William G. Humason)的家里,他的母亲劳拉(Laura)从旧金山来到中西部地区的北部。米尔顿的父母决定在西海岸居住可能出自他母亲的主张,当时他还是个小男孩。1905年他被带到威尔逊山夏令营时,这名有着一张圆脸的矮胖少年才14岁。有了这次经历以后,山上的任何事情都强过重返学校。他告诉父母让他休学一年。在这一年,他作为新建的威尔逊山天文台旅馆的一名打铃工开始了自己的职业生涯,安顿客人、洗盘子、盖小屋,更重要的是照料关在畜栏中的驮畜。至今他仅仅上过初级中学。他决心留在山上,并实现了自己的愿望。

1908年到1910年期间,20岁不到的赫马森成了一个运货的赶驴人,往返于谢拉马德雷和威尔逊山顶的山路上。他和他的赶驴伙伴们把大批木材和其他建筑材料运上山,用来建造天文台的基础设施,包括那些村舍和那座"修道院"。他也接触了天文台的许多员工,始终温文尔雅面带微笑的海尔就是其中之一。不过,备受年轻的赫马森关注的是山上那位工程师的女儿海伦·多德(Helen Dowd)。海伦照料那些驴子,每当驴子沿着哈佛山顶的崎岖小道从天文台越过深谷时她会专注倾听米尔顿的咒骂声。这对恋人在1910年订了婚,一年后,在他们庆祝自己20岁生日后不久便结成了夫妇。1913年10月婴儿邦廷(Bunting)来到了人间,洗礼时取了他祖父的名字威廉。

几个月后,赫马森成了帕萨迪纳的土地主斯托罗(Samuel Storrow)产业上的园林工人领班。三年后,他在蒙罗维亚附近购置了自己的"柑橘果园",不过,仅仅收获了一次以后他便放弃了这项事业,山上的吸引力是不可抗拒的。1917年他从他岳父那里获悉,威尔逊山天文台的三个看门人中有一个打算离开。100英寸(2.54米)望远镜不久将投入正常运行,它和60英寸(1.52米)望远镜都需要一名替换的夜间助手。每月工资虽然只有80美元,但可获得一套免费租用的三室小舍、内部家具和大部分食品。正如多德所描述的:"宽阔的山路,美妙的散步。"1917年11月25日赫马森担任了看门人的职务。

第二年,赫马森做的工作远远超出看守大楼及其周围所需履行的职责。一名自愿兼作天文台夏季助手的波莫纳学院学生贝尼奥夫(Hugo Benioff)教这个看门人如何使用10英寸(25.4厘米)天体照相机拍摄变星。赫马森掌握得很快,到秋天贝尼奥夫就推荐他能够独自进行操作了。1919年天文学家W. H. 皮克林(W. H. Pickering)发表了神秘的X行星位置的计算,从那时起赫马森开始对这个区域进行照相搜索。1930年,也即冥王星发现的那一年,天文学家尼科尔森(Seth Nicholson)和梅奥尔(Nicholas Mayall)重新仔细检查了赫马森早期拍摄的底片,结果也发现了冥王星,由于这颗行星处在底片的边缘,模模糊糊的,因此被忽视了。

赫马森的技能逐渐引起了沙普利的注意,当这个看门人递给每人一瓶那声名狼藉的"美洲狮汤",以及每当云层密布的夜晚他抄洗纸牌时,沙普利便想起了他那密苏里祖先。赫马森开始为他拍摄底片,不久便能向前来参观的贵宾即兴演讲沙普利蚂蚁*的功效。沙普利记得,米尔特相信用树叉占水卦,还回忆起当时"我们不得不对他摇头"。赫马森后来否认了这种指责,声明这是天文学家圣约翰的事,他从事过水巫

---

* 沙普利曾详细研究蚂蚁的热运动规律。——译者

术。"圣约翰博士，"赫马森抿着嘴轻轻笑道，"一边拈弄嫩树枝一边不停地拈弄自己的胡子。在高海拔上人总是稀奇古怪的。"沙普利还声称他和尼科尔森教过赫马森算术和微积分，不过没有证据能证实这一点，而且沙普利后来也同意这样的说法，即教几乎不懂数学的赫马森的人主要是尼科尔森。毫无疑问的是，沙普利非常肯定地认为赫马森"是我们曾经有过的一名最佳观测手"。多少是沙普利的竭力促成，使得曾持怀疑态度的海尔在1920年将这名只有八年级教育程度的夜间助手提拔为天文台星云和恒星照相研究室的正式职员，后来在1922年又提升为助理天文学家。

尽管赫马森在哈勃进行的旋涡星云照相研究工作中未能起到重要作用，但是他的水手长技能被征募来远海出征的时刻已临近了。哈勃是个讲究礼仪的人，他清楚地了解赫马森低下的社会地位、引以自豪的技能、持之以恒的耐心和容易与人相处，特别是与他的上司。没有任何东西能比贵重的仪器更能获得赫马森的尊重，而且他的暗房也以特别清洁出名。有过看守人和夜间助手的经历，使他了解这些观测家的所有缺点，他们随心所欲地使用望远镜和显影设备。有一次他甚至抱怨说，他怎么也想不通底片的定影液二亚硫酸盐怎么会跑到暗房天花板上去的。20世纪20年代后期，他已经能拍摄单张底片，常常能回忆出一周来的观测情况，并将它制成精美小巧的画片，这是包括哈勃在内的山上所有人员的手艺都不能与之相媲美的。

IV

哈勃不会忘记他在国际天文学联合会星云和星团专业委员会那里受到的冷遇。因此，当哈勃和格雷丝获悉哈勃被选为该专业委员会在七月莱顿会议的主席时有一种胜利的感觉。他们准备在1928年初坐船前往欧洲。仿佛受到了命运旋臂的推动，他的生涯现在达到了光辉的顶点。报刊文章称他为"哈勃少校，泰坦(Titan)*式的天文学家"，他常常摆着姿势让摄影师们拍照，花呢服、烟斗和冷漠的眼神，一派学者的风范。他突然发现必须要求自己成为一个演说家，于是开始磨炼自己的演讲技巧。格雷丝陪他来到加利福尼亚大学伯克利分校，他接受了旧金山新闻界的采访，面对着一大群记者作了演讲，当时有的记者没有座位，只能站在栏绳的后面。

38岁那年，这位天文学家当选为美国科学院院士，成为最年轻的院士。到达英国时，特纳通知他，皇家天文学会已授予他最高荣誉：聘他为外籍会员。7月到达莱顿，4年前在他们蜜月期间曾造访过哈勃夫妇的那位牛津大学学监将这个美国人称为"可爱的星云"，并对格雷丝说："再过几年埃德温将会意识到自己所做的事的重要性，这种事对多数人而言只要有一次就是幸运的。"格雷丝欣赏这种赞扬，但是她不认为埃德温会完全不了解他做了些什么，虽然他从来没有这么说过。"倒是像爱丁顿之类的人，需要几年的时间来接受它。"

处处有人替他们开门，仿佛他们是皇家贵族一般。当他们从容不迫地驱车穿越法兰西之时，达到了五个月旅行的光辉顶点。旅行路线经过圣米歇尔山、巴约、卡昂，然后到达沙特尔，这对夫妇相互打赌，看谁最先发现那座大教堂的尖顶。"当然是埃德温，"格雷丝写道，"他总是第一个看到每件东西的人。"在大豆园，他们受到一位穿着邋遢的神父布勒伊(Breuil)的欢迎，这位法国古生物学家是最早记录和解释欧洲史前岩洞艺术的学者之一。陪伴这位神父的是他忠实的助手博耶尔(Boyle)小姐，一个高高的、长着金褐色头发的苏格兰人，她相信有"小精灵"，相信由亏转盈而苍白的月亮对种植和收获的影响。

---

　　*泰坦是希腊神话中的人物，曾统治世界的巨人族中的一员。——译者

第二天早晨,这对夫妇跟随神父上山,穿过树林来到了一个地面洞穴,他们放下梯子进入通道,通道很窄,就是格雷丝也得擦肩而过。下降到一块泥泞地上后,他们看着神父打着矿工用灯追踪猛犸、犎、驯鹿和模糊的人类图案。在另一个洞穴里,他们匍匐爬到一个形体像红犀牛的清晰图案旁边,25年后当他们再次回到那里时它已严重褪了色。那天晚上,神父匆匆地用了晚餐,还因没有洗手受到了博耶尔小姐温和的责备。他低头瞧着手上的黄泥斑嘲讽地说:"法兰西沐浴,冬天不行,夏天马马虎虎。"

充满欢愉的出差旅途中,哈勃发表了许多科学演讲,后来还谈了很多自己的工作。赫马森后来回忆,他回到家里后对有那么两三位天文学家提出的星云越暗、它们离地球距离越远即红移越大的建议"相当激动"。虽然这种观点无疑过分简单,但是在欧洲有些人或有些事一直在弹着同一个调子,它使哈勃回忆起1914年的夏天,当时斯里弗劝说跟他合作的天文学家站出来共同宣称大多数星云正在急速飞离太阳。赫马森被请到了哈勃的办公室,在那里哈勃"问我是否愿意试试检验一下"。

V

斯里弗为旋涡星云的视向速度顽强地奋斗了15年,最终在1926年前后迫于无奈放弃了这项工作。这位天文学家是用洛厄尔24英寸(0.61米)反射望远镜上精密的短焦距光谱仪拍摄底片的。这架光谱仪对较大较亮的星云有极好的跟踪性能,但是到了20世纪20年代中期,这个老家伙已不再管用。斯里弗已深入到比以前更远的宇宙空间中,他发觉这架望远镜再也不能胜任他所遇到的越来越小和越来越暗的天体的照相观测任务。与仪器问题纠缠在一起的还有另一个同样难以逾越的障碍,斯里弗的结果缺少了一个最重要的数据,即旋涡星云的距离。没有这个信息,就绝不可能解决宇宙的表观膨胀之谜。

　　哈勃能对距离进行大量的测定工作,这得益于他对造父变星的研究,但是他并不因此而满足。这时,他仅有的"探测"手段只是思考、演说、想象和撰写自己的研究工作。对他而言,100多个梅西叶天体就像字母表一样熟悉,他对他自己的星云(银河系)混同亮的和暗的星云状天体、星团和行星状天体的复杂结构的熟知程度,完全像一个领航员在通过变幻莫测的海峡、激流和险滩时对前进之路的感觉。但是,还没有看到想象中处于极遥远某处的"西印度群岛"。在编制深空星图时,必须利用此前还完全不清楚的造父变星和其他恒星状天体的周光关系。因此,他一面让赫马森做好望远镜拍摄星云光谱的准备工作,一面继续从事距离的研究。哈勃猜想,假如一个星云的退行速度确实是它的距离指示的话,那么处于宇宙深处的星云的距离可以通过测量它们的红移简单地推导出来。整整几个星期,这对不相称的搭档扬起了船帆,向遥远的海域出发远航,赫马森站在瞭望台上,掌舵的则是哈勃。

　　赫马森对他拍摄的第一张底片的描述平淡无奇但值得留念。他故意挑选了一个离地球远得斯里弗不可能测到红移的星云。这位助理天文学家用一块黄色棱镜滤掉了紫外光进行照相,他为了得到这张底片花了两个寒冷的夜晚。经过显影后,他很快地将放大镜定格在星云中钙离子产生的所谓H线和K线上。光谱虽然很弱,但是垂直的谱线还是泄漏了秘密,正如所期待的那样它们向右端或者说向红端移动。

　　赫马森立即打电话给为此欢欣鼓舞的哈勃,这时哈勃已下了班,正在圣巴巴拉街上等他。哈勃证实了这个红移,计算出它约为3000千米每秒,比斯里弗获得的最大数值还大约1800千米每秒。几年后,当有人问他在成功时刻的感受时,教养已大为改善的赫马森声称拜伦(Byron)是他的榜样,虽然他一点也说不出为什么。

　　被哈勃描述为赫马森的"星团奇遇"几乎被他自己的反叛砸掉了。当被要求作更多的观测时,他却拒绝了。用忍受山上的痛苦和苦难来换取"极长的曝光时间"简直是不值得的。

这时赫马森收到了海尔的电话,请他顺访帕萨迪纳太阳天文台,那是海尔辞去了威尔逊山天文台台长职位后建造的。根据哈勃或者可能是亚当斯代表哈勃事先提出的要求,海尔要求他的访问者继续原来的计划,答应按照他的要求给予一切技术支持,包括一台速度更快的光谱仪和改进型照相机。早对提拔自己为助理天文学家的这位伟人感恩在心的赫马森深为不安,但他还是既高兴又感动。在讨论了几个技术问题之后,他同意继续推进这项计划。

所答应的光谱仪和照相机是物理实验室的安德森(J. A. Anderson)设计,在天文台工场制造的。赫马森把这架新仪器形容成"非常快,至少我们认为它比我过去用过的都快"。过去曝光两三个夜晚才能得到的现在只要几小时就行了。

在认可孤独的斯里弗多年来所起的作用之后,赫马森开始收集他的先辈在弗拉格斯塔夫松木覆盖的峰顶上拍摄的星云光谱,其中多数星云是在双方共同拥有的45个星云中,它们有M31、M33、M51、M101一类的巨旋涡星云,这些都是一个半世纪以前编纂的梅西叶星表的核心天体。红移被证实了,这是毫不奇怪的。星云在各个方向上都表现出离开地球的运动,或者是地球在离开它们。根据造父变星的定标,哈勃很快建立了谱线位移大小和被观测天体估计距离之间的第一个线性关系——红移越大,光源越远。

当时流行的是小心谨慎。1929年5月他给沙普利写信,告诉他自己最近发表的论文《河外星云距离和视向速度的关系》(A Relation Between Distance and Radial Velocity Among Extra-Galactic Nebulae)已经拿在手里"一年多了"。他原想再多等些时间以便积累更多些暗星云的资料,"但是根据我们过去的经验认识到,一旦新的大视向速度被人知道,有人就会仓促地抢先发表。"与伦德马克关于星云分类的抗争是令人厌烦的,他对此依然心事重重。

那位瑞典天文学家新近写信给亚当斯,要求同意他重返威尔逊山天文台,"以测定旋涡星云的视向速度和分光自转"。假如可能的话,他愿意吸取赫马森的技术专长。"您或许已听说过,哈勃博士和我已同意今年夏天[在莱顿]见面以便相互更好地谅解。"亚当斯毫不犹豫地打电话给刚担任瑞典隆德天文台台长不久的伦德马克:"不能给您望远镜的观测时间。星云的观测计划已经作好了安排。"在随后的信中,亚当斯毋庸置疑地写道,就从美国方面来说,伦德马克对哈勃犯下的错误并未过去:"哈勃博士和我们几个人在前段时期已排好了旋涡星云视向速度的测定计划……为此,我感到您在我们天文台从事类似的工作是不适合的。"假如伦德马克仍然希望要来的话,欢迎他使用照相资料。

哈勃第一篇关于速度和距离的论文虽然只有6页长,却象征着现代宇宙学向前迈出的巨大步伐。在《科学传记辞典》(*Dictionary of Scientific Biography*)中撰写哈勃条目的著名宇宙学家惠特罗(G. J. Whitrow)宣称,犹如400年前的哥白尼革命,哈勃已重大地改变了人类对于宇宙的概念。静止宇宙图像被取代了,似乎更应当把宇宙看成是膨胀的,宇宙各部分相互退行的速率随它们彼此间距离的增加而增加。在这篇朴实无华的、初步完成的论文中,这位天文学家确实还丝毫没有提到宇宙膨胀,或者就此而言也没有提到宇宙本身。"期待不久的将来获得新的资料,"哈勃作出结论说,"要么修正现在的研究价值,要么导出一个意义极为重大的解释,如果一旦证实的话。"

说实话,哈勃已经拥有了大量的新资料,并还在辛辛苦苦地加以扩充。像猴子般地栖息在观测室五楼的小卡塞格林平台上,脸被暗红色的灯照得像个丑八怪,冻僵了的赫马森在整个无月之夜驱赶着那个难以驾驭的大家伙,不时传来阵阵风声和驱动望远镜的重力驱仪钟持续不断的滴答声。这位天文学家被淹没在黑暗之中,单调的钟声不时地显示出他的存在，表示他按下了改变驱动速率的按钮，以保持所导的星不发生偏离。机械常常出故障，如果出了故障，他就用自己的肩膀顶着巨大的镜筒，有时还得爬到镜筒的铁架上以艰难痛苦的角度弯着身子来保持星像的位置，使未完成的底片沐浴在太古时代发出的星云光之下。"你不得不悬空伸出去"，他回忆说，但是有时甚至连这还不行。漂在水银浮槽顶部的白色泡沫会越积越多，像女巫的酒一般地成倍增加和动荡，最后会形成不可控制的振荡。发生这种情况时，不得不关掉望远镜，从浮槽里撇去这些雷汞，使得惹麻烦的"海洋"平静下来。

就在哈勃告诉沙普利他还需要更多资料后的一星期，精力充沛的亚当斯写信给卡内基研究院院长梅里亚姆："我们从极其遥远的旋涡星云光谱中获得了一些令人惊讶的结果。"赫马森和皮斯对集聚在室女星座中心的那个巨星云团进行了照相，获得了对应于每秒3500—8000千米速度的位移。皮斯就是诺贝尔物理学奖得主迈克耳孙在威尔逊山天文台的合作者，他大约也是由此而出名的。赫马森拥有四倍于斯里弗测得的最大位移的星云，他正以每个月测定10个星云位移的速率增加新的视向速度，从室女座、飞马座、双鱼座、巨蟹座、英仙座、后发座到狮子座，计算出它们退行的速度达到了不可思议的19 700千米每秒。

绰号"尼克"的梅奥尔是正在山上工作的伯克利分校的研究生，当赫马森在圆顶室打电话给哈勃通知他获得了他本人所预期的大约20 000千米每秒的红移时，他碰巧和赫马森在一起。"我离电话机非常近，听到他对米尔顿讲：'你现在才开始会正确地使用这架100英寸(2.54米)望远镜了。'"赫马森开了瓶黑豹威士忌，他们干杯庆祝前一夜取得的成功。作为一名天文学家，梅奥尔凭借自己的才能后来获得了卓越的成就，他在回顾往事时把这一时期看作"我生命中最兴奋"的时期。

哈勃严格地监控赫马森的时间表，让他几乎没有干别的事的时间。

我从山上返回时,他会大踏步地走下土坡,问我今天运气怎样……他的数学运算很快。每当我把新的曝光光谱给他时,他会拿出铅笔和笔记本,用一支铅笔最快的移动速度草草记下数字,然后在几分钟内算出距离。

赫马森的观测多半获得了成功,一旦成功,他就知道接下来要干的是什么。必须重复进行观测以便独立检验第一次的结果。在最初有关红移论文的结论里哈勃使用了"权"这个术语,他是准确地指他所要说的意思,这位怀疑派科学家的头脑在噼啪爆响的火焰前重复念着古代预言家以塞亚(Isaiah)的教诲:"命上加命,令上加令,律上加律,例上加例,这里一点,那里一点。"

最早将哈勃引入宇宙深处的天体是造父变星、新星和蓝星,现在它们对距离的测定几乎已毫无用处。在他与赫马森孜孜不倦为之奋斗的领域里,大熊座和牧夫座一类巨大星云团中所有的星云(星系)都是肉眼不可见的,即使用100英寸(2.54米)望远镜也是不可见的。有理由可以假设星云团类似单个的星云彼此是相似的,在作了这样的假设之后,他对室女星云团中最大星云中最亮的恒星与银河系中最亮的恒星作了比较。假定这两种恒星具有相同的真实亮度,然后比较它们的视亮度,将这套方法运用于星云本身。结果证实室女星云团中最明亮的成员与仙女星云有大致相同的真实亮度。一旦建立了这个关系,哈勃就能将任何遥远星云团明亮的成员与室女星云团明亮的成员加以比较,这跟他过去比较造父变星完全一样。如果遥远星云团的视亮度比室女星云团对应的天体暗一百倍,哈勃算出它要远上十倍,因为已经证明视亮度随距离的平方减少。不久,正如梅奥尔所佐证的,哈勃在团星云的光谱被拍摄到底片上去之前就能够估计出赫马森所追求的红移量。

《河外星云的速度—距离关系》(The Velocity-Distance Relation Among Extra-Galactic Nebulae)是哈勃与赫马森共著的论文,发表在

1931年第一期《天体物理学杂志》上。哈勃在1929年的论文中称之为"相当初步"的结果获得了赫马森另外50个星云红移数据的支持,其中有31个星云处于星云团之中。狮子座的速度—距离图令人十分吃惊,它引起了最大的关注:其中有个星云团几乎以20 000千米每秒的速度远离地球,这个暗天体位于1.05亿光年之处,而1光年大约相当于10万亿千米。虽然这个数字似乎十分惊人,但哈勃有种种理由相信,宇宙的这种快速膨胀在这一旅程的开始阶段要比结束阶段更大。他预计完全可能存在至少比这大2倍的距离所对应的红移,并给出一张表来支持他的假说。这种模糊认识使得当时的极端恐慌雪上加霜——威尔逊山天文台的望远镜在上帝跑出宇宙之前就会无能为力了。1927年7月《洛杉矶每日新闻》(*Los Angeles Illustrated Daily News*)有篇文章公布了海尔想再建造一架300英寸(7.62米)巨型望远镜的梦想,"这架望远镜的圆顶立起来比自由女神像还要高。"它还引述了热衷于此的哈勃的话:"已经证明建造这样一个1200万美元的仪器是可行的,呼吁为它设立赞助基金。"

在哈勃后来的大多数论文中广泛采用了用他的名字命名的定律,这在20世纪20年代后期还只是试探性建立的定律现在已经非常出名了。按照**哈勃定律或红移定律**,星云的距离直接与退行速度成正比。星云的距离大一倍,它的速度也大一倍,距离大两倍,速度也大两倍。1亿光年距离上的星云远离地球的运动速度比5000万光年距离上的星云快一倍。因此,一个天文学家可以拍摄一个暗到无法分辨其中恒星和球状星团的星系的光谱、用红移测定它的速度,然后在一张出自哈勃卓越构思的坐标图(以每秒数千千米为单位的速度为纵坐标、百万光年为单位的距离为横坐标的图)上定出这个星系的距离,这就像赫马森在他退休前成百上千次所做的那样。

但是要把这项繁琐的工作很快地变成一项常规工作,哈勃就得知道速度,或者知道膨胀速率的"视速度",他对采用这个专业术语非常谨慎。通过对造父变星和一些最亮气体云的距离标定,他导出了 K 项公式。1929 年他得出,一个星云每远百万秒差距(1 秒差距 = 3.258 光年)距离要增加 500 千米每秒的退行速度。1931 年底他累积了更多的资料,修正后算得的 K 项运动更大一些,为每百万秒差距 558 千米每秒退行速度。天文学家最后用字母 H 代替 K 表示膨胀速率的数值,即哈勃常数。因此,通常计算速度—距离关系的公式可以简单地表示为:$V = Hd$,这就是哈勃定律。

哈勃在他以前发表的所有论文中,凡论述他的发现的理论结论时都采取避免触及的"长柄钳"手法,这是某位编年史家这样称呼的。"本文主要涉及由观测数据获得的经验相关性,"这位天文学家在约 40 页的革命性论文的末尾含蓄地写道,"本文的作者仅局限于对视速度—位移的描述,不愿冒失地解释和评述它的宇宙学意义。"对此,他也曾告诫一起工作的那位助手。在哈勃去世很久以后,他们的合作成果从根本上撼动了现代宇宙学的基础,赫马森曾对一位采访者说:

> 我始终觉得非常幸福,因为我的贡献——我在这项研究中的作用可以说是基础性的,这是绝不可能改变的,不管人们怎么说它。这些谱线始终在我测量它们的地方,而这些速度(如果你要那样称呼它们的话),或红移,或无论它们将来最终被称呼什么,将始终和我测量的一模一样。

Ⅵ

20 世纪 30 年代初,每星期二的晚上常常可以在加州理工学院教员俱乐部,即雅典娜会堂的主餐厅里找到哈勃夫妇。他们坐在长桌旁,天花板上装饰着格罗特斯卡风格*的画像,那些人类和动物形态的幻象画是意大利艺术家从罗马尼禄宫复制到帕萨迪纳来的。他们主持即兴的晚宴,来客包括英国小说家、剧作家和被格雷丝形容为"聪明漂亮的几位女演员"。这座会堂是意大利文艺复兴时期建筑学的典范,它陈列着与之相配的古董,第一次开门营业是在1930年,这使埃德温非常高兴。他就像个老世界旅馆的老板,在那位毫无经验的经理利特尔(Bess Little)小姐的陪伴下,为每一件事提供指导,从待了12年的知名厨师,到菜单、损耗、装修及预算。利特尔小姐后来称赞埃德温和格雷丝早期对她的帮助,使会堂避免陷入亏损,他们定期的晚餐会也增加了利润。

拥有加州理工学院校董头衔的海尔,在大萧条前夕为建造雅典娜会堂独自筹集了50万美元,这座雅典娜会堂仿造伦敦1824年创建的那家著名的雅典娜神庙俱乐部,它被形容为"有成就的科学和文学名人、各种艺术领域杰出的艺术家、慷慨赞助科学与文学或艺术的名门贵族和绅士们的协会"。因此,海尔期望有个中心俱乐部用作社会名流和知识分子的聚会场所,以便从事科学、艺术、文学、历史与政治各界中的最著名学者在那里聚会讨论这些领域中的新进展。除了海尔外,加州理工学院著名的化学家、曾任麻省理工学院校长的诺伊斯是出席的常客,还有密立根,哈勃上大学时曾当过他的实验室助手。这位长着花岗岩般颌部的著名物理学家受不住他的老朋友海尔和诺伊斯的诱惑,在1921年从芝加哥赶来。但是在担任校长之前,密立根坚持要把几乎毫无名望又毫无生气的思鲁普工学院改名为加州理工学院。两年后,在他55岁那年,即依然处于他全盛时代的10年里,密立根因电子电荷的测量和光电效应的研究获得了诺贝尔奖,这成为他给这个学院所创立的基调。随后的几年里,加州理工学院的三位奠基人,即海尔、密立根

---

*源自古意大利的一种洞穴画,都是些奇形怪状的人物、动物等的画像。——译者

和诺伊斯的一幅画像使雅典娜主餐厅的南墙蓬荜生辉，题词是并不尊敬但充满深情的称号"思想家、修补匠和讨厌鬼"。

其他科学领域的新星已升起在地平线上，哈勃与他们虽然隔行，但认识他们中的大多数。和威尔逊山天文台的同事一样，哈勃发现要跟上相对论和量子理论这些领域中的新发展是十分艰难的。这位叼着烟斗的天文学家在寻找像牛津大学导师那样的上流人士，他常常邀请他的朋友、加州理工学院的物理学家和热衷于社交活动的托尔曼(Richard Tolman)在雅典娜会堂喝酒。托尔曼对相对论兴趣浓厚，由于受到哈勃最近关于红移正比于距离的发现的进一步启发，不久他便完成了关于广义相对论对宇宙总结构和演化的一系列应用研究。金斯、爱丁顿以及在威尔逊山天文台赞助下重复划时代的测定光速实验的诺贝尔奖获得者迈克耳孙都在雅典娜会堂待过，并在学院里和圣巴巴拉街上作过演讲。其他的演讲者还有卡普坦、罗素、特纳、伦德马克、阿贝蒂(Abetti)、斯特宾斯、普拉斯基特(H. H. Plaskett)和扬·奥尔特(Jan Oort)。但这些人多半还只是梅奥尔所记得的理论物理学家。"哈勃确实具有极大的吸引力，"他沉思道，"[他们]需要他的观测。"

每个星期一上午十一点钟，威尔逊山天文台的员工集合在"老政府大楼"里，这座大楼与主办公楼隔街相望。这个集会被称为杂志俱乐部，由海尔发起创立，作为使每个人都能与山上最新进展保持并进的一种手段。哈勃像他的同事们一样每年演说一到两次，通常听众满堂，其中包括身份显赫的访问者和加州理工学院的研究员，他们中间也有几位被邀请作演讲。赫马森对他缺少正规教育十分敏感，在他第一次上台演讲那天临近时，他向威尔逊山天文台著名的太阳观测家巴布科克(Harold D. Babcock)请教。巴布科克告诉这位紧张不安的天文学家"振作起来，一切都会顺利的"，事情确实很顺利。比赫马森的演说技巧疑问更大的是他作为如此杰出的科学论文作者的资格。当他们共同署名这些论文时,谁写的论文是毋庸置疑的,他扮演的是哈勃少校的军士角色。当赫马森独自发表时,几乎可以肯定是出自帮他通过的西尔斯的编辑之手。

从初中退学后不久,赫马森参加了经过挑选的一群天文学家、数学家和物理学家被邀到伍德斯托克路上哈勃家的聚会。在20世纪30年代早期和中期他们大约每月相聚,有时在晚上,有时在星期天早晨晚早餐的时候,轮流交替。客厅墙上挂着一块黑板,餐厅桌上放着三明治、啤酒、威士忌,或者英国式早餐,有炒蛋、熏肉、香肠、烤面包、果酱、水果和咖啡。哈勃家的清洁工,一个美籍日本人太田(Alexander Ota),以前是范德比尔特(Vanderbilt)夫妇家的男仆,把酒杯和咖啡壶倒满。哈勃穿着那件放在缀有姓名的公文包里带去上班的晨服,显得瘦小挺刮、雍容文雅,前面是一条形影不离的力图要让他躺下来弄脏他裤子和衬衫的大狗。饭后,与会者坐在火炉旁,点燃烟斗或雪茄。乖巧的格雷丝退回到她楼上的书桌旁,几乎不知道发生了什么,除了埃德温的客人们离去后经常留在黑板上的方程式。

与会者差不多同数量地分成两拨,加州理工学院的罗伯逊(Howard P. Robertson)、托尔曼、兹威基(Fritz Zwicky),以及威尔逊山天文台的赫马森、巴德和稍后的闵可夫斯基(Rudolph Minkowski)。梅奥尔也在座,他"纯粹"是个研究生,哈勃是他心中的崇拜偶像。范玛宁的缺席十分引人注目,哈勃仍然与他纠缠在一场知识分子血气方刚、旷日持久的论战之中,争论他俩相互矛盾的星云自行资料。在梅奥尔于1930年秋正准备离开帕萨迪纳去伯克利继续他的学习之前的一天晚上,这两位天文学家在办公楼走廊里彼此相遇时就像两条船似地相向而过。安排望远镜观测时间表是件不值得羡慕的麻烦工作,它落到了梅奥尔头上。为了排定观测时间表,他不得不像猫般地上蹿下跳,穿梭于两位格斗者之间,始终好像踩在终结人生的地雷上。

每当哈勃看到范玛宁的脸,就会想起一直反对他的红移距离尺度的沙普利,这位哈佛大学天文学家一直起劲地反对他完成的每一件工作。在沙普利最近一次访问帕萨迪纳期间,梅奥尔十分疑惑,这个不断用扩大银河系边界的办法来改革银河系结构的人什么时候也直截了当地谈论起红移来了:"我不相信这些结果。"范玛宁为了欢迎他的朋友到来,一直在计划一个私人晚餐会。要沙普利邀请5位他自己选定的客人,"只可带一个例外!"范玛宁没有提这个人的姓名,但是沙普利完全明白这个例外者是谁。令人啼笑皆非的是,在这场自恃其才的摩擦中,格雷丝记下的全是她丈夫友情的感受:"不和大概是办公室里紧张的日常工作压力产生的,它已在良好的交往和悠闲的气氛之中得以消除,已经出现了(埃德温)期待已久的协同和合作的某些迹象。"

有关这个最早期非正式讨论班的情况,在哈勃第一篇红移论文的最后一段里披露了一条线索,在那里他谈到了荷兰天文学家德西特(Willem de Sitter),这位理论家在宇宙学观测研究中的不朽功绩胜过其他人。哈勃对德西特工作的兴趣完全可以追溯到20世纪20年代,1928年夏,对莱顿的访问给了他在太岁头上动土的机会。德西特有着瘦长的身影、秃发、深陷的眼睛和精心修饰的山羊胡子,是莱顿大学天文学教授兼莱顿天文台台长。根据格雷丝在旅途期间的记录,德西特一直鼓励埃德温扩展斯里弗的速度测量范围。

实际上整个事情早就开始了,可以回溯到20世纪头10年中期和在柏林的威廉皇帝研究院,刚刚名扬四海的理论物理学家爱因斯坦正在那里摆弄宇宙,在一张旧信封背面潦草地计算着。他惊讶地发现:按照他的思维产物——广义相对论,宇宙是不可能静止的,要么膨胀要么收缩。当他向天文学家求证时,甚至更为惊讶地发现,所有的天文学家都信奉宇宙在宏大尺度上不变的观念。爱因斯坦被迫作出选择,他违反自己的直觉,引进了一个术语称为"宇宙学常数"的"虚假因子"来修正他的方程,这等同于作了呈均匀分布的物质处于静态平衡、完美和简单状态的假定,从而使爱因斯坦成了经验主义的牺牲品,后来他为此深为后悔。

作为对爱因斯坦的"唯美错误"的回答,俄罗斯数学家和气象学家弗里德曼(Alexander Friedmann)发表了两篇不同观点的论文,第一篇发表在1922年,第二篇在1924年。弗里德曼抛弃了爱因斯坦用希腊字母 Λ 表示的宇宙学常数,提出了广义相对论场方程的非静止解。但是他的失败在于没有把该方程与天文观测联系起来,因此只是为他人开辟了道路。

与这个苍白憔悴的俄罗斯人相反,比利时神父勒梅特(Georges Lemaître)似乎完美地体现了饱食终日的中产阶级形象。紧身的黑色牧师服、粗羊毛马甲、高耸挺刮的衣领、结实发红的脸膛,这位年轻的神父在担任圣职前曾在第一次世界大战的战场上屡立战功。不久前,他被任命为卢万天主教大学教授,他的数学和物理学博士学位就是1920年在这所大学取得的。勒梅特并不知道弗里德曼所做的默默无闻的研究工作。

勒梅特对弗里德曼曾干了5年之久的繁难费力的同一研究领域作了仔细的调查研究,也提出了一个宇宙膨胀模型。但是这位神父并不相信宇宙学能成为一门演绎科学,赞成采用简捷方法研究星云。最后,他认为遥远天体的光会由于空间的膨胀而发生红移,那是1925年至1927年期间的事。他的模型进一步预言,红移的大小将直接正比于距离。要检验布丁,就得要去品尝,现在要尝试的是膨胀的观测检验。

勒梅特在卢万大学永久安顿下来之前曾在剑桥大学当过一年的研究员,在那里与爱丁顿有过接触。他意识到这位英国物理学家对相对论和在宇宙范围起作用的力一直兴趣浓厚,便将自己的一篇论文抽印本寄给了爱丁顿,由于这篇论文发表在一份毫不起眼的杂志上,因此连半点小浪花都没有激起。这位神父很不幸,他的坏运气还在继续,因为爱丁顿后来承认,他或许是忘记了这篇论文,或许是把它放错了地方。

与此同时,对弗里德曼和勒梅特的研究一无所知的哈勃读到了德西特的论文。德西特那滑稽好笑、心不在焉的表情掩饰着的却是一个反应敏捷、具有卓越创造力的头脑。由于受到爱因斯坦1916年写的一篇广义相对论论文的启发,德西特与论文作者保持了富有成效的通信联系,他自己很快在该领域发表了三篇冗长的论文。在1917年发表的第三篇论文里,为了简化计算,他假定宇宙中不存在物质,这是一种数学上的虚构,其根据是真实的宇宙不管怎样主要是由空间组成的。因此,他推测如果两个静止的天体被引入到这个空虚宇宙中,穿越于它们之间的光相对于对方将发生红移。匪夷所思的是,这种红移既不是由于星系间空间的膨胀,也不是由于多普勒效应。取而代之的是,这是时间在巨大距离上不可思议地变慢的效应。当光在通过弯曲空间时频率将降低,波长相应变长,这就发生了红移,其结果是处在遥远处的时钟似乎走得慢了下来,这就是"德西特效应"。其次,在德西特模型中红移量直接正比于发射天体和接收天体之间的距离,这是个只有个别人才能检验的关系,他们必须拥有威力强大到能探测宇宙深处的望远镜。

从不随便轻信的爱因斯坦对此持有异议,他辩解说德西特的解只适用于没有恒星的宇宙。德西特显示出绅士般的风度答复说,他的假设可称之为"B解",以区别于他称之为"A解"的爱因斯坦假设。这两种解的主要差别在于A解的宇宙可以包含物质并保持静态,而B解则正好与之相反。

多年来包括哈勃在内的大多数观测天文学家几乎没有人注意到爱因斯坦,也没有人注意到德西特,他们那些深奥的数学几乎搅晕了每一个人。不过,到了20世纪20年代中期,事情开始发生了变化,这在很大程度上得感谢爱丁顿的著作,他在1923年发表的《相对论的数学原理》(*The Mathematical Theory of Relativity*)受到了广泛的赞誉。正如这位受人尊敬的物理学家所洞察的,问题是不管哪个解,A解还是B解,在本质上都不具有吸引力,在学术会议上他无意中听到有人抱怨说谁也没有提出更令人信服的模型。几乎凭着直觉他赞成爱因斯坦的解,因为这个解不用解释红移,而红移是爱丁顿当时毫无兴趣的现象。与此同时,勒梅特那突破性的文章却被他束之高阁。

哈勃则具有不同的思维。赫马森的光谱线像白纸黑字那样明摆在那里,这是不可否认的。"迹象明显地表明,"他在1929年末的一篇关于红移的文章中写道,"这种速度—距离的关系可能正是德西特效应的体现,因此在讨论空间总曲率时也许需要引入具体的数据资料。"现在他把赌注押在B解上,即使在大多数天文学家和物理学家已信服很久之后,他还继续谨慎地对待所有的宇宙膨胀理论。直到1937年,一次有人问他关于物质的问题时,他还像一个抱有怀疑态度的中学生那样宣称:"嗯,星云恐怕全是以这种特殊方式退行的。不过这种想法是相当令人吃惊的。"

20世纪20年代后期是科学危机的时期,未来的天文学家、宇宙学家麦克维特(G. C. McVitte)担任了爱丁顿的见习研究助手。这个年轻的苏格兰人每学期两次踏着自行车前往马丁利街上的剑桥大学天文台,一个女仆将他带入爱丁顿的书房,书房里神秘地散发着一种未曾闻过的苹果味。那位伟人从桌边抬起头望着,麦克维特感觉到他似乎想说:"咳!这个年轻人是谁,他找我干什么?"

巧合的是,爱丁顿让麦克维特做的正是勒梅特神父已经解决了的天文学问题。大约就在这个时候,爱丁顿出席了在伦敦举行的一个会议,神父也参加了这个会议。令神父大惑不解的是这位剑桥大学教授提到麦克维特费劲从事的恰好是那个不寻常的问题。神父默不作声,但在回到卢万后写信给爱丁顿,并又一次附上了他那被埋没的论文,那是他苦苦思索了将近3年的结果。

这对于爱丁顿及其许多追随者来说,迷雾顿开。A解和B解都不能与勒梅特的膨胀宇宙动力学理论相媲美。这边德西特在自我庆祝干了件"辉煌"的工作,而那边爱因斯坦在1917年后已表示对宇宙学毫无兴趣,拿出笔和纸开始在涂写别的什么东西。

正当赫马森眯起眼盯着"黑鹅绒般天幕"上的光点时,哈勃在1930年爱丁顿写的一篇高级科普文章中读到了勒梅特的解。哈勃犹豫地瞧着加州理工学院的客人们在他客厅里的简易黑板上轮流涂写时飞舞的白色粉尘。宇宙学家罗伯逊早在1928年就已指出,通过一种简单的数学技巧可以把德西特宇宙转变为膨胀宇宙,尽管这种宇宙不存在物质。哈勃未来的合作者托尔曼也在勒梅特的论文发表前抛弃了爱因斯坦的解,当德西特于1930年1月在皇家天文学会演讲时,他曾对这位荷兰天文学家表示了他对B解持保留看法。了解了勒梅特的研究工作后,托尔曼在20世纪30年代早期的大部分时间里都埋头于如何将膨胀宇宙的概念与爱因斯坦广义相对论结合起来的研究,哈勃红移则是这种结合的基础。

性格暴躁甚至有人称为疯狂的兹威基像只被扔入软膏里的苍蝇,对许多人来说,这也许是这位年轻天体物理学家的最高禀性。侏儒般矮小、魔鬼般翘起的眉毛、心怀蔑视,无论是真的还是假的,像炼金术士变出如此多黄金一般,使人绝不会忘却也不会宽恕。兹威基出生在比利时,与爱因斯坦在苏黎世一起就学过,他认为真正理解相对论的是他而不是爱因斯坦,在他看来A解一无是处。就此而言,B解也好,勒梅特对速度漂移的解释也好,他都不赞同。取而代之的是,兹威基风车般地挥动着双臂争辩说,光子在它们从遥远的星云射向地球的旅途中受到了引力的拖曳,光子能量随之受到损失而造成了红移,因此对于更遥远天体发出的光这种效应将更大。出于这种极端的自信加之某种程度的智力诡辩,他提出了一个酷似哈勃定律的"定律"。但是出乎兹威基意料的是,除了兹威基自己外没有人接受这个"定律"。

　　哈勃抽着烟斗，听着、思考着，一旦粉尘不再飞舞，他也会归于寂静。正如他绝不采用"星系"这个词汇一样，"视向速度"这个术语也很快地从他的专业词汇中被删掉了。"这是'红移'，"梅奥尔在缅怀他与这名水手在威尔逊山天文台上的往事时说，"那就是你测量的东西。"

第十章

"你丈夫的工作极出色"

I

　　帕萨迪纳的玫瑰锦标赛,在其历史上少有地被别的东西夺去了它的光彩。已经宣布,"贝尔根兰德号"(Belgenland)轮船在跨越大西洋并通过了巴拿马运河之后,正接近加利福尼亚海岸,计划在1930年12月31日到达圣迭戈的预定码头。这使新年元旦铺张华丽的展示突然为之逊色。然后,船上的著名旅客与其妻子一道坐车往北,开始他们对帕萨迪纳的两个月访问。在公众头脑里大多有这样的问题:这对夫妇会选择住在加州理工学院的雅典娜会堂二楼上的贵宾公寓,还是改选住在更宽敞的白色平房呢?"尚无人知道,"《洛杉矶时报》的萨顿(Ransome Sutton)写道,"因为谁能判断一个女人会做什么呢?"然而,这名采访记者打赌他们会住在带有音调优美的钢琴的平房。"因为这位教授除了是位数学家以外,还是个'音乐独奏者',所以要是没有一架钢琴的话,他会为了我们已听说了很多的那个在柏林的楼上小屋而患思乡病。"几天后,肥胖、阔脸又存戒心的埃尔莎·爱因斯坦(Elsa Einstein)选定了坐落在南帕萨迪纳其丈夫所称的"用木瓦板盖屋顶的华而不实的住宅"。

　　加州理工学院的董事会主席弗莱明(Authur Fleming)在柏林曾亲

自向爱因斯坦发出访问帕萨迪纳的邀请。这是根据托尔曼的建议,他对相对论研究已达到关键阶段。爱因斯坦了解加州理工学院的教授在数理物理领域的论文,并了解在威尔逊山天文台正在进行的有关宇宙的本质和大小的观测工作。渴望与有关人士直接讨论这些事,他迅速同意了在1931年初以访问学者身份访问加州理工学院。

一开始便发布了有关爱因斯坦夫妇旅居美国的新闻,一位有理解能力的评论员把它叫作"名人追踪"。每天有50次海底电报横跨大西洋来到这里,在美国盖邮戳的信件立刻在数量上超过了寄自德国的信件。承担处理接踵而来的邀请的埃尔莎反复地告知新闻媒体及其他部门,爱因斯坦教授正作休假旅行。一等到"贝尔根兰德号"轮船于第一段航行结束后停泊在纽约,她的丈夫便将仍然逗留在船上。

此船于1930年12月2日从安特卫普起航,爱因斯坦夫妇占用了3间充满鲜花的特等舱——他称它们为"过分的而又矫揉造作的",他们的隐居处有站立在门口的一名船员警卫。他们越靠近纽约,变得越清楚的是爱因斯坦就不得不上岸并使自己可为新闻媒体及其他部门利用。有争议的唯一别的选择便是把他自己锁在船上事务长的保险箱里,甚至那时都会有人想要拍摄该保险箱的照片。

根据传记作者罗纳德·克拉克(Ronald W. Clark)的说法,50名采访记者和50名摄影师突然袭击了他们的受害者,他战栗地使用英语说明他需要翻译、德国领事施瓦茨(Paul Schwarz)的帮助。埃尔莎成了会场的主持人,勇敢地指点她的丈夫避开欺诈性的问题,当她认为需要时,作解释、掩护和详尽阐明。"短促的一刻钟内",《纽约时报》于第二天早晨报道,要求爱因斯坦"用一个字定义第四维,用一句话说明他的相对论,发表他对禁酒的观点,评论政治和宗教,并讨论他的小提琴的优点"。这位51岁,生有忧郁的褐色眼睛和从给人印象深刻的前额向后梳的散乱白发的诺贝尔奖获得者完全有能力要滑头。"采访记者特别爱问无意义的问题,对此我以低级的玩笑作答,却被他们热情接受了。"他在自己的日记里有根据地写道。然而,对许多事,他的预言还远远算不上确实可靠。当问及他对政治暴徒希特勒(Adolf Hitler)的声望不断增长的想法时,他回答:"希特勒正生活在德国人饿肚子的时期。一旦德国的经济状况得到改善,他便将不再是重要的了。"

随着宣传的浪潮,爱因斯坦到达了事先正规地安排好并发狂地期待着的帕萨迪纳。他立刻被追求亲笔签名者、采访记者、宣传人员、摄影师、所谓的东道主、神魂颠倒的妇女以及形形色色的怪人从四面八方围困住。他在街上出现成了许多儿童聚集的信号,而各种各样的邀请强加在他身上。承办宴会的人打听了他的特殊口味,而店主定了正适合于"地球上最潇洒的人"的进口商品。期待着将整个世界作为在创生中的一件礼物,他以沉着的庄严和滑稽的微笑熬过了这种不断的突然袭击,使他受到每个人的喜爱。在名人追踪的长期历史里,被追踪对象很少有过比他显得更平静的了。

预定将他的时间在加州理工学院和威尔逊山两地之间分配,爱因斯坦打算在2月中旬上威尔逊山作首次访问。他越谴责奢侈和过度,这些东西就越是强加给他,威尔逊山天文台证明它自己也不例外。在往威尔逊山的曲折、泥泞且征收通行税的道路上通常运输是靠货车,这种粗陋的运输工具被认为不适合有身份的天才。向在华盛顿的卡内基总部说清情况后,一向以吝啬作风出名的亚当斯外出购买了一辆"皮尔斯·阿罗(Pierce Arrow)的大型游览车",此车的后座把身材小的贵客包在一堆皮中。临时穿着打高尔夫球时的灯笼裤,身材高大得多且更突出的哈勃则坐在爱因斯坦的右边,亚当斯坐在爱因斯坦的左边,而天文学家同事圣约翰,一个英国校长的化身,同司机坐在前面。

到达后,同行人员去"修道院"拟订日程。会后参观专门用于研究太阳的150英尺(45.7米)塔式望远镜。新近证实相对论的许多工作都使用了这架仪器,而爱因斯坦仔细观看了由暗斑组成的直径为17英寸(0.43米)的太阳像,它是但丁的地狱里一只沸腾着的大锅的写照。然后他平稳地跨进了一个有点像小型电梯的钢制箱子,并被装置在太阳塔旁的缆索吊到顶部。在那里这位前专利局职员查看了运转中的望远镜的结构,然后暂停片刻照相,其时他欣赏着几近整个南加利福尼亚州的景色,一阵强风使国际著名的爱因斯坦的头发显得格外突出。

午宴间天文台的猫朱皮特显露头角,午宴后,还包括天文学家威廉·华莱士·坎贝尔和乔伊(Alfred H. Joy)、天体物理学家金(Arthur S. King)、天文台摄影师埃勒曼以及爱因斯坦的科学助理兼翻译迈耶(Walther Meyer)博士在内的一行人漫步到了60英寸(1.52米)和100英寸(2.54米)望远镜的圆顶室那边。不像他的东道主,爱因斯坦在以前从未面对过诸如此类的仪器,理由很简单,在欧洲找不到它们,或者就此而言,在世界上别的任何地方都找不到它们。当仿佛总是取防守姿态的埃尔莎被告知胡克大望远镜主要是测定宇宙的结构时,据说她曾回答:"喔! 可是我的丈夫在旧信封的背面做那种工作。"

正如爱因斯坦在那天上午一样,他对这些仪器的结构细节和运作显示出异常的兴趣。尽管引起在场每个人的很大惊慌,他坚持爬上100英寸(2.54米)望远镜的钢架,与此同时急促地讲着有关这架望远镜的每样设备的渊博知识,亚当斯认为有些"即使对一名训练有素的物理学家也是不简单的"。他与哈勃以及其他人一起在大圆顶室上的狭窄人行通道照相,然后被护送下来面对新闻媒体,他们不再能围住他。拍摄了更多的照片,其中许多照片是哈勃与爱因斯坦并肩拍摄的,引起了曾在过去目睹类似情景的一位旁观者的愤愤不平,此人评论道:"他有点儿爬过去或硬挤进去。那正是他想要同伟大人物一起照相的地点。"

一顿提早的晚餐后,同行人员回到100英寸(2.54米)望远镜的圆顶室,他们的情绪仅略受从西面推进过来的断断续续的云打击。虽然偶尔间断,那晚的观测被认为是成功的。爱因斯坦能够看见木星、火星、爱神星、各种星云以及大犬座里亮星(天狼星)的暗伴星。爱因斯坦对这最后一个天体特别感兴趣,因为它的光谱照片证实了他根据相对论所作出的预言之一,导出了关于在恒星中间物质密度的引人注目的结论。这位被吸引住的夜间参观者直到凌晨1点钟之后才离开圆顶室,最后不情愿地退到卡普坦别墅,在那里他把自己的名字加到临时居住者的辉煌登记簿上。当疲倦的亚当斯正要去"修道院"时,他大声叫喊:"及时唤醒我以便看日出。"

在另一个黑暗的冬夜,爱因斯坦坐车去帕萨迪纳以南约40英里(64.4千米)的一片平坦的原野,在那里他受到背驼和头发灰白的迈克耳孙的欢迎。两位诺贝尔奖获得者站在强烈的弧光灯闪光中,宁静被高速运转的反射镜的尖声所刺破,它的32块成角度的小镜面抛光到约百万分之一的精度——以每秒几百周的速率自转着。一根直径3英尺(0.91米)、长1英里(1.61千米)的钢管向外延伸至黑暗之中。这个伸长的腔室里的空气已被抽出且它的接缝密封作为演示开始的准备。迈克耳孙给一位助手发信号,那位助手便打开了一台嚓嘎作响的压缩机的风门,直到空气冲击反射镜上的小叶片产生每秒恰好730周的速率为止。弧光灯的光经反射镜反射,射入实际上缺少空气的钢管,然后被反射回到反射镜表面原先反射它的小镜面旁边的另一个小镜面上。数十年前曾首次测定光速的迈克耳孙自豪地宣称这是他所做的一切测定中最精确的一次,精确到20万分之一,即误差大致为每秒1英里(1.61千米)。这对爱因斯坦的工作具有决定性的意义,因为光速是自然界最基本的常数之一,而且按照相对论理论,它是物质世界里的极限速度。

从远处观看的亚当斯深深地为杰出实验家和杰出理论家的两个侧影所感动。他们两人都经过了长途跋涉,终于在这个神秘而荒凉的地方相遇,尽管夜晚渐显凉意,似乎没有哪一个急着要离去,即使威尔逊山天文台的台长确实也不试图缩短这次原来是他们在科学上的最后邂逅。爱因斯坦也有其崇拜的英雄,而迈克耳孙便是其中之一。两个月后,当这个美国人去世的消息传到在柏林的爱因斯坦耳中时,他因失去一位他所崇拜的英雄而深受打击。

雅典娜会堂虽已开门待客数月,但第一次正式的晚宴延迟到爱因斯坦到达后才举行。不到300人接受了邀请穿礼服出席,而无数其他人,包括害病的海尔在内,则在"无线电广播的世界"里收听向全国广播的庆祝典礼。在由加州理工学院教授芒罗(William B. Munro)翻译的演说中,爱因斯坦提到了哈勃在红移方面的工作和托尔曼利用距离的测量来"对宇宙的空间结构的动力学概念作系统的陈述"。别的物理学家和数学家所发表的研究工作简直可以说是"划时代的",并且"我认为自己非常幸运能以兴高采烈的心情在这里与你们一起切开面包"。

格雷丝后来懊悔她未保留爱因斯坦访问期间的日记,因此只记得一些"小事情"。在爱因斯坦访问圣巴巴拉街时,东道主提供给他一个办公室,它与哈勃的办公室正好隔条走廊相对,且处于接近严格隔离的环境下。只有靠封锁大楼和发给工作人员用的钥匙,那些新闻媒体和爱请别人签名题字的人才不能围住爱因斯坦。可是事实上,爱因斯坦在办公桌上工作,正为当地一位名叫坎诺(Gertrude Boyd Kanno)的女雕塑家的出现而烦恼,她受命制作他的半身像。

爱因斯坦及其夫人首次来到伍德斯托克路参加宴会,哈勃夫妇曾问他们夫妇希望有什么样的客人作陪共进晚宴。为装饰餐桌,格雷丝邀请了女电影演员多丽丝·凯尼恩(Doris Kenyon),"既美貌又可爱,宛如弗拉戈纳尔(Fragonard)* 所画的一个美人像"。这位物理学家显得心情愉快,因而立即率先谈话。他引证了拉罗什富科(La Roche-

---

* 弗拉戈纳尔(1732—1806),法国画家和雕刻家。——译者

foucauld)* 并问道："你有《箴言集》(*Les Maximes*)一书吗？"埃德温出示了该书，于是爱因斯坦把它拿进了餐厅，向客人朗读，当他微笑时，把自己的长头发往后一扬。然后他谈及许多书。他自己爱读的作品是《卡拉马佐夫兄弟》(*The Brothers Karamazov*)**，它确实是所有小说中最伟大的作品。不用征求别人的意见，他把话题转向天文学和宇宙学，仅限于男人们作讨论。

多丽丝把身子转向爱因斯坦夫人并致以问候，这句话后来带来了很大的回报。"您是一位歌唱家，您的音色证明了这点。"

"你是在这个国家里第一个发现它的。"爱因斯坦夫人欢呼。

他们全都走后，埃德温说："你是否注意到多丽丝是多么聪明，当她看到对爱因斯坦已无用处时便去找爱因斯坦夫人？"来日里爱因斯坦夫妇谢绝他人而造访多丽丝。爱因斯坦向她赠送亲笔签名的手稿，甚至在给她的一本书里写了一首短诗。

正是爱因斯坦夫人决定他们应去哪里以及他们应见谁。当请帖来到时她几乎全都接受，然后，待请帖增多时，她又把大部分丢弃，好像她在玩一手纸牌戏。很多女主人被迫向她已聚集的客人说明爱因斯坦夫妇不能来，因为爱因斯坦夫人突然头痛。其时，他们夫妇偷偷溜走，到好莱坞的卓别林(Charlie Chaplin)庄园，在那里爱因斯坦拉自己的小提琴。

想要拥有著名大科学家笔下无论什么的狂热产生了一些令人啼笑皆非的结果。巴里莫尔(John Barrymore)在给哈勃的信里开头说："我料想你必定相当好笑地得悉我以一名亲笔签名收集者的角色出现。"这位演员想要爱因斯坦教授在他们夫妇俩为其婴儿所准备的一本书上签名。"多丽丝·凯尼恩提示我们，你将会乐意为我去做。"

当事情弄得令人讨厌或为难时，善于采取拖延办法的哈勃对此事

---

* 拉罗什富科(1613—1680)，法国作家和伦理学家。——译者

** 俄国作家陀思妥耶夫斯基所著小说。——译者

放任不管。爱因斯坦离开前一天,当门铃响时,哈勃夫妇正在款待客人。而当格雷丝面对着巴里莫尔的私人秘书和经纪人时,她显得惊讶不已,他们两人已收到来自海上巴里莫尔游艇的无线电报。当晚哈勃携格雷丝去那幢华而不实的农舍式别墅,在那里他有点卑躬屈膝地解释了自己的差使。觉得有趣的爱因斯坦笑着签下了自己的名字。

哈勃夫妇私下也知悉爱因斯坦的富有传奇性的"愚蠢"和全神贯注。爱因斯坦夫妇搬入那个农舍式别墅后的晚上,爱因斯坦曾打电话给物业主管,请求他是否能立刻就来。此人深为担心,跑步穿过了市镇。爱因斯坦本人应声开门。"我不知怎样使用开罐头的用具。"他羞怯地自白。

被称为"长滩地震"发生的当天,哈勃刚结束在加州理工学院的诺曼桥大厅里所作的演讲。当树木开始摇晃时,爱因斯坦同科学家古滕贝格(Beno Gutenberg)正缓步走出大楼,沉浸在谈话之中。就在前几天,爱因斯坦还谈论到他想体验一次加利福尼亚有名的地震,可是地震发生了,他却后悔自己根本什么都没看到,也什么都未感觉到。

II

爱因斯坦改变论点的消息通过电波犹如鞭子声那样引起了反响,结果一下子把哈勃在国际上捧出名。一开始,爱因斯坦这位德国物理学家曾认为自己引入宇宙学常数已调和了对一切物理方程来说都是基本的简洁性和完美性。况且,在创立相对论中他的基本直觉已把宇宙的运动作为数学上的必然性对待。他以抛弃牛顿的"绝对空间"和"绝对时间"观念革新了动力学,且用两个系统或参考系之间的相对运动概念取代它们。然后,像个背叛者,为了使相对论引出天文学家曾向他保证符合现实的静止宇宙,他胡说八道过。他沮丧地承认,这是自己一生中最大的失误。

正如美联社的采访记者克劳森（Walter B. Clausen）于1931年2月4日所描述的，当柏林来的教授爱因斯坦"用简单几句话作出这个披露"时，一种"惊奇得让人透不过气来的气氛今天在这里的威尔逊山天文台图书馆蔓延"。他原有的宇宙观念以及他的朋友、荷兰天文学家德西特教授的宇宙观念不再站得住脚。新的宇宙观念——膨胀宇宙——以两位加利福尼亚大科学家，即威尔逊山天文台天文学家哈勃博士和加州理工学院物理学家托尔曼博士的工作为依据。哈勃及其副手赫马森关于遥远星云的光红移所作的新观测得出的"推断几乎是"宇宙的总体结构并非静止的。托尔曼所作的理论研究证实勒梅特的结论"正好适合广义相对论"。

然后，爱因斯坦面带滑稽的微笑，低头看表。知道他已超时后，他抓住了翻译匆忙去赴另一个约会，于是留下一个震惊的亚当斯去面对不知所措的新闻媒体。

克劳森的文章，或类似的一则新闻，次日在全美国的所有主要报纸上传播。回到密苏里州斯普林菲尔德，哈勃的未婚姑母贾妮和舅父埃德温仍住在那里，《斯普林菲尔德日报》（*The Springfield Daily News*）的标题是"离开欧扎克山脉去研究星星的青年使爱因斯坦改变想法"。在一篇部分地受正在加深的经济危机刺激而口是心非地写成的有关文章里，"红移"好比"红色恐怖"，具有威胁："用一种非科学的说法来表达，宇宙正不顾一切地力求混乱，不理会引力定律，永远向外飞跑，越来越快。看上去好像整个宇宙在瓦解并冲入无限的外空。这不会有好结果。"

更诙谐的还是发表在《笨拙》（*Punch*）5月27日那一期上的一首诗。在确立爱因斯坦教授认为哈勃是"笨蛋中最聪明者"的前提后，亲笔签名为C.L.G.的作者得出结论：

> 不为空间的弯曲所动，
>
> 也不为别人失去自信的
>
> 强词夺理的论点所动，
>
> 他借助于光谱的暗示，
>
> 且根据他的魔幻之窗，
>
> "红移常数"，
>
> 预示布尔什维克
>
> 即将相形见绌。

> 在河外的星系团中间，
>
> 当金斯渐渐变得太教条
>
> 或弗里德曼显得太随便时——
>
> 当生活充满烦恼
>
> 且多半是幻想和泡沫时，
>
> 我请求哈勃博士，
>
> 他是支持我的人。

被采访记者四处包围的哈勃，向他们提供了撰写他的科学发现所需的一切有关细节。为爱因斯坦照相时哈勃本人不在旁的场合很少见，而抽象理论家托尔曼则在推托中或多或少地错过了。星云的距离以百万光年计量且它们以每秒数万英里的速率离地球而去，这些激发了公众的想象。而如果此时爱因斯坦相信宇宙在膨胀的话，那么，对大多数人来说，这是很好的了。

在离去数月之后，爱因斯坦夫妇正期待着第二次访问帕萨迪纳。这次密立根亲自到柏林进行谈判。他提供7000美元外加旅费和雅典娜会堂一套备有美观家具的公寓，但直到1931年11月才被接受。爱因斯坦夫妇几周后抵达，爱因斯坦向挤满的听众作空间弯曲的演讲。同正在访问的同样舍弃 A 解和 B 解的德西特一起,他发表了一个声明,进一步加强了膨胀宇宙的主张。

密立根请求格雷丝担任一种非正式的女主人角色,因此无论何时有需要,她便驾车送爱因斯坦去参加讨论会和其他会议。这给了她就近仔细端详自己的乘客的机会,后来她向一位朋友吐露:"爱因斯坦像你在德国啤酒园里能找到的北欧神话中洞窟巨神之一,他有点不近人情。"他时而沉默,时而用法语或英语讲,因为格雷丝不懂德语。有个下午,他打破沉默地说:"你丈夫的工作极出色——并且——他具有一种美好的精神。"

在离开德国前,爱因斯坦在日记中曾写道:"今日我已决定将彻底放弃我在柏林的职位,而我的余生将会漂泊不定。"在自己的故国又待了一年后,丘吉尔(Winston Churchill)所称的聚积的暴风雨就突然来到德国犹太人头上。1932年底,当爱因斯坦夫妇在整理行装准备对帕萨迪纳作第三次也是最后一次访问时,爱因斯坦告诉他的惊讶的妻子埃尔莎对他们在湖上的别墅看个够。当她问为什么,他回答:"你将再也见不到它了。"次年2月,希特勒(两年前爱因斯坦曾错误地预言他在政治权力上会让位)在一场十分可疑的大火烧光了德国国会之后,独掌了政权。还有消息传来,一群武装分子以窝藏武器为借口,劫掠了在卡普思的和平主义者的别墅,但没收的唯一一件东西只是一把普通的切面包的小刀。"地球是一颗非常小的星体,"富于哲理的爱因斯坦对英国权威学者默里(Gilbert Murray)说,"宇宙中的鸡蛋并非全在现为纳粹横行的这个篮子里;而对一个宇宙论者来说,那[是]使人信服的安慰。"

Ⅲ

因哈勃的发现所产生的宣传效应与诸如爱因斯坦这样的偶像多次

访问的预告结合在一起,把威尔逊山从一块天文学家的宁静飞地改变为一个喧闹的旅游胜地。烟雾刚开始爬上5714英尺(约1742米)的顶峰,但它尚未削弱能见度。在连绵的河谷和山脉之上,人们仍能把太平洋的海岸线,以及卡特利娜岛尽收眼底,后者犹如神话中的一个乐园,从蔚蓝的海洋延伸50英里(约80.5千米)远。

许多游人在威尔逊山旅馆过夜,它是一幢不规则木结构的建筑物,它的露天门廊向吃饭的客人提供周围山脉的令人振奋的景色。那些寻求更长久的隐居生活和更简朴生活环境的人可租40间称为"带游廊平房"的小房间中的一间,租金每人1.5美元,仅花不到0.25美元就能吃上一顿带所有配料的鸡肉或牛肉正餐。许多的拖车绕山蜿蜒前进,载着徒步旅行者去诸如阿尔卑斯酒店、大麦公寓和大泰琼加等如此奇妙命名的地点。劲头不那么大的则在新建的游泳池旁打瞌睡。

但人人向往观看的正是那些望远镜和操作它们的日益知名人士。每次访问通常从参观一个小的天文台博物馆开始,它收藏的多半是照片,接着由天文台的一名工作人员作天文学演讲。参观100英寸(2.54米)反射望远镜则限于每天下午1:30到2:15并凭券入场,这种入场券必须预先写信给天文台办公室才能取得,这个规定许多人不知道,于是他们由于被赶走只好失望地(如不生气的话)离开山头。每星期五晚,也是凭券入场的60英寸(1.52米)望远镜从黄昏至晚上10点不到向公众开放进行科普观测。经管这架望远镜的天文学家有时混入参观人群中解答问题,而平常则由夜间观测助手应付那些发呆地看着的人群。至于其余设备和机构,尤其是"修道院",严格地谢绝参观。

1935年,铺设成双快车道的天使山顶公路的建成,把原来神经过分紧张的驾车上山顶变成了令人欢欣鼓舞的午后出游。在晴朗的星期天和假日,参观者的人数从几百增至2000至4000人。

由于希望接纳更多的人,所以100英寸(2.54米)望远镜的圆顶室每逢星期五晚也向参观者开放,而且对入场券实行更宽容的政策。然而,人群会拥挤得势不可挡,于是对于谁应优先接触望远镜,旅馆管理部门与亚当斯之间将展开一场激烈的新斗争。有权势的参观者置身于吵闹之外,直接去找天文学家本人,而哈勃夫妇立刻做东款待这些希望注视另一类星星的知名人士。

最有趣的情景之一便与英国演员阿利斯(George Arliss)有关,他以在银幕上扮演迪斯累里(Disraeli)、威灵顿(Wellington)、罗特席尔德(Rothschild)和伏尔泰(Voltaire)而闻名于世。因为伦敦的《泰晤士报》社曾打电话给他,上山后正在工作中的埃德温将会迎接他们,而格雷丝被委派带领这位"有教养的讽世者"参观。阿利斯和自己的穿着制服的司机贝恩斯(Baines)到她家接她。他们不久便乘坐这位演员的劳斯莱斯大型高级轿车登上旧的收费山路。当他们上坡时,阿利斯坦承恐高症使他眩晕。他知道如何应对这种处境:到达2000英尺(约610米)高时,他下车在地上躺平,直到眩晕平息为止。"我未[曾]携带任何东西以处置这种紧急事件,"格雷丝正自思忖,"甚至没有带水。"

阿利斯不停地讲话,直到他平静地向贝恩斯说:"我必须要求你停车。"斜坡太陡峻了,对他不合适,所以他沿弯曲的路走,后面跟着格雷丝,直到他找到他所认为的一个合宜的地点为止。这位演员穿着一套普尔制萨维尔·罗(Savile Row)衣服,以淡红灰色的鞋罩相配,他的眼镜悬挂在背心上的一根链条上。他把"奇特的礼帽"放在地上,然后紧闭双目,仰天平躺在尘土中。格雷丝则占据了这个筋疲力尽的英国人和断崖边之间的一个位置。当山上开下来的一辆汽车绕过附近的弯道并刹车结果令人难受地停下时,她正弯着身子关切地看着他。车上大吃一惊的乘客恐慌地注视着这奇妙的一对。"为什么阿利斯先生躺在一条山路上,看来是死了,我又是谁,我们怎么到那里?"格雷丝自忖任何人都会这么问。但就在此时,阿利斯站起来了,向表示怀疑的一行人点头招呼,并抓住格雷丝的手臂。他们在贝恩斯拿着衣刷等在那里的拐角处消失了。

一等到登上山顶,阿利斯穿上了一件属于夜间观测助手的黑熊皮粗毛外套,并一本正经地围绕着100英寸(2.54米)望远镜的圆顶室的混凝土地面慢跑取暖。在访问中,他被参观者包围,请求他亲笔签名,而他却留神注意贝恩斯据有的一个纸袋。正如哈勃夫妇立刻了解到的,它装着数瓶最好的酒和一个鸡尾酒混合器,埃德温说,瞧他使用这种器具十分有趣。返回伦敦后,阿利斯起草了一封好笑的感谢信,在这封信里他用"我们"(编辑常用这一第一人称复数代词,用来表达出版社的意见或观点)称呼他自己:"当然,我们不相信所看到的一切,或你告诉我们的一切,但我们能以巨大的智慧向别人谈论它们,我们所传授的知识给予我们以前从不敢期望会达到的重要地位。"

正式同意增加一位著名天文学家于某人的宾客名单上使得埃德温最终经由电报获得了格雷丝盼望已久的邀请:"哈蒙德(John Hays Hammond)先生说您有兴趣参观我在圣西米恩的大牧场。您和您的夫人来访问我,我当然非常高兴。有便即请择定日期。"署名是"威廉·伦道夫·赫斯特(William Randolph Hearst)* "。埃德温电话通知了对方,在向格雷丝重复这电报后,他面露微笑地说:"好啦,如你所说,要是你想在圣卢西亚骑马跨越栅栏的话,我们便去度个周末。"

哈勃夫妇从海边朝上看圣西米恩,它布置得像个维罗纳南面某个小山山顶上的意大利城镇。看门人让他们进去,于是他们开始沿海岸山脉的斜坡往上驶。一路上散布着牛羚、狷羚、斑马、黑斑羚以及其他物种。一只鸵鸟站在路中临时挡住了他们的去路。在更高陡的斜坡上迷雾紧锁,美洲狮因本能地警觉到实际上永不会发生的夜间狩猎而吼叫着。

---

* 威廉·伦道夫·赫斯特(1863—1951),美国报业巨头。——译者

这位喜欢炫耀且很有争议的出版商已年近花甲,他已由守门人通报,因而当哈勃夫妇的汽车驶到卡萨格兰德前面时,他站在门外期待着欢迎他们。他们被带领到所住的房间——"摩尔人首领的房间",它位于卡萨德索尔。在晚餐前他们还有点时间,于是他们在迷雾中作探险散步,在返回到自己的寓所更衣之前,参观了美洲狮、熊和别的动物。

通向宅邸灯火通明的大厅的路径两旁齐排着茂密盛开的鲜花。哈勃夫妇与其他约50位客人在一起饮鸡尾酒并用匙在冰板上舀鱼子酱吃,还享用堆满在大银盘上的鹅肝酱馅饼。当通知宴会开始时,他们前往餐厅,然后按排列在长条餐桌上写有名字的卡片各自对号入座。埃德温坐在中央,在顽皮而无礼的玛丽昂·戴维斯(Marion Davies)的右边,赫斯特曾为她大作宣传,使她成为一名大电影明星。恰好在他们后面占着一把椅子的则是戴维斯小姐的棕色德国小猎狗,名叫甘地。赫斯特坐在他们的对面,格雷丝在他的右边。他告诉她关于这个大牧场的历史,他本人于此度过少年时代的经历,以及野生和驯养动物的习惯的演变等。在格雷丝看来,赫斯特这位一向活泼的情妇完全理解不了他们说的这些事。当埃德温向这位戴维斯小姐说话时,她"仍是一位低着头的美少女,但显然吓得目瞪口呆的样子"。格雷丝还记得安放在用棉花糖做的大天鹅背上的冰块,以及大量的男仆。仅供应一种酒,即味淡的香槟酒,但此酒和食物都是令人难忘的。

虽然习俗上每餐得更换坐次,但哈勃夫妇逗留的3天里,他们的坐位卡从未移动过,在赫斯特坦言宴会上玛丽昂沉默寡言的理由之后,使得宴会上的中心人物成为"友好的两对组合"。在一个类似的场合,她曾坐在爱因斯坦旁边,而当人们在一旁看着时,爱因斯坦完全不理会她,就像他原先不理会凯尼恩一样,结果使得她害怕著名的大科学家。玛丽昂也怕马,因此谢绝了格雷丝请她陪伴自己作一次早上骑马活动的邀请。主人向这位有才能的女骑手介绍了一个穿鹿皮色服装的体格强壮的年轻人,名叫卡纳里奥(Canario),他善于从陡急的草坡上下来,又善于在圣卢西亚的急流中涉水。

哈勃夫妇在藏书楼里度过了一些空闲时光,他们仔细查阅了数卷记载大理石雕刻品、挂毡、绘画、家具、雕刻以及珍本书籍的目录,而它们已开始多得使仓库堆不下了。花园里从未有一枝枯萎的花或一片凋落的花瓣。他们猜测园丁在夜晚更换丛林,犹如《艾丽斯漫游奇境记》(*Alice in Wonderland*)里的园丁画玫瑰花一样。从阳台上他们观看了太阳在水平线上消失,与此同时,北面的悠长海岸线,连同以红杉为界的峡谷一起变暗了。正当他们要离去的时候,赫斯特与在其旁的玛丽昂请求他们继续留下,但他们勉强地谢绝了再次邀请,因为轮到埃德温在威尔逊山的下一次工作。"那么,下次再来,"赫斯特说,"骑遍所有的小马。"但他们永远未能这样做。

IV

一年两次,威尔逊山天文台的有代表性的天文学家要赴该天文台在华盛顿特区的上级机构卡内基研究院向仅凭邀请入场的听众作演讲。哈勃突然升起的科学明星地位使他成为一位名闻遐迩的人物,1928年他的题为"太空的探测"的演讲内容围绕他用100英寸(2.54米)望远镜所作探测的宇宙学上的结论为中心,这份演讲稿以一笔相当大的钱款卖给了《哈珀杂志》(*Harper's Magazine*),从而使他争取到了更为广泛的追随者。当他于1930年再去作演讲时,格雷丝引以自豪地注意到张贴在布告栏上接受邀请听讲的名单中包含潘兴将军的名字,而这位将军是其丈夫在被战争破坏的法国时非常钦佩的指挥官。

此刻哈勃的演讲技能已达到了富有戏剧效果的程度,没有比格雷丝更热烈崇拜他的人了,她记录下了其丈夫每次表演的最详细情节。

他被介绍给听众后,慢慢地直起整整6英尺2英寸(1.88米)高的身体,并且悠闲地走到讲坛,在那里整理难得翻阅的讲稿。然后他解下手表,把它放在讲坛上散放的记录纸旁边。在此动作之后稍作暂停,他面露微笑扫视听众,接着就直截了当地开始演讲的主题。他很少用手势,然而用得很恰当。他用双手描绘了银河的形状并张开双手比喻巨大的距离。为了强调总结的论点,他会用一只手的长手指轻敲另一只手的掌心。他的嗓音与他魁梧的体格并不相称,但他熟谙演说者声调抑扬顿挫的变化技巧,以生动和热情代替力量。一条自我强加的规定把演讲限制于不超过40或45分钟,格雷丝把这样的演讲描写为具有轻松、"正确定时和沉着控制"的特点。此后她沉思,埃德温的秘密也许已被在某日看见他从办公室走回家并把车靠拢路边让他搭自己的车的一位朋友所发现。他一边走一边自言自语着,并为了强调自己所说的,不时用桦木做的手杖敲打着人行道的路面。但请他搭车的提议被他谢绝了,其理由是他正当着英国皇家学会的面在作演讲。

两年后哈勃所作的第二次卡内基演讲集中于红移现象,它被评议员们断言为在那里迄今为止所有演讲中最好的。次日美国全国广播公司转播了卡内基研究院院长梅里亚姆和哈勃,以及另两人的演说。那晚参加正式招待会的有潘兴将军,鲁特(Elihu Root)[他曾在麦金利(William Mckinley)和西奥多·罗斯福两位总统手下充当陆军部长],以及许多来自外交团体的人士。梅里亚姆宣称哈勃的演讲属过去10年里美国科学上的突出事件。尽管经济危机正在加深,但他将获得加薪500美元,这是预先定好的。这使哈勃在威尔逊山天文台的工资表中,跃居第三,位于忠实的成员亚当斯和西尔斯之后。

那时他的才能已使他开始收到作杰出讲座的邀请。由罗素以普林斯顿大学的名义首先向他发出邀请,罗素是威尔逊山的常客,而且是哈勃于1925年获美国科学促进会奖的提名人。哈勃被选为作瓦尼克桑讲座,它由演讲者在其专业领域里自选主题的4—6个系列报告组成。然后演讲的素材必须用书籍形式提交以便由普林斯顿大学出版社出版。酬金是500美元外加该书所有销数的定价的15%版税。罗素的印象是他的同事的星云著作已"相当充分地准备好发表……于是你的关于此主题的书立即会成为一本权威著作"。

两周后哈勃起草了一份答复,其中列举了两个都与出版有关的潜在问题。第一,插图将是重要的,然而可能昂贵。第二,他将向一般大学听众作系列演讲,但书会把它们扩充成更综合且满足学术上需求的专题论文。"然而,这些问题以及其他问题可以后面再讨论。此刻重要的事是让您知道,我接受邀请。"

1931年6月下旬,普林斯顿大学公众讲座委员会主席和加利福尼亚大学洛杉矶分校夏季客座教授斯佩思(Duncan J. Spaeth)倾听了哈勃在星光照耀下的希腊式阶梯讲堂里所作的一次演讲。斯佩思写信给罗素表示对这位天文学家的演讲和他的个性都"很中意"。演讲结束后斯佩思作了自我介绍,于是哈勃邀请了他及其夫人在雅典娜会堂共进晚餐。此后,他们被带到伍德斯托克路一起讨论瓦尼克桑讲座的细节。

哈勃解释已有包括麦克米伦出版社在内的数家一流出版社与他接洽,要他仿效金斯和爱丁顿,写一本通俗书,并想要知道普林斯顿是更喜欢这样一部著作,还是想要更学术性一些的著作。斯佩思了解哈勃的酬金只不过刚够开销,因此选取了一部专著,这便为作者提供凭借与一家大名鼎鼎的出版公司签订合同而获取附加版税的机会。哈勃也更喜欢这种处置,而斯佩思答应回家后把它带到讲座委员会上。

因担心发生在他之前著名的怀特海所遇到的事情,哈勃在格雷丝陪同下于1931年11月抵达普林斯顿。他们立刻宽慰地了解到听众席位的需求是如此之大,以至于用普林斯顿剧院取代通常的演讲厅。格雷丝写道,埃德温未用讲稿而用谈话的声调讲,整个拥挤的房子里都易听到。最后一次演讲之前,普林斯顿大学校长希本(John Grier Hibben)及其夫人为向哈勃夫妇表示敬意举行了一个茶话会。此后,有名望的数学家维布伦(Oswald Veblen)也设晚宴款待哈勃夫妇。

罗素谅必出席了,可是显然他未参与在晚宴上看来曾进行的谈话。哈勃讲他的研究领域进展得太快了,以至于在很短时间里他的演讲内容便会变得太陈旧因而不能再出版了。1932年10月21日,即哈勃访问普林斯顿将近一年后,为难的罗素写信给他:"有两三个人曾问我是否知道一些关于您要寄给普林斯顿大学出版社的论星云的演讲原稿,因而冒着打扰您的可能,我愿把他们的询问传递给您。其中的一两个人有点急着要看它。"哈勃是否花费了时间作回答仍是个未确定的问题,因为在罗素的文档里来自哈勃方面有关此话题的几乎没有更进一步的东西,更不用说盖有普林斯顿大学出版社或任何其他出版社的印章的一册书。

1932年1月,哈勃被选为太平洋天文学会的第二副主席,且一年后成为主席。当他在同行科学家面前做学术报告时,变成了另一个人,在此期间他流露出了别的举止。他会背倚黑板前面的桌子,或者在演讲时坐在桌子边,漫不经心地上抛和接住他用于书写的一支粉笔而一次也不瞧它,这是他的相应老习惯的引人注目却更有把握的形式。他确实也不事先在黑板上抄写数字,或在演讲时从一篇论文中抄写数字,而是在演讲之际凭记忆把它们写下来。当有人提问时,他立即瞧着提问人,并以自己特有的询问"那样是否清楚?"结束解释。

由于科学上的声誉和作演讲引来了许多大专院校聘请的提议,这使得亚当斯伤透脑筋而增添了白发。早在1926年,哈勃就接到在斯沃斯莫尔学院担任天文学教授的邀请,其年薪为6000美元,比他在威尔逊山天文台挣得的工资整整多2000美元。这位台长在致梅里亚姆的一个备忘录中悲叹他永远无法与这样的邀约竞争。令人遗憾的是,他打算为哈勃以及某些也已被吸引的其他年轻工作人员加薪500美元所需的款项,也许不得不从计划中为资深人员增资的款项中拿出,除非梅里亚姆能找到增加预算的途径。

1934年9月,当在匹兹堡的卡内基理工学院院长托马斯·S. 贝克(Thomas S. Baker)患严重的心脏病时,该学院的董事会主席丘奇(Samuel Harden Church)写了一封在信封上标有"亲启密件"字样的信件给哈勃。尽管情况非常敏感,但5年前曾在帕萨迪纳遇见过哈勃并曾仔细考虑如何与他接近的丘奇,想要了解哈勃对从事其他工作前景的看法:"对您说来,担任一所著名技术学院的院长职位或许是个合适的改变,您在法律和文学领域所具有的学识以及您对天文学的精通会赋予您非凡的修养以担任此新职务。"

哈勃答复道:"仅仅是在最周详的考虑之后,我才决定不同意您的热情提议。10年后也许我会感觉不一样,然而现今我对研究工作仍抱有强烈的热情。"他那时正在撰写有关太空探测的一章,虽然不是全部,但"它终究是激动人心的[一章],因而我想要看到它的完成"。他进而不无遗憾地拒绝了丘奇请他作卡内基学院校庆节演讲的电报邀请。适逢在同一日期,加州理工学院的同人为向这位天文学家表示敬意,举行一个招待会和晚宴,而哈勃谦虚地把它描写为"新近某种毫不相干的荣誉"。

V

1934年4月25日的早晨,哈勃夫妇与同船旅客一起急急忙忙走上跳板,来到美国"曼哈顿号"轮船的甲板上。不到两周,他们乘车跨越马德莱娜桥进入牛津的大街,地面因上一秋季的树叶而仍显赤褐色。

第二天傍晚,在与老朋友吃茶点且又喝了威士忌酒和汽水之后,哈勃戴上便帽并穿上长外衣,带领仰慕他的追随者来到两旁种植黑檀的很暗的演讲厅。正当他要进入该厅作题为"星云光谱中的红移"的哈雷讲座时,他得悉牛津大学正要授予他名誉理学博士学位。

预先被暗中告知此消息的格雷丝描述他为之"激动不已"。当他步入演讲厅向广大听众演讲时,隔了几分钟他还未完全恢复平静。体内肾上腺素大量分泌,他不能以惯常的从容的举止而是以潜伏的激动情绪开始演讲,使格雷丝想起帕特里克·亨利(Patrick Henry)*或者卡顿(Sydney Carton):"我想,究竟是什么?"但演讲进行得比她原本希望的更好。讲到从威尔逊山看到的峡谷光亮和令人震惊的光谱的幻灯片部分,甚至偶尔有热烈鼓掌声。而且当演讲结束时,说了许多亲切的话。

演讲后的下午,埃德温和穿着一套腰身合体的衣服、披着银狐皮的格雷丝溜了出去,对他在学生时代生活过的地点作怀旧的重游。他们穿过了树木修剪过的广场,经过了老城墙,然后来到了女王学院,它看上去正如他所回忆的一样。他给她看他所住过的老的学生宿舍和卧室,它已变成了一个图书馆,在那里一名溺死的教师反复出现曾一度使学校充满恐怖。他们一同爬上了闹鬼的楼梯间并谈及命运的嘲弄,埃德温——一个学法律的学生——竟然会以一个天文学家和女王学院最杰出子弟中的一员的名义回来发表演说。两周后,他便是第一个在牛津大学接受名誉学位的罗德学者。此时约翰·哈勃会怎样想象他呢?埃德温的父亲必然十分惊奇。格雷丝写道,埃德温从未公开谈论过他对牛津的感情,但他对这个地方的热爱显然是真诚和深切的。"像个梦,"她认为,"一个我们能观看它,然后再进入的梦。"

安排在泰斯特河进行一些用假蚊钩钓鱼活动之后,哈勃同格雷丝返回伦敦,在皇家天文学会作关于膨胀宇宙理论的演讲,这个理论已使宇宙学家大吃一惊。在有钱有势的朋友罗伯特·戈尔-布朗(Robert

---

*帕特里克·亨利(1736—1799),美国政治家和雄辩家。——译者

Gore-Browne)和玛格丽特·戈尔-布朗(Margaret Gore-Browne)夫妇的陪伴下,他们度过了许多时光,这对夫妇带领他们去最优雅的餐馆,并搞到上等的戏票去看戏剧。戈尔-布朗约定了韦尔奇和杰弗里斯服装店里他的裁缝为哈勃量尺寸做新花呢衣服,而哈勃在英国时一直是买现成的。驾车返回牛津出席学位授予仪式途中,他们停下来考察了被火灾毁坏的从前一个大庄园的废墟。烧焦的人体残骸隔了数十年后仍然四处散布,引起了格雷丝的伤感。她认为这是多么令人恼怒,你要的东西顷刻消失了,可是无用的东西却似乎长存。

在戈尔-布朗夫妇的伴随下,格雷丝走到了牛津大学的评议会大厅,其结构使人联想起一个大教堂,里面暗黑木制的长凳平行于中央的通道,在大厅的一端是一个平台和带有雕刻出来的罗伞的讲坛。在到会的知名人士中间有米尔恩夫妇、普拉斯基特夫妇、黛西·特纳、埃德温以前的一位老师、女王学院院长以及其他人,许多人穿着各种不同颜色的长袍。然后仪仗队进来,就如3年前对爱因斯坦的情况一样。当副校长在4位执银权杖的使者引导下沿着通道走向讲坛时,全体肃立。他用拉丁语特别介绍了荣誉获得者,多次脱帽。然后这些执权杖者暂时离去,而他们又伴随着穿着深红和灰色长袍,面色因阳光下垂钓略微晒黑的哈勃又回来了。他单独地站在从一扇高窗斜射下来的阳光中,而牛津大学的校方发言人向听众演说:

> 我们向原罗德奖学金获得者致敬,他在年轻时把自己奉献给天文学,然后在高卢指挥一支部队,而现今,在加利福尼亚以一位最杰出总统的名字命名的山上,他已闻名于世……
>
> 就是这个人发现了众多天体远远离开我们的地球,且确立了它们的运动规律——距我们越远,运动得越快,似乎它们正在逃离我们。对我们渺小的人类来说,这位非常聪明的同类向我们证明物质宇宙是极其广阔的(要是无限的宇宙真的

能扩展的话）。这位名家有如此大的权威，使我们在他跨越海洋之前，把自己用坚固的锁链同他束缚在一起——以免在他离我们远时仿效他的星云的行为，不断加快运动到更加遥远的地方。

当哈勃登台接受副校长授予的学位、全场热烈欢呼时，在如格雷丝所描述的"愉快而谦让"心态下，一时间他看上去像某古老传说中的骑士。然后结束了，于是她的斗士重新迷失在过去和现在合二为一的梦中。

尽管哈勃夫妇离开已有两个月了，但尚不到他们长期离开加利福尼亚的一半时间。数天后，他们在法国北部，驾车沿贡比涅森林边缘行驶。他们停下观看普尔曼式火车卧车厢，在那里签订了第一次世界大战的停战协定，使西部战线的炮声平静下来。过贡比涅之后，他们顺着德军前进的路线到苏瓦松和蒂耶里堡，然后进入附近的索姆河地区，20年后，那里的青葱田野上仍遗留下炮弹坑和散兵坑的痕迹，而在这片土地上忽然已长大成人的少年们曾清除过的此类坑数以万计。那晚埃德温指出高高在头顶上的角宿一，神圣罗马帝国的军队曾用这颗星测试其士兵的视力。

虽有使人回想起战争的景物在他们的背后，与美国的杂货店式的文明相比，埃德温特别推荐了在法国开车的快乐。他评论说："法国人拥有画，而我们拥有装画的镜框。"

戈尔-布朗夫妇乘坐第二辆汽车尾随着他们，这一行人驶入了复兴而傲慢的德国。在慕尼黑的一个啤酒店里格雷丝对丰满得像瓦尔基里（Valkyrie）*的女侍应表示惊异，而粗俗的工人仍然显得凶恶，他们时而

---

* 瓦尔基里是北欧神话中司智慧、艺术、诗歌和战争的奥丁（Odin）神的侍女。——译者

相互激烈地争吵,时而大声笑,恐吓游客。

戈尔-布朗忘记了自己把当德国战俘的日子置于脑后的誓言,谈到了英国人怎样把俘虏他们的人分为两类——猪和鹰。猪是粗壮和污秽的,而鹰则是残忍和无情的,但"我们尊重他们"。

在这两对夫妇离开慕尼黑而去比利时的途中,有一位当地旅馆的职员大声说:"你们来自慕尼黑!你们曾处在革命中!"然后他们听到了一起被发觉的阴谋的谣传,它是关于反对于清晨4点钟抵达慕尼黑的那位自封的元首*的。领头人被捉住就地正法,与此同时,在柏林,一位老将军及其妻子在自己的屋里被枪杀。除了宣布某些逮捕令之外,详细情节被隐瞒起来不让德国报纸刊登,使外国人,像其他所有人一样,处于不知情之中。仅在收到戈尔-布朗担忧的母亲寄来的信之后,他们才开始了解这次所谓的血腥清洗的规模大小,在清洗中勒姆(Rhm)、施特拉塞尔(Strasser)以及许多其他不忠的纳粹分子死去了。

除哈雷讲座外,哈勃长时间逗留在欧洲的另一个理由显然在于他被选为于7月上旬在布鲁塞尔召开的国际科学联盟理事会为期5天会议的一名代表。虽然它违背了亚当斯的扬基式教养的本性,但为了支持延长哈勃的旅程,这位威尔逊山天文台台长致函梅里亚姆。梅里亚姆以为这位天文学家3个月之后会回来(哈勃最终4个月后才回来),同意了哈勃带薪逗留在外,条件是他的假期包括在内,不再另外请假。

假如哈勃不写一封措词严厉的信给卡内基研究院院长,强烈抱怨自己最近在华盛顿所作的演讲未经本人的允许,却发表在"我未投稿的杂志",即《科学月刊》(*Scientific Monthly*)上的话,那么或许本已无进一步的话可说了。不但这篇发表的文章里充满错误,而且哈勃已计划把它的修订稿"以一笔数目不小的钱款"卖出,用来帮助他支付正在掏自

---

* 即纳粹党魁希特勒。——译者

已口袋的国外费用。"正如我表明的,这样的事件激起愤慨,从而不能不对卡内基研究院中盛行的融洽和信赖气氛产生影响。"他希望同梅里亚姆下一次到帕萨迪纳期间讨论此事。"到那时我谅必已冷静下来了。"

梅里亚姆不惯于激烈的批评,他对哈勃的申诉展开了私下的调查。调查结束后,他寄给亚当斯一份有7页的备忘录,哈勃从未看到过它。这位院长对此文章未经作者本人校对表示抱歉,但梅里亚姆有信件证明卡内基研究院出版部负责人,就是哈勃非难的人,即邦克(Frank Bunker)博士曾寄送一份校样到帕萨迪纳。而且,哈勃甚至同意过为文章提供插图。"换句话说,似乎是在哈勃博士正与邦克博士商议通过卡内基研究院发表这篇文章的同时,他也在准备出售它。"哈勃的费用问题,他本人曾从英国写信提醒亚当斯,也没有被忘却。正如梅里亚姆所允诺的,待哈勃回来后会处理这件事。这位被震惊的院长只能得出如下结论:

> 哈勃博士的批评……无论从行政的还是从人类行为的观念来看,都是十分反常的,因而它表现出一种非常令人遗憾的心情。假如卡内基研究院的工作人员中有足够的成员坚持以类似哈勃博士所表现的态度面对日常生活中遇到的众多困难的话,那么卡内基研究院便无法存在。

当哈勃夫妇在伦敦跨过泰晤士河时,埃德温注意到他们已驾车3000英里(4830千米)左右,而汽车未发生一次轮胎刺破或出任何毛病。格雷丝发誓永不会忘记这辆黑色轿车上的歌曲,它从第1首到第2首、第3首再到第4首。离伦敦之前,他们参观了过去总是使他们退却的动物园。在阴暗的水族馆里,鱼类自行排列或重新排列成一系列优美的饰带,它们在绿色半透明冒着微小的银白色气泡的背景下,缓慢地漂流。但正是狼群眼中的神色吸引住了他们的注意力。它不是件值得回忆的愉快事,因而他俩都期待着有朝一日所有的动物园全被取缔。

VI

哈勃夫妇刚从欧洲大陆回到英国,他的母亲弗吉尼亚·李·詹姆斯·哈勃就在患病两个月后,于7月26日安静地死于心力衰竭。这名70岁的寡妇过去一直同其第3个儿子比尔住在路易斯安那州亚历山德里亚,比尔是个单身的奶农,他在约翰·哈勃去世后专心照料母亲和姐妹。据埃德温的妹妹贝齐说,埃德温向母亲詹妮提供的赡养费,如果有的话,也很少,并且自她在20世纪20年代迁居南方后,他从未来探望过她。他们之间的通信没有保留下来,因为格雷丝在埃德温逝世后把送给她的许多家庭纪念物要么丢弃了,要么毁坏了。

埃德温母亲的遗体被往北运送到斯普林菲尔德,安葬在黑泽尔伍德公墓里哈勃家族的那块地上。斯普林菲尔德的承办丧葬者在葬礼记录中列着这位已故者的7个孩子的名字,他注意到立即支付的所需费用的收据应寄给在亚历山德里亚的威廉·哈勃。

当时报纸上冗长的启事栏里没有登载詹妮去世的讣告,这个噩耗已通过海底电报传到在英国的儿子。格雷丝所写且丈夫为了保证正确性而校订过的所有好几百页的记录里,仅有的与家庭事务有关的参考资料都涉及格雷丝的亲戚,即伯克家族。她从未见过自己的婆婆,也没有见过埃德温的兄弟姐妹中的任何一个。无论何时,他们中间的一个来到西部度假,如露西最近嫁给一名建筑工程师沃森(Joseph Wasson,后死于一次车祸)后曾来过,埃德温总是安排在自己的办公室或帕萨迪纳的别处晤面,从未提出带来访者到家。这些姑娘认为对这种隐居生活的愿望,格雷丝所怀有的强烈程度并不亚于自己的兄弟。唯一一个试图同他们保持通信联系的则是海伦,她已与奶农莱恩(John Lane)结婚并舒适地定居在得克萨斯州埃尔帕索附近。

由于仍在改编他过去的经历,哈勃生活在无限的恐惧之中,担心诸如自己声称的律师开业和炮火中英雄行为的谎言将会遭到知道得更清楚的那些人的驳斥。他的孩提时代的朋友艾伯特·科尔文宣称甚至哈勃的妻子也不了解可写上两页的实情。哈勃曾故意保持沉默,达到了保密的程度,有一个迹象便是他局促不安而把自己最亲近的亲戚当作外人。

20世纪30年代中期,科尔文在加利福尼亚访友期间收集了此类信息。在试图找到那时刚巧在英国的埃德温却失败后,他被叫到埃德温的岳父约翰·伯克处。当这位银行家知悉科尔文在惠顿的经历之后,显得非常激动,于是请他在自己的办公桌处坐下来叙述他所记得的有关埃德温及其家庭的每一件事。科尔文开头声明:"我说的如果埃德温未曾告诉您,我定会得罪他的。"伯克回答说:"埃德温是一个忠实的丈夫。他对我的女儿极好,可是我们中间没有一个人了解他家庭的任何事情。不必担心得罪埃德温。我向你保证不会的。"

科尔文坐下并写出了他能想起的几乎每一件事情,包括哈勃父母的详情,哈勃父亲的工作兴趣,哈勃兄弟姐妹的背景及其家庭生活。伯克很高兴,他定要科尔文到自己在洛杉矶的家里度周末,对此伯克夫人也会乐意的。已感到不自在的科尔文并不希望与有钱的陌生人以重新体验过去生活的方式度过另外两天时间,因此他托辞称已预定要回内布拉斯加州诺福克,在那里替加拿大和西北铁路公司工作,说声对不起后便离开了。他也谢绝了该银行家给他的100美元信用证。

科尔文正打算离开时,这位主人告诉他,自己的女儿将会对他所告知的信息表示多么感谢。可是科尔文却不太肯定,而此后他的怀疑得到了证实,他的朋友去世后,当时对待自己的婚姻犹如交班休息般的格雷丝,除了很少几件由埃德温告诉她的事情外,企图隐瞒有关自己丈夫过去别的所有消息。数年后冷静沉思自己兄长的奇怪而往往有害的行为的贝齐,比格雷丝更深刻地理解到人生并不是一件艺术品,她评说道:"我不晓得埃德温是否会因为没有做得更多而感到内疚。但伟大人物必须走他们自己的路。必定存在某些令人蔑视的地方,我们从不计较。"

第十一章

"几乎是个奇迹"

I

岁月流逝,当哈勃不上山时,他便花更多的时间在为历史悠久的文物和器具所包围的家里工作。在指责托尔斯泰(Leo Tolstoy)作为一名军事编年史家所存在的缺陷和巴尔扎克(Balzac)的拙劣夸张手法之后,他完全停止了阅读小说。这位最优秀的宇宙探测者也不关心当代诗歌。唯一吸引他的艾略特(Thomas Stearns Eliot)的作品是时而异想天开、时而尖酸刻薄的《老负鼠的关于老练猫的书》(*Old Possum's Book of Practical Cats*)。他继续读他在牛津发现的乔叟的作品,以及拜伦和雪莱的诗,并且他还能凭记忆背诵德拉梅尔(Walter de la Mare)的《聆听者》(*The Listeners*)。他新近的成名和对本人在历史中地位流露出的意识加深了他对伟人传记的兴趣,可是他对那些写传记的人是小心谨慎的,有一次他评论:"他们贬低所写的人。"如在阅读或谈论期间产生一个事实问题,他便查阅《大不列颠百科全书》第11版,努力当场解决它。

在彩色玻璃窗的下方,他的写字台上摆着在莱塞济的克罗-玛尼翁旅馆老板处买来的一只象牙色且已磨蚀的拳击手套。他会说:"觉得它正合你的手。"到处散乱地放着的则是破碎的骨制品和打火石,它们来自欧洲一些旧石器时代遗址。一只剑齿虎的弯曲门牙是在拉·布雷厄柏油坑附近发现的,还有来自各处不同时期的陶器碎片,年代未确定的雨滴和波痕、树叶、贝壳、木头和鱼的化石照片。

他深思熟虑一个特别困难的问题时,常常拿起一副纸牌。他照一名赌博老手的样子迅速洗纸牌,使这些纸牌不停地噼啪响,而当他发给自己一手玩单人游戏的牌时,就把它们重重地掷下。他说游戏消除了他的精神负担,使他能建立起照相底片上的无数模糊的圆点与生命出现于地球上之前它们从中突然发光的深渊之间的特有联系。

已成为伍德斯托克路的一块飞地几乎同样令人欣慰地成了他书房的围墙。这条死胡同的正对面是加州理工学院朱迪教授的住宅,哈勃在帕萨迪纳的早期曾同他住在一起。朱迪常常同哈勃夫妇一起去钓鱼和散步,跟随他们到加利福尼亚州圣马力诺高级的奥克瑙尔区,聘请同一个建筑师库切拉设计自己的单身男子住宅。

哈勃夫妇的隔壁邻居是鲍德温夫妇——辩护律师富兰克林·鲍德温(Franklin Baldwin)及其妻子弗洛伦斯(Florence,或称"盖西")。像童年时代的玩耍朋友格雷丝一样,弗洛伦斯在圣何塞受教育且也上斯坦福大学。格雷丝之前的产科医生罗伯特·史密斯也住在伍德斯托克路,正如哈勃夫妇的最亲密朋友中的两位,即荷马·克罗蒂(Homer Crotty)和艾达·克罗蒂(Ida Crotty)一样。

荷马·克罗蒂毕业于哈佛大学法学院,于1923年来到洛杉矶加入当地最有声誉的吉布森、邓恩和克拉彻律师事务所。与该事务所的其他大多数律师不同,他成长的道路艰难。他的父母在其完成学业之前去世,他们欢喜古典名著,因而本来会为他洗礼取名欧几里得(Euclid),可是他们找不到牧师来完成这遭非议的仪式,于是迫使他们选取诗人荷马而不是数学家欧几里得的名字命名自己的儿子。

还是一名高中生时,这名已成孤儿的少年当了奥克兰新建天文台的夜间看守人。要求他在那年每晚5点半到7点半在这个天文台的院子里看守。中学毕业后,他进入加利福尼亚大学,并继续担任了看守人之职5年之久。由于无他事可做,他着手收藏书籍并贪婪地阅读一切内容的书。

正是上述事务所里6个哈佛出身的人之一,富兰克林·鲍德温建议荷马和年轻的新娘艾达(爱称"艾蒂")到伍德斯托克路居住,他俩于1934年搬进了朱迪的隔壁房子。艾达漂亮、果断,但"非常天真",她出身于靠石油发财的一个家庭。像格雷丝一样,她上过马尔伯勒学院且立刻与这名像母亲般关怀她的饱经世故的上了年纪的妇女接近。

这对夫妻与自己的单身汉朋友常常在喝鸡尾酒的时间一起见面。男人穿一套西装或运动服,女人则穿长礼服。荷马比哈勃本人在天文台忍受了更多的持续沉默之夜,通常由他带头谈话。这位结实、脸色红润的律师喜爱争论。他是一名绝对戒酒者,但却对美酒具有非凡的知识,而且虽然他从未学过驾车,却能详细说明注入汽油和将汽油同空气混合两者之间的区别。他喜爱同别的人一起乘车去工作,这使他能在别人驾车时阅读。但坐哈勃的车时,他会忘了阅读。哈勃喜欢快速行驶,对停车标志和十字路口的交通漠不关心,荷马如大多数人一样,对此深感不安。

艾达认为格雷丝既不美丽也不可爱,但承认"她是有影响力的人物"。一天下午,放《对3个橙子的爱情》(The Love for Three Oranges)的录音时,艾达突然发现格雷丝是"一个普罗科菲耶夫(Prokofiev)*式的人物",克制、拘谨,但有不可思议的魅力。她告诉邻居自己的见解,格雷丝则回答说,一位著名的交响乐指挥说过同样的话,她感到惊讶。

与她的丈夫不同,格雷丝不是个依靠衣服证明自己身份的人。通

---

* 普罗科菲耶夫(1891—1953),苏联作曲家,《对3个橙子的爱情》即是他的作品之一。——译者

常她装束得像个英国妇女模样,偏爱腰身合体的粗呢衣服和朴素而雅致的衬衣所衬托出的"正经样子"。为应付特殊场合,她有时向与她共有娇小身材的艾达借夜礼服。艾达认为,她是"一个吸引男人的女人",不但在身段上有吸引力,而且在智慧上更有吸引力。"许多报纸杂志的工作人员对与格雷丝谈论和与埃德温谈论同样感兴趣。她从不奉承任何人,从不软弱或使用女性的伎俩。他俩一起打量你,那应是滑稽可笑的!"她也看不惯糊涂事。当出现神气十足的小人时,格雷丝比自己的丈夫更易动感情。荷马是她的藏书癖伙伴和"好朋友",他从自己藏书丰富的私人图书馆里借给她所要阅读的任何书,当格雷丝打量某个使人讨厌的人时,他喜爱她装作他所描述的"脸色冷淡难看的样子。警惕,因为她能用语言彻底打败你"。

克罗蒂夫妇知道埃德温就是格雷丝的一切,他们也知道埃德温开业当律师怎样发了一笔小财,结果为了自己更热爱的天文学放弃律师职业的现成故事。艾达了解格雷丝以前的婚姻,因为盖西曾秘密地告诉她关于招致不幸的厄尔·莱布的情况。她还得悉约翰·伯克和霍华德·休斯(Howard Hughes)是要好朋友,以及在两次结婚之间,格雷丝同这位富豪飞机师和未来的电影制片人在弗林特里吉外围骑马。一个时期格雷丝在盖西借给她的一架大钢琴上弹肖邦(Chopin)和莫扎特(Mozart)的曲子,但艾达从不知道她弹得怎么样,因为除了埃德温以外,格雷丝不容许任何人倾听。格雷丝与自己的丈夫同持无神论,因此不喜做家务劳动的她对包括圣诞节和复活节在内的假日都不作特别的准备,偶尔他们在朋友家里欢度节日。要成为"一个真正的知识分子",得花时间,而且除了埃德温之外,其余的事都不怎么要紧。

从他们相见起,艾达就知道,凭借埃德温的身材和健壮的样子,在任何群体中他都会脱颖而出。除了他的身高和引人注目的体魄之外,她还对他"和蔼、亲切的眼神"和热情的微笑留下深刻的印象。可是有事或有人使他不高兴时,他也会现出一副难看的嘴脸:"有关他的事情没有一件不显得非常、非常的男子气。"与别人交往中,他说话温和并保留在牛津学到的英国语法。许多人认为这是一种做作,但在艾达看来却迷人且对一个在国外受教育的人是十分自然的。"格雷丝和埃德温都是强烈的亲英派,而我并不为此责备他们。"他俩都喝威士忌酒和汽水,而且都吸烟。格雷丝用一根长烟嘴装香烟,而埃德温在社交场合喜爱抽香烟胜过笨重的烟斗。一般情况下他显得心情轻松舒畅,但当有什么好像就要妨碍自己的工作时,他会变得紧张和急躁。有一次,艾达正在格雷丝处作客叙谈,到午餐时间他大步闯进,想得知"就在当时当地"发生的情况。她窘迫的朋友匆忙准备已忘却了的午餐,艾达则赶紧回家,指望在将来密切注意钟点。

Ⅱ

埃德温·哈勃钦佩希腊人,且常常与他们在体格上和智慧上进行比较。如果是这些希腊人见了他,都会说一句:"他被编织进了受到祝福的挂毡上。"同时代的历史学家很可能会写他具有一点天赋、大量的好运气,以及充满着自信。可是格雷丝后来在私下谈话中承认,有好几次自己的丈夫回家后却因与范玛宁的不断争吵引起胃痛而蜷缩在床上。

他最为厌恶对自己的科学思想的挑战,而且总是害怕某个竞争者企图窃取自己的发现抢先发表。继他与伦德马克之间尖锐的公开交火之后,便是对德西特突然爆发的愤怒,虽然几乎无人知晓。格雷丝曾相信是德西特激励哈勃遵照他的嘱咐使用大望远镜追索速度—距离关系。1931年8月,这位荷兰天文学家寄给哈勃最近自己发表在《荷兰天文研究机构公报》(*Bulletin of the Astronomical Institutes of the Netherlands*)的论文,哈勃为德西特关于有几个天文学家批评了这个速度—距离关系的非正式声明所激怒。可是它是正确的,于是他在5页带讽刺的复信中写道,这个想法"已流传数年",而德西特本人却曾是第一个提到它,如此的商讨当时已是不切要领了。哈勃在1929年的原始记录里包含了对真实数据的首次展示,而长年累月最艰苦的劳动不断地证实了它。"因这些理由,我把速度—距离关系,它的确切表达、检验和证实视作威尔逊山天文台的一项贡献,且我本身深深地涉及对它的认识。"哈勃不满足于自己所证明的论点,继续责备这位年高德劭的天文学家,似乎他是个顽皮的学生,重复他对伦德马克的批评:

> 我们一直认为,一旦发表了一个初步结果,并宣布了在新天区里检验结果的方案,对新资料的首次讨论会出于对那些做实际工作的人的尊重而保留。难道我们要猜测你并不赞同这种道德标准吗?我们必须密藏自己的观测资料吗?肯定在某个地方有误解。

但是哈勃仍愿意对德西特的怀疑给予善意的解释而不公开自己的指责,至少在目前如此。德西特的复函遗失了,但当哈勃在几周后写信给他时,显然对它的内容表示满意。"赫马森先生同我两人都深切地感到你对星云的速度和距离的论文的宽厚评价。"他写道。两个月后,德西特抵达帕萨迪纳,在那里他同爱因斯坦一起宣布了哈勃所获得的荣誉。

到20世纪30年代中期,哈勃同范玛宁之间的冲突已沸腾如此之久,又经受如此之多的曲折,以至于它最终成了一本书的中心主题。哈勃还希望得到沙普利的支持。沙普利在造父变星和银河系的扩大方面所做的先驱工作的价值确立了他在科学史上的地位。哈勃在给自己的顽强哈佛复仇者的信笺边缘写了如下的话:"范玛宁的工作不包括在内。他把我们从他的宇宙里赶出。"

哈勃所提到的工作是正在威尔逊山天文台进行的星云课题,而这个"我们"不但包括他自己和同事"夜人"赫马森,而且还包括巴德,他是一名天才德国移民,于1931年加入威尔逊山天文台的员工行列。感到自己是哈勃领头的一起阴谋的牺牲品,所以范玛宁拒绝签署从事100英寸(2.54米)望远镜观测时间分配的计划委员会的推荐意见。他非但不给年报签字,而且手写了长长的不同意的意见,其中他强烈地抱怨分配给他的观测夜数:"范玛宁[分得]的比他应得份额少12夜。"哈勃开心地在另一个文件的末尾写道:"范玛宁拒绝在备忘录上签字,因此无法提供观测计划。"

他们两人之间的关系已变得如此紧张,以至于这种逐步升级的针锋相对较量呈现出滑稽的色彩。有一则告示突然出现在安放于底层靠近地下室的闪视仪上:"未经征询不得使用此体视比较仪。"它的署名是"埃·范玛宁"。

哈勃胜人一筹的机会来临于威尔逊山上,而恒星光谱学家奥林·威尔逊(Olin Wilson)隐秘地目睹了这一幕。范玛宁是100英寸(2.54米)望远镜的观测者,所以他有资格在吃晚饭时坐在餐桌的首席。哈勃早来并直接走进餐厅,这被认为是失礼的。威尔逊在他之后立即进来,感到好奇,于是在拐角那里盯着看他在做啥。哈勃从荣誉席位处攫取范玛宁的餐巾套环,以自己的取代了它。当铃响时,威尔逊不能再等着瞧将会发生什么情况,于是溜到别人的前面,看着范玛宁走到餐桌的首席,在那里他往下看,吓得目瞪口呆。"上面写着'哈勃'在这里。他再查看,'范玛宁'在那里。哈勃是个巨人,而范玛宁是个矮子。所以他就不得不到自己餐巾所在的那里去。"

范玛宁在研究初期曾表明自己得花10年时间以确定所发现的旋涡星云里的自行是不是某种类型系统误差造成的结果。可是每次他回头仔细检查原始底片和所得的新底片,他的测量依然保持内在的一致性。同时,如格雷丝所回忆,哈勃在受到英国皇家天文学会一位发言人的激励之前,背地里一直在发怒。这位发言人评论假如不是由于范玛宁的测量,哈勃的结果也许能接受。正是在那时哈勃告诉一位朋友:"他们请求我给[范玛宁]时间。好吧!我就给他时间,我给他10年。"

1935年8月,在亚当斯为梅里亚姆起草的一份机密备忘录里,这位威尔逊山天文台台长列出了一系列被他称为"此天文台曾不得不应付的最困难问题之一"的大事。哈勃曾到亚当斯的办公室向他提出一个要求:由于范玛宁的运动表示了距离测量中的显著差异,他希望有接触范玛宁以前使用过的底片的机会。亚当斯回答天文台主要关心的仅仅是认识真理,因而他也认为由别的观测者重新测量这些底片是理想的事。然而,亚当斯请求哈勃就此问题与范玛宁协商,努力同他一起工作,但这种努力无效。"由于这两个人的态度和脾气,在这件事上无法合作,倒是产生了极大的反感。"

哈勃叫赫马森取来4个较大旋涡星云,即M33、M51、M81和M101的新底片。然后将这些底片与里奇所摄的、范玛宁也曾用过的早期底片进行比较。在亚当斯的支持下,哈勃请尼科尔森和巴德进行独立测量。正如亚当斯所指出的,他们的结果在性质上根本是否定的,而且同范玛宁的结论恰好相反。

考虑到已证实了自己的论点,于是哈勃起草了一份长篇声明以在威尔逊山天文台《文集》(Contributions)上发表,这仅是到那时为止他所写的许多抨击范玛宁工作的文章中的一篇,其他文章都没有发表。亚当斯和该刊物的主编西尔斯阅读此文的最后稿件时,两人的脸色都变得苍白了。"它的语气,"亚当斯写道,"在多处显得过激且敌视的态度显而易见。"哈勃也不允许在措词上作任何实质性的改动。

西尔斯认为此事已严重到足以使海尔天天公开谴责它,他本人也谴责这两位天文学家不能像绅士那样解决相互之间的分歧。因担心这种不和会变成公开的丢脸的事情,从而可能损害威尔逊山天文台来之不易的声誉,所以西尔斯曾努力使这个争执不刊登出去。但当时的事态已达到不能再隐瞒哈勃的程度,除非诉诸彻底的审查。"我认为,研究机构有权利坚持这个程序;可是在某些情况下,可能更聪明的做法则是放弃这种技术性的权利,而对不满意的个人说:'刊登你所喜欢的吧,但刊登到别的地方去。'"

对此事所抱悲观程度仅略逊的亚当斯接着建议敌对双方同西尔斯一起讨论彼此的分歧,然后由西尔斯撰写一份声明书,在《文集》上发表之前提交给双方。待双方都同意后,由台长助理承担亚当斯所称的"一次长而仔细的分析报告",以范玛宁、哈勃、尼科尔森和巴德的名义发表。在此文传阅过程中,除了哈勃"激烈反对"之外,其余所有人都同意稍作修改便可发表。亚当斯也正达到了自己的忍耐限度,他指出"我觉得哈勃在此事上的态度无论如何是没有道理的"。

亚当斯对哈勃特别生气,因为他已得到了一切。大大有利于他的科学证据的平衡块,就要敲掉范玛宁的宇宙下方最后的柱墩,正像之前它已毁灭沙普利对宇宙的想象一样。由于心中还搁着伦德马克和德西特两人,这位台长进一步指出:"这绝不是首例。照科学工作者的看法,哈勃被自己表现出来的过激和偏狭的作风严重损害了。"

亚当斯还觉得必须把新的测量结果发表出来,所以他坚决进行干预。同哈勃数次商谈后,他终于获得哈勃的同意在《天体物理学杂志》上刊登关于哈勃自己的结果的一个简短陈述。在不到两页的摘要里,哈勃不但引证了自己对4个旋涡星云的重新测量结果,而且把尼科尔森和巴德的名字也列入了。对至今仍是个谜的范玛宁错误的根源,他什么也没说。但隐藏在哈勃未发表的原稿里的则是指责范玛宁把个人所希望的东西写入自己的数据中去,要是此稿被发表的话,会引起对这位真诚、尽管提供不正确信息的同事的谴责和嘲笑。

紧接着哈勃的文章之后的是范玛宁所写的一份更短的声明。根据新底片及威尔逊山天文台同事对它们的独立分析,范玛宁承认很可能存在系统误差。老实说,没有留下什么要解决的,但他还不满足似地谈到解决这个争论问题的新研究。范玛宁能赢得的最多是有点玷污了的精神胜利,甚至它还隐藏在亚当斯的秘密报告里:"此事中范玛宁的态度要比哈勃的好得多。"

格雷丝在自己的题为《埃德温·哈勃:天文学家》(*Edwin Hubble: The Astronomer*)的回忆录里写道,自己的丈夫并不是个对范玛宁,或者为了那种事,对其他人怀恨在心的人。她引用邻居富兰克林·鲍德温的话,他也曾说过埃德温采取了一种"几乎是天文学的态度对人待事"。可是直到1969年,科学史家霍斯金(Michael Hoskin)对这场科学争论提出一个学究气的疑问之后,她才把这一点半信半疑的信息添加到记录中去。因不知道亚当斯的机密备忘录和许多别的信息,在致函霍斯金时格雷丝进一步寻求保护自己丈夫的名誉:"这种矛盾归根到底并不很重要。[埃德温的]工作是如此显明和如此广泛。"

格雷丝难得感受到(要是曾有的话)自己丈夫的狂暴脾气,他们的任何一个邻居也几乎不曾见过这类情况。可是,除了那些他已与之交锋的人以外,有些人也成为了不情不愿的目击者。普林斯顿大学的施瓦西(Martin Schwarzschild)宣称:"哈勃是最坏的。我在他的几次唠叨的长篇演讲中曾受其害,他大声叫嚷,以你能想象的最无道理的方式反对沙普利",虽然"沙普利也不是天使"。而哈佛天文学家博克(Bart Jan Bok)后来同哈勃成为朋友,每次他在"早期"访问威尔逊山天文台时,他总是咬牙。"嗬!哈勃不跟与哈佛或者沙普利有联系的任何人来往。"一个少有的例外便是佩恩,当时她还是个研究生,不顾沙普利的反对,西行去请教哈勃。"哈勃以亲切又非常谦虚的姿态谈论我的工作。"佩恩回忆道。后来她听到哈勃曾评论过她:"她是哈佛最好的人。"

如此的妄自尊大在牛津天文学家普拉斯基特所讲的故事里得到了

最好的写照,他把哈勃比作著名的物理学家罗兰(H.A.Rowland)。在一次审判中,罗兰作为专家证人接受盘问时,这位名人受到反方辩护律师的询问:"嗯,罗兰教授,谁是世界上最伟大的物理学家呢?"罗兰答道:"我想,我便是。"事后他的朋友问起这个声明时,这位科学家坚决表示:"可是当时我是在宣誓中。"

Ⅲ

1932年的夏天,强壮英俊的梅奥尔在伯克利大学完成天文学博士的课程作业之后,整理行装向哈密尔顿山上的利克天文台进发,在那里他打算用研究生奖学金花上一年时间在穆尔(J. H. Moore)博士的指导下撰写自己的博士论文。到了10月,哈勃采取了颇不平常的处置,致函穆尔主动提供关于一个可能的研究课题的建议。他把梅奥尔当作一个门徒,所以还撰写了3页的备忘录,在其中概述了探讨的方法。"银河系外空间的探测是个较重要的新领域。"他开头说。"基本的问题是确定被视作整个宇宙的一个随意样本的可观测天区的一般特性。"威尔逊山的60英寸(1.52米)和100英寸(2.54米)反射望远镜迄今已指出星云以随机方式遍布于空间,宇宙是均匀的和各向同性的——即在所有方向上是不变的。假如这指望的假设能得到证实的话,便可首次得到物质密度的量级的精确数值估计,从而对宇宙学和未来的星云研究起深刻影响。

要走的路显得漫长而乏味,所以威尔逊山的天文学家不能期望承担全部的责任。"相当重要的是这个有如此广泛兴趣的问题的解决……代表着各种独立和充分的研究的贡献。"配备36英寸(0.91米)反射镜的利克天文台的克罗斯利反射望远镜很适合于这个任务。实际上,梅奥尔在以自己拍摄的底片填补空白的同时,还可利用现存最大的星云照片集之一。作为进一步的鼓励,哈勃推断:"可靠的分析应来自利克天文台,这是既方便又合适的。"

哈勃未说的是一等到梅奥尔拿到学位后就千方百计劝导他到威尔逊山来。有一个精心的计划涉及把60英寸(1.52米)口径的反射望远镜装箱以重新安置在南半球。梅奥尔写道:"同我一道协助拖车式活动观测室的头儿,一个死板的主管人,主要收集河外天文研究领域方面的观测资料。"如他过去乐于助人那样,哈勃也不关心个人兴趣以及手头问题的复杂情况。一如他和梅奥尔两人都期望的,穆尔立即点头同意进行下去。

1934年1月,即约15个月后,哈勃生涯中最长的学术论文发表在《天体物理学杂志》上。它的标题为《河外星云的分布》(The Distribution of Extra-Galactic Nebulae),这篇论文有整整69页之长。在使用威尔逊山上的两架大反射望远镜所拍摄的80 000个河外星云中,哈勃取44 000个为基础进行了分析。这些河外星云是从数量大得惊人(1283张)的底片里搜集起来的,而每张底片既在强光源又在弱光源之下至少查看3次。所有不能肯定为恒星或明显的疵点的像都标记为星云。含有数张复印的底片作检验目视误差之用,而数对底片的这种对比表明"看错的与没看到的趋向于平衡",反映出就统计的目的而言,这样的计数是有效的。

始终地,在银河的中心部分未发现任何星云,它们在那里被一条宽度从10°到40°不等的巨大不规则暗物质带所掩蔽,形成隐带。即使沿这条带的边缘,星云仍属"罕见",有力地证明掩蔽主要由于分立云而不是由于一层均匀的弥漫物质。正是在银河平面的南北高纬度区,星云闪亮,拥有大量的恒星,有些恒星隐藏在星云自己的黑暗遮蔽物里。越靠近南北两银极冠,图像显得越清晰,星云本身往往数百个集结在一起形成庞大的星云物质聚集体。在图表的辅助下,这位仍把自己的工作称为"探索"的作者宣布了自己被证实(至少暂时性的)的假设。就人类所能达到的最大尺度而言,宇宙确实是均匀的,即使成团的星云到处随机地散布。天文学家所观测到的宇宙是大大的宇宙。受到这种见识的鼓励,哈勃计算出空间里物质平均密度可用仅1克的物质均匀分布在为地球1000倍的体积里来表示。

他重要的演绎推理一发表,梅奥尔就致函感谢他阅毕自己就要付印的博士论文草稿。"在详细描写根据计数所得到的结果中,我已作了若干更改,这些修改主要由使自己的结果能同您的相比较的愿望而提出。""学位论文委员会的委员,"他补充说,"都有这样的意见,即这篇学位论文根本应作为一项在您的论文出版前完成的研究工作发表,所以我未在正文的主体部分里提到它。"

为了梅奥尔的博士论文能稳妥出版并保证他获得荣誉,哈勃答复自己为梅奥尔所取得的进展而高兴,并完全同意该委员会的意见,这篇博士论文应在不涉及自己的论文情况下发表。这样做,哈勃给人以不偏不倚的假象和就利克天文台在此研究中的核心作用问题上对穆尔遵守信义的错觉。"实际上,"哈勃承认,"在作这个决定中我有个人利益的考虑,因为我渴望进行尽可能多的独立研究,使得累积起来的证据将最终令东部的研究小组信服精心工作的重要性。"

就像许多人的梦想一样,梅奥尔在南美成为哈勃的"忠仆"的希望在接踵而来的世界经济大萧条中因经费消失而落空了。在大草原的东方,暴风吹刮起大量多色(红色、黄色、黑色和棕色)的泥土,把它们从俄克拉何马州带到南、北达科他州甚至更远,遮住太阳,引起中午时一片黑暗。人们犹如自己种植的已枯萎的庄稼,都变成了风向标。不同年龄、阶层和种族的男人、女人和儿童突然发觉自己是有人一度称为"地下阶层"的新社会范畴里的一分子。白天他们坐在公园长凳上晒太阳;晚上在变黑了的马口铁罐头里煮粗食;然后裹着旧报纸,睁着一只眼,睡在无名的流动帐篷和路边壕沟里。许多人沿途到处行乞,另一些人偷窃未被钉住的任何东西。有些人做工,但很少做得长。职业不能持续,而报酬总是低得不能点燃人们的期望。

　　成功到达加利福尼亚的被撵走者,他们从苦难中解脱的最后愿望遭受到了穿着过膝长筒靴的国家军队和地方行政司法长官代理人掌握的棍棒及铜指节套的粗暴剥夺。"不需要卑贱的人!"这些招牌上写着,"流动雇农滚回去!"可是在伍德斯托克路上的生活照旧。由于荷马·克罗蒂的推荐,哈勃成了晚霞俱乐部的一员,此俱乐部是个有声誉的全男性社团,它位于洛杉矶的闹市区。哈勃夫妇同邻居常常在威尔舍大街上的佩里诺饭店吃饭,艾达·克罗蒂把它称为当时"独特的"饭店。他们喜爱这家饭店楼上专用餐厅供应的法国菜肴。

　　仅仅是偶然的机会,艾达瞥见了经济衰退带来的后果。她穿着一件皮大衣,由穿着相似的母亲和两个姊妹陪伴,去闹市区拿一张护照。街道对面是排队领救济品的穷人队伍,尽管她穿着御寒的服装,它却使她感到寒心。荷马有时谈到一场社会主义革命的可能性,而哈勃在政治上比在科学上保守,他对富兰克林·罗斯福(Franklin Roosevelt)*及其新政发怒。格雷丝冷漠地阅读《愤怒的葡萄》(The Grapes of Wrath)**并把在鲍德温家同调查过加利福尼亚和亚利桑那两州的流动农业工人露宿营地的朋友们一起吃饭的事写入日记。他们一致认为情况必定大为恶化,从而影响税收和生活条件。"成年人多半[是]无希望的了,假如把父母排除的话,能为孩子们做点事。成群的男人不得不每隔半小时打扫一次厕所(在斯坦贝克的脑海里就是如此)。"

　　如果不是在最后关头获得一笔相当于一名看门助理的工资的资助,使梅奥尔能在哈密尔顿山继续待下去的话,只隔一个星期,他便要加入失业者的行列。哈勃同与这位年轻天文学家经常保持通信联系的赫马森一道,劝说他参加他们的星云红移的课题。梅奥尔使用过的克罗斯利望远镜是架拍摄具有相当大表面亮度的暗天体的精良仪器。它

---

*富兰克林·罗斯福,美国第32任总统(1933—1945)。——译者

**美国作家斯坦贝克(John Ernest Steinbeck, 1902—1968)的代表作。——译者

又能观测到100英寸(2.54米)望远镜所能达到的极限:赤纬+64°以北的星云。因此,根据双方协议,赫马森和梅奥尔便拍摄不同的星云,后者专心于50个视星等为12.5的旋涡星云的弥散速度。威斯康星的天文学家斯特宾斯也同意参加哈勃这一比以往任何时候更雄心勃勃的任务。

赫马森在面对工作时的紧张开始显现。在与星云有关的班组里,这位天生的观测家不断向自己挑战。虽然安装在卡氏焦点处的照相机和摄谱仪,如同伊斯曼·柯达公司所提供的底片的质量一样,不断地得到改进,但这种得益大部分被哈勃指定给他的比以往更暗的观测目标抵消了。哈勃迫使仪器和人都达到其极限。1936年1月,赫马森写信告诉梅奥尔,他就要在山上指挥5个夜晚的工作,以找出长蛇星云团里的一个星云。"它是我曾观测到的最暗的天体且很可能全世界都没有希望直接拍摄到它,然而如果我的精力支持得住(同时天空的视宁度也能保持下去)的话,[我]会试试看。不愿去想象我观察了四五个夜晚,却以对此无所表现而告终。哈勃,"他补充说,"声称我总是告诉他这不可能,然后很快病倒,但这次我想不会。"

为了试图使梅奥尔对受聘于威尔逊山天文台一个职位的日益消失的希望保持下去,赫马森在信里又写了"很秘密"的附言。新近哈勃已再次拒绝了卡内基理工学院的董事会以其现工资4倍的待遇当该校校长的聘请。他之所以这样做是由于了解自己将成为正在帕洛玛山顶上建造的200英寸(5.08米)新望远镜的负责人。要是事情按计划进行的话,"定会请你加入员工的行列。对此我们已谈论过数次了,我们两人都认为巴德、梅奥尔、哈勃和赫马森应成为一个相当理想的组合"。

Ⅳ

星光使消沉的海尔着迷。星光相当于纯金,它落到地球表面的每寸土地上,而迄今做得最好的是收集照在一面口径为100英寸(2.54米)的反射镜上的光线。正是在沉思这些被浪费的巨大财富期间,这位忧郁的天才萌发了制造比自己在叶凯士天文台和威尔逊山天文台的智慧结晶更大的望远镜的幻想。"我相信,"他致函一位朋友,"现在,我们有能力制造一架200英寸(5.08米)甚至300英寸(7.62米)的望远镜,这会对天文学发展很有利。"

对海尔来说,想法等于行动。于是海尔求助于仪器设计家皮斯,他是威尔逊山天文台最老、最可靠的人员之一,请求他把一些想法写在纸上。希望使皮斯陶醉,他立刻制作了一架300英寸(7.62米)巨型望远镜的设计图,它能够使迄今未见的星云处于人的指尖可触及的范围里。想象同星光一样丰富,这两位幻想家所需要的一切便是几百万美元以及一个立脚的山顶,像阿基米德那样。

叶凯士、胡克和安德鲁·卡内基都已逝世。国内几乎没有别的富翁对天文学有足够的兴趣而愿为建造一架大得连海尔也不能绝对保证一定可运转的望远镜提供资金。海尔在1928年初下决心与洛克菲勒基金会的罗斯(Wickliffe Rose)接触一下,考验一下他们的乐善好施程度。为了确定浇注多大的反射镜是可行的,该基金会的国际教育委员会会考虑提供一笔适中的资助吗?

数周后海尔赴东部与罗斯举行一次私人会晤,使这位天文学家大为惊奇的是罗斯热情地询问望远镜本身的造价以及它将给谁。窘困的海尔对第一个问题没有准备好回答,但他答复了第二个问题,这架仪器应属于在华盛顿卡内基研究院管辖下的世界最大的天文台。

罗斯回避了这一点,争辩道这架望远镜应归于一家教育机构,最好是加州理工学院,海尔是它的一位创办人。由于威尔逊山天文台专长于天文学是毫无异议的,所以罗斯坚决主张该台的员工同加州理工学院缔结一项合作协定,以便筹划制造这架望远镜和在新天文台开展研究的事宜。由于几百万美元的利害关系,海尔不能讨价还价。答应向罗斯提供有关经费估算之后,海尔离开了纽约。

随后数月具体落实时,海尔和皮斯不情愿地得出结论,自己梦想的25英尺(7.62米)反射镜的浇注和安装充满着太多技术上的风险。他们选定了口径为200英寸(5.08米)的缩小型望远镜,并确定了建造价格为600万美元,要是这笔款项被证实不够的话,还拥有要求追加经费的选择余地。在1928年5月25日洛克菲勒基金会国际教育委员会的一次会议上,全体委员投票一致通过。

即使对天文学家来说,这架还待浇注的号称"巨眼"的反射镜按设计所具有的威力,细想起来大得吓人。它的光学距离近似10亿光年,即可观测到的空间体积增长7倍。它的聚光本领——相当于100万只人眼——能使天文学家看见10 000英里(约16 100千米)外的一支蜡烛,并拍摄到为此距离3倍处的物体。在100英寸(2.54米)胡克望远镜观测到的范围里所估计的1亿个星云基础上,将再增加数亿个单独或成群散布着的星云,以及巨大的星云集团。在即将来临的岁月里,当望远镜的建造取得进展并预期安装时,赫马森有时会听到哈勃谈及达到"观测极限"或"视界"的可能性,按理论,爱因斯坦宇宙中的光线将在那里折回原处,而恒星则不再越来越暗地,数以几十亿地密集在那里。

从一个100英寸(2.54米)的反射镜过渡到200英寸(5.08米)反射镜需要浇注一个与1908年圣戈班玻璃工厂制造的普通平板玻璃体不同的圆镜面。从一开始,海尔便已想到派热克斯玻璃,这种玻璃的膨胀系数小,由它制作的碟子深受家庭主妇的喜爱,她们把它们从冰箱搬到电炉,然后再搬回,却不会碎裂。与纽约州科宁玻璃工厂的科学家共同努力的结果,制出了从30英寸(0.76米)到120英寸(3.05米)范围内的一系列试验性圆镜面,所有这些镜面被断定是可用的,尽管还远远算不上完善。

制作一块令人满意的毛坯所存在的问题由于玻璃太重而增多了，因此需要以这样的方式把它固定住，使得它不会因应力过强而脱落和碎裂。作为一种解决办法，皮斯提出了用肋材支撑镜背的巧妙主意，即称为"蜂窝"的设计。与老式的实心圆镜面大不相同，在镜背打算锻造散置着36条等间距的脊的深槽。然后这些脊，即"支撑点"，用36个独特的机械装置连接于构架，每个这种机械装置包含1100个部件。当运作时，一系列错综复杂的控制杆和平衡轮能自动调节每个支撑点，以保证固有的应力和张力得到补偿，于是此反射镜便总是保持着所希望的形状。

经长时期的试验后，200英寸（5.08米）反射镜的铸模终于完成了，而圆镜面的浇注定于1934年3月25日进行。能容纳65吨熔化的派热克斯玻璃的槽花了15天才注满，又花了16天把它加热到1575摄氏度，那时开始熔化。使用悬挂在由一班工人以长柄引导的单轨空中吊运车上的钢铲斗，每铲斗可容纳750磅（约340千克），把熔化物从槽里转移至一个圆顶屋里的铸模。需好多小时才能注满铸模，因为每铲斗中大约只有一半的液态玻璃浇注在此铸模上；而其余的则凝固在这种笨重容器的周边，用重棒把它们敲脱后返回熔解槽。退火花了4周，这比被认为安全的速率快9倍。可是正好在20吨圆镜面冷却前，赫马森致函梅奥尔，告诉他浇注"完全失败"了。

数个固定于铸件底部的棱柱般型芯由于把它们保持在固定位置的金属钉已熔化而发生松动。这些型芯逐渐漂浮到表面上，于是必须用铁橇把它们捞出。正在继续退火时，便已着手制造第二个铸模。主任技师麦考利（G. V. McCauley）用铬镍合金螺钉把新的型芯固定着，以保证过去的情况不再重演。

第二次浇注于12月2日，在几乎不公开和访问者很少在场的情况下进行。这次考虑退火10个月。虽然发生一次小地震以及希芒河泛滥迫使温度控制设备暂时停止运转,但一切仍顺利进行。

40 000磅(约18吨)重的镜面装箱后竖直装载在一辆特殊的低吊铁道车上运往帕萨迪纳。它仅在白天以每小时25英里(约40千米)的速度隆隆地向西行进,以只差几英寸的间距通过铁路、隧道和桥梁,它的振动被自动记录下来。怀旧的海尔到场迎候列车,它使他想起了1897年40英寸(1.02米)口径的反射镜抵达叶凯士天文台的情景。看来令人惊奇的是,他的第一架大反射望远镜上的镜面玻璃正好与他的新巨型反射望远镜镜面的中央空洞相吻合。

20名工人守候在新近建成的加州理工学院的光学工场,在那里首先使用一台160吨重的碾磨和抛光机器把镜面磨平,再通过磨去5.25吨玻璃把它的中心加深约4英寸(10.2厘米)。这个过程开始于1936年4月,后因战争中断,故直到1947年10月才完成,共花费了180 000工时以及约31吨的磨料。上述过程完成后,反射镜再磨光成误差在百万分之一厘米范围内的精确的凹面。

20世纪20年代,利克天文台的天文学家赫西(W. J. Hussey)带着轻便的9英寸(22.9厘米)口径克拉克折射望远镜,已开始对威尔逊山之外从墨西哥边境向北绵延的山脉上的大气状况进行测试。由于圣加布里埃尔山谷灯光的增多,威尔逊山作为200英寸(5.08米)望远镜的大本营的可能性已被排除。经过5年考查和许多深思熟虑后,从一个牧场主那里得到了在孤立的帕洛玛山上的土地,它是在圣哈辛托区域的一个6100英尺(1860米)高、30英里(48.3千米)长和10英里(16.1千米)宽的平顶。由于它位于帕萨迪纳东南93英里(150千米)和圣迭戈以北50英里(80千米)处,所以不存在光污染的危险,至少在可预见的将来是如此。虽然这地点处于地质活动期,但望远镜筒固定在山上,遭受来自地震的危险极小。

哈勃是望远镜咨询委员会的成员,他乐于在周末同格雷丝悄悄走出去,驾车到正在建造的地点。在1936年以前,工人一直忙于在那儿筑两条路,一条路在山的南面,另一条路经过山顶到天文台的场地,约4英里(6.4千米)长。住宅和露营区同时出现,伴随着水管和电线的铺设。圆顶室的底脚,其大小与伟人祠相等,到下一年便在适当的位置上,尚有一批其他项目正进行投标,从出价600 000美元安装巨大的望远镜到出价2000美元的露天停车场。具有讽刺意味的是,这个项目得到了似乎没完没了的经济大萧条的帮助:那些公司拼命使自己的顶级技术人员和工人情愿照成本甚至更低的价格承担许多工作,宝贵的经费出乎意料地得到了很好的充分利用。如一位感到欣慰的参加者所反映的那样:"我知道我们在许多事情上表现得很好。"同时,急切的哈勃告诉格雷丝,要花10年时间用200英寸(5.08米)望远镜作观测以解决主要的宇宙学问题。"我们并不说这是完美的,因为我们并不使用'完美'这个词,然而它几乎是个奇迹。"

海尔一直明白自己不会活得很长,因而不能重新体验1917年11月那晚,织女星最初在100英寸(2.54米)望远镜的目镜里摇晃的令人激动的经历。他所能希望的一切便是大力推进自己怀有极大奢望的项目,使它达到并超过没有退路的程度。在1936年以前,他已这样做了,此后他的身体开始迅速衰弱,因此怀疑自己作为天文台理事会主席的作用。到7月,事态已发展到这样的程度,那时忠诚和难过的亚当斯觉得必须起草一份秘密报告给在华盛顿的梅里亚姆。

需要一位天文学家负责200英寸(5.08米)望远镜,而哈勃差不多肯定是首选人物,要是加州理工学院能提供财力的话。"就我个人而言,我几乎没有任何怀疑地认为,假如工资待遇满意的话,[他]会接受卡内基研究院的任命。"亚当斯在那时刚与梅里亚姆发生争论,正认真考虑辞去威尔逊山天文台的台长职务。或许哈勃也会被考虑担任那个职位,不过这话由不得亚当斯说。

至少暂时，梅里亚姆有其他的主意。9月里他派遣卡内基研究院的物理学家梅森（Max Mason）到帕萨迪纳，在那里他被任命为加州理工学院的助理研究员兼天文台理事会副主席。到次年2月，赫马森致函梅奥尔说："海尔博士……很可能始终不介入。梅森是整个项目的现行负责人。"确切地说关于哈勃的前途发生了什么情况不完全清楚，但他以前为论文发表对梅里亚姆的突然发怒以及新近去英国和延长在那里的逗留期等事无疑在梅里亚姆作决定时会起影响，如同范玛宁的争论对哈勃有不利影响一样。梅森也向梅里亚姆表达了他对哈勃贵族似的行为的厌恶。赫马森答应在下次见面时向垂头丧气的梅奥尔提供情况，因此同样失望的他只写道："不管你相信与否，有许多人不喜欢哈勃，于是他们千方百计试图尽可能阻止他被提名为台长。如果巴德和我在春天来到你那里……那时我会告诉你这件事的全部。"

他们的希望于6月短暂地重新燃起。乐观的赫马森写道："哈勃正在以略为不同的方式干各种事，因而就200英寸（5.08米）望远镜而论，他的前途看来相当光明。"他再次拒绝提供详细情况，他称"太复杂了"，一封信里说不清。这便是赫马森最后一次写及此事，而在亚当斯和梅里亚姆的档案里无此事的进一步情况。

V

作为一名用假蚊钩钓鱼瘾头很大的人，哈勃常去河边，尤其到那些从未钓过鱼的河边。他特别喜爱的书中，有一册是亨廷顿图书馆收藏的有趣的书，书名为《一位老人所著的……一篇论飞虫及假飞虫制作技艺的奇妙专题论文》（*A Quaint Treatise on Flees and the Art of Artyfichalle Flee making...By an Old Man*）。当珍本图书管理员看到他进来，便主动打开书柜，然后把那部著作放在栎木制的阅览桌上。哈勃便虔诚地翻到已有100年的真飞虫附在它们的图片之上的那几页。

他太没有耐心去掌握系结自己的诱饵的技巧,因此从附近一个体育运动用品商店里购买自己收集的诱饵中的大部分。以他正在清理它们为借口,它们常常被排列在他的绿色皮椅旁的桌子上,但半露微笑的格雷丝知道得更清楚。在一边排列着的是"一般诱饵",用假蚊钩钓鱼的人能用它们冒充处于从幼虫期到有翅的不同成长阶段的许多昆虫。而在另一边排列着的是"特殊诱饵",即能伪装成诸如蜜蜂、蜉蝣、漂亮的甲虫和飞蚁等特定的孵卵动物的飞虫。

作为一名急流蹚水者和优秀的投钓丝者,他偏爱科罗拉多州西北的怀特河,1935年夏,他和格雷丝作为克罗蒂夫妇的客人首次到那里。与世隔绝的私人牧场,即里奥布朗科牧场是37个股东的财产,它由有钱的专业工作者从老宅地开拓而成,必须事先取得他们对未来的买主的一致赞同,然后其中一个成员才能转手。哈勃夫妇乘火车到赖夫尔,牧场管理员哈里·乔丹(Harry Jordan)在那里迎接他们,然后驾车向北去米克,埃德温于此购买了一张钓鱼许可证和生活用品,接着开始了向东进入山脉的45英里(72.4千米)的旅程。

位于怀特河高原上8000英尺(2440米)高度以上的那块被当地人称为"航空母舰"的地区,即牧场,有7英里(11.3千米)长和半英里(0.8千米)宽,且横跨河流的两侧。逆流而上5英里(8千米)便是特拉珀湖,由一条暂时凑合的路和由鹿、麋、骑马人以及随时出现的熊时常出入、长年累月所踏成的众多小径可到达此湖。由各种圆木——云杉木、香脂冷杉木、山艾木、美国松木、白杨木、柳木以及其他木头等——搭建而有裂缝的小木屋俯视着大鱼溪。每幢小木屋都有一个大壁炉和散热器以御寒,还有数量相当可观的小鼠,它们在数量上的不断增长或多或少地靠半家养的猫来加以制止,在夏季末,最后一批小鼠必须集中起来,或消灭。

哈里·乔丹同妻子克利奥(Cleo)是主管,但大多数的内部职责由米克来的中学生完成,他们乐于在缺少经济来源期间,利用这种机会挣些钱。铃响吃早饭、中饭和晚饭,他们全都在帐篷里开饭。克利奥·乔丹提起被宰前还在供给新鲜鸡蛋的鸡,放入油炸锅,而哈里则屠宰用卡车运上山的牛并烹调牛肉。安妮·克罗蒂(Anne Crotty)同她的哥哥丹(Dan)一样,称呼哈勃夫妇为"格雷丝婶婶"和"哈勃叔叔",她还记得稠厚到会凝结成块的新鲜的奶油,以及涂在手工做的富有滋味的面包上的新近制作的黄油。

威士忌酒在吃饭的帐篷里是被禁止的,但在小屋里是否也被禁止,则什么都没说。通过唯一一部电话机可与外面世界取得联系,但这只有在电话线未倒下的时候才行,而电话线倒下是常有的事,如果你想要的话,你也可带上自己的收音机。报纸则必须专门订购。安妮回忆,这里的世界滚滚流逝,基本上就像自然界在紫蓝色天空下面发芽和开花一样。

被这些周围的事物以及同诸如新泽西州标准石油公司董事长霍尔曼(Eugene Holman)这样有影响的股东交往所吸引,哈勃夫妇很快也成为了这里牧场的股东,他们特别喜爱在科罗拉多度假而到英国休养身心。格雷丝要么在名叫米克的崎岖的山间小路骑马,一天跑30英里(48.3千米),要么在日记上记下自己在大自然里的遭遇,以消磨时光。与此同时,可看到埃德温在仔细端详怀特河里的一个"小湾",它的上部是急流,大转弯处叫作水塘,而平静的水面,即它的尾部在下游。他便涉水直到腰部,为保持平衡张开双臂,选择自己的位置,然后举起轻如羽毛的钓竿,指向时钟上12点钟的方位,以很大的弧度展开钓丝,从而使飞虫轻轻地留在水面上。一会儿工夫,他便沉浸于很早以前形成的此地区地质构造所体现的诗意之中,正如他常常沉浸在广阔无垠的天空之中一样。一天夜晚,他看完格雷丝的日记后,以失望的口气声称:"下一次在营地那里必定有更多的鱼。"

几周内哈勃默想着别的水域,从一座圆形石塔顶上俯视着位于遥远的马萨诸塞州东北风景如画的格洛斯特港湾。狭窄的楼梯向上盘旋到一间有大壁炉、古老暗黑的家具且墙壁上挂着潜水服的房间。在黄昏时刻,安角上的灯塔闪烁着红光,一望无际的大西洋就在那边。如他一个月内每天早晨和下午所做的那样,这位天文学家在夜里回到礼拜堂内的祭坛,在那里他自己点的蜡烛有时燃烧到半夜一两点钟。

卢考特高地是传奇式人物、美国采矿工程师哈蒙德所拥有的房地产的一部分,他曾一度是罗德在南非采金地时的一名雇员。作为南非德兰士瓦省改革运动的四领袖之一,哈蒙德已在著名的拉伊德(Jameson Raid,与他的意见并不相同)之后被关进布尔人*的殖民地,只是在支付了一笔125 000美元的罚款后才免于执行判决。从南非被流放到境外后,他经由英国返回美国,并与某些国内最重要的财团结交起来。他的这些关系使他获得了哥伦比亚大学、哈佛大学及其母校耶鲁大学的讲师职位,并被选为美国艺术和科学研究院的院士。哈勃夫妇于最近一次访问首都华盛顿期间已会见过他们的东道主,在那里格雷丝对哈蒙德的都铎式样的宅第感到惊异,猜想在首都它是这种类型住宅中的第一幢。

哈勃在1935年9月花了大部分时间琢磨下一个月将以2500美元的酬金于耶鲁大学作的8个西利曼讲演。创立西利曼纪念基金的奥古斯塔斯·西利曼(Augustus Silliman)为纪念自己的妻子海普萨·埃莉·西利曼(Hepsa Ely Silliman)而命名的这种一年一度的讲演,其本意设想要不依赖于"爱争辩的或教条式的神学"证实"如在自然界和精神世界所表明的,上帝的存在和智慧"。自1903年英国物理学家和诺贝尔奖获得者约瑟夫·约翰·汤姆孙(Joseph John Thomson)爵士作第一次系列讲演以来的30年里科学继续存在,可是神学已大部分消失了。使名单增光的其他杰出的名字中,有卢瑟福(Ernest Rutherford)——他继汤姆孙之后任剑桥卡文迪什实验室主任,有遗传学家贝特森(William Bateson)、气

*居住在南非的荷兰人后裔。——译者

体和深海潜水专家霍尔丹(John Scott Haldane),还有玻尔(Niels Bohr)——他在因量子理论方面的奠基性工作获诺贝尔奖的下一年,即1923年登上了那里的讲坛。

10月,在耶鲁大学校长安杰尔(James Rowland Angell)的邀请下,哈勃夫妇搬进了纽黑文校园内塞布鲁克学院的一套客房。他们同其他约61 000人一起,观看了耶鲁—海军之间的比赛,倾听了弗兰克·劳埃德·赖特(Frank Lloyd Wright)关于木建筑的演讲。格雷丝后来写信给自己的妹妹马克斯[她已嫁给了一个有礼貌的商人和周末的张帆游艇手克拉伦登·埃耶(Clarendon Eyer)],告诉她实际上在结束时因人人互相攻击而有一阵骚乱。"克拉伦登本会喜爱它的。"

跟格雷丝的平常习惯相反,她独自去听哈勃的演讲并坐在后排。不知道她是谁的看门人向她表示了对听众人数之多的惊讶。以前有一个演讲者在最后一晚仅向3个人讲演,这便说明了为什么在以往7年当中有3年没有请过一个人来讲演。对比之下,哈勃的听众一开始便很多,并逐次增加,最后以座无虚席和经久不息的欢呼声达到顶点。

单这一个月的空隙时间里,哈勃日夜工作,已撰写了《星云世界》(The Realm of the Nebulae)一书原文的许多部分,1931年他本已答应此书给普林斯顿大学出版社出版,但从未交付过。在给梅奥尔的一封信中,哈勃把它称为"介于科普讲演与教科书的中间物",使它"有点难以评价",因而它由耶鲁大学出版社出版后,一旦落到评论家的手中,便有些担心。

《星云世界》主要是为受过高等教育的人而不是为依靠学术文献的科学家撰写的,它跨越了1922—1936年,即哈勃三四十岁这一时期。这是自伽利略以来任何天文学家一生中最有创造力的时期,而3个世纪前,伽利略通过向文艺复兴时期的有文化的人们演讲《星际使者》(The Starry Messenger)已为此铺平了道路。并且像伽利略一样,哈勃首先讨论他工作的历史背景,然后才提出自己为解决宇宙学四大问题而往往是精心地起草的报告，其中任何一个都会保证他名列首位地被载入科学史册。

他写及，自1922年起，如何不存在一个满意的星云分类系统。在详尽无遗地检查了数千张照相底片之后，仅相隔4年这位天文学家就已能够实质上把所有星云归入几种主要类型。"由表观的混乱中已呈现出秩序，"他说，"因而进一步的研究计划大大地简化了。"星云是建筑在有条不紊地变化于有限范围内的基本类型之上的同一族中密切相关的成员。由于它们自然地落入结构形态的一个序列之中，容易把它们归化到此序列里的一个标准位置，每个星云的光度与它的类型直接有关。

可是听众来听的正是有关1923年10月在仙女星云里的一颗造父变星的发现，而对此这位天文学家并未使他们感到失望。当宇宙开始在虚空里展开100万光年左右时搜索正在进行。以事后看来不可避免的快速程度，造父变星又引出了造父变星，星团又引出了星团，星云又引出了星云："最引人注目的星云是……银河系以外太空里独立的恒星系统。进一步的研究表明，其他更暗的星云则是在更远距离处的类似的系统，因而岛宇宙的理论得到了证实。"岛宇宙不再仅仅是伽利略观测到的恒星所组成的"一个聚集体"，而且是在数不清的星系组成的集团当中的一个恒星集团。

在个人意外发现的一个罕见事例中，哈勃写到了1929年："期望上升。有种感觉即几乎任何事都可能发生。"由于现已确认星云是散布在太空的独立恒星系统，于是他灵巧的同事赫马森着手进行大旋涡星云的照相，试图扩展由洛厄尔天文台的斯里弗开创的工作。发现有一个位于900 000光年距离处的星系以每秒125英里（约200千米）的速率远离我们的地球；而在双子星系团里离地球1.35亿光年的另一个星系则正以每秒14 300英里（约24 000千米）的速率朝外快速前进。"速度—距离关系在迷雾消退中显露出来了。"到西利曼讲座的时候，已测出其速度的最暗星系团的距离估计大于2.4亿光年,它以每秒40 000千米的速率飞驰过太空。由于这已迫使100英寸(2.54米)望远镜达到了它的极限,因此在继续追踪之前,哈勃和赫马森只能等待帕洛玛巨型望远镜的建成。

终于,哈勃成功地推倒了投合古代、中世纪和近代早期类似心意的等级式宇宙的最后支柱。后续的研究证实了初步探测所表明的:"整个可观测到的天区里到处是均匀的。"星云世界是科学民主的"国家"——平衡的、均匀的、无宗派的——由超越不断变动的相容性法则和数字完全统治着的一个共和国。

可是在哈勃当时即将出版的没有什么名气的著作里漏掉了使伽利略成为如此咄咄逼人的人物的决定性成分。与自己崇拜的文艺复兴时期的英雄人物不一样,这位天文学家对自己的内心世界几乎什么也没有揭示。既不在私人谈话中,也不在著作里论述自己的发现对诸如恒星演化或被天文学家霍伊尔(Fred Hoyle)于1950年首先称为"大爆炸理论"的伟大"创生事件"等观念的影响。在许多天文学家的头脑里,勒梅特的宇宙学和哈勃的红移已经用一个广漠的膨胀宇宙取代了广漠的静态宇宙,从而崭新地阐明了爱因斯坦相对论的推测。

就像其幻想中躲躲闪闪的鳟鱼一样,这个有诗人风度、用假蚊钩钓鱼的人也选择了保持躲闪的态度:

> 太空探测以不确定的调子结束,并且必定如此。按定义,我们是位于可观测天区的真正中心。我们对自己最接近的邻居了解得相当详细。但随着距离的增大,我们的认识越来越迅速地减少。最终,我们达到了模糊不清的边界——我们的望远镜的极限。我们测量那里的暗影,并在幽灵般的测量误差中间寻找几乎更不可靠的界标。
>
> 这种寻找定会继续下去,直到全凭观测的经验主义的办法用尽,需要我们进入到充满幻想的理论思辨领域。

第十二章

"现在我们想见谁?"

I

有趣的、不落俗套的英国天文学家霍伊尔在访问帕萨迪纳期间,是个在哈勃夫妇家吃晚饭的常客。这名出生于约克郡、举止高雅的实习生在日落时被吸引到了阳台上,在西边日落的地方,顶上积雪的山峰在远处显得通红,似乎在地面上漂浮。"它们可能是喜马拉雅山脉。"他惊呼。晚饭并谈论天文学之后,他便拿起一册莎士比亚的剧本,阅读特别动人的一节,例如亨利五世在阿让库尔战役前夕向自己数量上大大占优的军队所发表的演说。在20世纪30年代的一次访问期间,他告诉哈勃夫妇,在英国,众所周知的是诺贝尔奖委员会曾讨论过修改原本不包含天文学条款的章程在法律上的可能性,因此这个科学的最高奖能授予埃德温。无线电报发明者马可尼(Guglielmo Marconi)从加州理工学院的密立根处得悉大致相同的信息,当时这两位诺贝尔奖获得者同哈勃夫妇一起在威尔逊山顶上游荡。

哈勃获得的许多奖中最高和最有价值的当数美国科学院于1935年6月在哥伦比亚大学授予他的巴纳德奖章。此奖章创始于1895年,每隔5年才授一次。以前此奖章的全部8个接受者,其中包括伦琴

（Roentgen）、卢瑟福、爱因斯坦、玻尔和海森伯（Heisenberg），都是诺贝尔奖的获得者。作为获得此奖章的第一个美国人和第一位天文学家，哈勃拥有双重的荣誉。他被表彰是由于他对"星云，特别是河外星云的重要研究，它们对近几年里我们对宇宙大尺度性态的观测方面的认识作出了最大贡献"。下一年的6月，格雷丝陪同丈夫出席在附近的西方学院举行的学位授予典礼，该校授予了埃德温第二个名誉学位——法学博士。下一周里她在天黑后驾车带他到圣菲火车站。他们到了月台，等候去东海岸的误点火车的抵达。埃德温上火车后，格雷丝的情绪极度低落，驾车返家途中哭泣了，因而在迎面而来的车灯闪耀下感到难以看清道路。几天后在普林斯顿，就在哈勃第三次戴上名誉博士帽之前的瞬间，他宣称"尤利西斯（Ulysses）神带着他的望远镜启程了……超出人类思维的极限"。

格雷丝待在家里，期待着他们于1936年9月去英国的即将到来的旅行。离开前，哈勃夫妇款待了秃头、戴眼镜的小说家休·沃波尔（Hugh Walpole）爵士，他被同时代的评论家视为与哈代（Thomas Hardy）和亨利·詹姆斯（Henry James）齐名。"你阅读哪些美国小说家的作品？"沃波尔在亨廷顿旅馆一面用餐一面问格雷丝。

"一个也没有。"她附庸风雅地回答。

"为什么？"他问，在他的消瘦的脸上露出震惊的神色。

"因为他们的青春期无聊话使我厌烦。"

"是的，我能理解这个。你所说的一切总是对的。"

格雷丝在1936年的日记开头，标题为"特别事项"下面单独写了一句："洛杉矶完全是个离任何地方都很远的城市。"同年，她后来从英国写信给母亲，表达了自己最深刻的感受，无疑埃德温也分享这种感受："离开你们所有人、望远镜和一些朋友，我倒要背叛地下决心……在英国度过我的余生。这里的一切都如此完全地满足我对真正的文明应是怎样的想象,因而有这样一种充满正义、尊严和美好的敏锐感觉。"

哈勃夫妇于9月初从霍博肯登上"斯泰坦丹号"轮船,开始了他俩后来一致认为的"我们最远的旅行。我们说过我们从未能超过它",两年后似不满足的格雷丝写道,"我们的最大希望便是有些好东西"。

1924年度蜜月访问纽约期间,她曾断言一只恐龙及其蛋是"纽约最美好的东西"。这次她使用同样的言语描述埃德温新近出版的书,他们在上船之前曾止步于布伦塔诺书店看了此书。尽管埃德温如往常一样感到眩晕欲吐,这对夫妻还是接受了邀请,出海的第一晚便外出在船长的餐桌上吃晚饭,此后埃德温匆忙退到第二甲板上舒适的客舱里并在瓶中寻找医生开的药。

抵达普利茅斯港后,他们租了一辆汽车,去伦敦的一路上开车经过英国南部的一些郡。埃德温遵守自牛津时代起多年来的誓言,在多切斯特停车,让格雷丝看死去多人的修道院,院内有个年轻妇女的坟墓和墓志铭,她"因过敏而殉难"。

在伦敦,他们住在戈尔–布朗夫妇拥有的一套新近装潢的公寓里,享受着男管家和女仆的服务。"我相信欧洲文明的第一步,"格雷丝在日记里写道,"开始于人类发现强迫一个愚钝的、不太聪明的人伺候自己比发明为自己减轻劳力的器具更容易的时候。"正是英国的贵族创建了生活必须怎样继续下去的传统,并努力使自己遵循这种传统。她看到一名打杂女工沿里真特街拖着一桶肥皂水并用手和膝爬行着,而衣冠楚楚的人群就像躲避一头牲畜那样躲避此女工,她的良心略微受到了一阵痛苦的责备。"然而,让我们不要触动科贝特(Cobbett)*!"她赶紧补充说,提到了英国的激进政治改革家。

到10月,他们回到了牛津的熟悉环境,在那里,出于天文学家普拉斯基特的推荐,哈勃被选为罗德纪念讲座的演说者,他是第一个获此殊

---

*科贝特(1763—1835),英国政论作家。——译者

荣的美国人。当自己的丈夫润色讲稿时,格雷丝出席了塞耶斯(Doro-
thy Sayers)的一系列演讲,塞耶斯是贵族侦探威姆西(Peter Wimsey)勋
爵的创造者,又是首批获得牛津学位的妇女之一。这位神秘作家的刻
板外表使格雷丝吃惊,她把此作家比作"阿诺(Peter Arno)* 所画的一位
妇女联合俱乐部主席的画像"。这位作家所作题为"妇女是人吗?"的演
说事后激起了格雷丝的评论:"大多数妇女可分为两类:寄生虫和附属
品。"在第二次演说后,格雷丝遇见了这位小说家并为塞耶斯对精神分
析学及其行话的批评所感动:"莎士比亚对变态心理等的了解同现今所
知的一样多。"

哈勃在当地一个书店的橱窗里发现了《星云世界》的牛津大学出版
社版本,因而进书店买了一本。陈列的这册是最后一本,除此之外,在
该城里也没有这本书了。涌现出来的怀旧心情导致他重复了两年前对
学生时代常去的老地方的访问,那里在一种再次被战争话题笼罩着的
气氛下,又唤起了他的对过去已久的时代阴影的回忆。德国军队已占
领了莱茵省,而希特勒声称在他的4年计划开始前99%的人口要投票
表决。这个德国纳粹的元首及其同盟者,即刚征服和吞并埃塞俄比亚
的意大利独裁者墨索里尼(Benito Mussolini),新近已宣布罗马—柏林轴
心,正如建立西格弗里德防线一样,开始了德国重新武装的新阶段。这
一切都夹杂在涉及新近加冕的爱德华八世(Edward Ⅷ)不断增多的街
谈巷议当中,这位英国国王被说成是如此深深地为美国离婚女子辛普
森(Wallis Simpson)着迷,以至于失去了理智。

哈勃穿着由韦尔奇和杰弗里斯公司萨维尔·罗裁缝店定做的有许
多黑色绣花的黑长袍,于10月29日的傍晚,发表了共3次演说中的第
一个,这是阴沉和朦胧的一天。这次演说的题目是"作为宇宙样本的可
观测天区",它包含了取自他的西利曼讲座的许多素材,后者的牛津大

---

*阿诺,美国著名漫画家。——译者

学出版社版本在他登上讲坛前便已售完了。两周以后,他作题为"红移的作用"的演讲,其素材也主要取自他以前的出版物,而最后一次讲演的题目简单地称为"可能的众多世界",他在11月26日作此演讲之前后博得了起立欢呼。为维护丈夫的学术权威的光辉形象,格雷丝把他在演讲中说成是"绝对地轻松快活"。实际上,他的演讲是如此"热情和生动"(格雷丝很久以来在日记里一直采用英国拼法),以至于"你发觉不管他谈论什么,你都会投票赞成他",它胜过了哈勃夫妇中任一个对富兰克林·罗斯福所能表明的,这位他们不太满意的美国总统刚以压倒优势当选,开始他的第二任总统任期。在科学演讲中,她得出结论:"英国的听众远比美国的听众来得友好。"因此罗德纪念讲座的讲稿,冠以《宇宙学的观测手段》(*The Observation Approach to Cosmology*)的书名,应由牛津在下一年出版看来是合适的。

II

当哈勃夫妇避开雪片般飞来的邀请而喝一点由埃德温不怕丢面子的仰慕者克尔(Philip Henry Kerr)——第11代洛锡安侯爵和首相劳埃德·乔治(Lloyd George)的前秘书——赠予的欧洲各种极好的酒时,难过的亚当斯仍然在为与这位天文学家取得合作所做的最近一次努力的失败而感到痛心。重新考虑了辞去卡内基研究院下属的天文台台长职务之后,亚当斯在上一年里耗费了不少精力试图使梅里亚姆相信,哈勃即将去英国访问期间,他是无权拿全薪的。

在卢考特高地准备西利曼讲座的同时,哈勃故意冷落亚当斯而直接写信给梅里亚姆,请求再一次延长带薪休假,以使他能作罗德讲座。梅里亚姆转而致函亚当斯,征求他的意见。从梅里亚姆对哈勃在过去的3年里约有11个月不在帕萨迪纳的关心中得到提示,这位生气的台长立即发出一份夜间电报到华盛顿,建议准哈勃的假,但除了一个月的正常休假之外,其余假日里不支付工资。然后他起草了一份更详细的文件,在其中他论述了哈勃对给予丰厚报酬的讲座感兴趣,因而要求长期外出:"我承认在过去一些时间里我不喜欢他所表现出他有资格得到这种性质特殊照顾的满不在乎作风。"梅里亚姆同意了,于是他致函在卢考特高地的哈勃,告知他们共同的决定。

有格雷丝在他身边,哈勃撰写了一封措词巧妙的复信。首先,倾听这些讲演从舆论和教育上的意义来说应是突出的。撇开酬金不说,奖赏归属于一名卡内基研究院的雇员,它本身自然而然地便是把他的名字保留在发薪簿上的充分理由。而且,这次旅行将提供极好的机会与星云宇宙学领域的第一流理论家建立延续的直接联系。"且莫说荣誉问题",这种好处也"似乎证明继续给工资是很有道理的"。最后,500英镑的酬金几乎刚够哈勃夫妇的开销。"假如无工资,我们便会手头上缺钱到无法维修在帕萨迪纳的住宅并无法存储我们惯常留作将来备用金的地步。对像我们那样中等收入的家庭来说,这些开支是相当可观的,因此工资问题是重要的。"无疑梅里亚姆会同意某些意见,于是"我希望你能同意这一切"。

获得哈勃的信一份副本的亚当斯不为它的论点所动摇,这一切他早已听到过,而认为是不真诚的。长期缺席只是问题的一部分。赴新英格兰之前,哈勃曾花了3个月时间撰写西利曼讲座的讲稿,于是亚当斯设想哈勃事先准备罗德讲座至少需要同样多的时间,如果不是更多的话:"必须注意到至少有6个月时间,哈勃博士不开展原先的研究工作。"对他来说有哈勃夫人陪伴作旅行倒是愉快的,但她的参加并不是必要的。假如他单独去的话,他的开支便会大大地减少,因而用酬金抵补它绰绰有余。

亚当斯看来就要占上风。1936年1月,梅里亚姆起草了一份长长的备忘录,提起了过去与哈勃有关的一些论点。哈勃从来不是运动队里的一名选手,他把自己看作一个自由职业者。1934年哈雷讲座便是个毋容置疑的很好例子。"……看来几乎就像是哈勃博士个人的事,而在出版物中似乎没提到他是威尔逊山天文台或卡内基研究院一名成员这个事实",而它们曾帮助他做到不负债。围绕西利曼讲座,梅里亚姆也一点未看到公开提及卡内基研究院。这位院长也得知哈勃甚至对7个月前在卡内基研究院本部演讲的邀请也未致谢。

在亚当斯迄今为止最坦率的信里,他试图透视哈勃的行为。

> 在哈勃博士的问题里,我发觉极其难以理解他对曾使他的科学研究工作成为可能的组织的态度。我认为这无论如何不是故意的,而是由一种极端个人主义和个人野心,连同对待他与卡内基研究院和别的科学家之间关系的一种迟钝反应所造成的。我在几乎每一次和他的重要交往当中,清楚地认识到这个奇怪的"盲点"。自从它导致他所参加的威尔逊山天文台应起积极作用的合作计划失败以来,它已在天文学家中间严重地伤害了他。1932年,在马萨诸塞州剑桥召开的国际天文学联合会的会议上,他失去了星云专业委员会的主席职位,因为他既未参加会议,也没准备报告,去年7月在巴黎会议上,作为这个专业委员会的一名成员,他未作任何贡献。我能了解许多天文学家对此显然不满。

亚当斯以重申自己的立场——除了正常假期工资外,哈勃不应再得到什么——结束所写的信:

> 假如他近期未访问过欧洲的话,情况也许会不一样,然而由他在作哈雷讲座的时候待在英国和一两年前他在欧洲大陆长时间旅行来看,通过他同国外科学家的接触所能带回给我

们的几乎没有什么。而且他在科学上的兴趣仅限于很接近自己的研究领域,因此天文台不会广泛地得益于他的这次旅行。

犹如一个好士兵,亚当斯结束此信时还允诺,如果梅里亚姆决定不接受自己劝告的话,他便尽力做到把这位卡内基研究院院长的观点传达给哈勃。

再一次,梅里亚姆站在亚当斯的一边。可是临近压倒哈勃的时刻,他如以往一样,开始姑息起来。虽然哈勃最近已获得加薪,但支付给他的仍没有像梅里亚姆所希望的或这位天文学家该得到的那样多。"难道不可能建议,哈勃博士至少有一个月的带薪休假且享有假期,以便敞开机会让哈勃博士做他所想要做的一切?"

知道无成功希望且再次失败之后,亚当斯认输了。1936年3月,与哈勃一次长谈期间,亚当斯把3个月带薪休假的决定告诉了哈勃。然而,这位台长毫不迟疑地提醒哈勃,他已从天文台方面得到比任何别的员工多得多的特别照顾,因而他对受邀的讲演必须"在某个程度上"加以限制。"而且定下心来作一段时间稳定的研究也是理想的……因为罗德讲座想必只不过是西利曼讲演的素材在不同的听众面前重新陈述而已。"尽管亚当斯不能完全肯定,但他带着自己的意见已取得"一种有益的效果"的感觉而离开了这次会晤。

这位台长的印象是正确的,虽然只是在短时期里。哈勃在动身去英国的前夕,向梅里亚姆提供了一份罗德讲座的提纲,它是已投给《威尔逊山天文台论文集》发表的稿件更具学术性的改写稿。他也同意为了在卡内基研究院发表演说,回家途中在华盛顿停留。

哈勃给梅里亚姆的信中谈到未来的合作更像英雄崇拜。威利兹(Willetts)夫人告诉格雷丝,一位科学家朋友曾宣布埃德温是当今世界上最伟大的人物、最伟大的天文学家和最伟大的哲学家。"他能把金斯和爱丁顿扔进火里。"

两天后,哈勃夫妇驾车去多金的克利夫兰府第同金斯夫妇共进晚餐。他俩都被爵士的第二个妻子、维也纳出生的金斯夫人迷住了。她的身材修长而动作轻快,长鹅蛋脸由一直留到肩膀的浓密棕色头发环绕着,在肩膀上则披着白狐皮。苏西(Susi)小孩般的天性同她作为一名音乐会风琴手的职业成了有趣的对照。她的浓厚的口音和逗人好笑的语法错误使格雷丝想起出自《忠贞美丽的少女》(*The Constant Nymph*)中的一个角色。晚餐后男人退入藏书室的同时,苏西为格雷丝在自己定制的新风琴上演奏巴赫(Bach)的曲子:"它像大教堂里的音乐,而不是现代风琴用于管弦乐演奏的尝试。"金斯本人也是个有造诣的风琴手,一天常要演奏3个多小时,可是从来不为别人演奏。

一回到旅馆,埃德温告诉格雷丝,金斯通知他,已为《自然》(*Nature*)杂志撰写了《星云世界》一书的评论,这是10年来金斯第一次答应这样做。然后一丝微笑在这位理论家通常高深莫测的脸上掠过:"如果你的书中的最后一章以及你的牛津讲座的素材都正确得使我有一切理由相信它们的话,那么你已毁掉了爱丁顿最近5年的研究工作。"

下一个星期日哈勃夫妇乘出租车去剑桥天文台,为的是同爱丁顿及其妹妹一起吃正式茶点。白发苍苍的爵士平静地凝视着远方,他深陷的眼睛好像盯住无穷远处。因不能忍受被忽视而烦闷了的格雷丝,"在3个战略据点上攻击他",但未成功。她想象自己犹如一个野蛮人,在一座石像前顺从地鞠躬,并在它的脚下放一朵花,然后在咕哝祈祷之后尖叫着奔入森林里。

从较年轻的爱丁顿小姐处了解到她的哥哥正要赴伦敦参加皇家学会的一个会议之后,格雷丝尝试另一种策略。"或许你会在火车上看一部侦探小说?"格雷丝询问。

"多么敏锐的眼光!"她得意洋洋地在自己的日记里写道。爱丁顿特别喜爱的人物是诺克斯(Ronald Knox)神父,他喜欢克里斯蒂(Agatha

Christie)而不喜欢塞耶斯。他半开玩笑地说,要是《教堂里的谋杀案》(*Murder in the Church*)这部侦探小说里的密立根博士真的被詹姆斯·金斯爵士谋杀,而不是仅仅有嫌疑的话,那本该是非常有趣的。

满足于这次适度的成功之后,格雷丝提出叫辆出租车准备告辞,于是爱丁顿站起来说,他想要请埃德温到他的书房里来作一次讨论。在他的妹妹向格雷丝解释她对《观察家》(*Observer*)杂志上的托克马达纵横字谜的精通的同时,爵士告诉哈勃,他收集了天文学家最近发表的所有论文,而且检查了数件他所反对的事。结果表明哈勃在每件事上都是对的。他仅在3天时间内便完成了这项功绩,而大多数数学家原本得花上好几个星期的。

就在11月那同一个晚上,哈勃夫妇出席了在剑桥为向他们表示敬意而举行的晚宴和晚会,在那里他们被介绍给伟大的进化论者的孙子,查尔斯·达尔文(Charles Darwin)*。出席的还有才华出众的年轻印度天体物理学家钱德拉塞卡(Subrahmanyan Chandrasekhar)及其新娘——穿着本国服饰随风而飘的拉利莎(Lalitha)。这位未来的诺贝尔奖获得者的妻子低声向格雷丝说,她看过埃德温的书并深深地喜爱它。

将诺贝尔奖牢牢掌握在手的那位分裂原子的物理学家卢瑟福拉着格雷丝。这位热诚、充满活力、脸色红润的受人崇拜的偶像让她坐在一张沙发上,然后开始攀谈起美国的政治。他认为富兰克林·罗斯福是个伟大的人物,面对着来自大企业的激烈反对,罗斯福真心实意地试图以给予利益来改善工人阶级的命运,这在英国好久以前也曾进行过。唯一别的选择便是革命。

然后谈话转移到那天下午哈勃夫妇的东道主。爱丁顿的最近3本书,卢瑟福主动说道:"是奇妙的;他像个虔诚的神秘主义者,且头脑不清。我一点也不关心他。"这两位物理学家在深夜还一起沿剑桥大学校

---

* 此处指的应是查斯·高尔顿·达尔文(1887—1962),著名物理学家。——译者

舍背后的校园散步,计划着怎样相互残杀而又能证明不在现场。"我在午餐时坐在他旁边已有30年,我从未听他说起一件值得回忆的事。全都在他的书里显露出来了,因为他当然是个才华横溢的人。"

他们的最后两周是在伦敦度过,在那里一切谈论都是有关国王和辛普森夫人的逸事。报纸一出版就售光,无数人在街上边走边看报,忘却了别的一切。埃德温不屑一顾的所有流言在蔓延。

12月10日,当国王逊位的流言传来时,天上正下着小雪。次日声音显得单调和沮丧的爱德华向以前的臣民发表演说。"他的话,"反感的格雷丝写道,"属于一个固执地迷恋于女色的人所讲的那些话,无法理解他所说的话的含义。"为了消遣,哈勃夫妇参观动物园和访问大猩猩朋友,它们被迫装作"思想家"和拿破仑(Napoleon)皇帝。然后如哈勃事先已计划好的,坐下来起草必然使梅里亚姆大吃一惊以及假如亚当斯看到的话也会发怒的一封信。在牛津的演讲进展得很顺利,且已引起了广泛的兴趣。"此外,与英国天文学家延续的接触也非常有益……给予我的印象很深刻……所以我希望同您谈论关于把不定期的旅行作为研究院的研究计划一个常规部分的可能性。"

Ⅲ

1937年3月4日晚,哈勃夫妇作为导演卡普拉(Frank Capra)的宾客,参加了在洛杉矶的比尔特莫尔圆形剧场举行的电影艺术学会年度颁奖仪式。卡普拉因影片《发生在某夜》(*It happened One Night*)获奥斯卡奖,并即将因影片《迪兹先生进城》(*Mr. Deeds Goes to Town*)获另一项奥斯卡奖。他也是电影艺术学会的主席,他注意到哈勃夫妇坐在自己一桌上,与女演员怀亚特(Jane Wyatt)、雷纳(Luise Rainer)、喜剧演员杰塞尔(George Jessel),以及由演员转为剧作家的奥德兹(Clifford Odets)

在一起。在晚上9点钟,卡普拉介绍世界上活着的最伟大的天文学家并请求哈勃站起来拉开颁奖仪式的序幕。当哈勃这样做时,3个巨大的聚光灯集中在他的身上,与此同时,观众报以热烈掌声。"接下来祈求上帝,"像个明星引人注意的格雷丝滔滔不绝地说,"由于某种暧昧的理由,这看来是仪式开始的正确方式。"

驾车上新洛杉矶山脊公路盯着100英寸(2.54米)望远镜和哈勃,已在通过大众媒介和好莱坞传闻得知其工作的知名人士中间成了一项流行消遣。通常这种参观预先通知,于是哈勃保证格雷丝在场当女主人。他最近发现的哈勃彗星,是用一架威尔逊山望远镜发现的第一个此类天体,它促使把小说《飘》(Gone With the Wind)拍成影片的英国演员莱斯利·霍华德(Leslie Howard)带着在剑桥大学读书的儿子"温基(Winkie)"驾车上山。在山上他们同由贝弗利山记者转行为剧作家的彬彬有礼的约翰·鲍尔德斯顿(John Balderston)及其妻子玛丽安(Marian)会合,这对夫妇在英国度过了一生中许多时光,且已成为哈勃夫妇的密友。哈勃给他们看的包括木星、武仙座里的球状星团和一个行星状星云。霍华德特别要求看一个旋涡星云,于是哈勃满足了他的要求,并鼓励这位演员在观看它时丰富自己的想象力。

在场的还有一个名叫佩奇(Paige)的年轻英国人,他是普拉斯基特的助手,试图以彻夜不眠和使用与之相匹配的烟斗来仿效哈勃。次日早晨,他承认在这两方面均告失败之时,在卡普坦别墅过夜的格雷丝讥讽他:"你们这些理论家能说得漂亮,可是你看你却不能做到它。"当别人评论西欧国家行将衰落,而轮到美国举起火炬时,她自忖:"火炬的前景令人怀疑。"

1937年年初某日,小精灵似的电影编剧和剧作家阿妮塔·露丝(Anita Loos)——她的畅销的摩登女郎小说《绅士爱美人》(Gentlemen Prefer Blondes)变成了百老汇轰动一时的音乐喜剧之一——写信给威尔逊山天文台,询问有关参观的特许。哈勃认得这个名字,于是打电话给在米高梅电影制片厂的这位吃惊的作家,安排露丝及其丈夫埃默森(John Emerson)于4月底参观威尔逊山天文台。他们在天黑后才到达,好不容易才理解望远镜的机械附件,加剧了富有戏剧性的紧张气氛。"长得很高又健壮"的哈勃穿着系带的很高的长筒靴和一件领口敞开的法兰绒衬衫,正在高高位于头顶的似乎是一个摇晃的小平台上工作着,这个小平台随着望远镜的移动左右摆动。对露丝来说,他是一个多么伟大的人物的化身,应该看个够——而难得这样做——以至于就哈勃而言,要是他一直听着的话,他本会因在旁正听见的台长所作不切实际的比喻"你不能像看青春正盛的盖博(Clark Gable)那样看着他!"而摔下来。

露丝写了一封短信表示对哈勃的感谢,并恳请他继续在参观天文台方面给予特殊照顾。科尔·波特(Cole Porter),这位《一切都在进行》(Anything Goes)和《你是第一名》(You're the Tops)的作曲者正偕其妻琳达·李·托马斯(Linda Lee Thomas)来洛杉矶,而他俩都希望参观威尔逊山。她能否于星期天带他们上山?"他们是巨富,他们在巴黎的府邸属于主要的聚会场所之一。顺便说起,科尔很受(指挥家)斯托科夫斯基(Leopold Stokowski)的赏识。"露丝知道后者也是哈勃夫妇的一位朋友和仰慕者。

露丝不久便成为格雷丝很少几个知心女友之一,她为其他人的参观铺平了道路。1934年,与一连串头面人物,其中包括科尔曼(Ronald Colman)、加里·库珀(Cary Cooper)、盖博以及埃亨(Brian Aherne)出现对立之后,奥斯卡奖得主海伦·海斯(Helen Hayes)以宣布放弃电影从事戏剧震惊了好莱坞。在露丝、作家奥尔德斯·赫胥黎(Aldous Huxley),还有海斯傲慢无礼且华而不实的丈夫(他陪伴海斯到好莱坞)、剧作家查尔斯·"查理"·麦克阿瑟(Charles "Charlie" MacArthur)陪同下,这位女演员参观了威尔逊山天文台。"我们都感到好奇,"她写道,"因为一块很小的刚合人眼窝的玻璃,却能向外扩大而包含整个宇宙。它好像把我们置于接近永恒的地方。"

赫胥黎开玩笑地说,要不了太长时间,透镜会变得如此强有力,以至于一个人可坐在望远镜之前,穿过大气和星系,而看到自己的背后。除了爱闹着玩的查理突然一本正经起来以外,其余的每个人都笑了。"不,那根本不会发生,"他温柔地说,"我们……将看到上帝向我们摇责备的指头——叫我们不要那么放肆。"

格雷丝写及了在范朋克(Douglas Fairbanks)家里同埃塞尔·巴里莫尔(Ethel Barrymore)和未来的首相安东尼·艾登(Anthony Eden)爵士的会晤;在鲍尔德斯顿的家里见面的则有李普曼(Walter Lippmann)、斯特拉文斯基(Igor Stravinsky),剧作家谢里夫(Robert Sherriff)、范德鲁滕(John Van Druten),以及普利策奖得主西德尼·霍华德(Sidney Howard)。他们也同波兰出生的米高梅影片公司电影编剧菲特尔(Salka Viertel)成了朋友,而后者的家则是好莱坞的更有智慧的外国访问者,即托马斯·曼(Thomas Mann)、布雷希特(Bertolt Brecht)和艾森斯坦(Sergei Eisenstein)的避难所。

1937年10月,哈勃夫妇接受了露丝许多次邀请中的第一次,在她坐落于圣莫尼卡海边的住宅度过了一个星期天。那里是住着好莱坞名流的"黄金海岸"的一部分。在它的南面,住着希勒(Norma Shearer)、勒鲁瓦(Mervyn LeRoy)、柴纳克(Darryl Zanuck)和迈耶(Louis B. Mayer);而在北面,赫斯特的情妇玛丽昂·戴维斯最近迁进了宏伟的"海滨别墅"。露丝的白色灰墁住宅的底层是一个窗门面向太平洋的大起居室、一个图书室和一个通向花园和游泳池的餐厅。主厅包含一条曲折的楼梯,它通到两间客房和两间主人套房,一间设备齐全的健身房和一间蒸汽浴室。偶尔,当雾提早逼近时,哈勃夫妇便在此过夜。埃德温会从邻接他们的住处的阳台注视着透不过的灰蒙蒙的雾。由柳条椅子、印花布窗帘和西沙尔麻小地毯组成的简洁家具是喜剧女演员、后兼室内装潢师的范妮·布赖斯(Fanny Brice)选定的。露丝把这种风格叫作"刚孵出的锯盖幼鱼"。

那第一个星期天,低垂的雾笼罩在一切之上,而海洋单调地发出嘶嘶啸声。奥尔德斯和玛丽亚·赫胥黎(Maria Huxley)夫妇是这次小型聚会的成员,还包括女演员洛施(Tilly Losch),格雷丝把她描绘成外貌非常像富凯(Fouqué)所著仙女传奇里的水中女仙恩迪纳(Undine)。赫胥黎身高6英尺5英寸(约1.96米),阿妮塔·露丝一点也不夸大地把他形容成具有巨人的高度且他的外貌像威廉·布莱克(William Blake)* 所画的一个大天使。由于他高度近视,他的眼睛使他似乎注视的东西远非正常人所看到的。比利时出生的玛丽亚是个近40岁的娇小且肤色较黑的女子,她仍保持着少女时代学做芭蕾舞女演员的身段。可是第一次世界大战初,她同一群孩子为了逃避德国侵略者被送往伦敦后,她想当芭蕾舞演员的梦想破灭了。此后玛丽亚成为打扮得漂漂亮亮的颇有天分的少女,受到每一位著名英国女才人的热爱或认同。

奥尔德斯大多数时间谈论中国的食品,同时他把哈勃比作给他们看一眼天国的圣人——完全不同于南加利福尼亚州大多数不切实际的居民以及那里稀奇古怪的宗教信仰:如麦克弗森(Aimee Semple McPherson)的"四方福音",叫"我是了不起的人"什么的,还有圣罗勒斯教派的在地上翻滚的弥撒。当玛丽亚谈到自己相信手相术时,格雷丝吓了一跳,而就这一回,她不假思索地说:"我说过,未来由手上的线条来启示,这是多么令人惊奇呀!"谨慎的阿妮塔顽皮地瞟了埃德温一眼。

赫胥黎夫妇于11月离开加利福尼亚,与奥尔德斯的有才华又不再自负的同事赫德(Gerald Heard)一起作讲学旅行。但在艾奥瓦州赫德的一条腿骨折,迫使赫胥黎单独继续讲学。1938年1月末,他们返回好

---

* 威廉·布莱克(1757—1827),英国漫画家、诗人。——译者

莱坞，前两年间已出版5部著作的奥尔德斯打算在那里在为米高梅公司写脚本的同时，继续写小说，第一部以居里夫人(M. Curie)的生平为依据。3月里一个星期天下午的3点钟，玛丽亚打电话给格雷丝，请哈勃夫妇一小时后过来。

他们发觉赫胥黎夫妇住在北劳雷尔大道上一套没几件家具的公寓里。玛丽亚泡茶并同格雷丝一起坐在地上，而奥尔德斯询问埃德温一些问题。他取下了自己的厚眼镜，于是他的眼睛悲惨地什么也看不见，像个现代的忒瑞西阿斯(Tiresias)*。不然的话，格雷丝认为在一大堆浓密浅黑头发的下面，他的脸显得相当漂亮和富有朝气，非常白，嘴大而敏感。晒黑的埃德温，他最终满足于自己的体格和才智的全面发展，显得沉静，展示了通神论者所谓的一种亲切和自在的气息——但仍非常像横卧的狮子，准备好突然之间跃起警戒。格雷丝写道，革新的密苏里人同英国高度文明的后裔的结合"本来会给画家一个机会"。

哈勃夫妇高兴地得知，作家对下层社会的观点反映了他们自己的观点。赫胥黎把《愤怒的葡萄》说成是"一部枯燥、冗长的小说，写得太差，根本不能阅读"。它的作者"是如此无知，甚至他未想到功利主义"。

格雷丝的日记也反映了当代根深蒂固的种族歧视。最近一次在英国时，她曾约一位激进的工党下院议员进行了一场政治争论，她辩解墨西哥人——部分印第安人、部分西班牙人、部分黑人的血统——在自己眼里是"杂种"。当她的反对者回击说，一个黑人儿童具有与一个白人儿童同样的反应和生理成分，因而不是自然界而是所处环境的受害者时，喜欢"黑种"或偶尔用"汤姆叔叔"字眼的格雷丝反驳道："拿一匹纯种小公马同一匹普通的小公马相比，可以说它们是一样的。但试试从第二种小公马中训练赛马看。"在她和埃德温参观华盛顿的最高法院大

---

*忒瑞西阿斯是希腊神话中懂鸟语的卜卦者，因偷看智慧女神洗澡而造成双目失明。——译者

楼时,她仅仅能接受陪审法官、由前三K党党员转为公民享有充分自由权论者的雨果·布莱克(Hugo Black)的见解:"黑人,坐在摇椅里来回摆动,以卑鄙奸诈的脸色瞧着,似乎他不在审判,而应是在受审。"

通过赫胥黎夫妇,哈勃夫妇被介绍给了奥尔德斯的好朋友蔡特林(Jake Zeitlin),他是洛杉矶的一个书商和手稿经销者,具有詹姆斯* 式的克制态度和丰富多彩的过去,其中包括一段时间当流浪汉和面包供应推销员。当格雷丝答应蔡特林,他们会参观他的店时,她的丈夫提出异议:"亲爱的,我们到他的地方花不起钱。"

"啊,是的,我们可给他一张背书支票。"

"来参观,"蔡特林避而不答地说,"而且我将出售你的手稿。"

蔡特林曾受戴维·赫伯特·劳伦斯(David Herbert Lawrence)的寡妇弗里达·冯·里希特霍芬(Frieda von Richthofen)的委托,处理这位已故作家的手稿的出售事宜。作为新墨西哥州陶斯的山上劳伦斯牧场的夏天常客,赫胥黎夫妇以邀请弗里达来好莱坞回敬她的款待,就在那里的晚宴上她被引见给哈勃夫妇。格雷丝把她描写成"一个未被击败的瓦尔基里"和塔西佗(Tacitus)** 写及的跟随自己的勇士穿过欧洲古老森林的妇女之一——"穿着暗红色薄绸衣的一个阔肩厚胸、体态丑陋的胖子。她的蓝眼睛飞舞……直穿任何人,且不断大笑"。在晚宴上弗里达谈到诗人鲁滨逊·杰弗斯(Robinson Jeffers)及其妻子尤娜(Una),对他俩,她告诫赫胥黎夫妇:"你,奥尔德斯,不要喜欢他,而你,玛丽亚,不要喜欢尤娜。他的诗全是有关乱伦的——听腻了的陈词,因而它根本不会使你们战栗。"

感到"有点激昂",因此晚宴后每个人都驾车来到了哈波·马克斯(Harpo Marx)的家里。墙上挂着一幅伦勃朗(Rembrandt)风格的四兄

---

* 这里是指美国心理学家和哲学家威廉·詹姆斯(William James)。——译者

** 塔西佗,古罗马历史学家。——译者

弟画像,一幅庚斯博罗(Thomas Gainsborough)所绘哈波像个"蓝衣少年"的漫画,和另一幅由哈尔斯(Hals)或范戴克(Vandyke)所绘哈波的漫画。赫胥黎还谈及想写一个脚本,演员格罗乔(Groucho)饰卡尔·马克思(Karl Marx),奇科(Chico)饰巴枯宁(Bakunin),哈波饰恩格斯(Engels),而饰泽波(Zeppo)的演员尚未选定。或许再拍一部天文学影片,剧情包括滑稽演员揿错了按钮而窥视100英寸(2.54米)望远镜,于是看到了哈波那龇牙咧嘴的脸。后者最近做东举办了一次晚宴,而赫胥黎把它说成是对东道主十足的非难。首先是某人打翻了一大盘烤面包,其次赫胥黎鲁莽地把手插入一碟鱼及蛋黄酱中。瓷器是非常昂贵的,可是进餐自始至终,人们都可听到厨房里打碎东西的声音。

在好莱坞好比在天上,那里拥有各种不同等级的明星,而无人能胜过神话般的卓别林。虽然与哈勃同年且命定比哈勃长寿几十年,但这位时年49岁的电影演员、导演、制片人、作家和作曲家,在1938年11月哈勃夫妇首次于赫胥黎夫妇的家中遇见他时,已满头灰白了。卓别林的蓝眼睛显得机警和敏锐,他没胡子的脸富有表情地波动,就像微风下的池塘。紧张不安的举止掩饰了羞怯,因为当他把客人对他的印象暗暗地牢记在心的同时,一直细想着自己对这位客人可能产生什么样的印象。

在卓别林旁边的是他的妻子,女演员保莱特·戈达德(Paulette Goddard),某些人认为她是好莱坞最美丽的女人——也是最聪明的女人之一。据阿妮塔·露丝回忆,在同保莱特结婚之前,卓别林几乎没什么社交生活。另一方面,她喜爱把在托尔德拉夫的卓别林家里举办的社交聚会改成有知名人士点缀着的小型聚会,宴席会有主人提供的娱乐节目。

格雷丝穿着黑色新宴会服,可是她完全不能与这位浅黑头发的女演员相比,后者包裹着天鹅绒,装饰着珠宝。宴席后卓别林模仿了阿拉伯酋长,以展示"老式的东西",而以前当过采访记者的客人查尔斯·麦克阿瑟则讲述关于他所采访过的绞刑的可怕故事。数月后在午餐时,格雷丝注意到卓别林的口音和习气变得越来越英国化了,到午餐结束前,他已完全回复到一个道地的英国人,令所有出席者陶醉,其中包括带着一只灵巧的小白猎狗、极漂亮的莉莲·吉什(Lillian Gish)。海伦·海斯穿着灰色的华达呢女裤、灰色运动鞋和以花形图案装饰的衬衫,按照非常狡黠的玛丽亚的说法,她的神色"看上去比去年好"。海斯说她一生中最出色的演出是在俄亥俄州首府哥伦布市的某一夜。演出后,她茫然地暗自思量:"今夜我真了不起,为什么必须在俄亥俄州的哥伦布市才做到它呢?"在与卓别林多次晤面中的第一次相遇之后,哈勃夫妇在月光下驾车回家,同时他们心中盘算:"我们终于见到了卓别林,现在我们想见谁?"

IV

1938年1月27日的早晨,哈勃独自一人驱车南下帕洛玛山。当天很晚回来后,哈勃向格雷丝承认在他离家时原以为那里一切已成事实,可是一看到它的情景使他重新感到"空荡的圆顶室犹如教堂"。

海尔现已69岁,并生着重病,因此他只能在自己的心目中展望这个新里程碑。他日夜向往去帕洛玛作最后一次访问,但不能。动脉硬化症迫使他在13岁时便爱上的妻子埃维莉娜(Evelina)把他送入帕萨迪纳的拉斯恩西纳斯疗养院治疗。自他于1924年退休以来,除了亚当斯和西尔斯之外,几乎无人看过他。确实如此,在威尔逊山天文台的许多员工眼里,他几乎是个神话式的人物。

按照古老的格言,死神三个三个地降临。皮斯,与海尔同道的梦想家和300英寸(7.62米)望远镜蓝图的设计师,死于1938年;曾协助设计尚未取名的帕洛玛巨型望远镜驱动系统的39岁的辛克莱·史密斯(Sinclair Smith)也死于同年。2月21日下午1点半,海尔在突然进入昏迷状态后去世了。两天后,正巧在作业的哈勃,驾车下威尔逊山,当葬礼中的一名抬棺人,然后在晚上6点钟回到山上工作,海尔本人应对此颇为欣赏。

《纽约时报》在出殡日发表了一篇社论,建议为纪念海尔竖立一座合适的纪念碑:"如果200英寸(5.08米)反射镜能叫作'海尔反射镜',或更理想,如果在帕洛玛山上要竖起的全部设备能叫作'海尔天文台'的话,那么无论天文学家还是公众都会永远记得他们对本国曾经产生的最杰出的科学家之一的感激之情。"10年后在它的落成典礼上,这位天文学家的最有雄心的智力产儿便被命名为海尔望远镜。

海尔死后,哈勃于4月30日收到一封电报。全体一致同意他填补亨廷顿图书和美术馆的理事会中天文学家的席位。于5月,他同别的理事——前总统胡佛(Herbert Hoover)、加州理工学院历史和政治学教授芒罗、难得见到的该馆创办人的儿子阿彻·亨廷顿(Archer Hunting-ton),以及最近刚就任主席职位的加州理工学院密立根——一起在宏伟的新古典主义藏书楼里一张大而沉、雕刻华丽的桌子旁就座。出席会议的还有财政委员会主席鲍尔奇(Allan C. Balch),他的几百万美元股票在徘徊不前的经济大萧条前夕曾被海尔借取以签名担保雅典娜会堂的建造。

几乎没有人比哈勃夫妇更了解亨廷顿的沙砾小路和展延约250英亩(约101公顷)的无数植物标本。在克罗蒂夫妇和其他朋友,如亨廷顿的馆长及埃德温每周一次桥牌的搭档法兰德(Max Farrand)的陪同下,他们漫步在完全修平的庭园里度过星期天的早晨。莎士比亚花园里可回溯到中世纪和文艺复兴时期的最古老的玫瑰花仍在继续不断地开花,它们与大约在1800年从中国首次引进欧洲的其他品种的亲缘关系不远。走过一小段路,一个日本式的花园展现在眼前,如进入另一个世界。它的特点是起伏的小径,一幢引进的有5个房间的屋子,汩汩地流着的小溪,以及平静的小湖,湖泊周围经过精心培育的植物取代了原来纠缠在一起的野生葡萄树和栎叶毒漆树。在别处,除了棕榈树和各种各样的仙人掌之外,还充满着墨西哥和日本的苏铁属植物——它们是一度成为恐龙食物的古代种子与果实的"遗迹"。在庭园的草坪上和雅致的凉廊里聚集着千姿百态的神祇和放荡嬉耍、半神半人的少女的进口雕像,在棕榈树之中创造了一种凡尔赛宫的气氛。

这全都是亨利·爱德华兹·亨廷顿(Henry Edwards Huntington)亲手做的事,他的以鲜红车厢和准点服务著称的电气铁路帝国在19世纪90年代中期已由洛杉矶向外伸展出触角。加上不断延长的电车路线周边拥有的众多的不动产,其中包括在圣马力诺的600英亩(243公顷)私人房地产,在那里的自然状态为熟练的园丁所改造,且收藏了值数百万美元的艺术品和珍本书籍。

亨廷顿生性简朴,他6点起床,梳洗并修剪别致的如自行车把手状的胡须,7点吃早饭,并宣布自己一天开始办公的时间不迟于8点。亨廷顿过分节俭,当一盏不用的灯听任点着时,他会因浪费一点小钱而烦恼,可是为了他心爱的、却约束不了的第二个妻子阿拉贝拉·亨廷顿(Arabella Huntington)所称为的"一本古书",他会毫不犹豫地支付10 000美元,或更多。

虽然大多数的收藏家寻求个别的著作,但亨廷顿获得的是全部藏书,他常常在大拍卖的前夕购买它们,而不论其价格多少。作为一名强烈的亲英分子,他不久便收集了大量研究中世纪英国的文献,这在美国是无以伦比的。他总共收集了1475—1641年间英格兰、苏格兰和爱尔兰出版的26 000种珍本书籍中的40%左右。有乔叟著《坎特伯雷故事》(*Canterbury Tales*)的埃尔斯米尔(Ellesmere)抄本,再加上许多莎士比亚的对开本、启蒙的祈祷书、朗格兰(William Langland)的《皮尔斯庄稼汉》(*Piers Plowman*)、斯宾塞(Edmund Spenser)和弥尔顿作品的初版善本、《谷登堡圣经》(*Gutenberg Bible*)的副本、富兰克林(Benjamin Franklin)自传的原始手稿以及无数其他书籍,多得须花编目者几十年工夫才能赶上这位发疯似的收藏家。

与此同时,这位铁路大王用另加的钱得到昔日名画家的作品。他把注意力集中在18世纪英国流派,因此他以由乔舒亚·雷诺兹(Joshua Reynolds)、托马斯·劳伦斯(Thomas Lawrence)、罗姆尼(George Romney)和庚斯博罗所绘的20幅全身肖像画充实自己新近落成的俯视着圣加布里埃尔山谷的美术馆——而庚斯博罗的杰作《蓝衣少年》(*The Blue Boy*)则作为这些收藏画的核心。这些画辅之以英国雕塑、法国乡土家具、布歇(François Buoucher)*挂毡,以及只烧橙树木条的意大利大理石壁炉,这是对路易十四(Louis ⅩⅣ)的推崇,这位太阳王全以香橙花制成的香水洗洒腐臭的宫廷。

荷马·克罗蒂从哈佛法学院出来后不久,1925年夏天的一个下午,这位年轻的辩护律师便被吉布森、邓恩和克拉彻律师事务所的一位资深伙伴带到亨廷顿庄园。在那里他亲眼目睹了关于立即向学者随时开放亨廷顿图书馆及其无价的藏书的历史性文件的签字。仅次于生病的亨利·亨廷顿本人,因这个进展,海尔比其他任何人都显得高兴,他劝告自己的大富翁朋友考虑这样一种处置已有20多年了。作为新近成立的理事会主席,海尔安排了研究计划,并对聘请耶鲁大学教授和富兰克林学者法兰德博士当第一任研究负责人负有主要责任。

此时哈勃整个世界的一端由威尔逊山和星云所组成,而另一端则由亨廷顿图书馆和大量文献所组成。哈勃夫妇同负责收藏英国历史文献的常设研究人员中的一位成员戈弗雷·戴维斯(Godfrey Davies)结成了密友。戴维斯有时加入格雷丝和埃德温的周日散步,其时荒芜的庭园不向公众开放,产生了这位抽烟斗的天文学家在自己的夫人和主管人员的陪伴下,正环顾自己的庄园的错觉。确实,唯一缺少的东西便是鳟鱼。

---

* 布歇(1703—1770),法国画家。——译者

除了这种所有权的感受之外,戴维斯还乐意随时带领哈勃夫妇的朋友参观这个图书馆。有一位这样的客人便是格雷丝儿时的游伴、回到圣何塞的小说家厄茨,她当时住在英国,她偶尔在萨塞克斯郡普克斯山自己的50英亩(20.2公顷)农庄里款待哈勃夫妇。厄茨写道,哈勃对乡村的钟爱是"一种家庭的爱,几乎是一种对子女的爱"。她回忆他在萨塞克斯丘陵草原上一条小路上散步时弯下腰拾起一块打火石,把它放在自己的手掌里,好像它是一只鸟似的。"什么东西埃德温不知道?鸟、岩石和草原人,鱼、史前洞穴画和酒,以及最优秀思想家的最好想法,此外还有很多别的。可是从未有任何知识的显示,任何事物都按自己拥有的权利和自然条件自发地出现。"

格雷丝的这位朋友来到帕萨迪纳后,格雷丝便带她去亨廷顿图书馆,于是她们漫游通常关闭的书库,翻阅勃朗特(Brontë)* 小说的初版珍本并大声朗读莎士比亚的对开本。好像在暗示,法兰德出乎意料地出现,并开始凭记忆朗诵《约翰王》(King John)的第一场第一幕,而这正是格雷丝在前一晚阅读过的一出戏剧。时间,在亨廷顿图书馆里,似乎总是停滞不前了。

V

当宣布哈勃被任命为亨廷顿的理事会成员时,一位《洛杉矶时报》的爱开玩笑的采访记者写道:"埃德温·鲍威尔·哈勃博士……正面临着一个严峻的处境,但据说终于勇敢地坚持着。"似乎这位天文学家"几乎没有机会获得更多的荣誉。因为可能除了一两枚次要的奖章之外,他已获得了一切荣誉"。

---

* 英国小说家三姐妹:夏洛特·勃朗特(Charlotte Brontë,1816—1855),埃米莉·简·勃朗特(Emily Jane Brontë,1818—1848)以及安妮·勃朗特(Anne Brontë,1820—1849)。——译者

　　最近的褒奖于2个月前来临,1938年3月,那时哈勃被太平洋天文学会在其旧金山的总部授予布鲁斯金质奖章。他是此奖章的第33位获得者,他的名字添加进了一张卓著的名单,它包括9个国家的天文学家,其中有英国的阿瑟·爱丁顿爵士,法国的庞加莱(Henri Poincaré)和威尔逊山天文台的同事海尔、亚当斯和巴布科克。可是除了他的正式演说(他向充满兴趣的听众谈到遥远的星云是如此明亮,它们即使在10亿光年外也可被辨认出来)之外,其他事情进行得并不顺利。

　　第二天早晨,《旧金山新闻》(San Francisco Chronicle)宣布,埃德温·哈勃被授予了"占星术奖章"。虽然采访记者用闪光灯拍了许多照片并作了大量的记载,但这篇特写完全被暴力犯罪报道所排挤,使格雷丝在吃早饭时发怒:"要是你想要自己的照片登在报纸稍晚的版面上的话,那么在我们从这里出去后,你就去殴打女服务员。那便是新闻,而宇宙的事情并不值得重视。"

　　在驾车回来的途中,埃德温坚持停车外出访问格雷丝度过儿童时代的地方。尽管充满着疑虑,她还是勉强同意了。他们抵达圣何塞去寻觅格雷丝所描写的一个"无聊的、被唾弃和混乱的"城市。除了她父母曾一度拥有的红房子仍幸存之外,其邻居哈奇夫妇(Hatches)和布拉西夫妇(Brasseys)的房屋已经拆毁并被新房子替代了。"整个事情,"她在日记中写道,"犹如一个噩梦,我不能正确地理解为什么。就像在前晚谈论时查尔斯·穆尔(Charles Moore)表哥突然从某个黑暗的地狱出现,并低声说:'格雷丝表妹,你同以往一样可爱。'"

　　假如格雷丝被厄尔·莱布的鬼魂缠住的话,她绝不会告诉埃德温,更不用说在自己的日记里提到它,确切地说,在她的许可下,他看她的日记。此外她对访问一个具有如此痛苦联想的地方所表示的公开反感态度是使自己的丈夫——以及她本人——安心的一种方法,因为他是唯一一个始终重要的人。这位外表上似有自信心的专家并不总是如她所表现出来的那样自信。格雷丝有时做有关会说话的狗的噩梦,并写及了每天早晨的惊醒:"因我的下意识的内心和精神沮丧而感到羞愧。"

此次失望的北行以作为鲁滨逊和尤娜·杰弗斯的客人,在蒙特雷半岛上的卡梅尔过一夜而结束。20世纪里与世隔绝的博学人物的代表人物杰弗斯已迁居至极西边的地方,实际上他来到了美国的最西端。在那里他独力建造了多岩石小山上的住宅,他的这座花岗石城堡俯视着海洋,在它的瞭望塔里,这位诗人出色地工作着,虽然感到烦恼、孤独。

杰弗斯夫妇照常不大与客人相互交谈。于是这便促使哈勃夫妇集中注意力于他们别的客人,印度的雄伟男子托尼·卢汉(Tony Luhan),他是女继承人梅布尔·道奇(Mabel Dodge)的丈夫,后者曾一度与弗里达·劳伦斯争夺戴维·赫伯特·劳伦斯的爱慕。作为一流艺术家和作家的朋友和赞助人,道奇已迁居新墨西哥州的陶斯,在那里她邂逅了卢汉,并仿照古印度部落的住处,建造了著名的村寨。格雷丝把托尼描绘成"身体阔得像扇仓库大门,又很粗壮"。他穿戴着英国裁剪的马裤、新马靴、一件外套和似乎来自商场的颇奇特的衬衫和领带。他的头发梳成两条紧密的辫子,用玫瑰色缎带扎住。"显得非常沉静、威严和质朴。"几天后当哈勃夫妇向赫胥黎夫妇转述这次不同寻常的聚会时,玛丽亚告诉他们,托尼自以为是唐璜(Don Juan)*,而他有一种使梅布尔迷信的力量:"无论何时他需要钱,他只要在她的枕头上放3根猫头鹰的羽毛。"

希特勒近期进驻奥地利和张伯伦(Neville Chamberlain)**到慕尼黑作谄媚的表演,使战争的可能性比以往任何时候更明显了,于是英国艺术家和知识分子利用在一个长时期里也许是最后的机会访问美国。感到他们的生活也就要发生深刻的变化,因此哈勃夫妇买了一辆新的拉萨尔牌轿车,他们发觉它的多色仪表板灯几乎像迪士尼动画片一样有

---

　　*唐璜是西班牙传说中的风流贵族。——译者

　　**张伯伦,英国政治家,1937—1940年任英国首相。——译者

趣,并决定比过去更经常地外出。得知有一个伦敦的裁缝移居在洛杉矶之后,埃德温定做新套装、衬衫和领带。"穿着得整整齐齐的,感到有某种精神上的满足。"他向正在家设计宴会服装的格雷丝说。尽管格雷丝几乎从不以否定的口气写及自己的丈夫,但她承认他对自己的衣服有"一种天真的虚荣心",喜爱它们合身。

他们住在雅典娜会堂的客人中间有一位莎士比亚学者罗斯(A. L. Rowse),他以自己早年的贫穷以及为取得成功拼命奋斗的经历使他们感到高兴,后来他在《一个康沃尔郡人的童年》(A Cornish Childhood)一书中详细描述了这些经历。罗斯作为一名领取奖学金的学生到牛津时,他对礼节知晓甚少,因而不得不让人教他怎样使用叉和匙。他询问哈勃夫妇,他们是否认识他的宿敌杰布(Gladwyn Jebb):"他是个伪君子,一个无情的势利小人。"次日晚,在范朋克家里晚宴时,格雷丝坐在杰布旁,他主动地向她说:"我听闻你曾遇见罗斯,我愿打赌他向你说及了那些叉和匙。"

在赫胥黎夫妇家里晚宴时,格雷丝坐在这位小说家的兄弟朱利安(Julian)的旁边,他是一位生物学家和作家,埃德温于领取罗德奖学金的学生时代曾同他踢过足球。埃德温坐在伯特兰·罗素旁的荣誉席,后者承认他偏爱克里斯蒂的侦探小说。有一次哈勃夫妇访问英国期间,他们曾得出结论,这位哲学家所阐明的"美好生活"的3要素是很值得信奉的:

1. 创造性的工作,或者某些显著贡献。

2. 活动的自由度,它应含有经济上得到保证和独立自主的意思。

3. 过充实丰富的生活,在无论何处同任何人以平等地位相处。

希望在一个高度理性的水平上度过此晚的哈勃夫妇,因罗素全神贯注于自己的命运而失望了。这位长期和平主义者及其妻不得不以巨资立即去墨西哥,假如当局允准他们的话。然后,假如他们到那里,美国也许不让他们回来。格雷丝为罗素夫妇自告奋勇同某个有很好社会关系的朋友取得联系,但令人烦恼的悲叹仍继续。"[他]坚持认为受迫害。"她追随着埃德温的热切的目光穿过房间,在那里由于拍电影时坐在一个大冷却装置里而感冒了的演员科尔曼正谦恭地倾听着由奥尔德斯主持的讨论。

74岁的威尔斯(H. G. Wells)由玛丽亚用赫胥黎夫妇漂亮的凯迪拉克牌新轿车送往伍德斯托克路哈勃夫妇家吃午饭。威尔斯有一个圆形的小脑袋,一撮修剪过的胡髭和沙色头发,为了遮掩秃头,他把头发在一侧很低地分开,他用眨着的蓝眼睛,机敏地盯住哈勃看。这位《时间机器》(The Time Machine)和《世界之战》(The War of the Worlds)的作者似乎完全受到了把太空的边界推向后的伟人的威胁,而他所使用的手段并不比自己的作品中那些跨越数世纪、为了控制全宇宙互相战斗的人物所使用的手段更富有想象力。威尔斯以尖锐的鼻音声重复地说:"是的,是的!"

威尔斯采取攻势,他开火攻击科学,说它不应该称为科学,而应该称为研究。真正的科学是政治学。埃德温不上当,但自制能力差的格雷丝却跳出来说:"而且埃迪(Mary Baker Eddy)及其基督教精神疗法也应称为科学。"这个反击使埃德温私下高兴。威尔斯的自负收敛了,他变得"非常亲切友好",于是开始讲亨利·詹姆斯、乔治·穆尔(George Moore)的故事以及他们在拉伊的宅邸的日子。在他赴约去同自己的同行小说家辛克莱(Upton Sinclair)会见的时刻来临时,他在勉强穿上一件以海豹皮衬里的漂亮大衣之前,声明它与自己这位老社会主义者年轻时在布店当学徒曾一度穿过的不合身的衣服大不相同。

虽然哈勃喜欢戏剧,并喜欢与演员交往,但他不是个十足的影迷,因而只是偶尔去看电影。在露丝及其丈夫,还有其他人的陪同下,哈勃夫妇于1940年11月出席了在中国剧场举行的卓别林主演的影片《大独裁者》(*The Great Dictator*)的开幕式。驾车回家途中,埃德温对此影片进行了仔细分析。前半部,刻毒讽刺,是最佳的,可是后半部,极其冗长,变成了令人生厌的滑稽戏,结束时的对白也差。本应下最后的命令给那个多嘴多舌的人。有一个下午,当他"害羞地"宣布他打算独自去看《所罗门王的宝藏》(*King Solomon's Mines*),一部根据哈格德年轻时冒险经历所拍摄的电影时,格雷丝显得很惊讶。他回到家后,热心地寻找刚果的传说中湮没无闻的城市津吉,甚至他还承认吃过爆米花,她从未看到过他做过此类事。

圣诞节前几天,哈勃夫妇在迪士尼电影制片厂的入口处遇到了一名自我介绍为"宣传部门的"年轻女人。她领他们上了一段楼梯,到华特·迪士尼(Walt Disney)的办公室,在那里这位电影的先驱者向他们表示热烈欢迎,他的深褐色的眼睛和文雅的举止使格雷丝想起他的谦逊的动物中的一个。谈了一会儿后,他领他们到一个放映室,在那里,下一个半小时,由看不见的放映员放映拍摄中的影片的片段——由斯托科夫斯基指挥的杜卡(Paul Dukas)的《魔法师的弟子》(*The Sorcerer's Apprentice*),从花卉、菌蕈、鱼和鸟的芭蕾舞到柴可夫斯基(Tchaikovsky)的《胡桃夹子》(*The Nutcracker*),以斯特拉文斯基的《春之祭》(*The Rite of Spring*)伴音的关于从星云到恐龙进化的一部影片。然后迪士尼带领他们穿过各个工作室,在那里约有1200名素描美术家和绘动画片的人正在倾斜的木台上工作。四周墙上急速出现火山、恐龙、河马、鸵鸟、大象和美人鱼的图片。爱沉思的迪士尼解释道,他正努力于把简单的动画和对白提高到更高的艺术形态。有一个摄影师携带有闪光灯的照相机始终跟随他们周围,耐心地为宣传部门拍照,该部已计划届时发行这些影片时,有哈勃的形象。

哈勃在听某些牧童诗歌时的多愁善感延续到戏剧中。从未看到他为自己的苦恼掉一滴泪的格雷丝,在他观看桑代克(Sybil Thorndike)在伦敦演出的《圣女贞德》(*Saint Joan*)而流泪时,迷恋地在旁看着他。他喜欢的其他演员则是伦特(Alfred Lunt)和丰塔纳(Lynn Fontanne)的夫妻档,然而剧本是蹩脚的。有一晚在纽约看完埃文斯(Maurice Evans)演的《理查二世》(*Richard II*)后离开剧院时,他承认简直是陶醉了。虽然他很少说笑话并厌恶在鸡尾酒巡回时通常有的低级趣味故事,但一出激情的喜剧能使他抓住自己的手帕拭去流出的眼泪。除了诸如《魔笛》(*The Magic Flute*)一类的特别例外,他回避歌剧,它夸张的表演使他生厌。"我希望他们能安静地站着唱,或者就安静地站着。"他这样抱怨。在哈勃夫妇与赫胥黎夫妇交往密切时,埃德温和奥尔德斯开始一起听唱片。在他们所喜欢的歌曲中间有一首是马肖(Guillaume de Machaut)所作的弥撒曲,它在查理五世(Charles V)加冕时在兰斯大教堂唱过。斯特拉文斯基在为迪士尼录自己的音乐时在城里,他来访时,他们为他弹奏了此曲。

在许多方面,哈勃与赫胥黎呈现出奇妙的大不相同。一个是镇静、自由自在、不辩解,而且受到批评时沉得住气,至少外表上是这样;而另一个则是好反省的、易激动的、爱争辩的、忧郁的,而且偶尔喜欢嘲笑人的。尽管这位世界主义者和体格上吸引人的英国人引起了格雷丝的注意,但她还是把奥尔德斯同并不热爱自己同胞的戴维·赫伯特·劳伦斯作比较。"同戴维·赫伯特·劳伦斯一样,他深恨失去自己的体系。他阅读得太多了。"哈勃夫妇也不能理解奥尔德斯及其朋友赫德以几乎孩子般的天真探讨东方文明,尤其是印度宗教。格雷丝把他们比作被魔术师为了引人注目而做动作所用的柜子吸引的小男孩。"他们正在寻找魔法和神功,寻找秘诀和使门退去的'开门咒'。这不是宗教,这是魔法。"

虽然哈勃夫妇从未很公开地说过,但他俩之间必然谈到过赫德与如英国作家伊舍伍德(Christopher Isherwood)那样的同性恋同行的交往。它无疑有助于这位诙谐、蓝眼睛、红胡子的赫德对埃德温怀有深切的敬意,像奥尔德斯,他把哈勃看作文艺复兴时期的理想人物,弗朗西斯·培根(Francis Bacon)所描写的典型人物。赫德试读《星云世界》时,他发觉很吃力,可是他相信它的作者是"他自己的论题的名家;他知晓别的一切且在所有方面都得到了充分发展,他是我所知最有教养的人"。就赫德似以脐带依附于奥尔德斯而言,谈论得很多。有一个朋友问玛丽亚是否她觉得这种关系令人难堪,她回答她喜爱和尊敬赫德,他是极少数能使自己的丈夫激发智慧的人中的一个。

　　哈勃与赫胥黎之间友谊上的最深刻裂痕还刚开始被感觉到。奥尔德斯于1935年变成了和平主义运动中的一个积极分子。两年后,即来美国之前不久,他著有《和平主义百科全书》(An Encyclopedia of Pacifism),谴责世界"因有军队而变得糟糕了……完全丧失了一切理性和社会行为标准"。抵达美国海岸后,他立即着手在诸如洛杉矶交响乐团大礼堂那样的有声誉的地点聚集的热情听众面前宣传自己的观点。另一方面,哈勃却对富兰克林·罗斯福延误使国家作好在他看来不可避免的战争的准备显得激昂。当他的朋友洛锡安侯爵试图替张伯伦的行动作辩护,认为这是未准备好冲突的英国唯一合理的行动时,他尖酸刻薄地回答:"所有的恐吓本来应认为是由第一个恐吓开始的。"在威尔逊山上,人们再次叫他"少校"。

第十三章

为陆地包围着的

I

1940年6月27日晚，埃德温和格雷丝在收音机旁已听了差不多5个钟头了。在费城举行的共和党全国代表大会就要进入第6轮投票。曾因"网球拍破裂"而闻名全国的纽约辩护律师杜威（Thomas Dewey），由于支持者受到分化，退出了竞选，剩下俄亥俄州参议员罗伯特·塔夫脱（Robert Taft）同新近改换到共和党门庭的黑马、实业家威尔基（Wendell Willkie）两人竞选共和党的总统提名。

全世界的大部分地方此时都处于战争状态。年初，张伯伦不光彩地辞职，而其首相职位的继承人丘吉尔试图以自己的"鲜血、辛劳、眼泪和汗水"的演说使被包围的英国团结起来。比利时和荷兰已受到了侵略，而哈勃夫妇悲叹鹿特丹港以及1936年他们的田园诗般旅居期间所乘坐跨过大西洋的优雅的班轮"斯泰坦丹号"的毁坏。6月初，敦刻尔克英军大溃退，而仅在这次共和党代表大会之前两周，按上级命令行动的德军进入了在第一次世界大战中被拒之门外的巴黎。

哈勃打电话给加利福尼亚州代表团的团长，劝告他从杜威转到威尔基，但有传言说，塔夫脱这位内部人士几乎肯定会获胜，关键在于宾夕法尼亚州。但当点名到堪萨斯州时,于1936年曾受罗斯福严厉批评的前州长兰登(Alf Landon)把该州代表团的选票投给了威尔基。在政界红人范登堡(Arthur Vandenberg)的号召下,密歇根州也同样投了威尔基的票,而如格雷丝所表述的,"宾夕法尼亚州为威尔基发狂"。塔夫脱面临不可避免的命运,因此提名威尔基动议获一致通过,于是哥伦比亚广播公司的时事评论员,也是哈勃同为罗德奖学金获得者的时代起的老朋友埃尔默·戴维斯的声音被发自听众的"威尔基,威尔基,威尔基!"的单调歌颂声所掩盖。"第一回,"激动的格雷丝写道,"政治家没有取得成功;应值得为之战斗的竞选正在来临。"

在哈勃看来,这全是德国人的过错。不管《凡尔赛条约》有怎样的缺陷,每个签约者有责任遵守它的条款,尤其是战败国。无论何时要是有人表示怀疑的话,便提醒他,协约国原本能肢解德国,但他们却相信了德国的诺言:"如果一个国家作出保证的话,那么这个国家必须遵守它,不然的话,对世界上的光明正大便缺乏信赖或不抱希望。"

在这位粗脖子共和党总统候选人乘坐"威尔基专机"在不到两个月里走过大约19 000英里(超过30 000千米)和34个州,继续进行竞选演说的同时,哈勃在政治上变得活跃起来。他与诸如密立根那样的知名人物一道,成了"威廉·阿伦·怀特(William Allen White)保卫美国委员会"的成员。以堪萨斯州恩波里亚市曾博得小城镇生活和自由派共和党人代言者声誉的报纸编辑的名字命名的这个委员会,用"英国需要每艘船、每架飞机、每辆坦克和每门炮"的形式,促进了对英国的大量援助。当该委员会的全国主席艾克尔贝格尔(Clark Eichelberger)在里维拉乡村俱乐部向千人集会发表演说时,他同哈勃、密立根和约翰·佩里·伍德(John Perry Wood)法官(他也是该委员会南加利福尼亚分会的主席)轮流演讲。轮到哈勃上讲坛,据他的朋友鲍尔德斯顿说,他用并不独特的激情演讲,却使场所里的每一个人觉醒,最后引用勃朗宁的话:

我们已看到了全面战争在欧洲爆发。我们已看到了努力维护人类文明的尊严的那些小国，突然被铁蹄践踏而消失了。我们已看到了鹿特丹的废墟。

如劳施宁(Rauschning)所报道，我们可以请求同希特勒商谈，以了解他打算对我们怎样。我们曾注意到那些不可思议的幻想实现后凝结成历史上的残酷事实。希特勒发号施令。他的军队完全按照计划扫荡了欧洲。他只失败过一次；他被英国皇家空军的宏伟气概和战斗力，以及英国海军的警戒，阻止于英吉利海峡。

所以，在这个紧急关头，我们缺乏一个要素——不等待人的时间。而且当我们作准备时，有一个屏障能庇护我们。那就是英国的武装力量。随便哪一个人设想一下，要是没有这支力量在海峡阻止希特勒的话，我们有可能成为他的计划的障碍吗？因此，为了我们国家的生存，显然最好的保障是援助英国，支持我们自己的防御前线……

正是这个民族以他们的鲜血、辛劳、眼泪和汗水保卫着我们。让我们彼此说，

> 此时此地英国帮助了我们，
> 我们能怎样帮助英国呢？

哈勃夫妇于11月6日星期二在附近一个公园投了威尔基的票，然后在收音机旁倾听选举结果，度过了另一个焦急不安而最终失望之夜。可是考虑到由于胡佛和兰登两人是多么拙劣地同罗斯福作对，这个印第安纳人因在破纪录出动投票的人群中得到少于500万张选票而遭受的失败，却被共和党人鼓吹成他们的一个巨大精神胜利。确实，罗斯福总统本人深为自己政敌的表现所感动，因而他接纳了威尔基的提议，着手一项外交使命，以有助于统一国家在支持战争上的工作，并重新振作

欧洲盟国委靡不振的精神。

12月,哈勃夫妇在华盛顿,哈勃预定在那里的卡内基研究院发表演说,其时他们在格里迪龙俱乐部会员的一次午夜自助餐聚会上遇到了威尔基。在这场合全是在野党分子。威尔基到后,立刻成为女士们注意的中心,过了一些时间后,才把哈勃夫妇介绍给他。在体型、姿态和举止方面,他使格雷丝想起塔金顿(Booth Tarkington)在威尔基出生的印第安纳州创作的戏剧《离家的人》(*The man from Home*)里的中心人物。"当他同你握手时,他带着很和蔼、直率、锐利、蕴含情感和才智的目光,因而任何人马上反应到他很通人情。"哈勃夫妇曾希望同这位前总统候选人坐在一起,但他迅速被一位珠光宝气的女总干事带走,离开了他们,与罗伯特·塔夫特和杜威共进晚餐。

出席的还有头发蓬松、蓝眼睛的艾丽斯·朗沃斯(Alice Longworth),她是西奥多·罗斯福与美丽而命运不佳的艾丽斯·李(Alice Lee)悲剧性婚姻所生的爱攻击传统观念的女儿。她向哈勃夫妇径直走来,因声称读过哈勃的书而立即受到埃德温的喜爱。她喜欢这位天文学家的"鼓励战争倾向",并询问格雷丝各种各样有关他的问题。话题然后转到第一夫人及其在无线电广播台的讲话。艾丽斯主动说,埃莉诺(Eleanor)堂姐妹的尖声、高低交替的嗓音是罗斯福家族妇女"祖传的嗓音",可是埃莉诺不用别的什么嗓音。当艾丽斯的姑母科林(Corrine)用这种嗓音时,人们称它为"她的肘部浸在浓汤里的尖叫声"。

这个晚宴宾客中的几位于哈勃在新近落成的鲁特讲堂作演讲之夜出现在卡内基研究院总部,格雷丝将这个新讲堂的建造有点过于直爽地归因于自己的丈夫使老讲堂人满为患的才能。美国东部的报纸读者熟悉哈勃的名字,这些报纸报道了他最近从费城富兰克林研究所接受富兰克林奖章时所作的演说。《纽约时报》称他为"天上的常客",在新闻部分用4栏篇幅报道他,而且3天后,以某种意义上回忆爱因斯坦的方式发表社论:"埃德温·哈勃博士所作的演讲……使我们困窘和深思。这不是哈勃博士的过错。它是宇宙的过错。门外汉……不禁想要晓得他正往哪里去,而且为什么。"在宣布哈勃已被选为1940年英国皇家天文学会的金质奖章得主以后,他得到了类似的待遇。作为该学会外事秘书的爱丁顿写道:"我想慎重地指出选拔时投票是一致同意的。"可是由于这位秘书认为那时一切暂时似乎均好的评述"任何人都有这样的感觉,真正的战争状态几乎还未开始",从而压抑了这个原本令人喜悦的场合。遗憾的是,哈勃也不能亲自去领取此奖章。3个月后,他收到盖有美国驻伦敦大使馆印章、寄给"国务卿阁下"的一只大信封。这只信封里,在一个棕色盒子中搁在缎子衬垫上的便是刻有深浮雕的牛顿头像的金质奖章。

格雷丝宣称自己的丈夫一向有好嗓子、有魅力,而且自然。因此,在驱车回海-亚当斯旅馆途中,当埃德温表明他"不能进入此旅馆"时,她显得很惊讶。他解释,自己的论题,即超新星,严格说不是自己的研究工作。虽然他于1937年使用一架10英寸(25.4厘米)折射望远镜时曾发现室女星系团里一颗大规模爆发的恒星,但机智的兹威基此后凭着找到另外的12颗而提出对此研究领域拥有某种权利的要求。格雷丝试图借助重复赫伯特·特纳的话,即数年后埃特温才能理解自己所做工作的重要性来安慰他。虽则她的关心或许会有所帮助,可是他所真正需要的是关于好像在膨胀着的宇宙的更多资料,而为此,他告诉《纽约时报》的劳伦斯·戴维斯(Lawrence Davies),直到200英寸(5.08米)望远镜运转,他的双手才不被束缚住。

Ⅱ

哈勃夫妇离开华盛顿去纽约之前,埃德温在所住旅馆里被一辆军车接走去见3名海军上将和一名海军上尉。他告知格雷丝,他们讨论了一些未被记下来的秘密事情。只是在后来她得悉他受到了尼米兹(Chester Nimitz)海军上将的召见,后者请他过问密码及其索引。此后便有更多的这种会晤以及神秘的电话,接到这种电话后他有时便离家去一个未经宣布的目的地。

在纽约,他们同健康和幸福的埃尔默·戴维斯重聚,他对必须首先满足地方上的事的担心从未成为事实。这位哥伦比亚广播公司的新闻记者在加入新闻广播工作之前,曾当了10年的《纽约时报》采访记者。他的平静和从容,仍带着出生地印第安纳州口音的声音逐渐为无数热切的无线电广播收听者所熟悉,其中许多人还购买他写的小说和短篇故事。戴维斯带领埃德温和格雷丝到位于麦迪逊大街和第52街,用玻璃和铬作幕墙的哥伦比亚广播公司总部大厦第17层自己的办公室,在那里他们被引见给一位名叫塞瓦赖德(Eric Sevareid)的好口才的年轻新闻记者,他刚从伦敦回来,那里空袭太多,搅乱了他的神经。他们谈论战争、国际政治和有名人物。这位自由主义的戴维斯声言他不喜欢威尔基及其周围的一伙人。

带着自己的日本随从弗兰克(Frank)正在访问纽约的卓别林坚持带他们去"21"那儿吃晚饭,然后到斯托克俱乐部,在那里他们与海伦·海斯及查尔斯·麦克阿瑟会合。格雷丝对这个闻名的夜总会的规模表示出惊讶,在她的想象中朦胧出现的它要比环绕着一个小舞场拥挤地摆满桌子的浅蓝色房间大得多。管弦乐队和一个扭动着身子唱歌的年轻妇女制造了讨厌的噪声送到她的耳朵里,可是他们进屋时打招呼伴随的喊喊喳喳声却超过了对上述噪声的弥补。他们坐在舞女旁最佳位置,女侍应员立刻推着载有冰冻香槟酒的手推车匆忙过来。

这是一个与上次他们在好莱坞见到的不一样的卓别林。这位和平主义者当时已变成一名"战争贩子",他责骂欧洲人和美国人在希特勒第一次行动后反应迟钝："我是个小人物,因而我总是勉强顺从、调和、渴求满足地过日子——那曾是我避免麻烦之道——但我宁可被打死,也不屈服于这些暴徒,所以请帮助我,我要尽可能多地带他们一起去死。"次日,赴加利福尼亚之前哈勃下去结账,出示给他的一张账单的总款额仅为7美分。如在英国一样,别的一切已由朋友们支付了,包括一些非常昂贵的葡萄酒。

回到帕萨迪纳,玛丽亚向格雷丝吐露奥尔德斯"现今很有钱",写一个电影剧本挣27 000美元之多,差不多与他们双方的朋友鲍尔德斯顿对影片《一个孟加拉枪骑兵的一生》(*The Lives of a Bengal Lancer*)、《曾达的囚犯》(*The Prisoner of Zenda*)、《乱世佳人》和《煤气灯》(*Gaslight*)所做类似工作挣得的总金额相等。赫胥黎夫妇的凯迪拉克牌新轿车使哈勃夫妇留下深刻印象,他们用拉萨尔牌轿车交换购入了自己的一辆凯迪拉克牌轿车。他们还购买了厨房设备,而奥尔德斯嘲笑新的电炉上除了收音机外配备了一切东西。哈勃更感兴趣的是电冰箱,虽然它直到下午3点才送来,但仍有充裕的时间制冰供饮料用。他继续仔细检查电冰箱并打开它的门企图一瞥它的魔力,它提示了自从那个夏天他同胞弟比尔在酷热的惠顿市驾驶冰车以来技术已发展到什么程度。

奥尔德斯欢喜在唐人街里的店铺闲逛和购物。有一晚,哈勃夫妇同他和玛丽亚在一起,然后他们来到一块招牌前,上面写着:"星相专家、算命先生,乔治·钟(George Chung)。"在书写者的怂恿下他们决定进去。在小空房里坐着这位自我标榜的预言家,他肥胖而无表情,犹如一尊偶像。他告诉格雷丝、玛丽亚和奥尔德斯数桩有关他们本人的事情,相当接近真实情况。最后轮到埃德温,钟第一次显得犹豫不决起来。他拿起一个算盘,心不在焉地拨弄着算盘珠,然后把它换成一叠卡片,把它们挪来挪去并分发。最后他惊叫,"啊,大数目,许多大数目,全是大……200匹马力的人,200匹马力的人——我不能再多说了!"埃德温向他鞠躬表示感谢。在外面的街灯下,奥尔德斯想这真稀奇,钟把自己的朋友与数字联系在一起。而这200匹马力和200英寸(5.08米)望远镜能有什么关系呢?"尽管缺乏论据,但它们往往是相近的。"

埃德温解释,钟借助拿起算盘,机敏地争取时间。他为取得线索正摸清着他们的底细,而他们显得令人注目,要不就彼此扫视一眼。如果你们想要算命的话,那么你们应保持正经的面孔。

就在奥尔德斯到露丝家吃晚饭的那夜,巴黎陷落了,因此他的脸色像死人一样苍白。后来露丝写道,他带着正盯着地狱看的那种人的表情。哈勃夫妇也出席了这次晚宴,但无人提及巴黎。可是谈论战争是在社交聚会上无法避免的事。无论何时提到这个论题,奥尔德斯总是退回到沉默,玛丽亚为了自己的丈夫也这样做。另一方面,她告诉格雷丝,她每夜醒着躺在那里扪心自问。根据在英国所发生着的,和平主义似乎是如此可怕的抽象概念。当战争结束时,无论如何他们怎么能回家——富有的和安全的——而不成为敌视的对象呢?

1941年1月末,哈勃和约翰·鲍尔德斯顿两人同意在美国全国广播公司的无线电广播节目《我不同意》(I Disagree)中与美国至上委员会当地分会的两名会员进行辩论。辩论的问题是:"英国是我们的第一条防线吗?"格雷丝写到了这次辩论参加者双方之间的鲜明对比——埃德温和约翰"显得很潇洒、温文、诚实、直率,开诚布公地表达他们所相信的"。而另两人,一位是美国至上委员会的主席,另一位是金融专栏作家,则显得"粗俗、虚伪、卑鄙,暗示着他们不肯提供大量的资料"。他们强烈反英,"他们利用学校初级读物的陈述,声称美国可同希特勒做交易。"仲裁人刘易斯·布朗(Lewis Browne)在总结这次辩论时说,它正是有远见——并使用望远镜——的人与通过显微镜观看并看到大量细菌的人之间所存在的差异。

因感到已取得胜利,所以哈勃夫妇驾车去佩里诺饭店吃晚餐。玛丽安·鲍尔德斯顿在广播电台的播音室里曾给他们一本《伦敦前线》（*London Front*），这是由他们的英国朋友、剧作家"托蒂"·哈伍德（H. M. "Tottie" Harwood）及其妻子，小说家和民间犯罪的采访记者"弗赖恩"·杰西（Fryniwyd "Fryn" Tennyson Jesse）共同编辑的亲英书信集。格雷丝的数封信同玛丽安和华而不实的戏剧评论家伍尔考特（Alexander Woollcott，格雷丝定期与他通信）所写的其他信一起发表在此书中。哈勃夫妇吃晚餐时互相大声朗读格雷丝给弗赖恩和托蒂的信件："德国人是不可相信的。这里的德国人曾打电话给美国的熟人，问'我们的军队不是好极了吗？'而在回答时受到了痛苦的打击。我将绝不同另一个德国人说话……埃德温说他们骇人听闻的罪行将是永远不会被忘记的。"

至少倾听那晚节目的人会像格雷丝一样为她丈夫的立场所感动。赫胥黎夫妇的独生子，一个高大、英俊、谦逊的年轻人，名叫马修（Matthew），而哈勃把他叫作"他母亲的儿子"，出于做儿子的忠心，他曾打算给人留下像一个真心实意拒绝参加罪恶战争的人的印象。紧接着听了哈勃在撒切尔学院所作支持战争的演讲后，他便变得心绪十分烦乱，因而几乎3天未说话。最后马修向自己的父母宣称，哈勃博士使他看问题不一样了：不管怎样他会前往英国参军。1943年3月，征兵通知最后来到时，这名加利福尼亚大学洛杉矶分校的学生再次改变了主意。他谋求非战斗人员身份并得到了军方的许可，因此把他急遣至卫生队，在那里，他患上了严重的麻疹，体重掉了40磅（约18千克），几乎要死去，使他心神错乱的父亲益发痛苦。

对哈勃来说，从来不存在是否的问题，而只有何时的问题。当坐在盐湖城里公园的长凳上等候去科罗拉多州赖夫尔的火车时，他告诉格雷丝，美国不久就要进入战争状态，因而他已下决心返回步兵团并到国外服役。

同时，他为了支持战争运动继续反复强调他的观点。在参加无线电台辩论后隔两周,他在比尔特莫尔市政厅定期午餐会上面对200名有钱的实业家和专家所组成的听众,发表了演说。他的观点得到了热烈鼓掌的欢迎,而他自豪的岳父打电话说埃德温同前一晚在无线电台演说的丘吉尔一样地可敬。

翌晨哈勃还在工作,格雷丝就接到了攻击自己丈夫的数个匿名电话中的第一个。邮件到达后,其中包含更多的同样内容。有些批评哈勃的人是完完全全的和平主义者,他们不赞成枪炮、子弹或炸药的制造。格雷丝以愤怒而敏捷的对答——"夫人,您觉得夜间窃贼怎么样?"打发走了一个如此歇斯底里的女人。

7月初,哈勃着手安排由加利福尼亚为自由而战委员会发起的威尔基即将在好莱坞圆形体育场发表的演说。他还起草了一份简短的题为"联合宣言"的原则声明,然后与美国产业工会联合会和劳工联合会谨慎的领导人共进午餐,他们终于保证给予支持。晚霞俱乐部的领导人也被争取过来,担保威尔基有满座的听众。

7月23日晚6点半,密立根夫妇来唤哈勃夫妇。当他们半小时后到达这个圆形体育场时,由工人和富豪组成的人群正用最高嗓子歌唱着。密立根登上讲坛,振奋精神朗读哈勃的宣言,当时这位诺贝尔奖得主的朗读过程有3次被热烈掌声打断,这使宣言的作者感到意外。8点15分,威尔基携着无线电话筒登台,受到了雷鸣般的欢呼。他快乐得像个孩子似地演说了45分钟,驱使哈勃夫妇怀疑可能发生了什么。

11月11日星期二早晨,格雷丝驾车送埃德温到帕萨迪纳市赫德森街和格林街的拐角处,在那里他爬上一辆消防车坐在主管人员的旁边。第一次世界大战停战纪念日的游行队伍蜿蜒前进经过市街抵达市广场,预定他于中午在所谓的金色贝壳作演说。格雷丝坐在妹妹马克斯旁边的长凳上,仔细打量着人群,这些人包含从踏着四轮滑行鞋的小孩到市长和威尔逊山天文台的亚当斯的所有人。一群官员扶着一些美国南北战争时国民军的行动蹒跚的退役军人拾级而上,来到贵宾台,对格雷丝来说,他们看上去像一些十分英勇的老人。

旗帜升起,由一名随军教士作祈祷。格雷丝紧张不安地密切注视着数个形迹可疑的"老鳟鱼",她担心他们可能会向演说者提出质问。但自埃德温开始演说的时刻起,他们热烈地鼓掌。在演说期间,他们比她曾见到的听众更专心地听讲。他并没有约定向他们发表演说,但他确实当了一名优良的鼓动者。若干星期前,在加利福尼亚俱乐部,他被介绍为亲英分子时,他回击说:"见鬼,我是为了文明。"可是对他来说,这些都完全一样。在激动人心的结束语里,通过引用莎士比亚赠予女王学院最著名的幽灵、5个世纪前圣克里斯平节(St. Crispin's day)*在阿让库尔英军驻地的亨利五世的短诗,他向人们唤起了这位英王的远见:

> 没有一个周年纪念日将会来临。
>
> 但参加此战役的我们将被铭记。
>
> 从即日起直到世界的末日为止,
>
> 而现今正在床上的英国绅士们
>
> 将因为他们不在这里深感自责,
>
> 当任何人说起在圣克里斯平节
>
> 我们是在同谁对阵战斗的时候,
>
> 他们也会瞧不起自己的男子气。

"这是我们的战争。最终的赌注则是我们的自由以及我们的孩子的自由。让我们永不忘记自由、解放正是自古以来世界各处为获得和维护它而战斗的英勇人物留给我们的遗产。"此后向他祝贺的拥挤人群中间有一名"白痴",他出席了哈勃的所有演讲会——此人就像一个陀

---

*圣克里斯平是公元3世纪古罗马的殉教者,以他命名的节日在每年的10月25日。——译者

思妥耶夫斯基的小说中的人物,穿着工人的工装裤,一个大头上竖起浅沙色的头发,还有两只友好的蓝眼睛。他患有可怕的口吃,因而只能设法以很大的努力说出很少几个赞美字眼。埃德温感谢他时,他眉开眼笑。《星报》(*The Star News*)全文登载了这篇演说,不久它以《我们守护的堡垒》(*O'er the Ramparts We Watch*)为标题印成小册子出版。

帕萨迪纳的美国至上委员会持有更偏激的眼光。它在麦金利学院大会堂召开的第46次会议上,一致通过了控告埃德温·哈勃的一项决议,告发"据说受雇于卡内基研究院属下威尔逊山天文台"的他搞破坏,犯有违反罗斯福总统1939年9月5日颁布的中立宣言的罪。"为了公众的安全和利益,应立即逮捕哈勃并对这个违反法律的嫌疑犯进行即决审判。"此未经签署的文件的复印件送给了哈勃本人和新闻媒体。几夜后,格雷丝同埃德温看一部有关英国皇家空军投入战斗的影片,他们听到坐在自己后面的人小声说:"那是哈勃,我们以为他进监狱了。"持续不断的电话铃又响了,格雷丝回复着发出强烈威胁的匿名者。她不从挂钩上拿下话筒,因为有第二架电话安装在藏书室里她的坐椅旁,在那里她机智地同骚扰者战斗,一直到变得和谐的战役最终渐渐平息为止。

Ⅲ

1941年12月6日晚,哈勃夫妇去鲍尔德斯顿夫妇家赴宴之前,他们接到了心绪极度烦乱的玛丽亚·赫胥黎打来的电话。她的小叔子朱利安刚到纽约,便因他私下说过假如美国与日本作战,它将是件好事而正受到赫斯特报系的采访记者的追踪。格雷丝花了很长时间努力使自己的朋友镇静下来,因而不得不匆忙地梳妆打扮。

第二天拂晓显得明亮和温暖。埃德温穿着新衣服,看上去很潇洒。在他的散步同伴为通常星期天到亨廷顿庭园的旅行而集合之际,他绕着宅邸闲荡。他们回来后发现一个邻居留下的便条："打开你的收音机。"隔了没多久，马克斯来电话。第一批报道正来到；菲律宾和夏威夷已受到攻击，所有的消防队员和警察要去他们的驻地，市民非必要不应使用电话，并应待在家里而不上街。日本侨民正被美国联邦调查局赶在一起，而警察已驻扎在洛杉矶的叫作小东京的区里。整个下午新闻简报接踵而至；在哥伦比亚广播公司，默罗（Ed Murrow）、夏勒（William Shirer）、塞瓦赖德、沃纳（Albert Warner）及他们的朋友埃尔默·戴维斯的坚强嗓音一直响到深夜。

翌晨，当菲律宾男仆约翰（John）在威胁要割断日本人的脖子并唱着美国国歌《星条旗》时，埃德温浏览报刊的大字标题并注意到"假如我们在一年半前宣战的话，这一切本不会发生"。他们把收音机拿下放在炉火旁，而马克斯来电话告诉他们一个谣传，日本的飞机正飞向旧金山。隔几分钟工夫，太平洋海岸上的所有无线电广播台被命令停止广播，并再次告诫人们待在自己的家里。

到12月9日，星期二，加州理工学院处于警戒之下，而威尔逊山则已变成了敌机的监视站。克罗蒂夫妇于晚上顺便来访，荷马转述珍珠港的毁坏传闻是骇人的。实际上美国在太平洋已无防御，在南加利福尼亚也没有任何战斗机。第二天晚上哈勃接到来自纽约英国情报处的电话，催促他及其理事同事尽可能地把亨廷顿的馆藏物转移到一个安全的地方。他后来以幽默的措词描述了这个令人烦恼的过程："我们把它们分成3个等级——世界级珍品、国家级珍品和一般珍品。"接着华盛顿又来了一个电话。他接此电话后回来未加说明，而直到战争结束，他才告诉格雷丝，那时他被要求等待进一步的指示，并要求他不作任何承诺，因为他们想要他做的已经决定了。

虽然埃德温告诫格雷丝不要猜测和参与谣传，但他预测美国本土将受到一次以飞机制造厂和加州理工学院为主要目标的袭击。天气预报不再提供,他告诉格雷丝的一个发展趋势包含在她的日记里。10日晚,无线电台通告不明国籍的飞机出现,实行了数次灯火管制,其中第一次灯火管制是从圣巴巴拉到圣迭戈,向东远至拉斯维加斯和博尔德大坝*。在灯光开始闪烁、熄灭到暂时凑合的警报器发出哀鸣和刺耳的尖叫声之时,他们走出屋进入院子。然后除了偶尔的犬吠声和困惑的猫头鹰的叫声以外,显得一片寂静。无灯光却也显得美丽,橡树很暗,星星和几朵云、房屋都在天空的光辉里朦胧出现。在他们回头走进屋用毛毯遮盖阳台窗户时,埃德温低声说:"这是一件相当重要的事情。"

如结果所表明的,来自华盛顿、关系到哈勃战时命运的神秘电话过早了几个月,在此期间,威尔逊山的情况经历了一些惊人的变化。天文台不再对公众开放,而台上的天文学家都发给了带照通行证,使得他们能够通过由武装警卫把持的关卡。部署的士兵在夜间行军上斯特蒂文特小路,他们有时在山顶上,因变得年轻的"少校"哈勃承担提醒他们有关不准在黑暗中点火的规定而感到惊讶。由灯火管制和燃烧着的伦敦,托蒂·哈伍德写到了自己对埃德温与星星的关系的羡慕:"多么惬意啊! 能够转过你的身子,背对着世人而同科里奥拉纳斯(Coriolanus)**说:'我把你流放。别处一个世界。'要是希特勒能理解它的话,他便会多么地憎恨天文学。"

格雷丝被编入了在密立根夫人家集合的急救班,她承认,这使她不可思议地觉得有损尊严。在白天的晚些时候,她和别的61名妇女在基督教女青年会的体育馆做"体操",她把它们叫作"真正纽约人风格的"。一个月后的最后一次集合中,她以成为精神饱满地完成紧张的体育锻炼的仅有的3个人中的一个而自豪。格雷丝在丈夫的鼓励下还尝试纯文学写作。哈勃亲自把她的作品寄给《大西洋月刊》(*The Atlantic Monthly*)的

---

* 美国科罗拉多河上的大坝,其高221米,坝顶长约360米。——译者

** 科里奥拉纳斯,莎士比亚的同名戏剧中的主人公。——译者

编辑威克斯(Edward Weeks)。一个月后,她的手稿随同一封退稿函寄回时,格雷丝在自己的日记里写及打算使威克斯先生"将来很狼狈"。

1942年4月,约翰·戴维森·洛克菲勒第三(John Davison Rockerfeller Ⅲ)从位于华盛顿的美国红十字会总署致函哈勃,请求他考虑接手在英国或澳大利亚的行动。因未获回音,洛克菲勒再写第二封信给他,而当仍无答复时,他又写第三封信。永远为丈夫下笔的拖延赔不是而感到局促不安的格雷丝最终使哈勃寄出一封已延误了好久的道歉信。

也是在4月,哈勃收到了联邦调查局颁发的获取机密情报的许可证。几星期后,他接到朋友艾德洛特——斯沃斯莫尔学院前院长和罗德信托基金会的美国秘书——的来电,问他能否东来看一看极需要一个外弹道学负责人的马里兰州阿伯丁靶场? 由他自己选择,保留平民身份还是以中校军衔重新入伍。

哈勃请求给予两三天时间考虑事态。格雷丝回忆这是唯一一次,他征求外界的意见。他去同密立根谈,后者则反对他到东部去,说他是个极有价值的人,因而在西海岸的防御工作中需要他,最好留在沸腾的加州理工学院。继梅里亚姆任卡内基研究院院长的万尼瓦尔·布什(Vannevar Bush)也同他有某种程度的联系。布什作为科学研究与发展局局长,带头动员全国科学和工程技术方面有影响的社团投入战争。他参与了为绝密的曼哈顿计划招募科学家的初期阶段工作,而哈勃受邀住进新墨西哥州洛斯阿拉莫斯的沙漠小镇。他是少数谢绝布什提议的人之一,他引用自己的信念,首先得以一个人而不是一个科学家,为自己的国家服务。

两天后,当他正在考虑发另一份电报给艾德洛特之际,听到西部联合电报公司服务员的摩托车声临近街头。收到的电报写道:"阿伯丁的工作极为重要/立即影响战争的行动/希望你愿接受邀请东来一个短时期,大致看一看这个工作。"格雷丝打电话给联合太平洋铁路公司,取消了去科罗拉多州赖夫尔的预定,然后预定了去东海岸的"圣菲号"列车上的一个卧铺席。当埃德温经过野营用具旁时,她无意中听到他嘀咕:"那些讨厌的苍蝇。"她还记得在他不能被说服就洛克菲勒的询问作答时,他写信到黄石定购斯特里(Sterry)特产。那晚9点,由艾德洛特发来的另一份急电到了。

Ⅳ

战争结束他返回帕萨迪纳之后,哈勃被请求在晚霞俱乐部的同伴面前谈论自己的经历。讲到在同意参观位于切萨皮克湾之滨的阿伯丁靶场以后,他立刻走到自己拥有的一套百科全书前,查找术语"弹道学"时,他们认为这是他在说笑话。但这不是笑话。这位曾应军械署要求负责子弹、炸弹和火箭的弹道研究和开发的人于1942年7月一次饯行宴会上曾告诉他好奇的朋友约翰·鲍尔德斯顿同样的事。

在阿伯丁,震耳欲聋的炮声日夜连绵不断之际,哈勃在一辆吉普车护送下绕过靶场。司令官小哈里斯(Charles T. Harris, Jr.)将军告诉他,之所以他被选中是由于,据他的同辈科学家维布伦和亨利·诺里斯·罗素说,他以控制论与观测闻名。为避开文牍主义,他可先做顾问,然后再申请服役当军官,要是他想的话。

由于相信这项工作极具重要性,所以次日哈勃接受了提议,并同意于8月1日报到。他回到帕萨迪纳的时间只够与格雷丝会合,然后就动身去科罗拉多,共度战争结束前他们的最后一次假期。行驶在他们的车前面的许多车上拥挤着面色严峻的年轻水兵,这些水兵最近在相隔半个世界的远方目睹了最恶劣的战斗。哈勃夫妇在赖夫尔下车时,他们发现每辆车的车身上都用粉笔写着同样的宣传词句:"美国船只,'列克星敦号'",以表示对沉没于珊瑚海的这艘航空母舰的敬意。

　　哈勃按照预定时间表按下指纹印、照相和宣誓就职,他的临时顾问费为一天40美元,超过了他在威尔逊山天文台的工资。但他所谋求的上校职位则陷入困境。因为出于政治原因授予高级军官的任命太多了,最近在华盛顿曾引起一阵舆论喧哗,使得正当的以及有问题的任命都处于悬而未决的状态。他写信给留在后头、在帕萨迪纳感到无用的格雷丝,告诉她,如果工资问题能解决的话,他也许终究不得不满足于平民的身份。

　　他在那里的工作日子于清晨便开始,而直到晚上10点半才结束。作为外弹道学的负责人,他正学习有关炸弹和各种炮弹的知识。"现今第二次世界大战中最重要的项目是潜艇侦察和精密的发射表。仅次于它们的是新武器、新引信、新运输工具等。我无法写及这里的活动,但它们是很多的,而在靶场一直有炮声。"他觉得离家是临时的,但他已开始写自己的日记,一旦他找到住宅(希望在6周左右时间内找到),便可让格雷丝来接上这日记。寓所面积都不大,而且"佣人很不容易找到,他们大多数是黑人,我猜想没有一个是很干净的"。哈勃拥有的最宝贵人才便是一位名叫肯特(Robert Kent)的同事,他长得又矮又粗,却是国内最好的弹道学人员。

　　在有代表性的一天里,你可在上午于迫击炮射场找到哈勃,在下午于投弹场找到哈勃,而在黄昏他则随同34毫米炮班人员到靶场外,这一切都是为了亲自熟悉发射的技术而努力。他迅速了解到,新设计的炮弹性能不能由它的设计图样和说明书预示。典型的情形是,它与很类似的较老武器相比,往往错误假定它会以几乎相同的路线运行。因此新发射表不仅每种新炮、炮弹,或炸弹需要,而且已在使用的每种它们的改良型,以及缴获的敌人武器,尤其德国人制造的武器也需要。时间是绝对不可少的,压力则是巨大的。

　　军方建立了由板着面孔的数学家、计算研究室主任戴德里克(L. S.

Dederick)博士领导的一个特别组,每月提供几十个发射表。这是在约
150名计算人员(许多是有数学和物理科学学位的陆军妇女队成员)、国
内4个微分分析仪中的2个,以及一大批IBM公司的穿孔卡式计算机帮
助下完成的。这个部门一经运转,哈勃便花费日益增多的时间于检修
故障上,有时感觉极其乏味。

在他抵达靶场不久,一门称为反坦克火箭炮的新型炮严重伤害了
发射它的其中一名士兵,因此给它增添了危险武器的名声。哈勃选择
了另一门反坦克火箭炮,独自跑到遥远的田野,反复地发射这种新式武
器,直到他发现故障的原因才停止。随后设计改变了,而这种具有穿甲
能力的新式炮证明自己对近距离反坦克和其他战地车辆是有效的。

其中,最复杂的问题都与从快速运动的飞行器上扔炸弹和发射炮
弹有关。至今,无人认真研究过扔在目标前方3英里(4.8千米)的一颗
炸弹一秒接一秒的性态,也没有人认真研究过机枪子弹穿过每小时五
六百千米的强烈逆风时的精确路线,更不用说这些子弹从中射出的机枪
管的弯曲度。火箭的采用带来了一系列头痛的新问题。第一批这样的
武器是从固连在轰炸机尾部的长10英尺(3.05米)筒里发射出来的。曾
担心离筒的火箭在实际过程中会转向而追踪飞机,产生灾难性的后果。

哈勃的部队变成了设计和操纵轰炸瞄准器的专业队伍,那时立即
在全国搜寻现存的很少几架高速摄影机。从飞机和地面上同时操作这
些同步的摄影机使得技术人员能测定风驰电掣似的火箭的曲线梯度位
置[精确到对半英里(0.8千米)的轨迹只有一英寸半(3.81厘米)左右的
误差],与此同时,在发射之前和发射期间都拍摄了飞机的状态。

一个室内精密靶场的建成为模型炮弹和炸弹的飞行特性提供了大
量新资料。100码(91.4米)的距离上设有25个观测站,每个站里配备
着专门照相机。两架飞机上拍摄的弹影照片是用持续约百万分之一秒
的闪光记录,但因射弹经过时它上面的静电荷使这种照相受挫。每个

观测站提供炮弹的方向,因而简单地把所摄的照片排成一行,便能测定和分析射弹的偏航。与此同时,在加州理工学院,一座模型超音速风洞已试验成功,与它同样大小的极相似的风洞预定于1944年某一天安装在阿伯丁。

除了科学技术上的职责之外,哈勃还花费相当多时间陪同知名的来访者,引领他们参观各种设备。3位参议员和2名来自参议院国防计划调查特别委员会——通常称为杜鲁门委员会,这是依照想出这个主意的密苏里不出名、资历浅的参议员名字的叫法——的工作人员跟随着他兜了大半天。"他们对实验室留下非常深刻的印象,"他自豪地写信告诉格雷丝,"谈及就针对某一个特定的主要任务所进行的有效规划和运作方面而言,它是战争画面上的亮点之一。"

3个月后,在他所称的"马戏日",国会的军事委员会代表团抵达。康涅狄格州众议员、剧作家和《名利场》(Vanity Fair)杂志的前主编卢斯(Clare Boothe Luce)把旁人的注意力都吸引到自己身上。随着摄影机转动,她拿起一支卡宾枪以及数种别的武器射击,"犹如一个老手"。有人向她介绍哈勃是世界一流天文学家,于是她特意来同他谈论彼此在好莱坞的朋友。当该代表团就要离开时,这位女众议员转向同行人员中的一位将军,问他战后是否有任何的弹道学研究仍可利用,这位将军回答,尤其,"我们可利用它准备下一次战争"。

由于埃德温不在身边而不知所措,格雷丝缩减了自己的社交安排,并几乎不记日记。随着男仆约翰去打仗而女仆莉迪亚(Lydia)只能每周来一两次,格雷丝在长时间里过着一种忙于家务的、被遗忘的生活:"我给走廊上的家具、信箱和自己涂上草绿色。"埃德温的信件意味着一切。有时他因工作负担重不能写信来,于是她便恐慌起来,便发一个电报过去,弄明白他是安好的才放心。"看见他不停地写信来是多么高兴啊!但偶尔他只拼写一个字母's',它显得有点敷衍我。并且他的信都是朴实和直截了当,多么像他本人啊!"

当他写信告诉她,分离两个月后要她东来时,她"兴奋得马上行动,犹如一只狗听到其主人在远处的口哨"。因不指望数个月后就回来,所以她取下窗帘,用被单覆盖家具,捆扎书籍,并用渗透樟脑丸气味的纸张包住银器。

格雷丝于深夜抵达,翌晨在科洛尼尔旅馆醒来,这是位于马里兰州离哈勃工作的实验室几英里,具有8000人口所以显得过分拥挤的小镇格雷斯港上的一幢黄色墁灰小楼。由于在约数月时间里人口从1600迅速增长到超过4000的阿伯丁村中找不到房间,因此显得更瘦而更敏捷的埃德温到达这里几天后便住进了科洛尼尔旅馆。他们刚吃完早餐,他就抱歉地说,"亲爱的,我必须离开你了",于是他径直走向自己的办公室。

次日格雷丝在远处寻找房屋中度过,但如埃德温曾预先告知她的,50英里(80千米)范围之内什么都没有,而政府的住宅不向具有高级职务的人开放。沉闷的爆炸声震撼着旅馆的窗门,促使他自豪地说:"这是我的炮。"他对作出显著贡献所具有的任何怀疑早已消失了。他期望在阿伯丁至少再待上一年,可能待到冲突结束,而这场冲突,他预测,很可能会在1944年结束。在他的部门的280个人中间,大约可均分为平民、军官和士兵,其中有些人有才华却显得偏执,有些人工作勤劳而准确无误,可是几乎无人具有任何管理才能。格雷丝驾车载着哈勃在雨中沿一条林荫路下行到弹道研究实验室,它是一幢红砖砌成的方形大建筑物,有一扇灰石做的大门。一名武装警卫就站在门里,提醒她只能走到这里为止。埃德温指着在2楼自己的办公室的窗户,然后披上雨衣,挥手再会。"我想,那么就这样吧!"

因找房子无结果,他们溜出几天到纽约,在那里他们住在位于格罗夫诺自己的老房间,那里港口的青春女神以朦胧的天边为背景,是一道受欢迎的风景线。当格雷丝想到眼前的处境时,她的情绪忽然低落下来。"我无法描述当我独自一人,然后我见到埃德温以及整个生活改变——从木炭和牡蛎壳碎粉到钻石和珍珠——时所产生的心情。"在他们作出决定的那晚吃晚饭时,她哭了。如果失去管理家务的机会,那么住在小旅馆的房间里的生活会很快变成一个噩梦。对于她来说,除了回加利福尼亚,没有别的选择。如埃德温曾解释的:"这些是从军的条件,恰似我以前在军队中一样,因而实在没有办法。"格雷丝度过了一个不眠之夜,快到天亮便起身向外眺望。这个城镇上,灯光稀疏,建筑物阴暗,出租车停在角落里——一切平静得像一幅油画。

V

在哈勃加入阿伯丁靶场的工作人员行列之前,他重新有了往日对旋涡星云所形成的兴趣。他特别希望测定星云的自转方向,这吸引了诸如斯里弗和林德布拉德(Bertil Lindblad)这样杰出的天文学家。对此问题,仅有3种可能的回答:如斯里弗所相信的,所有旋涡星云里旋臂可能在中心区后面伸展着;如林德布拉德所主张的,旋臂也许引导着自转;或者自转的方向可能随着不同的星云而变化。这正是哈勃与格雷丝详细讨论的很少几个科学问题之一,她在自己的日记中记录了丈夫所取得的进展。

重大的进展发生在1941年2月初的工作期间。哈勃打电话到家告诉格雷丝,他享有了3个具有极好视宁度的夜晚,使得他能够获得一个作关键性试验的星云的光谱,在1000个这样的天体中间,它是唯一一个,其目视定向几乎是完美的。正如他曾经常想的:旋臂在更快速自转着的核心后面伸展。在此后的数月中,他在另3个旋涡星云里成功地建立了相同的自转模式,且凭推理,把另外11个旋涡星云加入到此列中,证实了格雷丝所述的他的"美学上的"冲动。或许这项发现恰好阐明了宇宙的演化,如哈勃首次制订自己的星云分类表时所希望做的那样。他一直工作到动身去阿伯丁之前的最后一分钟,从而把素材整理成文供发表,并把它寄给《天体物理学杂志》,当他忙于设计机枪子弹和描绘燃烧弹的轨迹时,它在那里发表了。

回到威尔逊山天文台,那里对敌机的轰炸采取了若干预防措施以保护非常贵重的反射镜,可是,如亚当斯很快认识到的,这样的措施对付直接袭击事件没有多少用处。他对天文台会成为一个主要轰炸目标表示怀疑,但总是存在这种危险,即日本飞行员驾机离开所轰炸的工厂或研究机构而飞回海上前,会决定将炸弹卸载于著名的受保护的文物建筑上。

数月过去后,大家逐渐明白洛杉矶不存在成为另一个珍珠港的危险,因此放松了戒备,并容许公众参观设备。首先,通常星期天来往的车流量仍然大,平均有500到750辆汽车,引起了制作轮胎的橡胶的紧缺——在亚当斯看来似乎是"不可理喻的"。汽油定量配给刚生效的几个星期内,车辆的数量显著减少,然后令人费解地又开始增长。亚当斯计算平均来回路程在50英里(80千米)到80英里(129千米)之间,联想到在蜿蜒的山路上橡胶的损耗,因此出于为战争作贡献的考虑,他下令天文台不对公众开放。

由于山下城市周期性地处于灯火管制之下,自海尔最早在那里的数夜以后,从山上看到的景色已不很理想。而且由于许多天文学家忙于与战争有关的工作,那些留在后方的天文学家可获得他们能使用望远镜的几乎全部时间。具有讽刺意味的是,没有一个人能比德国出生的巴德处于更好地利用这种境遇的地位,在美国进入战争状态后,他立即被列入敌侨。

1931年秋,巴德从汉堡天文台来到了威尔逊山天文台,他已树立起一个具有最高超技能的天文学家的声誉,这个评价不久便得到了他的新同事的确认,他们把他称为"一个道地的杰出人才"。他的身材矮小,有一个鹰钩鼻,头发被小心翼翼地分开,还有救护飞机般的耳朵,他讨厌写而喜爱说。他作为"夜人"之一,却有点瞧不起光谱学家,他认为他们枯燥无味,有一次他向自己的朋友格林斯坦(Jesse L. Greenstein)吐露,"他们不吃、不喝,也不爱",只是对"爱",他使用了另外一个字眼。巴德爱好聚会,他自己做东举办了若干次,在这些聚会上只供应马丁尼鸡尾酒。他本人几乎不饮酒,却不爱多嘴,像个坐探在屋里跑来跑去,倒满半空了的玻璃杯,而同时抑制状态消失,于是谈话变得响亮和无拘束起来。

巴德不能与之和睦相处的一个人便是放肆和荒唐的兹威基,他妒忌巴德的发现。兹威基脾气暴躁,当着巴德的面称他是个纳粹,使得这位天文学家丧失了自制,以至于担心兹威基可能会杀害他。在第一次世界大战期间,巴德因患先天性髋部毛病使他明显地一瘸一拐地行走,从而避免了在德国军队中服役。然而,他的兄弟是个德国国家社会主义工人党党员,选择了军人生涯,就人所知,当时他是个在北大西洋某处的潜艇艇长。

巴德是个头等的拖拉者,直到1939年,即他在美国待了8年后,他才拿到自己的预备公民身份证。他遗失这些证件是在搬入另一处住宅期间,而在1941年12月之前,他懒得重新申请。当战争来临,美国政府通知他,他的身份是敌侨,要求他在晚上8点到第二天早上6点之间的固定时间内留在家里。他可在白天去威尔逊山天文台,但他作为一个天文学家的生涯被迫突然放弃了。

在巴德参加购买国防公债的同时,亚当斯致函布什,询问是否能为他做些什么事。虽然他不愿同这位天体物理学家分开,但如果能把巴德送到最近刚开放的得克萨斯州麦克唐纳天文台的话,或许会更好些。

该天文台不像威尔逊山天文台,未宣布为军事区的一部分。布什回信告诉亚当斯,再坚持一会儿。虽则巴德的忠诚不成问题,但他的拖拉作风不能宽容:"他仍是我们与之作战的国家的一个公民。"布什深信此事不久便会解决得使人人都满意,尤其因为在山上并没有进行具有机密性质的工作。

数月之内,巴德的案件得到了复审,从而他在自己庭园里的宵禁被撤销了,因为在珍珠港事件之前,他提出加入美国籍的过程已表明了自己的真诚。他使用新的红敏照相底片进行工作,自动对准了仙女星云 M31 及其伴星云 M32 和 NGC205。他着手拍摄中心密集部分里的无数单独恒星,因为在他之前没有人能这样做。他不但是个有天赋的理论家,还是个有天赋的观测天文学家,巴德致力于建立一个更正确的宇宙距离尺度,而他把自己的希望寄予这样的假设:星云的不同区域包含不同类型的恒星,每个星区具有自己的特性。

当两个不同的星族通过被过滤的光开始显露的时候,观测上的重大进展来临了。一群恒星,主要由宇宙年轻时仅有的丰富的元素,即氢和氦组成,巴德把它们叫作星族Ⅱ星。这些老年红巨星和黄巨星主要在星云核和球状星团里发现。另一群恒星,包括较年轻的富金属蓝星,它们聚集在星云盘或沿星云的旋臂。天文学家把这些恒星归类为星族Ⅰ星。

一个念头突然在巴德的脑海里闪过:如果包括沙普利和哈勃用作示距天体的造父变星在内的变星也归入这相同的两类,那将会怎样呢?拍摄了许多另外的照相底片之后,他于 1944 年宣布,长周期变星和短周期变星几乎肯定属于处在不同演化阶段的不同类型的恒星。那些具有较长光变周期的变星来自星族Ⅱ,且它们比自己较年轻和光变周期较短的同类要真正亮得多。它们显得很暗的事实谅必意味着它们离得更远。因此,星云本身彼此之间相距要比哈勃计算所表明的更遥远。

尽管处于战时,巴德大获成功的消息如闪电般照在天文学界上。哈勃怎样得到此消息并不知晓,但他必定私下很高兴,因为巴德发现他在宇宙距离定标上的错误,实际上已解决了自己宣扬的宇宙膨胀理论所存在的踌躇疑问之一。以前总是这样,如果以他的膨胀速率值在时间上往后退,宇宙约在18亿年前暴缩成一个点。然而,地质学家估计地球的年龄和太阳系里其他天体的年龄都在30亿—40亿年之间。根据巴德修正的计算,星云之间的距离差不多正好为哈勃所得到的数值的两倍,这意味着宇宙已膨胀了比18亿年多一倍的时间。只要巴德的工作有效,一旦200英寸(5.08米)望远镜走上正轨,地质学家和天文学家终究会在同一个曲子伴奏下跳华尔兹舞。

VI

1942年11月,哈勃的身份从顾问变为首席弹道学家。紧跟着提升为年薪8000美元的弹道总设计师,是在华盛顿之外最高的文职级别。他的失望在于未接到曾允诺他的服役任务,还好在薪水和理解两方面得到了补偿,如他写信给格雷丝所说的,他可自由地"在任何时候离去",这是近于一个穿军装的人的选择。

然而某些旧习气仍保留着,一个名叫斯特兰德(Strand)的英国陆军中尉被分派到弹道部队来后,为了逗大家笑,哈勃坚持称呼他为莱夫特南特·斯特兰德(Leftenant Strand)* 。当这位年轻军官被提升为上尉时,他显然很失望,因为对"上尉"(captain)这字眼没有什么可说的了。

为了寻找一个更安全的地点试验绝密武器,军方从著名的工业巨头和慈善家之子摩根(John Pierpont Morgan)那里租借了约4英里(6.4千米)长、2英里(3.2千米)宽的一个小岛,他买这个小岛作为私人猎场和

---

* 把"Lieutenant"(陆军中尉)念成"Leftenant"。——译者

避暑地。这个小岛按在其北海岸上建造了自己的庄园式住宅的殖民者尤蒂(Nathaniel Utie)上校的名字命名为司珀斯尤蒂(Spesutie)——"尤蒂的希望"*——它的形状像个马蹄,环绕着在一个叫作考兹汇的地方同切萨皮克湾会合的一个中心咸水湖。这个岛很平坦而海拔只有几英尺,它被流动缓慢、像运河般的水溪和沼泽交织着,它们随着潮汐的涨落而注满或排干海水。特拉华人的房屋形成一个村落点缀在部分淹没的西海岸,而在春夏两季,好几千沿大西洋候鸟飞行路线迁来的野鸭和野鹅在此栖居和觅食,它们的叫声宛如随风吹的波浪传播。12月下旬海湾冰冻时,灰狐和红狐都像弗吉尼亚红鹿与其他动物一样,从大陆跨越1000英尺(305米),溜进此岛南端浓密的原始森林,或潜伏在夏天覆盖此岛而被遗忘了的黄花、向日葵、紫菀及玫瑰色龙胆的枯萎秆茎之下。

1943年5月,随着战争的趋势逐渐转向有利于同盟国,连接司珀斯尤蒂到马里兰海岸的木桥拴上了最后一批厚板,接着奉命要在木桥的两端设置24小时值勤的岗哨。在岛上稀少的建筑物中间有一幢19世纪的房子,以前它供由当地人称为"3只熊"的摩根同他的两个华尔街老友惠特尼(George Whitney)和伯奇(Stephen Birch)共同创办的非公开性的纽约猎枪手俱乐部使用。它用木材建造,一座炫示维多利亚女王时代风格的塔楼,一条因浮雕细工显得生动活泼的游廊,以及一个配有彩色玻璃窗的门厅。起居室里有3把黑色大皮椅和3盏笨重的普尔曼灯,用来在早上打猎后阅读股票行情,起居室的一端放着一个箱子,里面装满了各种猎鸟,包括一只苏格兰雷鸟。

一片辽阔的草地对面,好容易才看得见有一座空的小茅舍,以前为在打猎中帮忙的黑人侍仆所使用。就哈勃看来,它只不过是一所"肮脏的窝棚",但对深切惦念自己妻子的人来说,有一所窝棚住在一起也许

---

* Spes即司珀斯,古罗马宗教和神话中的希望女神。故而,Spesutie意为"尤蒂的希望"。——译者

就行了。在底层,有一间起居室、一间浴室、一间极小的厨房,以及一个带屏障的门廊;二层上包括两间很小的卧室和一间单人厕所,厕所里收容了一大批蜘蛛和各种昆虫。他立即与战前曾在此处当摩根的女管家的卡特(Carter)小姐取得联系,请求她对他租用此屋提出意见。当她用外交辞令说到"有可能性"时,这正是他需要的极大鼓励。同摩根财团互通了一系列电报,由于物业主新近已去世,执行人向哈勃提供免费使用此地方,只要他愿意尽可待下去。然后他告诉更渴望的格雷丝,一切将在两周之内准备就绪。他让她放心,这屋子只不过需要铺些管道,布些电线,准备一个电炉、一个热水加热器、一只冰箱、一些新纱窗纱门,完成一次彻底的清扫,以及上一次漂亮的涂料。

动身去东部的前夕,格雷丝收到了寄自玛丽亚的一封有关出发度蜜月般假期的来信,她与奥尔德斯现正同住在拉诺村附近,过着自己要求的与世隔绝生活:"我希望将有一个童话里的城堡,有小矮人干活和玻璃鞋在你的脚上闪光,还有花香欢迎你。但我知道,一座圆木小屋或窝棚以及家务劳动也不要紧,即使处于旅程的结尾。"奥尔德斯几乎同玛丽亚一样为她高兴,只是他的心中有一个"只顾自己的小角落"悼念着自己最信任的校对员。

从分离的噩梦中摆脱出来后,格雷丝在数周内手足并用,心满意足地做着擦洗工作,她描述为"这处可笑的废墟应有面孔从楼上的窗户向外凝视,就我所知,也许是这样"。仅在她抵达后,埃德温才告诉她,这座百年老建筑物被当地人称为"鬼屋",史密斯家族的一名成员整理的数个鬼故事在这里发生,而这个家族的死者都葬在小路转弯处的用石头砌成的小金字塔之下。格雷丝不是个胆小的人,但她仍坚持离开二楼及其蜘蛛纲动物"居民",就在田鼠打滑跨过刚上油的油地毡的当儿,她睡在楼下起居室里双人军用帆布床上埃德温的旁边。在等待一只多用铁灶到货的同时,她在两只电炉上烹调,并用一只起名叫"小肮脏"的冒烟煤炉御寒。"它像海顿(Franz Joseph Haydn)的'木偶交响曲'。"她在日记中写道。当司令官将军顺便来访时,他简直不能相信地摇头,说连一个陆军少尉也不会住在这种地方,以免失去自己的社会地位。

要说呢,这样简陋的条件只是使她更靠近埃德温罢了:

> 很自然地发觉自身重新投入到连续不断的想和讲之中。有埃德温回答一切问题,或者在完全是伴侣关系的意义上保持沉默……在完成自己的打杂女工任务之余,我思索,一个人的一生,归根到底,会在多大程度上与具有共同经历和观念的极少数人相关。在这些年相处后,埃德温和我共同回忆许多事,并赋予它们以生气和色彩。某人说的一句话会使我们相视而对且我们想着同样的事。如果没有这个,一个人会变得更聋、更哑、更瞎、更残缺不全。

此岛日夜有巡逻车,而船只不准许靠近凹凸不平的海岸线。哈勃把靶子安置在南端和海湾的远处。建造了作观测站的碉堡和作防护用的混凝土围墙。当大爆破力的巨型炸弹或地雷爆炸时,鬼屋稍微抬高,然后当它被滞后的声波吞没时,发生震动。每扇窗都震碎了,而修复是无用的。1月里一个下雪天,它的前门因铰链被吹脱落而翻进了起居室。格雷丝跋涉过雪堆,向驻扎在桥头堡的陆军上校报告受损情况。修复工作不久便完成了,而当哈勃回家吃晚饭时,他竟然未注意到有什么异常。"顺便说,"他问,"大约在今天下午3点钟,你听到过什么吗?"

一位有讲故事嗜好的高级官员添加了哈勃像年轻人般作出的可疑英勇事迹,他还发觉格雷丝是个易轻信的听众。1942年末,当潜艇战在大西洋临近最激烈之际,一艘德国的U型潜艇载着大爆破力的炸弹,声称驶抵了切萨皮克湾,在那里像是被美国海军俘获了。此艇上写着希特勒亲自发布的命令,号召消灭靶场连同"哈勃博士"。起先,在听到所说的情况时,哈勃显得厌烦,但战后,格雷丝把这个故事告诉朋友,自己的丈夫却并未提出异议。在另一个场合,恰恰是多诺万(William "Wild Bill" Donovan)陆军少将把他召唤到五角大楼。这位将军是新近创建的战略情报局的首脑,正是这个爱炫耀的律师迅速把它建成一个庞大的情报机构及中央情报局的前身。据格雷丝所说,多诺万要哈勃飞往瑞士,在那里会拨给他6名间谍,其中包括棒球运动员伯格(Moe Berg),他冒充法国南锡市来的物理学家,参加了在苏黎世理工大学举行的德国科学家的一次会议,会上海森伯演讲核裂变,这7名间谍从伯尔尼市便飞入法国而深入敌后执行其目的从未透露的任务。虽然这个故事比U型潜艇的传说更可信一点,但当时正临近54岁生日且从未从飞机上用降落伞跳下的哈勃未曾接到过来自多诺万的重要电话。

VII

哈勃像在威尔逊山天文台时一样努力工作以在阿伯丁树立自己的形象。在《燃烧弹》(*Flaming Bomb*)邮报对这位弹道总设计师的简介中,他被当作一个略带英国腔调的棒球明星或拳击明星那样大加赞扬:"他在抽烟斗中寻求松弛,烟斗里装着任何东西……只要他弄得到什么能抽的。"如果时间允许的话,他喜欢在"系方格花的领带和穿舒适然而不落陈套的衬衫的气氛"中放松,格雷丝认出这些衬衫是从里真特街里德店铺买来的英国网眼亚麻布衬衫。他继续保持这样一个老习惯,即在他拣着自己的邮件时,企图使碰巧闯进的来访者留下深刻印象。不拆开第一类信函中的任何一封,他郑重地把它们一封接着一封地丢进废纸篓里。稍后,当无人看着时,可见到他重新找回这些信函。

然而,他不肯进行通信的习惯仍未变。1943年1月,美国艺术和科学研究院理事会选举他以及沙普利和博克为该院院士。一年3次未获复信后,此理事会把哈勃正式接受院士这件事交付沙普利处理,他在未获哈勃的信之后,便向为难的亚当斯求助。这位威尔逊山天文台台长列举了本人"对这个不爱写信的人的抱怨。在我们的仪表工场里,为他曾制造了若干照相机,但我们从未得到他是否收到它们的消息,对它们的运作则什么也没有说"。他与沙普利之间的宿怨也未解决。当哈勃得悉哈佛天文学家曾暗中活动反对在南加利福尼亚建造200英寸(5.08米)海尔望远镜,他在雅典娜会堂吃午饭时向兹威基谈到了沙普利的"不公正"。

正是与威尔逊山天文台的同事共进正餐期间,哈勃精通了在智力上高人一筹的本事,在格雷丝抵达阿伯丁之前,他在那里的军官俱乐部或许也已实践了它。在铃响之前,通常可看到他在天文学图书室选读《大不列颠百科全书》。几分钟进餐时间,他会"正巧"提到某个不出名的人或某件不清楚的事,吸引其他人加入谈话。然后他就他们对这些事的了解提出难以捉摸的质问,并从餐桌站起,伸手拿出《大不列颠百科全书》的有关卷册,于是迅速解决了分歧。由于他处理邮件的做法,其他人在不止一次充当傻瓜之后,便明白而不肯再受捉弄了。天文学家里夫斯(Gibson Reaves)在完成博士学业之际,遇见了哈勃,他指出,因这种自高自大的缺点,哈勃成了取笑的对象。"它们还显示了他悲剧性的一面,"里夫斯悲伤地反映,"它们揭示哈勃并不自信,对本人,还有自己的成就并不满意。"

由于对战争的胜败不再有怀疑,所以安全的预防措施放宽了。不止一次,哈勃邀请了自己的男同事的妻子参观安置新近完成的超音速风洞的建筑物。他亲自站立在门厅楼梯脚下,握手向每位参观者致意,然后与他们作非正式的谈话。逐渐衰老的格雷丝以有一名陆军妇女队队员迷恋哈勃而逗弄自己的丈夫,但她暗中以他对很可能年轻得可做他们的女儿的漂亮女子所具有的男性魅力而感到自豪。

通过俯视大舱房及其复杂电子机械的一扇窗户可看到哈勃在自己

的二楼办公室。在外面一间房里穿军装的及文职工程师、化学家、物理学家和数学家——有些是美国人，其他是英国人和法国人——都等待着轮流见他们的上司。他坐在摆着数部电话的大办公桌后，当川流不息的邮递员把盖着"紧急"或"绝密"戳的邮件留在有值日军官的接待室里的时候，所有的电话铃似乎同时响了。

两个闭路风洞中的第一个，装备了一台能产生13 000匹马力（9.7×10^6 瓦）的压缩机，这个风洞于1944年12月投入运作。它被称为"炸弹风洞"，预定主要作研究带鳍的射弹之用。模拟的炸弹靠固连在其尾部的一根支杆维持平衡，然后把它向前推进试验舱。这根支杆可倾斜一个仰角，它在水平上下10°范围内变化。然后驱赶过滤的干燥空气通过两根喷管，以亚音速通过一根喷管而以几乎二倍音速通过另一根喷管。弹道专家透过直径为18英寸（45厘米）的玻璃观测窗监视时，作用在平衡物上的力均传递到分别指示阻力、升力和倾斜度的刻度盘。这种产生快而准的结果的技术，实际上取代了制造实物射弹的慢而代价高的做法，且因不在靶场上试验它们，使得野生动物和住在司珀斯尤蒂的一小群人格外高兴。数周后，必须等待一根易弯的喷管和平衡系统完成的弹道风洞也开始工作了。这两个风洞还都用于检验缴获的敌人武器的模型。

数月里哈勃夫妇看到登陆驳船、两栖军用平底车、坦克、枪炮以及反坦克火箭筒等装载在阿伯丁靶场小铁路上的无盖平板货车中，覆盖着帐篷，并运输到附近的码头。埃德温骄傲地注意到每种在战争中使用的枪炮都曾在阿伯丁试验过。1944年6月6日，即反攻日（D日）前夕，格雷丝写到坦克（其中有许多被指定用于巴顿将军传奇式的攻击中）是如何喧闹着越过入口上试验小山达数月之久，使空气中充满大片尘雾，沉降在鬼屋上就像一块幕布。满载着十几岁到20岁出头青年人的船舰正在启航，在它们下湾出海之际，鸣放沉闷的礼炮。翌晨6点半哈勃夫妇打开收音机,默罗正向全国播告,进攻在法国西北部一个叫作诺曼底的地方已开始了。无数年轻面孔出现的回忆场面,使格雷丝快要流泪了:"我曾常常看到他们乘水陆两用船舰来,在洛克斯特角外的海岸边进行登陆演习;在陆地上匍匐爬行于有刺的铁丝网之下;攀登高耸的障碍物;用刺刀搏斗;沿岩礁快步行军。"更使人不快的还是埃德温对通信部队为情报和军械部门所拍影片作的说明。它们是关于太平洋中部的一个名叫塔拉瓦暗环礁的,在那里许多士兵的浮肿尸体像废弃物一样被冲上了岸。"我想,"他告诉格雷丝,"我倒是不该回忆那时我曾待在家里。"

从来到司珀斯尤蒂的时候起,格雷丝就从事为自己丈夫的年轻科学家重写他们的论文的任务。他告诉她,他们的方程式是有意义的,但他们的文章实际上是难读的。资料的高度保密并不要紧,因为她能领会一点。更合她意的则是她正为奥尔德斯所做的校对工作,自从他对自己雇佣来取代她的位置的那些人感到失望以来,他渴望着她为自己的著作做校对——"在飘飘然之时意外地愚蠢到了极点。"他对此这样描述。在给自己新近守寡,喜欢詹姆斯·费尼莫尔·库珀(James Fenimore Cooper)而不喜欢莎士比亚的母亲的信中,格雷丝解释了赫胥黎最新著作的书名《时间必有停止》(*Time Must Have a Stop*),取自《亨利四世》(*Henry IV*)剧本中霍茨普尔(Hotspur)的死亡演说:

> 但思想是生命的奴隶,而生命是时间的弄臣;
>
> 且俯瞰全世界的时间,
>
> 必有停止。

在她的日记里,充满着对大自然的悠长又往往动人的赞美歌,尤其她为南加利福尼亚人所不知的季节变化而感慨:

> 色彩日复一日地变化着。今天下午,青铜色的树林隐藏
> 在蓝色的雾幔之中,深绿色的海湾点缀着白色的桅尖,而波浪

撞击着海岸……地上结霜呈白色且坚硬得像铁一样。枯草显得像木乃伊的头发,但光秃树木的黑色花纹是非常美丽的。夜晚下了雪。长冰柱的流苏挂在厨房的窗上,树枝、树丫、树干上的雪,白得使树木和枯草从原来的灰色变成了现在柔和的棕色。透过照亮的窗户,看到雪原是铁蓝色的,而天空则呈暗蓝灰色。天鹅整夜唱歌似地鸣叫。据说天鹅仅在顺风时叫得响。

格雷丝常去第3营部图书馆,在那里她交上唯一的密友,阿克曼(Page Ackerman),一名负责营地上各种借书机构的聪明的文职人员。在马里兰花园俱乐部有演讲,在滨海低洼地区的上流阶层的家里有宴会,偶尔到纽约和华盛顿旅行,还有没完没了的信件要写。可是由于孤独以及与"有点肮脏"、因有定时出灰倾向而取名为"老可靠"的起居室里大火炉作"斗争",她作出了牺牲。好反省的格雷丝逐渐厌烦了。"我有时觉得难以,"她写信给母亲,"像分镜头电影剧本那样想到一个人,尤其是自己,但或许像一首乐曲,有快板、小快板、行板、柔板等。任何人在弹奏时不能同等地知道所有的动作节奏,直到此后弹奏停止时才能。"

战争的进展并未引起哈勃政治观点的改变。他嘲笑地批评格雷丝在不得不在罗斯福与杜威之间作选择时不是根据谁更好而是根据谁更坏。格雷丝本仍对威尔基抱有希望,碰巧,他仅有几周好活了,且因上述两个候选人的"极坏",她对两者都不予考虑,虽然她偏爱罗斯福胜过那个纽约市长。最终,她决定不参加选举以避免抵消埃德温的投票。

在又一次失望的选举之后不久,从华盛顿回到阿伯丁,哈勃夫妇在驻地遇见了一名带给他们坏消息的陆军上尉。在他们离开期间,鬼屋遭受了火灾,因而不能再居住了。他们驶往岛上,发现房屋的结构完整无损,然而起居室的墙壁烧焦了且湿透了。"老可靠"背后裂开的洞暴露了罪魁祸首。即使消防人员已扯下了所布的电线,他们也决定在此屋过夜,然后才迁入军官俱乐部,那夜他们用蜡烛和厚毛毯设法应付。

格雷丝很快便迷恋于有女仆服侍和蒸汽热的享乐生活，与此同时委托7个人修理鬼屋。然而，哈勃夫妇仍想念岛上的幽静生活，因而一等到两周后修理完成，他们便渴望回去。回老家比随便哪个要冒险的希望更令人愉快。"修理过的、不透风的、重新粉刷的鬼屋很可能比它过去100年更清洁，"她写道，"我情愿火灾早一年发生。"

自珍珠港事件和诺曼底登陆以来最大的新闻在1945年4月12日美国东部战争时间下午5点47分披露。它便是富兰克林·罗斯福总统在佐治亚州沃姆斯普林斯城的"小白宫"因脑溢血逝世，恰恰在他作为总司令指挥下的军队和舰队到达柏林大门和日本本土的海岸的时候。突然间，哈勃夫妇有点厌恶的这位人物留下了可怕的真空。"他将作为一位有许多功绩的人物铭记在大家的心中。"格雷丝写信给母亲时说。埃德温的密苏里州同乡杜鲁门接替死去的总统的工作是否胜任似乎难以预料，但他此后在收音机里广播的向国会议员提出的伤心请求，感动了格雷丝，或许是由于他的请求提到了宇宙："老哥们，要是你祈祷的话，就请马上为我祈祷。我并不知道你们这些同道是否曾有过一堆干草落在你们身上，但当昨天他们告诉我所发生的情况，我觉得月亮、恒星和所有行星已落到我的身上。"

在柏林，纳粹的宣传部长戈培尔（Joseph Goebbels）给希特勒打了一个欣喜若狂的电话，宣告另一起天象，即在命星中记载着伟大的转折点。可是就像在德尔斐* 传达的神示一样，占星术士的那些预示充斥着模棱两可的意思。3周后，当德国最高司令在兰斯的一所砖砌校舍（那是艾森豪威尔将军的司令部）里向盟军投降的时候，代价最高且最残忍的欧洲冲突终究看到了结局。次日，即5月8日上午，宣布当天为欧战胜利日。

---

* 古希腊一城市，因有阿波罗神殿而著名。——译者

在此后的数月里,哈勃及其副手除非"原地踏步"拖延时间,几乎无事可做。他接受了在纽约交响乐队演奏会间歇期间参加电台广播的邀请。其他科学家所做的广播演讲使他厌烦得立刻不收听。为了500美元,他选择讲题"太空的探测",嘲弄地说,"大家收听我的节目时也可以关闭电台"。

盼望数月之内返回西海岸的哈勃夫妇那时面临着一次家庭危机,而它的解决却是他俩中谁都不愿细想的。由于这对夫妇往往长期不在家,所以他们从未有过宠物。但当埃德温无意于诱捕和杀死在鬼屋猖獗的老鼠时,格雷丝坚决主张他们养一只猫。于是引入了一只半驯养的雌猫,取名为"巴顿将军",它对啮齿动物群的"残忍杀戮"由它在前面门廊上晒太阳度过没精打采的下午可见一斑。数周后,因几只很肥胖的小猫出生,它的厌倦便让位于狂喜,其中有两只小猫分别取名为"司珀斯尤蒂"和"尤蒂上校",而后者则更亲密地叫作"怀特弗伦特"。随后生下第二窝,被叫作"末肚猫仔",其中有两只特别讨人喜爱的又分别取名为"珀西"和"毛斯"。哈勃夫妇获得了一本艾略特所著《老负鼠的关于老练猫的书》,而且格雷丝描绘了一幅彩图,用以追踪变老的"将军"所生的19只小猫。这里有特殊客人参加的下午茶话会和晚上聚会。当地的一个浣熊家庭被放了进来,它们朝着埃德温跑来讨苹果和面包吃,而与此同时,这些猫坐在他的后面围成一个半圆,观看着。只有当浣熊中的一只走近猫的牛奶碟,浸入它的爪子,开始舐它的"指头"的时候,"尤蒂上校"才发出嘶嘶声向前进,却被埃德温抓住。

离去前,格雷丝为这些猫寻找栖息地而感到失望。她给母亲的信中谈到她曾给予它们的美好时光,可是害怕她不得不采用氯仿杀死它们。作出决定的时刻临近时,埃德温出了个主意。他告诉哈福德县的上流人士,这些猫属于特殊种类,它们是首批移民抵达时在司珀斯尤蒂岛上已有黑色野猎猫种群的后裔。立刻有人向它们提供了比别的牲畜更多的栖息地,于是他们把它们两个两个地分配给庄园主。"现在,"埃德温说,"我们不必想到它们像可怜的小鬼了。"可是随着它们的离去,鬼屋一下子凄凉起来,周围的景致也像"理想的乐土"一样朦胧。

1945年8月7日早上,日本广岛市的上空光辉夺目,比1000个太阳还亮,那时格雷丝在自己的日记里对此事并无记录,而只是在写回家的信里简短地提到了它:"今晨我们正等待着听到更多有关新型炸弹的消息,仅希望它会加速这场战争的结束,不但拯救我们的生命,而且拯救日本人的生命。"一个星期后,在长崎遭受到原子弹的轰炸之后,日本人在一个亮丽的夏日下午于华盛顿投降了。杜鲁门毕竟使国家渡过了难关,他跑出去游泳了,而哈勃夫妇,则像几十万别的美国人一样,最终谈到了回家。

12月3日,埃德温在自己的办公室度过了这一天,同平常一样忙于开会和处理琐事。格雷丝清扫了鬼屋,然后外出在寒风中散步,采集了一些冬天的浆果。她把这些浆果装在自己安放于不可思议的空书架上的花瓶里。埃德温回来时,天快黑了,不久后一辆员工用的公车停在门外。在他们的行李装载上车的同时,这对夫妇检查了炉子,关掉了灯,最后一次缓步走出了从不上锁的前门。

第十四章

黯淡的历程

I

从来不善于拖延时间的哈勃在阿伯丁的最后几个月里逐渐变得不耐烦起来，因而怀着如格雷丝所述的迫切心情回到了威尔逊山。流失的岁月永不能复得，200英寸（5.08米）望远镜的建造工作曾暂时停止，而直到它的建成为止，扩展宇宙的边界的任何尝试才不至于落空，这尚需2年多时间。1946年3月在给仍留在利克天文台，但继续抱希望加入帕萨迪纳"夜人"行列的梅奥尔的信中，提及了赫马森发表500个星云速度——"他喜欢整数"——的计划，之后才停止使用100英寸（2.54米）望远镜观测红移的课题。因仅剩下20个星云的速度要测定，所以"他是如此地渴望完成这个计划，以至于无论出现的是什么星云，他都拍摄，因此运气好的话，将于本季度顺利地完成"。然后必须着手"在此地的威尔逊山天文台明确选择新的研究领域"，它很可能包括与星云自转、密近星云对、星云群和星云团里的弥散度、矮星云有关联的问题，以及很多其他问题。

尽管哈勃表现出明显的热情，但在山上一切并不顺利。他不在期间，巴德超越了他，而这位德国移民与继续照哈勃吩咐做的赫马森之间的紧张关系逐渐加剧了。哈勃回来不久,当赫马森同巴德争论使用100英寸(2.54米)望远镜作分光研究的时候,他的激动情绪爆发了。巴德希望给予梅奥尔望远镜观测时间,用以拍摄M31里的发射星云,他控告赫马森抢占了机会。"它显然超过了从前的赶骡人的心理承受能力",巴德在给梅奥尔的一封信里愤怒地说,要合作"除非他本人有完整的研究领域! 这头十足的自高自大的蠢驴! 这当然不能再继续下去,因为它会毁掉任何一个天文台的"。巴德向下步行到办公大楼里威尔逊山天文台新台长鲍恩(Ira Bowen)的办公室,摆明自己的理由,但当鲍恩坦率地告诉巴德"在他得出自己的意向之前"他不想给老员工下命令时,巴德失望了。余下未说的便是众所周知的事实,即这位台长靠嘲弄哈勃而获得自己的职位,他不愿与这位仍在伤心的天文学家争论。他叫巴德等待一个星期,直到哈勃从科罗拉多州休假回来,因为哈勃"负责星云研究室"。

行政管理人员的变更于1944年10月布什给宣布打算离任的亚当斯的一封信中已开始了。布什把亚当斯当作知心朋友,在向他透露秘密中承认"迄今我认为在我们自己的群体[威尔逊山天文台]中没有一个人满足所有的基本条件,尽管在某个方面我也许已漏看或错看了"。据知内情的人说,哈勃在台长候选人的名单上占首位。"他在学术上的声誉是卓越的,他的个性也是极具吸引力的,因而我相信他关于威尔逊山天文台未来的观念都是极好的。"但布什在邻近的华盛顿曾有机会跟踪哈勃在弹道研究实验室的战时工作,也"深信他不喜欢行政管理工作,因此在这些方面无才能"。这正是与哈勃共用一个办公室的计算研究室主任戴德里克博士所反映的观点,他觉得在弹道学发生什么事时哈勃显得"有些无能"和消息不灵通。

布什还指望,一旦亚当斯迫近的退职宣布已众所周知时,沙普利的名字就出现。布什认识这位哈佛天文学家已多年,他给了沙普利许多

"非凡的人才"的评价。遗憾的是，"我认为他并不慷慨大方；在他的脑海里考虑得最多的往往是个人的名声和发迹，而不是集体或同事的福利"。

亚当斯暂时宁愿保守秘密，在复函中赞扬了哈勃，说他其实可能是一名比布什所想象的更好的行政管理者。然而，他无法使自己与布什的观点——对哈勃的雇主来说，哈勃却是个利他主义者——取得一致。"更严重的问题……在于哈勃过去对待卡内基研究院的态度有点儿冷淡"，这也许来自一种"他未得到足够补偿的感觉"。如果200英寸(5.08米)望远镜在加州理工学院的领导下进入运作，他会坚持这是一件"需要慎重思考"的事情，因为他被继续雇佣下去的可能性隐约出现。至于沙普利，他有迷人的精神品质，但性格上有盲点："他离开威尔逊山的时候，工作人员没有感到遗憾"，而他在哈佛的科学成就评价并不"高"。此外，沙普利暴怒于有关200英寸(5.08米)望远镜的插曲，认为除了自己的哈佛学院天文台之外，洛克菲勒基金会本不该考虑别的机构。

然后亚当斯建议布什考虑46岁的鲍恩，他是加州理工学院的一位温雅、亲切的物理学教授，也是密立根的门徒。由于鲍恩在证认气体星云光谱里的"氪"线上所做的卓越工作，他被授予德雷珀奖章，并被选为美国科学院天文组的院士。"我们所有的员工都熟识他且欣赏他的才能，"亚当斯热情地说，"他……具有令人喜爱的个性，而且在物理学家和天文学家中间均有很高的地位。"

布什两周后复函时，没有提及哈勃。在沙普利的问题上，"我认为我们完全取得了共识"。"提名鲍恩确实让人很感兴趣。"

布什与数学家、洛克菲勒基金会前主席梅森通信，他主要负责经管200英寸(5.08米)望远镜的建成。就像亚当斯一样，梅森欣然赞成鲍恩。他不仅是一位完美的科学家，而且也是一名杰出的领导人，"从理智的立场上看绝对诚实且在交往中直截了当"。对比之下，梅森长期认为哈勃傲慢又自私，感到他的任命将是一场灾难："他从未把自己的才智放在……人际关系中有点微妙的方面，而这当然是行政管理艺术的精华。"作为一位卓越的科学家，应鼓励他继续从事自己的科学工作。"我颇认为这是正确的观点"，布什向亚当斯吐露，但哈勃本人"是否同意它则是另外一个问题"。

然而，布什仍然踌躇。他还找加州理工学院物理学家、哈勃的朋友和科学工作合作者托尔曼商议。托尔曼不反对鲍恩，可他觉得哈勃在天文学家中间的地位甚高，要是他们的这位同事被忽略的话，很多人无法理解。由于了解哈勃，所以他也不能期望在哈勃吞下这样的苦果后没有强烈的反应。他"会如此完全地泄气，以至于不幸的后果将接踵而来"。布什对托尔曼怀有深深的敬意，他致函亚当斯说"这个观点很大程度上困扰了我"。

因担心哈勃可能通过后门溜进，不再有任何东西损失的亚当斯对他的同事的批评逐渐显得更大胆了。作为一名科学家，不得不认为哈勃已过了他的全盛期，而鲍恩，一位优秀的数学家，通晓哈勃相对来说知道得很少的天体物理学这个迅速发展的领域。同时比哈勃年轻9岁左右的鲍恩受到威尔逊山天文台员工的喜爱和尊敬，而他们对哈勃只有尊敬，它几乎肯定会导致在工作进程中遇到许多困难。亚当斯以列举多年来存档于台长给梅里亚姆许多信件中对哈勃的怨言，继续自己的批评——在主持一些委员会时不履行自己的职责；因他不乐意回答重要的通信所产生的愤恨；借科学的名义长期离开岗位，所表现出来的"极端个人主义"，同时把亲英提升到忠诚的高度。亚当斯理解托尔曼的关心：要是哈勃不能获得台长职位，也许会发生什么情况，可是他为泄愤辞职的可能性极小。他的工作对他来说太重要了，为此他需要两架世界上最精良的望远镜。

1945年5月，德国人投降后两周，当布什在华盛顿遇见哈勃时，他

已几乎决定选择鲍恩。同一天晚些时候,他致函亚当斯:

> 我认为哈勃发觉自己现在的处境恰好与我们觉得的相
> 同。一方面,由于威望和因为威尔逊山天文台台长代表卡内
> 基研究院在天文学方面的事务,他感觉自己应继任台长;而另
> 一方面,我十分肯定,他个人明白由于自己通常厌恶处理管理
> 事务,要是他试图履行这个台长职责的话,他便会完全陷于困
> 境中。不管我们跑到哪里讨论此事,我们总是回到这个左右
> 为难的境地,而听任它悬而未决。

尽管布什未向哈勃说起过有关鲍恩的什么事,但他试图事先减轻即将来临的打击。无论最终的结果怎样,哈勃应知道将来威尔逊山天文台的员工中最著名天文学家的工资与新台长的工资大致相等,这是在卡内基研究院的执行委员会上早已通过的事。

此刻,布什已近于同意亚当斯的建议,应做一切可能的事挡住哈勃,使他达不到被提议当台长的目的,但在宣布自己的决定之前,他想要同托尔曼再谈一次。使他惊奇的是,托尔曼已得出鲍恩会当一位优秀台长的结论,可是托尔曼也指出,哈勃很可能"通过曲折的道路"向新人施压,期待着努力使其个人的议事日程通过。布什回答,如果这是真的话,他没有理由怀疑托尔曼的判断,"至于为什么他不应当台长,这便是一个极好的论据"。确实,"我说过我宁可冒失去哈勃的危险而不愿冒由他当台长的危险"。

7月中旬,布什旅行到新墨西哥州沙漠以目睹始于1940年的一项庞大的美国科学研究和技术开发计划的完成。当奥本海默(J. Robert Oppenheimer)引用《薄伽梵歌》(Bhagavad-Gita)* 时,第一颗原子弹在阿拉莫戈多附近的特里尼蒂上空爆炸了。从战争开始到结束一直领导曼

---

*印度教经典之一,一部宗教哲学诗。——译者

哈顿计划的布什显得欢欣鼓舞,在这次试验之后前往帕萨迪纳,在那里他同亚当斯、梅森以及某些加州理工学院的董事一道举行了一次从下午3点持续到午夜的会议。他们出现时,全都赞同鲍恩是他们的人选,次日提出了口头任命而被接受了。跟着举行了一个庆贺宴会,在此后听到了对新台长的唯一抱怨。鲍恩未曾公平分享自己应得的战时珍贵的威士忌酒,而董事们发誓在将来改正这个缺点。

哈勃投下了一条长而明显的阴影,使得布什担心给他以鲍恩的同样10 000美元工资是否足以安抚这位天文学家。然后他忽然想到成立一个科学规划委员会的主意,由当选的台长任命哈勃为这个委员会的主席。虽然这个委员会仅起咨询作用,它的组成会有助于医治一个受伤害的自我,同时给予支持这个想法的鲍恩一次伸橄榄枝的机会。只有梅森反对,争辩选拔委员会正走得太远了。

哈勃,同布什的内部圈子以外的其他人一样,并不知道鲍恩的任命。9月10日,即日本在东京湾"密苏里号"战舰上投降之后一周,他起草了一封关于台长职位的冗长而又粗劣写成的信给布什。他的信念正是,威尔逊山天文台应由一位第一流的天文学家领导,因为只有一名专家才能创立一个值得天文台长期甚佳口碑的规划。然而,这个"研究人员"应由一名在圣巴巴拉街负责天文台日常运作的执行官员解脱他的文书档案工作和其他世俗的烦恼。"我充分相信,一位研究领导者,加上一位称职的执行官员,便是问题的合适解,且我深信国内资深天文学家定会意见一致地支持这个观点。"

在既成事实与哈勃对接替已成为他的暗中报复者的亚当斯的明显欲望的影响下,布什无疑经历了一阵良心上的内疚。在哈勃再写信说他在布什决定之前乐意延迟回到威尔逊山的时候,鲍恩任命的宣布却不能再推迟了。1945年10月3日,布什写信给哈勃,尽可能慢慢地透露这个消息。"我们全都渴望你的科学生涯伴随着最好的设备和机会向前进,因为我们知道正在这样做,所以它必将给你个人名誉和你的研究院增添光彩。"显然地,"你不能充分施展你的研究潜力,要是你担负沉重的行政管理职责的话,因为我了解它们不是你的兴趣所在"。为了一席行政管理职位而毁掉一个显眼的科学前程应是无益的。最后,布什了解到鲍恩会立刻写信请求哈勃在威尔逊山天文台开始进入其历史的一个新而重要阶段时接受一个委员会的主席职位,以拟订研究规划。

通过预先安排,鲍恩在布什由华盛顿寄出信后一天,从加利福尼亚写信给哈勃。"我们所有人,"他开头说,"都认识到你对旋涡星云的研究毫无疑问是激励200英寸(5.08米)望远镜建造的最巨大无比的原动力。"战争已使天文学损失了很多,但新任台长答应他利用一切机会以最快速度和最高效率把他的计划大力推进。作为规划委员会的主席,哈勃在自己的宇宙学领域实质上具有行动自由。"如果你乐意担任,能否请你直接告知布什博士?"

哈勃承认他为之目瞪口呆,因而隔数天后才起草一份简短、冷淡的复函给鲍恩。任命一位物理学家而不是一位天文学家担任台长显得十分令人困扰,尤其"如果这涉及现实管理和研究方向"。然而,他还是乐于为新的安排,根据鲍恩"在你称为宇宙学的领域"自由行动的许诺,作一次尝试。"我们中间的几个人已为那个领域里的重大问题提出了许多想法,而且对着手的方法有相当明确的概念。"鉴于这种理解,他便接受规划委员会主席职位,因而打算不迟于元旦回到帕萨迪纳。

收到类似信件的布什不喜欢哈勃的语气,因此致函鲍恩,他倾向于以定下关于谁实际上将经管着这研究机构的规划作回答。当鲍恩写了一封外交辞令的回信,申述哈勃的问题其实是一个态度问题甚于实际需求之时,有一事实变得明显了:布什的选择是恰当的。他宁愿布什推迟回答,这样给予哈勃机会控制他的情绪。确实,"我十分乐意你不理他的信,等着瞧是否事情并不能满意地解决,而不是就在现今把它当作一个问题。"

II

战争以一种哈勃本人及最熟识他的人绝不会想象得到的方式改变了他。虽然他是个极端保守主义者,但回到加利福尼亚便深深地投入到销毁原子武器的斗争中去,与极度痛苦(如果不是极其忧郁的话)的朋友奥本海默共同关心原子武器,后者的面貌在广岛遭受原子弹轰炸以来已经改变了很多。1946年间,哈勃在邀请他的任何一个社团,包括晚霞俱乐部、洛杉矶市政厅会议、午餐会、大学俱乐部,甚至在"美国革命之女"组织面前开始演讲未来战争的潜在恐怖。在他的题为"绝不要发生的战争"这篇最广为人知的演说中,他预言敌对国家不久就有能力通过远程火箭、导弹和原子弹的致命组合"在以小时计的短促时间内摧毁别国物质文明的大部分"。接下来便是以突击队袭击和小部队作战为特征的长年凄凉的消耗战,一场残忍的幸存者在被毁世界的废墟上所进行的战争。最终,所余下的人类便会退化到这样的地步,即用新的旧石器时代的棍棒和标枪消灭最后的人类自身。

根据过去各个政府的失败,这种人为大决战的情景,不管它怎样恐怖,凭借诸如条约、联盟和道德制裁等老的应急办法是不能避免的,"尊重交通规则靠的不仅仅是开汽车的人守规矩"。在一个往往受怀疑主义低声欢迎的结论里,哈勃为建立一个由国际警察强有力支持的世界政府作辩解。虽然"诚然,任何国家独立的成分始终不应轻率地或无必要地被牺牲",但与世隔绝的想法是一种幻想,因为"当许多国家一起拥挤在变小了的世界中,竞争加剧。在这些情况下,全面的统治权导致战争和相互残杀"。于是选择是不言而喻的:"要么是领先于时代潮流的世界政府,要么没有世界—— 一个世界,或者什么也没有。"

哈勃为最近的冲突仍在谴责德国时,他吃惊地收到了37年前在女王学院成为朋友的格明根的来信。格明根阅悉帕洛玛山天文台的事,且高兴地闻知哈勃已成为"一个大人物"。"当我们一道在牛津时,我们从未想到过这个世界的政治会如此灾难性地发展,从而两次大战把我们彼此隔开那么多年。"这位钢铁大王像许多顶级的德国实业家一样,曾在同盟国的监狱里度过,常回顾过去的愉快日子,"尤其是我们一道划船并赢得新生4桨小艇比赛,还有你同波普之间举行的最有趣的吃水果比赛! 你还记得吗??"但这双重的问号仍然未答,一个不肯宽恕人的哈勃无法迫使自己写回信。

应埃德温在上一个2月接到的传召,哈勃夫妇于1946年10月登上了"圣菲最高长官号"列车向东进发。在华盛顿停留之后抵达阿伯丁,他们受到了军械署新署长、陆军少将埃弗里特·休斯(Everett Hughes)的接见。继开车经短途旅程来到清静得不可思议的靶场之后,哈勃被授予功勋奖章,这是总统所授予的非军职人员的最高奖,当时格雷丝、数名他以前的员工以及一名《巴尔的摩太阳报》(*Baltimore Sun*)采访记者在旁观。附有的嘉奖令表彰他"在履行作为弹道学研究实验室的外弹道学部门负责人的杰出服务中具有特殊功勋的表现"。它差不多已达到了他在战场上长期梦想的荣誉,而且他自豪地在特殊场合戴上了由白星和张满翅膀的鹰构成的环。"关于这枚奖章,有两样东西是我所喜欢的,"他说,"嘉奖令使用的措词'遵照1782年8月7日乔治·华盛顿将军在纽约的纽堡司令部发布的命令'。它还有'总司令杜鲁门'的签名。"

他们在阿伯丁逗留了一周,在此期间,埃德温以现有的军队顾问身份参加了数次会议。回忆的吸引力把他们在某个下午带回到了司珀斯尤蒂,他们在"鬼屋"东倒西歪的门廊前照相。格雷丝穿着一件大纽扣的外衣,还拿着两包香烟;而埃德温穿着一套花呢西装,保护性地站在她的后面。这个地方正像他们离开时一样,遗留的一小束花仍在起居室的书架上,而浣熊丢弃的空空的饮用碗扔在后面的走廊上。到他们下一次访问的时候,"鬼屋"不再存在。在确定无人能住这样的一个地方之后,军队把它拆毁了。

Ⅲ

犹如与200英寸(5.08米)望远镜有关联的其他任何人一样,哈勃定期地访问加州理工学院的光学车间,以检查"巨眼"的进展。他是显眼的,但在一块玻璃隔板后面混杂于参观者和学生中间,却未被认出来,他注视着终日以无生气的神情劳动着的穿罩衫的光学仪器工人小心地预防温度的变化。工人们近来从大抛光机转换到口径在8英寸(0.2米)到68英寸(1.73米)范围之间的"本地"仪器。由于完成的日子临近,这里采取了预防措施。在实验室里禁止户外穿的衣服和鞋子,同时特意用来吸浮游的金属粒子的一架吸尘器和一架磁性扫除机至少每天两次经过地板、墙壁和机器。

1947年10月的一个下午,当宣布这个易碎的巨物终于已作好准备运往帕洛玛山顶之时,所有人都期待多年的时刻来临了。一个周详的运作方案,它牵涉一系列新的后勤问题。一个月后,在凌晨3点半,一辆巨大笨重的16轮内燃机车在警卫队随同之下隆隆地通过光学车间的拱道而在11月里的夜晚开始向南行进,它奇异的货物由伦敦的劳埃德保险公司保险600 000美元。这个车队绕过了狭窄的桥梁、避开了拥堵的交通以及其他障碍。平均每小时行驶9英里(14.5千米),后来在夜间停留了13个半小时。

由于被认为是担心泄露天机的"心理变态者"所写的胡思乱想的信件,一个特殊的6人保护小组在黄昏蒙影逐渐消失时于环绕装巨大反射镜的板条箱的火光中各就各位。翌晨,他们由15名加利福尼亚公路巡逻警官调班,这些警官慢慢地走,跟踪着这辆沉重的载货车通过其无重大事故的旅程的最后33英里(53.1千米)。一等到反射镜安全地进入圆顶室,便降落到主层下面的真空镀膜室接受铝反射涂膜,这是玻璃装配到金属架之前的最后一道工序。

望远镜的其余部分和反射镜装配好后,等于一架500吨重的精密仪器,它提高了人类创造力的极限。55英尺(16.8米)长的巨大镜筒安装在一个改进的马蹄形机架上,它是如此之大,以至于不得不从东部的制造厂,即威斯汀豪斯电气公司经由巴拿马运河船运,然后余下到天文台的路程用卡车运。为了克服轴承上的巨大摩擦力,开始决定使用曾被应用于100英寸(2.54米)望远镜上的水银浮动装置,可是数吨此类液体金属的费用相信是非常高的。一位来自威斯汀豪斯的顾问提供了一个解决办法,他建议用足以使望远镜浮动在液体薄层上的压力迫使油经过5个轴承的垫圈。在1448千帕到2654千帕的压力下,只需要几十升的油,浮动装置便会产生如此小的摩擦力,用一个在大小和功率上类似普通缝纫机上的马达就能使500吨的望远镜运转。

200英寸(5.08米)口径的反射镜隐藏在望远镜的粗端,用可变光阑的钢制薄叶片保护着,按一下揿钮时这些叶片折叠起来,把反射镜向天空显露。取代爬铁制阶梯到观测位置,天文学家摆脱了改变装载卡氏反射镜或牛顿反射镜的过时观测室这项费时的任务,穿上一套电热服后进入电梯,升到子弹形的观测笼,在那里他进入了这个钢铁巨物的真正咽喉部位,从而消失在黑暗之中。一等到坐定下来,他便通过内部通信装置向坐在下面某个黑暗处的控制台前的夜间值班员说话。按揿钮时微弱的亮光闪烁着;1000吨重旋转的圆顶发出了一阵低沉的隆隆声;望远镜与地球自转同步;观测目标锁定;向后进入无穷无尽的旅行开始了。

哈勃和他焦急的同事是多么渴望见到它。不幸的是,仍有很多工作要做。正式的落成典礼于1948年6月3日举行,当时受邀的800名宾客驾车上了陡坡,曲折的道路经过了帕洛斯印第安人准备年度仪式之一的小露营地。在乘客中间有诺贝尔奖得主、研制原子弹的科学家、电影和戏剧演员、加州理工学院董事、摄影师、报刊和电台采访记者——允许在天文台地板上徘徊的外行人的最后大聚会。他们携带着照相机,目不转睛地向上看,在寂静的人群中走来走去,或用低沉的语调说话,如在一座大教堂里那样。但当最近扮演伽利略角色的演员,固执、下巴重垂的劳顿(Charles Laughton)被一位敬畏的朋友问及,是否他认为这个场面激动人心时,劳顿回击说:"激动人心,哎哟!这是该死的害怕。使用它,他们将要做什么?与火星开战吗?"他急向后转,背着双手,高视阔步地走开了,犹如声名狼藉的布莱(Bligh)船长在甲板上踱步。

有几个人在海尔的新半身铜像前止步致静默礼,这架 200 英寸(5.08 米)望远镜在 2 点钟开始的仪式中要用他的名字命名。第一个向听众发表演说的是詹姆斯·拉思韦尔·佩奇(James Rathwell Page)博士。这位加州理工学院董事会主席就像许多出席的人一样,以一种笃信宗教的人的感受表示出自己的激动。他朗诵了英国教会祈祷书中"万物颂"整个乐曲,尽管它已有几个世纪的历史,却似乎是专为此场合写的:"啊!太阳和月亮……天上的星星……光和黑暗,愿上帝保佑你。"该天文台理事会主席梅森然后站起来试图清除为这架望远镜可能揭示什么而焦急的悲观主义者所散布的忧愁。他引用马克·吐温的话:"我是个老人,有许多烦恼。它们中间的大多数从来没有出现过。"万尼瓦尔·布什在埃默森紧挨着向帕洛玛天文台奠基人致敬意时,转向他说:"一个研究机构是一个人的影子的延长。"当加州理工学院新校长杜布里奇(Lee A. DuBridge)宣读以海尔的名字命名这架望远镜时,白发而病弱的海尔夫人被请求走上前。在他结束后,这位寡妇说了声几乎听不见的"非常感谢",然后回到自己的座位,用一块手帕拭眼睛。

最后讲话的鲍恩用外行人的措词说明了这架望远镜的结构,然后按一系列的揿钮,开始了活生生的示范。望远镜和圆顶刚开始转动,就有一只红雀飞入打开的快门而开始啼啭,它是一度以其具有带状尾的鸽子闻名的山(在西班牙语里,"帕洛玛"意即鸽棚)上的一个闯入者。于是圆顶来回转动,望远镜向上运转,而此鸟消失在头顶上的明亮蓝色光辉之中。

虽然看上去哈勃与鲍恩和睦相处,但他宁愿隔开一段距离观看。认为他的膨胀宇宙理论应列入天文学史里最伟大的概念之中的一名采访记者看到他从后排平静地看着仪式的进程。当这名记者在仪式结束时走近这位高大、阔肩的天文学家,询问深入空间观察又一个5亿光年的能力是否会支持他的理论,哈勃厉声说:"我不担心自己的理论。"在紧接着询问他首次通过新巨物之眼凝视的时候有何感觉时,他温柔一点地说:"我以为我对此玩厌了,但对它我感到极其激动。"

IV

"凝视"是个有效的字眼,因为哈勃及其他人至今通过200英寸(5.08米)望远镜只看到宇宙的一点点。如所预料的,若干个"瑕疵"在反射镜及其庞大的机械装置中发展。其中最严重的是赤经装置的虽然微弱却起干扰的振动。36个支座运动中的摩擦力太大,妨碍了聚焦,而当进行微调时,望远镜必须关闭。技术问题中混合着熟悉如此精细校准的仪器所固有的特性的需求。望远镜的性能,即使在良好视宁度下,也因在100英寸(2.54米)胡克望远镜上所不知道的大气扰动而显得复杂,尤其当它的分辨本领集中于离地球相对较近的单一天体上的时候。它与鲍恩对好像没完没了的修补和测试的嗜好结合在一起,引起了200英寸(5.08米)望远镜是个失败的流言,此流言的发源地可追溯到美国东部的报纸以及仍怀恨在心的沙普利。相反地,一位名叫亚当斯基

(George Adamski)的业余天文爱好者和位于半山腰的小饭店帕洛玛露天饮食店的店主告诉了采访记者一个"未经审查的特别消息"。这些为喝啤酒常常顺便光顾的"大人物"新近已拍摄了35张照片,包括数张火星的照片,而且其中19张显得很完美。"于是你们知道他们看到什么吗?"亚当斯基在环顾四周确信除郊狼外无人在倾听时低声地说。"他们确实看到了运河。他们非常清楚地看到它们,甚至看见水流经这些运河。对此你们有什么想法?"

恰当地说,哈勃使用200英寸(5.08米)望远镜所拍摄的第一张正式照片(PH1H)是NGC2261,这是一个彗状星云,34年前他用叶凯士天文台的40英寸(1.02米)反射望远镜对准了它,然后于1919年他在威尔逊山天文台上首次作业期间,使用100英寸(2.54米)望远镜拍摄了它。由于视宁度差,他无法认出这个天体外形上的任何变化。在对格雷丝所谓的他的"极星"表示敬意之后,他开始专心于更灵敏的底片,包括望远镜仍在进行调试期间所制的一张底片。所拍摄的区域是近银河的极的天空中被称为第57号天区的一个随机样本,使用100英寸(2.54米)望远镜已对它作过彻底的研究。虽然天空的状况一般,只不过6分钟的曝光就记录下了以前使用胡克望远镜所拍摄到的一切。当对接续的底片增加曝光时间后,以不断增长的数目发现了更暗弱且更遥远的天体。最终,一小时的曝光达到了天空的背景亮度,耗尽了这架200英寸(5.08米)望远镜的全部威力。正如所预料的,海尔望远镜已深入太空至少是威尔逊山天文台同类望远镜的两倍远,被拦截的光线传播了10亿年才射落在地球上。在向媒介报道这些发现时,这位一贯谨慎的天文学家发表了常见的口头禅:

> 这些照片看起来如我们所预期的一样,这些稀少的观测资料可能会被强行纳入任何一种目前的宇宙理论。膨胀也好,不膨胀也好,都没有令人信服的证据,而且在新近观测的

天区里星云的图像也没有任何显著的变化。关于这些问题的明确结论必须等待对天空中许多样本进行长期且精确的研究才能得出。

私下,他是高兴的。至今他所发现的一切都有效,而天上的迷雾正散开到10亿光年远的程度。他穿着伐木工人的方格花衬衫、法兰绒裤和齐膝长筒靴,嘴边叼着为人熟悉的烟斗,于1949年1月到4月之间在帕洛玛山天文台完成了自己的首批4次作业,累积了62张底片,它们多半是在视宁度差的条件下拍摄的。格雷丝发觉他有以前从未表露出的一股不可抗拒的力量,以及一种心不在焉的神态,这促使他忽视了自己的位于圣巴巴拉街的办公室在战争期间不在时由天文台员工重新装潢过的事实。当暴风雨来临,不管它怎样凶猛,他总是向山上前进,因为天空经常有变晴的可能性。有一次作业的开端,他在帕洛玛山坡底下把汽车装上链条而强行通过刺眼的积雪到达山顶,像一只穴居的田鼠一样。抵达山顶后他发现钢制的大门锁着,因为看守人从未想到除了疯子之外竟还有人会不把山坡的危险放在眼里。哈勃敏捷地爬上一个巨大雪堆而越过了6英尺(1.83米)高的围墙。

然后,正当他及其同事开始对海尔望远镜显示出真正的感觉之际,还要经历最后加工扫尾阶段的巨大反射镜却使他们接触到了各种问题。1949年5月1日,这个"巨眼"从镜筒上移开而降入真空室修正,这个过程使媒介所称的"伟大战役"又延迟了7个月。

知悉只要选拔委员会把天文学家同物理学家一视同仁,诺贝尔奖便成败未决,因此哈勃夫妇雇用了一名宣传员,他似乎加班为哈勃工作。报纸杂志在诸如《艰难,艰难,苦活与哈勃》《瞧,宇宙!》《上西天去朝圣》以及《帕洛玛的眼睛盯着10亿光年》等醒目大字标题下到处宣扬哈勃的成就。在那些提到他的同事的极少事例中,哈勃也总是占据最多的篇幅以及最大的照片。在这方面典型的例子便是登载在《矿工》

（Collier）杂志上标题为《帕洛玛的人》的长篇文章。兹威基、鲍恩、巴德和赫马森的3英寸×3英寸（7.6厘米×7.6厘米）的照片，因哈勃的6英寸×7英寸（15.2厘米×17.8厘米）的肖像而显得相形见绌，在哈勃的这幅肖像中，也算"个人"最近加入他的家庭的一只取名为尼古拉·哥白尼的黑玉色猫满足地躺在他的怀里。在许多场合里，词藻的华丽并不逊于大字标题："尽管哥伦布扬帆航行了3000英里（4800千米）而发现了一个大陆和一些岛屿，"一位《旅行》（Travel）杂志的作者吟诵，"可是哈勃漫游了无限太空而发现了许许多多辽阔的新世界、岛屿、次大陆，并且星群不只是几千千米远，却是在好几万亿千米之外的远处。"

近60岁的哈勃正开始看上去像有这把年纪的人。他所具有似展开在骨头上一张路线图般深刻纹路的脸出现在1948年2月9日那一期《时代》（Time）杂志的封面上。因他的轮廓鲜明的头而显得相形见绌的是一幅帕洛玛圆顶室的背景画，一尊饰以星星的女神的玉臂从那里向上伸入苍穹。为试图扣住主题，《时代》杂志以提问的形式构思了它的封面故事的标题："帕洛玛的200英寸（5.08米）巨眼会看见一个爆炸的宇宙吗？"

为了寻觅一种外行人能理解的类比，哈勃把膨胀的宇宙比喻为一个橡皮气球，表面上标有代表星云的许多小圆点，它们彼此以等距离相隔。当气球膨胀时，每个圆点更远离别的所有圆点。要是把一个观测者置于这些圆点中的任意一个，于是他必定看见同样的情景：别的所有圆点星云将以危险的高速离开他，越远则速度越快。银河系不是爆炸的唯一中心，每个别的星云同等地是个爆炸中心。相对论认为不存在比以每秒186 000英里（300 000千米）传播的光更迅速的物体。迄今他同赫马森已测到约250 000 000光年远的星云以每秒26 000英里（42 000千米）左右的速度离去，这个速度超过光速的1/8。这架200英寸（5.08米）的望远镜容许他们测定更遥远的天体的速度。假如星云持续不断地深入太空，它们最终会超过相对论的速度极限，于是公然向现代物理的最重要定律挑战。同样还有可能宇宙在膨胀时也是有限的,而弯曲空间的边界可使用诸如海尔望远镜的仪器描绘出来,一劳永逸地证明爱因斯坦是正确的。

然后哈勃谈到了那些觉得膨胀理论太异想天开的人所信奉的另一种假设。红移被认为并不表示膨胀,而表示十分不同的某种重要事物。光以"年轻"、富有活力且呈紫色的状态从一个遥远的星云出发。可是几百万年后,它的能量消耗了,它的波伸长了,因而变得较红,把它变成了"疲乏的光",被威尔逊山和帕洛玛山天文台所拍摄的底片接收到。如果发生的情况是这样,星云可能移动很小一点点——或者根本就不动。

虽然哈勃未被追究,可是他最终承认他并"不期望"找到会削弱红移假设基础的看得见的证据,但他还是会"欢迎它,要是他找到它的话。疲乏的光……必然是十分像爆炸的宇宙那样引起世界轰动的发现"。

在同期《时代》杂志里作为号召人物的奥尔德斯·赫胥黎从他的最近的寓所,在加利福尼亚州赖特伍德的一幢后来给雪封住的荒凉房屋,写来了一则好笑的评论:"多么愉快的巧合呀!我们竟然在……《时代》杂志里共同获得了声誉——而且由于没有受到那些不可仿效的文体批评家的侮辱,这更是了不起!"

V

随着200英寸(5.08米)望远镜的损坏,哈勃除非在威尔逊山上做自己的大部分作业,否则便无事可做。过去他来到帕萨迪纳时,它简直和一座清静的村庄一样,而洛杉矶则是一个遥远的、略小的城市,还远未成为巨大的工业中心。一种奇异的、腐蚀性的霭霾(在当地被称为烟雾),缓慢地扩展到山上,常使星云以及热切的天文学家的希望变得暗淡。山下的郊区几近延伸到了整个环山平原,它们的灯光像一股亮晶晶的熔岩流逆向蔓延到山丘,使灵敏的照相底片模糊。在赫马森最近拍摄的光谱照片中最触目的特征便是一条粗黑的带,它是由洛杉矶城水银灯的形迹引起的。格雷丝写信给其母说,这个地方"并不令人陶醉,而是粗俗不堪的",而且它已变成一个"喜爱那种地方的一伙人藏污纳垢的适宜场所和垃圾箱"。

哈勃职业性地憎恨城市灯光,而梦见帕洛玛,那儿只有采集核果的帕洛斯印第安人的营火在远处闪烁。可是他也不能抗拒它们的迷人的诱惑力。他仍然带领参观者——包括自己的同仁在内——到山边静静地欣赏它们的美景。山下展开着由彩色光辉明暗相间编织成的一块波斯地毯,近处的灯光像下落的星星闪烁着。在山上则是亮雾的长条,使人联想起银河的巨带。远处,因烟雾以及遥远,呈现一片模糊,那里坐落着闹市区,他把它称为"洛杉矶星云"的稠密的核。"一个天文学家,"他有一次告诉一名采访记者,"就像登上这儿的人,他从来不肯走下山谷,而通过观测这些灯光,他试图发现洛杉矶城里发生的一切。"

战后很少有俗世的明星来访。露丝已卖掉了自己的海滨住宅,搬迁到纽约,而卓别林因受到好色和政治上不忠诚的告诫,难得见到且不久将被迫永久流亡。虽然哈勃很少拒绝找他的知名人士或政治家,但他经长久和费力的思考后才同意带领爱尔兰总理德·瓦莱拉(Eamon de Valera)上山。有一次他们去英国旅行期间,格雷丝曾赶紧记录下戈加蒂(Oliver Gogarty)对这位前起义者和爱尔兰独立的缔造者的描述:像"伍尔沃思世界*里那个6便士的萨伏那洛拉(Savonarola)**像"。只是在了解到纽约出生的德·瓦莱拉是一个受过训练的数学家之后,他才同意当这位总理的向导,只要把政治置于谈话之外。他的客人显得如此风度翩翩,哈勃也不由得被迷住了,因而一次也没发作他的亲英派脾气。

_____

　　*著名的廉价商品零售店。——译者

　　**萨伏那洛拉(1452—1498),意大利宗教、政治改革家。——译者

　　1948年7月,哈勃夫妇登上"阿姆斯特丹号"轮船作自战争以来第一次横渡大西洋的旅行。露丝为他们送行,她刚改编完《绅士爱美人》,上百老汇舞台。这位剧作家给了格雷丝12双珍贵的尼龙长袜,且吩咐他们去看望在伦敦的海伦·海斯,她就要在海马基特上演的《玻璃动物园》(Glass Menagerie)中亮相。这位女演员在英国简直无人知晓,因而她急切地抓住机会充当悲剧女演员,可是现在想来她做错了。露丝赞成这个意见:"她是轻率和冲动的,而这出戏并不好。"

　　当离开时,哈勃夫妇唯一关心的便是他们饲养的猫尼古拉的幸福,他们留下这只猫,由一些朋友照看。写给他们的一封有关它的信在最后时刻到达,说它在身心两方面,一切均好。尼古拉也不把外面的任何动植物带进来,这使它成为了哈勃夫妇的朋友中间经常谈论的话题——实际上,一朵白山茶花,一条淹死在水盆里的蜥蜴,一只死老鼠,多半是雀类的活鸟,以及一只未受伤的蜻蜓都贮藏在楼上的卧室里。霍伊尔来吃晚餐和阅读莎士比亚的剧本时,这只猫靠得很近坐着,目不转睛地注视着这位天文学家的脸。然后有一晚,在《麦克白》(Macbeth)*剧达到高潮处,"霍伊尔的声音响亮又激烈",惹得尼古拉笔直跃起后就冲入黑暗之中,穿过木匠为它开凿的起居室小门。赫胥黎在尼古拉的眼里是不受欢迎的,他的处境要糟得多。这位作家不得不保护自己免遭抓伤,尼古拉的攻击前兆是后腿竖立作疯狂的跳跃预示。

　　哈勃夫妇吃由酱蛋和咸肉拼合在一起的通常丰盛的船上早餐,他们往往在午餐时重复吃一顿这些食物。然后他们穿上正式礼服准备参加晚宴,功勋奖章显眼地挂在埃德温的粗颈上。午夜时分,在他们睡觉之前,有时会上另一道鸡蛋,与此同时格雷丝从舱口向外注视着不断在变化着的色彩,而它反映了这样的事实:不管人类把陆地上的大好山河

_____

　　*莎士比亚所作悲剧之一,与该剧的主人公同名。——译者

糟蹋得多么不成样子,可是对海洋却无可奈何。

他们迅速地溜进了聚会、客宴和钓鱼等熟悉的日常生活。埃德温在泰斯特河上试试自己的运气,在那河道里鳟鱼悠闲地游着,而他不得不数到2后,才把钓钩放下。"看来,"格雷丝写道,"这好像是迄今为止最好的时光。描写我们不可思议的出神样子的最贴近说法便是我们终日感到有点醉。一种大大增强了的且交织着困惑的生活感受。埃德温说,就像《艾丽斯漫游奇境记》。"

他们未曾看到过一个遭受破坏的伦敦,那里带有楼梯痕迹的墙头露天耸立着,而在被燃烧弹和发出尖锐刺耳声的火箭烧毁的可怕地方,露天停车场跟着迅速增长。充满水的弹坑形成了小的人工湖,它们被含有变黑的石膏胖娃娃、模塑物和拱门等碎片的瓦砾堆所包围。城市里其他窗玻璃看上去都不见了,包括他们的朋友戈尔-布朗夫妇家的,在戈尔-布朗夫妇正在吃早饭时爆炸的一颗炸弹使他们失去了门廊以及几乎每一块窗格玻璃。战前稀少的无处栖居而游荡着的狗与猫,当时却到处都是,与被迫离开家园的乞丐和在废墟中间玩耍的脏孩子——他们疲乏的父母因未爆炸的炸弹的危险性而徒劳地责备他们——一样。

当他们在共同的朋友家与海伦·海斯共进晚餐时,香槟酒瓶的软木塞子随着一阵悦耳的声音开启。这位女演员在开演之夜的担心由于作出迅速反应的观众给予她热烈的欢迎而减轻了。不像匆匆来迟而把剧场当作晚餐与夜总会中间歇脚处的美国人,英国人以那种对待伦勃朗的油画或莫扎特的协奏曲一般的特别崇敬心情来对待戏剧。在有王族(无论如何属少数的)出席的时候,戏院显得较安静,而在导演吉尔古德(John Gielgud)解释心情的微妙转变之前,她一直认为这出戏演得不顺利。她盼望着保全在拉伊的亨利·詹姆斯宅邸,它已遭受一颗炸弹的严重损坏而当时处于被遗弃的境地,同时屋椽和木制品也受到了侵蚀。

5月,哈勃已被选为女王学院的一名名誉评议员,因而他在牛津停留以表达自己的感激之情,此后他才同格雷丝一起动身去欧洲大陆。在戈尔–布朗夫妇的陪同下,他们向苏黎世行进,格雷丝曾被告知它是眼下欧洲最有趣的地方。哈勃被选为参加第7届国际天文学联合会大会的6名美国代表之一,他也是该联合会第28专业委员会,即河外星云专业委员会的主席。这次会议几乎没有产生名人,却招来了大量愤怒,主要由于苏联在柏林新近实行的封锁,使西柏林与西德之间的一切水陆交通发生困难。开幕式的宴会上一道菜之后,出现一些小声低语。然后椅子被推开,此时苏联人突然起立,走出房间。他们的伙伴之一迅速意识到缺少了苏联旗。一阵混乱和匆忙之后,瑞士旗拿下而换上一面苏联旗。这似乎是在给暗示,于是生气的苏联代表回到房间,引来少量的鼓掌声。苏格兰天文学家麦克维特转向哈勃问道:"我们该做什么? 你打算鼓掌欢迎吗?"

"我身体不大舒服。"哈勃回应。微弱的掌声不久便逐渐消失了。

VI

在围绕海尔望远镜的大吹大擂的宣传中,帕洛玛天文台上公众了解很少甚至未知的第二架卓绝仪器的投入使用却被遗忘了。它以它的发明人的名字命名,他便是已故爱沙尼亚光学仪器专家施密特(Bernhard Schmidt)。他于1930年夏天一个闷热的下午,对坐落在贝格多夫的汉堡天文台的一位朋友,羞怯地展示了未经加工的粗糙样品。接下来他们用它阅读附近一个墓地的墓碑上的墓志铭以自娱度过了短暂时间,很像200英寸(5.08米)的镜面首先接收到钉在加州理工学院光学车间墙上供欣赏的一排漂亮女孩的相片。

海尔望远镜能达到大约10亿光年远,而48英寸(1.22米)的施密特望远镜却至多只能达到上述距离的1/3左右。它的优点更多地在于它的广角照相机而不在于它的放大率,这架照相机巧妙地配上了一个薄改正透镜,从而消除了被称为彗差的星像恼人的畸变,能够拍摄天空的面积为它的"大哥"所能拍摄的1000倍,因此工作几年便能达到200英寸(5.08米)望远镜需时千年才能完成的60 000张照片的拍摄工作量。200英寸(5.08米)望远镜的反射镜边缘在抛光时,施密特望远镜已在开展它的第一项大任务——在面积为14平方英寸(90平方厘米)的负片上制作星图,共计2000幅,这是在帕洛玛的纬度上所能得到的真实的天图集,说得粗略些,占整个夜空的2/3。正式被定名为"美国地理学会—帕洛玛天文台巡天观测"的这项任务在现代最精良的照相器材和暗室设备的帮助下继续了4年。伊斯曼·柯达公司的专家设计了毫米厚的照相底片,花费了40 000美元成本,这些底片中的一半对蓝光敏感,而另一半则对红光敏感。它们不仅必须完全均匀,而且被指望保持不变达到100年之久。

当哈勃在科罗拉多尽情享受里奥布朗科大牧场的乐趣的时候,最近与哈勃结识的天文学学生桑德奇(Allan Sandage)在圣巴巴拉街研究宇宙的小屋令人窒息的地下室里辛劳地工作于这些"摩西(Moses)* 式人物的底片",度过了1949年的夏天。通过迂回的途径,他到达了这个在其人生历程中既令人兴奋却又使人烦恼的结合点,如他后来透露的,凭借"天上的一群猎狗"追逐每一个机会。

桑德奇生于1926年,他是俄亥俄州的迈阿密大学牛津分校一位广告学教授的独生子,而他的母亲则在菲律宾长大,在命定扩张论** 的潮流里,她的摩门教徒父亲按照着手彻底的教育改革的命令被威廉·霍华德·塔夫脱(William Howard Taft)*** 总统派遣到那里。虽然这位青年有

---

* 摩西,《圣经》里率领希伯来人逃出埃及的领袖和先知。——译者

** 19世纪为美国向外搞扩张辩解的理论。——译者

*** 威廉·霍华德·塔夫脱(1857—1930),美国第27任(1909—1913)总统。——译者

宗教倾向，但他的父母却没有，因而他有时在星期天早上溜出家门去参加教堂里的礼拜，而此时他的父母还在睡懒觉。

尽桑德奇所能回忆的，战时在他的身体里有两股力量——"世俗的和超俗的"，并且他似乎总是瞪着眼睛看他所称的"地狱"，时而瞥见，时而看不见上帝的特征。没多时他便理解到不让自疑的恶魔接近的唯一办法是埋头于工作。"它正是一股内在的动力，"他回顾，"起始于年纪很小时候。那时我仅有9—10岁，就认识到我必须成为一名科学家，而且尤其要成为一名天文学家。"对天文学真正领悟的机会来到了，他第一次通过安放在儿时一位朋友家后院的望远镜观看："令人激动不已……从此以后，它正是我必须做的事。对此实在没有任何疑问。"

在像这样的动力驱使下，他在迈阿密大学念完头两年后被征入海军，度过了第二次世界大战的最后18个月，干无线电台和雷达上的电气维护工作，起先在路易斯安那州的格尔夫波特，然后在旧金山的特雷热岛。1946年退役之后，这位已对皮制投弹手外套、波利尼西亚餐馆以及热带烈性饮料产生爱好的脸庞瘦削的退伍军人进入伊利诺伊大学就读，他的父亲在该校教书，因此使他能舒适地住在比尔街上的家。他选物理学而不是天文学为主修课，因为"天文学非常容易，而物理学却非常困难，所以正是物理学为我所需"。为了寻求知识上的平衡，这位未来的科学家还选修哲学，他特别喜爱的人物有斯宾诺莎（Baruch Spinoza）、尼采（Friedrich Nietzsche）和叔本华（Arthur Schopenhauer），而休谟（Darid Hume）和笛卡儿（René Descartes）"似乎就像科学"。（当他在多年努力发现宇宙中"真正发生什么情况"之后回到这个三人组时，他仍觉得他们的体系是吸引人的，但正如一碗吉露牌果冻，是摇摇晃晃的。）

桑德奇自愿为自己读大学时的教授，也是以哈佛天文学家博克为首的恒星计数联合小组的一名成员罗伯特·贝克（Robert H. Baker）承担研究工作之后，独自一人在当地的一个墓地里度过了许多夜晚。他操纵一架小"巡天照相机"扫过天空,拍摄了子夜的天空,然后把他的时间用在定标底片上所获得的恒星和星座的星等序列。关于这次经历,他所记得的主要是那时天气寒冷,"不可思议的冷",而他的主要目标——英仙座——却出现在冬天的夜空。然而通过教自己冲洗底片和测量星等,桑德奇像他所崇拜的英雄伽利略、牛顿、爱因斯坦和哈勃一样,已把自己的生涯纳入通往科学的不朽之路。

加入威尔逊山顶上的有福者行列曾是桑德奇的长期梦想。1941年,正当他的父亲在伯克利教暑期学校之际,父子两人驾车南下帕萨迪纳,在那里桑德奇全神贯注地站在那架哈勃正用来突破对宇宙的看法的仪器之前。他们还参观了天文台的办公室和光学车间,在那里一切谈论都是关于200英寸(5.08米)反射镜的,它的外表面正在附近的加州理工学院被磨碾成细微的玻璃粉末。桑德奇希望自己的机遇还会来到,于是在1948年获得学位后申请攻读加州理工学院物理学博士学位。假如没有别的事情发生,他便可以置身于所崇拜的场所的景象和声音之中,从而继续自己通过后门溜进那里的幻想。

这时来了一封信,改变了他的一生。在秋季要开办天文学博士学位新课程,而桑德奇已被招入由挑选出来的其他4个加州理工学院研究生组成的一班。他还被授予了一笔相当于学费的奖学金并一年支付他额外的900美元作为一周工作15个小时的报酬。几个月后,当他抵达帕萨迪纳开始上课时,施密特望远镜已在测绘各个天区,而新近落成的海尔望远镜正处在最初的试运作当中。与厄巴纳城大不相同,这里没有秋雨和不结子的树木。确实,对天气显得冷漠的这个美国中西部人简直不注意季节的变化,他得意于这样的事实,即英仙座或别的随便哪个天体,不在雪中冻得要死的情况下,都能观测到。

1948年4月,在200英寸(5.08米)望远镜就要投入正式运作之际,一个协议已在卡内基研究院和加州理工学院之间商定,以解决关于威尔逊山和帕洛玛山天文台联合这个非常不愉快的争端。它们的仪器设备共同使用,尽管运作的经费列入各自的预算。威尔逊山的天文学家被聘为加州理工学院的教授,但他们在大庄园式的校园里最好分散地出现。他们既不从该学院得到办公室,也不拿报酬。而且在他们教一门临时课程和主持学位论文委员会的同时,他们的主要业务,与从前一样,仍是各个大望远镜的运作。作为回报,给予加州理工学院的学生和教职员进入世界上最珍贵的天文底片库的机会,更不必说可获得威尔逊山最受崇敬的天文学家们的专门知识。

担负最重大责任查看这个临时性协议顺利执行的人是一位时年38岁、爱好业余戏剧表演和丁尼生的诗的哈佛博士格林斯坦。格林斯坦那浑圆、顽皮的脸庞由浓密的小胡子和黑色卷发的衬托而显得格外突出,他把自己的头发笔直朝后梳,因此显露出大脑的前额,在它的下面有一双闪亮的眼睛,无论何时讨论技术上的问题,他的眼睛就变得像枪炮上的觇视孔一样细长。世界经济大萧条期间他暂离学院,凭借参与商业上的房地产交易,把一度昌盛的家庭从衰败中挽救过来。1937年在哈佛毕业后,他在叶凯士天文台努力从事的专业是恒星组成和恒星大气。老龄恒星和濒临死亡的恒星激发了他的想象力,因而通常他称自己为"恒星的丧葬承办者"。

格林斯坦已被加州理工学院聘来管理天文学科的新研究生课程。简直不能把学生交给员工中仅有的另一位天文学家兹威基。他的最近一项计划要求发射炮弹到帕洛玛山的上方,使得大气更透明,以达到较佳的视宁度。此外,兹威基持续不断地同哈勃以及该天文台委员会的其他成员争吵,如已死于1946年的范玛宁一样,他觉得在两个山头上的观测时间分配中他应得的份额正在被否定。他的另一个轻率的理论——宇宙中90%的物质似乎是不可见的——要等几十年以后才获得相信。

格林斯坦暂时决定单干,由他本人教天文学的所有研究生课程——恒星大气、恒星内部结构、星际介质、实用天文学、天文学观测方法、著作集。加州理工学院研究生教育的主要内容在于数理物理学，因而不容许天文学科的学生免修。"这些课程，"格林斯坦写道，"应用各种感觉不到困难的问题去训练所有的人，而且，可以指望，培养出最好的。留存者对物理学的了解要比我这一代所要求学的多一个数量级。"

桑德奇认为格林斯坦是"一个出众的教师"和"一个伟人"，然而他也是"世界上最忙乱的教师"。他和自己的同班同学常常熬夜重写格林斯坦乱七八糟的讲稿，在此过程中吸收比他们在其他情况下所能吸收到的更多的天体物理学知识。然后他们跑到图书馆翻来覆去地找杂志为次日的上课作准备。并且这还未计及使人畏缩的物理学基础课程——费恩曼（Richard Feynman）教的量子力学，莱弗里特·戴维斯（Leverett Davis）教的分析力学——再加上每学期额外支付他们几百美元的合同工作。有时，以一颗子弹自击脑袋似乎是最合乎逻辑的另一种选择，然而正是那种争优的压力，与朦胧出现的南北巨人的幻影联系在一起，才使他们继续生活下去。"我们全都了解我们正处于开始阶段。"桑德奇回顾。失败从来不是一部分因素。

1949年5月的一个早上格林斯坦进入自己的办公室时，桑德奇刚完成第一年学业。哈勃曾打电话询问格林斯坦是否有个学生乐意为他的一个新课题工作，至于它的详细情况，这位天文学家却未透露。"为何你不上圣巴巴拉街去，"格林斯坦提出，"了解哈勃先生想要什么。"

格林斯坦未正式讲授过的一个领域便是新宇宙学。桑德奇已经独立地阅读了《星云世界》，这部著作连同《天体物理学杂志》上的一些论文，大概是可以得到的最合适的专门资料。和此书的作者不同，他从不怀疑所察觉到的星云膨胀是真正的膨胀。如今他就要晤见曾阐明此理论的活着的伟人，以及哈勃近乎传奇式的助手赫马森。

桑德奇过度兴奋了，以至于若干年后，当他试图细说他们的首次会晤时,却一点也记不起来。可是在他们的4年合作中,自始至终哈勃一直保持着自己刻板的本性,从未笑或说笑话,从未想过使局促不安的桑德奇自由自在。并且尽管为了自己的社会形象,他工作非常努力,但这个伟人看上去更像一名演员,而不像一个天生有教养的人,或许看来好像是他自我形容的"来自中西部的乡下佬"。数月后,桑德奇被引见给格雷丝的时候,同样的拘谨气氛笼罩着,引起他怀疑哈勃夫妇俩单独相处之际他们的行为。

哈里斯花呢衣服仍然流行,出自牛津旧时代的英语语法也一样。只是在看了一张年轻、格外强健的哈勃的照片之后,桑德奇多少有点对现时哈勃因小片头发剪得太贴近头皮而显得突出的布满着老年皱纹的胖脸表示惊讶。然而,由于方下巴、薄嘴唇和冷淡的目光,他仍有"很令人敬畏的容貌"。"他的举止极其文雅",且以做作的英国姿态炫耀自己有一根手杖。"一个贵族",桑德奇回忆,他的举动如"我想象中神祇的样子"。毫无疑问,赫马森是个地地道道的绅士,他总是称呼哈勃为"少校",而桑德奇总是称呼哈勃为"哈勃博士"。

正是对最近提出的在闵可夫斯基领导下的巡天观测,哈勃想要进行讨论。直到此时,几乎所有的河外星云团都是在使用100英寸(2.54米)胡克望远镜拍摄的小面积底片的边缘偶然发现的。帕洛玛山上的施密特望远镜却突然开辟了一个新的、庞大的天上"棒球场",它的广角照相机拍摄着数不清的星云,如少数的发现所能做到的,引起了哈勃的兴趣。(沙普利曾新创"宇宙志"这个专门名词,用以描述这种形式的星图制作,但同专有名词"星系"一样,哈勃坚决拒绝使用它。)由于如今闵可夫斯基正在提供的反对观点,哈勃想要完全重做自己在20世纪30年代着手的星云计数工作,这次着眼于更精确地计算物质在空间按数量和距离的分布。经仔细分析后,这些底片不仅提供在不同的星等级别上精确的星系计数,而且所校准的光的弯曲也许恰好证实了相对论的论点,即空间确实是弯曲的,因此一劳永逸地揭示了宇宙的命运。

亏得在伊利诺伊的工作经验,桑德奇不需要哈勃的指导,他"想要找出我能做什么"。置身于圣巴巴拉街的深处,桑德奇按照通过实际测量而不是估计,计数到18星等的指示,开始在得自4个天区的底片上工作。这位研究生远离自己梦想中的望远镜,迎着扑面而来的暑热,眯着眼睛走向几乎看不见的地方,把出现在底片前景上的恒星同代表星云的暗得多的背景光点相比较。

作为一个正在执行任务的年轻人,桑德奇为自己取得的进展而非常高兴,因而于7月询问定期来访这个地下室的闵可夫斯基,预期哈勃何时回来。闵可夫斯基不肯定,立刻离去了,仅几分钟后,他脸色灰白且颤抖着再次出现了。当这位天文学家到达自己的办公室时,电话铃正响着,驱使他挂上电话后赶紧回楼下。"哈勃好几个月不会回来,"他以浓重的德国口音大声说,"他刚发了一次较严重的心脏病。"

VII

1949年7月初,动身去里奥布朗科大牧场之前,哈勃夫妇把自己的猫尼古拉寄养在靠近大熊湖的圣伯纳迪诺山脉里供狗休养的杜德农场。这只早熟的猫在到达后不久,"口述"了一封信由牧场主希普曼(Gladys Shipman)笔录下来,让其主人放心它正过着愉快的时光。尼古拉同那里野性最大的猫默特友好相待,无意中听到默特吹嘘牛奶从未碰过它的胡须。"那些女孩甚至请求我给她们亲笔签名——通常我用一点猫薄荷*便打发掉了。"虽然别的猫试图哄它上当,但它战胜了全体来者。"我随身携带自己的水晶球,于是所有的猫成群结队地围上来,试图

---

*一种带有强烈香气的薄荷,含有吸引猫的物质。——译者

弄明白在猫的世界里正发生什么事。"

他们启程的那天,哈勃工作了一上午,在火车要开之前一小时才回到家,于是迅速打好行李。登上卧铺车厢,他已筋疲力尽,然而什么也不向格雷丝说,以免破坏她的情绪。

他们很快堕入了这个20年一直在游览的地方的度假日常生活中:埃德温把翻滚着的鳟鱼装满自己的鱼篮,而格雷丝独个儿愉快地骑马去山脊小路。晚上,他们在炉火前抽烟并阅读,通常是在一只或更多半家养的猫陪伴之下,于是它们不可避免地使他们想起尼古拉。晚饭后的一个晚上,埃德温作了一个有关天文学的非正式演说。当艾达·克罗蒂正离开庄园时,她从一群杰出人物身边走过,其中包括新泽西州标准石油公司的董事长,他们在门廊上交谈。"岂不是一桩令人惋惜的事,"有人说,"他竟然把如此一个脑袋浪费在天文学上。"听众里的年轻人更具有欣赏力。他们后来热切地聚集在这位天文学家周围,其中一位甚至志愿上月亮。

他们逗留数天后,哈勃夫妇同克罗蒂夫妇一道受邀在一个毗邻的小屋里参加鸡尾酒会。埃德温迟到了一会,携着一只漂亮的鳟鱼篮,可是艾达注意到他似乎"特别平静"。继喝酒和晚餐之后,格雷丝告诉她,埃德温觉得不舒服,不晓得她是否身边带了泻药。艾达给了她一些药品,然后克罗蒂夫妇睡觉去了,心想他到早上会好的。

大约6点钟,他们被疯狂的格雷丝用力敲窗所惊醒。"埃德温很疼痛!"她大声说。"对此我十分担忧。"在克罗蒂夫妇穿衣的同时,格雷丝赶快到庄园,从那里她打电话给她们在帕萨迪纳的医生斯塔尔(Paul Starr)。由于不愿打扰格雷丝,所以埃德温彻夜忍受了剧烈的疼痛,最终才于黎明后不久叫醒她。他没有提到自己的心脏,只告诉她把症状描述给斯塔尔听,这位医生会确切地知道要做什么。

幸运地,在他们驾车跨越全国的旅途中,为了以防万一所备的急救药箱里包括吗啡片剂,因此斯塔尔嘱咐格雷丝立刻给他药片。他还毫不保留地直言道:埃德温在最糟糕的地方心脏病发作了。高海拔以及缺乏专门医疗护理不利于病情的控制和医治。这位医生着手在此地区寻找一个适宜的医院,在两小时后回电话。只要埃德温还活着,他便有相当把握办到它。

到斯塔尔的回电接通时,埃德温已自己刮好了脸、穿上了衣服。由牧场经理哈里·乔丹驾驶一辆客人的汽车,他们开始缓慢地、弯弯曲曲地驶下山,此后他们往西南向大章克申镇前进,在那里斯塔尔已使小小的圣玛丽医院的慈善修女会处于紧急待命中。他们下降得越低,哈勃的疼痛越轻,可是汽车开了100英里(160千米)之后,直到傍晚,他们才到达目的地。

修女们已准备好了最好的房间。它位于二楼一个角落里,它的两扇大窗中的一扇面对格兰德梅萨山,隐约可见山上长满了树木。沿走廊走几步便是为格雷丝准备的房间,不管怎样,她表示要待在埃德温的旁边。

在职的医生进来做一张心电图。在他们用带子扎紧哈勃因钓鱼而晒成棕色的粗壮有力的手腕,以及朝下窥视他的深棕黄色的脸之后,他们中的一位医生说:"你的确看上去不像有什么毛病。"

波动着的尖笔却表明并非如此。由于一根动脉的堵塞,他的一部分心肌已梗死,而正是听到这个消息,格雷丝理会到了哈勃的病情极其危险。在灯光暗淡的病房里,她通宵坐在埃德温的床边,倾听着他有节奏的呼吸中的任何变化。氧气罐的液泡模仿着他们才在昨夜听到的、流过他们的现今无人居住的小屋后一片森林边缘的河水汩汩声。当她打瞌睡之际,他俩相处25年的回忆犹如超越现实的动人场面浮现在侧。埃德温绝不能死:"她接受不了,一点也不!"

幸运地,克拉克太太也接受不了,"她用低声与温和的态度对待每一件小事"。格雷丝不知道的是,克拉克太太已有长时间未从事自己的职业了。确实,这位上了年纪的护士以前从来没有看见过在使用中的氧气罐。有一夜,当她认为埃德温因地美罗止痛药以及所开的使他保持镇静的其他药的功效而睡着的时候,她徒劳地努力调节着氧气罐,可是他却睁开了眼睛,告诉她怎样调节它。然而,医生仍认为她是可使用的最好的护士,而格雷丝很快理解了为什么。"她的态度甚至比她的技能更加重要。"由于她的娇小身材和水汪汪的棕色眼睛,因此埃德温私下把她叫作"麝香鼠",且留心地倾听在发出回响的走廊里她走近的脚步声。

危险的迹象于第4夜出现,那时第二次冠心病比第一次更严重。疼痛是难忍的,而在用药标准提高的同时,坚忍的埃德温仍有知觉,其实他的神志完全清醒。女修道院院长的命令时时重复着——"请在走廊里保持安静。"医生告知格雷丝,没有痊愈的希望。祈祷则由修女在医院的附属教堂里做。

克拉克太太在晚上11点钟来值班,她的信心并未动摇。时间一点一点地挨过去,而哈勃坚持了下来。次日,斯塔尔乘飞机到达,来作会诊。他把格雷丝拉向一旁,尽力使她安心下来。"这些不中用的医生不想对他冒险一试,他们把除了厨房里的炉子以外的一切东西全都扔向他。"斯塔尔走进病房时,埃德温问:"什么时候我能使用200英寸(5.08米)望远镜?"斯塔尔犹豫了一下,然后回答:"我们想想看,但无论如何暂时没有机会。"

跟着是一个月不确定的康复期,同时斯塔尔每天来电话。许多个早晨,在埃德温的房间里,和惹人喜爱的"麝香鼠"一起的还有担负抽血任务的脸色苍白、红发的实习医生,叫"德拉库拉伯爵"(Count Dracula)。埃德温亲切地同这个年轻人聊天,而他显然被这位著名的天文学家俘虏了,可是格雷丝注意到自己的丈夫总是用他的自由的手摸索床架,然后用发白的指关节钩牢它,直到痛苦的折磨消失为止。修女们每天顺便来探视、提醒他,她们仍在为他祈祷。同时他欢迎拉费拉(Raphaella)修女的定期访问,她是一位负责外科的年轻漂亮的修女。一位朋友送来一些法国流行杂志,而当这对不大可能发生亲密关系的男女一起翻阅书画的时候,格雷丝赞许地旁观着。为了减少沉闷,格雷丝忙于做一些小事。例如,早上、下午和晚上,在走廊尽头的厨房里烧茶。

大章克申镇的市民不久便知道这位名人在他们中间,盯住哈勃所住二楼房间窗户便偶尔能见到他。莱恩斯俱乐部定购了一大盆插花,小男孩递来小片纸请求亲笔签名。修女被问及是否哈勃能在床上作一次无线电广播。在允许他少量阅读时,他请求女修道院院长给他一本由圣·文森特·德·保罗(St. Vincent de Paul)创办的这个修道院的大事记。

格雷丝尽量把他的状况当作一个秘密对外界隐瞒。威尔逊山的员工都被告知,只有哈勃夫人才能公开谈论他们的同事的健康状况——要是她想这样做的话。哈勃心脏病发作后不久,巴德写信给梅奥尔告知这个悲伤但却"机密的"消息,他在"机密的"下面划两道线。"鲍恩除了告知赫马森和闵可夫斯基之外,也告诉了我这个消息,但他并不希望它传开,因为他觉得任何有关陈述均应留待哈勃夫人或他的医生去做。让我们祝愿他脱离险境。"这位天文学家把哈勃的心脏病发作归咎于他的军事工作,"它逐渐消耗了他的体力。他从阿伯丁回来时,完全筋疲力尽了。我们全都觉得非常难过和伤心"。

像其他所有人一样,鲍恩努力扮演乐观主义者的角色,尽管他意图良好,但非常笨手笨脚地充当着这个角色。当这位威尔逊山天文台的台长写信说对自己的同事"暂时在病人名单上"是多么地难过的时候,哈勃仍处于危险状态之中。此后是一段无意中令人痛苦的短文,它很可能促使格雷丝在埃德温的病情好转之前把此信扣住:

上周二我们就使用48英寸(1.22米)望远镜拍摄巡天观测的第一批照片,举行了一次很愉快但简短的庆祝活动。大约有20—25名采访记者到场。我带领闵可夫斯基一道进入你的办公室,然后我们同全国地理学会的布里格斯(Briggs)博士进行了数次非常令人愉快的详细讨论。他对整个过程很赏识。

跟在此后的消息便是巴德刚宣布使用施密特望远镜所作出的第一项发现,即周期为13个月左右而近日点恰好在水星的轨道以内的一颗不寻常的小行星。对于平静的外表下掩饰着艾达·克罗蒂所称的一种"充满上进心、竞争心的本性"——它使他在所做的每件事上,从钓鳟鱼到致力于星星,都承受同等的压力——的人来说,简直没有更好的药物了。

同样具有良好的意图但更给人带来安慰的却是露丝和奥尔德斯·赫胥黎的来信。按露丝所说,配乐的《绅士爱美人》就要进入排演:"扮演我们的白肤金发碧眼的美貌女郎的是个新的女喜剧演员,她获得了自范妮·布赖斯的早期时代以来任何喜剧演员所能得到的最多的喝彩……她便是卡罗尔·钱宁(Carol Channing),一个了不起的大美人,她表现得似乎她是一条被认为属于狮子狗的圣伯纳德狗*,她是个真正难得的天才。"还有一些流言蜚语传到了格雷丝耳中。阿里汗(Ali Khan)的情妇海华丝(Rita Hayworth)很可能随时生孩子。她和阿里都不想要结婚,但上了年纪的阿迦汗(Aga Khan)担心,要是他的花花公子儿子毁坏了美国情人的名誉的话,会引起对印度的不利宣传,所以他逼迫儿子。"除怀孕外,海华丝还想家,而阿里同一个名叫斯威尼(Margaret Sweeney)的世界佳丽悄悄移居巴黎。好莱坞的生活方式和品行现今已侵入了欧洲,安稳的地方不再有。"

近来露丝未得到赫胥黎夫妇的什么消息,因而猜测他们仍忙于在南加利福尼亚的各个地区购买住宅。这位不知疲倦的《美丽新世界》

*瑞士救护犬,最初为圣伯纳德济贫院驯养以救护雪地遇困旅客。——译者

(*Brave New World*)的作者写信给哈勃后,他证实了露丝的推测。他们最近的收获是在洛杉矶的北金斯路上,这意味着一旦埃德温康复,他们便能更经常地拜访他。"我并不认为,大章克申确实是西半球的雅典。"赫德回忆起在一个歌颂歌德(Johann Wolfgang Goethe)的会演节,他在去阿斯彭见施魏策尔(Albert Schweitzer)*的途中,曾在那里过夜。在所有地方,这种会演都是在一个巨大的马戏场帐篷里举行。这些演说者以单调低沉的声音冗长地说到这位伟人,因而促使施魏策尔向赫德耳语:"毕竟,他并不如此类人物伟大!"

斯塔尔下一次飞到大章克申是为了带哈勃夫妇回家。临近8月6日的子夜,3个人在盐湖城火车站寂静、阴暗的铁路车库旁铁轨上的救护车里等待。斯塔尔讲了他所知的所有有趣的故事,但他的心,如他的那些工作职责,是在别的事情上。这位医生把哈勃从担架安全地转移到火车上的床上之后,倒了3杯威士忌烈酒,说:"我们全都可饮用它。"

一到家哈勃便上床,接下来又是一个月的康复期,尼古拉陪伴在主人的身旁。这只有名的波斯杂种猫曾令格雷丝十分不安地将它同数只狗一起装上客货两用汽车运送到供狗休养的杜德农场,然而它炫耀地披着一块印度班丹纳红花绸大头巾,兴高采烈地回来了。当它被带进卧室,它把脸藏在埃德温的手臂下且有点颤抖,与赫胥黎夫妇所"熟知"的咬人大不相同。医生进来时,它挨近他,目不转睛地窥视着他的脸。当埃德温逐渐强壮起来时,格雷丝和新来的女佣伯塔(Berta)在每天早晨端上早餐盘之前,听到楼上化妆室里拖着脚行走的声音。在尼古拉发出假装恐怖和威吓的叫声时,埃德温笑了。他们争论一番后,埃德温边吃边看报,而尼古拉挨近他身边拼命吃。按医生的命令不再点燃的熟悉的烟斗仍叼在他的嘴里,或在证明论点时用来在空中画圈。终于,他被容许下楼跨出第一步且唯一一步的日子来到了。第2天有2步,

---

* 施魏策尔(1875—1965),法国哲学家、物理学家。——译者

第3天有3步，以至于他利用楼梯计算着日子，此后他们把他带回原处而让他一切从头开始。在哈勃恢复健康时，有一篇奇妙的文章登载在《洛杉矶时报》的专栏上。"有关威尔逊山—帕洛玛山天文台著名天文学家埃德温·哈勃博士生重病的各种报道于昨日遭到驳斥。"在帕萨迪纳他的家所作的询问表明这位科学家经历了一次"轻度的心脏病发作，就在6个星期前当他在科罗拉多州垂钓之际；但如今他已觉得好多了，而且希望早日返回工作岗位"。

第十五章

水手回老家

I

进入8月，哈勃的身体痊愈了，他患病后2个月过去了，终于能下楼来。第一个来拜访他的便是英国驻美国大使奥利弗·弗兰克斯(Oliver Franks)爵士。他们两个人都在1948年5月的同一天成了女王学院的名誉评议员。他们一起在起居室喝茶，而哈勃把自己差点送命说成是"没有什么，仅是一次意外，且现今它过去了"。弗兰克斯离去后，埃德温对格雷丝说："我们在那个小医院里度过了有趣的时光，不是吗?"她对此话也许一笑置之，但她的思想活动却在别处。她忽然想起哈姆雷特(Hamlet)* 对霍拉蒂奥(Horatio)** 的一番话："一个受命运折磨和惩罚的人……"死神第一次揭开了面纱，而格雷丝直面了它。

10月中，哈勃开始在自己的办公室露面，每次一个小时左右。巴德被他的外表所震惊，因而写信告诉梅奥尔："他看上去很可怕。"哈勃承认，对他缺席期间由巴德审查所作出的看来前后矛盾的一个决定，曾显得过分激动。一时他也不能参加委员会的会议，因为这些同样威胁到

---

*哈姆雷特，莎士比亚的同名悲剧中的主人公。——译者

**同上悲剧中的人物。——译者

他心情的平静。"我认为,"巴德写道,"对他来说,现在最好待在家里而把天文台的事全忘掉。"

何时——要是会有的话——哈勃被允准上两座山中的任一座山并不知道。即使在最好的情况下,他也不能在视宁度最好的寒冬时节凝视天空。他也绝不能回到里奥布朗科大牧场垂钓鳟鱼,因为湍急的怀特河比威尔逊山或帕洛玛山要足足高出2000英尺(610米)。

如巴德所希望的,哈勃通常待在家里,若有所思地盯着自己椅子旁的丰富收藏品:由邓希尔公司出品的石南根烟斗。阴郁的格雷丝旁观着,暗地里悲叹礼仪的丧失——把烟灰敲出,擦净烟斗的内部,塞进烟草,点燃它,让它熄掉,然后再点燃它,"一切以一种从容不迫、深思熟虑的方式进行着"。代价却似乎更大,因为埃德温没有其他嗜好,也"无矫揉造作的习气"。他从不吹口哨、哼曲子和唱歌,也不用手指敲打和做手势。"除非他有话要说,他总是保持平静和安定。"

在他的洛杉矶烟草商失去了一位受喜爱的顾客的同时,哈勃却在手头仍保持烟斗通条的充足供应。尼古拉对橡皮老鼠、球和其他玩具不屑一顾,但喜欢主人保存在它的椅子旁小桌子最底层一格抽屉里的柔韧、有饰坠的钓竿。它要么坐在小桌子旁乞求,要么在哈勃伸手抓把柄时,猛冲过来用爪子抓出一根新钓竿,此竿最终在盛饮水的平底器皿中浮出,或平放在食盘旁。哈勃在书桌上工作时,尼古拉装腔作势地将它不小的躯体和长有浓毛的脚尽其所能地懒洋洋伸开了好几页版面。如果格雷丝试图发"嘘"声赶它走的话,那么她的努力会遭到反对,"它是在帮助我"。晚上,哈勃在阅读或在椅子上打瞌睡梦想尚待做的各种事情的同时,尼古拉安坐在他的膝上且似乎很得意地发出咕噜咕噜的叫声,用满足的眼神凝视着炉火。

格雷丝一面忙于照顾自己的丈夫,一面答复来自朋友和天文学界的良好祝愿者的许多来信,以及别的重要信件。后者中,没有什么比来自法国科学院的一份用金银细丝饰品装饰的通告更叫人高兴的了。在此通告中,该科学院提名哈勃为天文学部的一名通讯院士。在周到考虑和精通法文的奥尔德斯·赫胥黎的帮助下,哈勃对没有较快给予答复表示抱歉,但也说明他刚从一场重病中康复过来。他和格雷丝两人都从来不使用"心脏病发作"的字眼,似乎援引它们会引起神的报复一般。何况,没有冒险试试的必要。记起自己的60岁生日之后,哈勃立即在一张威尔逊山天文台的信纸的一面上亲手写下了一份简短的遗嘱,把他所有的东西留给格雷丝。

II

1950年春,哈勃觉得已康复得足以再次开始旅行,尽管斯塔尔暂时禁止他视察重新投入有效运作的200英寸(5.08米)望远镜。在偕格雷丝启程往美国东海岸之前,他履行了作为巴纳德奖章委员会主席的职责,提名物理学家费米(Enrico Fermi)获此奖章,而哈勃本人于1935年也曾获得它。该委员会的决定是一致通过的,而费米受表彰是因为他"在量子力学原理的发现和阐明中,以及它们在原子和原子核现象上的应用中所起的重要作用"。

他们抵达纽约之时,露丝和赫胥黎夫妇正在等候他们。因很少注意限制自己的饮食,所以哈勃在沃里克饭店的罗利厅吃晚饭时点了鱼、炸马铃薯片,还有巨龙须菜和蛋黄奶油酸辣汤。用餐临近结束时,一名侍者把一盘生菜和装有法国调料的船形器皿掉落在奥尔德斯的背上,引起了一阵撞击和破碎声。吓坏了的侍者领班赶忙过来替他揩净,可是冰冷的黏糊糊的东西已渗透到他的皮肤上,而在他们跨过街道走到齐格菲尔德剧院以前,已没有时间更换衣服了。

两对夫妻坐在过道旁的座位上,而露丝对着后台。当灯光渐暗,管弦乐队奏出的管乐器声简直使观众从坐椅上跃起。然后《绅士爱美人》启幕,而卡罗尔·钱宁占据舞台的中心。如格雷丝所描写的,她"显得特别大,因而看上去像有点不同于人的动物",这位口若悬河的女喜剧演员以某种方式"处事,设法使人感觉她的淘金毕竟是件非常明智的事"。"从他们演出的情况来看,这是一出完美的音乐喜剧。"埃德温在电梯中评论。继最后的谢幕声,他们上明星的化妆室去。当围着一条蓝色土耳其毛巾的钱宁用力地擦去油腻的化妆品的时候,他们尴尬地围着站在那里。他们带着露丝走回到她在费尔法克斯的一套房间,然后去希尔顿饭店自己的房间,可这是在答应写信给来自欧洲的每个人之后他们才能动身前往。

点缀着柔和奶油色石头建筑和棕红色砖瓦铺盖的陡峭屋顶的多尔多涅山谷以及秀丽的拉斯科村庄似乎在时间中悬浮着。在山上远处,哈勃夫妇能看到一棵高大的树,他们得悉它指示着于1940年由一只好奇的狗同4个同样好奇的少年发现的巨大洞穴的一个原始洞。在该地区考古负责人布兰克(Blanc)先生的陪同下,他们走近这个洞口,它已被扩大并用石头覆盖,然后用长满轻微绿锈的沉重青铜门密闭。仅在最近,这个洞穴不向公众开放,以免夏季好几千参观者的共同呼吸毁坏此旧石器时代的杰作。门被他们的向导打开,而这两个向导正是过去在高耸的松树和野生的欧洲蕨包围中间发现拉斯科的少年中的两位,如今他们已长大成人。

走下石阶之后,他们一行几人被引入一个大厅,它是一个又长又宽的美术馆,其墙上是用黑色和红色颜料绘着大公牛的巨大壁画。左边,可以说是包括矮种马和母牛在内的各种动物组成的队伍。外观上看来,它们被一个冷酷、相当凶残却又不知为何不缺乏意志的人驱赶向前。布兰克评论,如不考虑别的,此艺术作品在想象力、外表的情调和感染力等方面都属一流,好像这位名画家把画涂在一块油画布上,而不受明显凹凸不平的表面和简陋的工具、材料的妨碍。

另一条长廊把他们引到一垛墙壁,在其上画了一个4根手指张开的鸟脸人,以及一根鸟头杖。附近是一头受伤的北美野牛,在它的左边有一头正在奔走的犀牛。布兰克说,布勒伊神父解释这幅壁画的意思是,这个人捕获了这头北美野牛,而它又弄死了此人,且本身也被那头犀牛顶破肚腹。到处是其他的动物:似乎在游泳的鹿;黑色、肥壮、高颈背的矮种马;被箭以及不知其意义的记号刺破了皮的大母牛;死去的马;眼睛与鼻孔都埋入岩石中的北美野牛,使它看上去比其他任何动物更显得栩栩如生。"总的印象,"格雷丝在当夜的日记里写道,"是远远超出预料。"她和埃德温两人睡觉时,他们的脑海里总是盘旋着身有斑纹的大公牛以及画它们的人,而对很久以前的生命的模糊想法仍然翱翔在长满树木的小山和青葱的山谷上空。

虽然鲍恩完全清楚地知道哈勃长期到英国和欧洲大陆旅行只不过是游山玩水这个事实,但他太精明了,不与大名鼎鼎的天文学家玩亚当斯那折磨人的把戏。战后他给予哈勃放手处理的权力,除非依赖于同一架望远镜的两个课题之间发生利益冲突,或在建造某个新仪器中发生优先权问题,他才干预。在发觉鲍恩言行一致之后,哈勃对规划委员会的主席职位迅速失去了兴趣,按鲍恩回忆,此委员会只开过一次会,历时半个小时左右,此后不久便中断了,它的职责则分配到其他组中。"哈勃以漠不关心行政杂务的详情而相当出名,因此他从未真正召集过委员会。"

为了强调托词,哈勃晚上抽出一部分时间在英国皇家天文学会总部伯灵顿会所,同一小群天文学家聚在一起。他放映了帕洛玛的幻灯片,此后这一行人离去,到一家用餐俱乐部喝酒。他们中间的大部分人追忆哈勃早年的发现,但也有一些对新方法和技术的讨论,例如,对由

天空中"辐射最强处"（其中一处在为天文学家更熟知的天鹅星座方向）
发射的无线电波的兴趣日益增长。为了显示自己一向的慎重，哈勃把
它称为一个有趣的谜，可能会有大量发现，也可能根本什么都没有。

　　一等到从欧洲大陆返回英国，他便接受了一个密友为他巧妙地弄
到而他长期渴望的邀请。他同格雷丝就要成为飞行家先驱和实业家理
查德·费尔雷（Richard Fairey）爵士在泰斯特河谷占地2000公顷的汉普
郡山地牧场波辛顿的宾客。在28岁以借来的10 000英镑起家，这位未
来的爵士因费尔雷飞机制造公司所制造的许多飞机——剑鱼式机、狐
狸式机、食虫鸟式机、长距离单翼机、战斗轰炸机、萤火虫式战斗机、梭
鱼式机、塘鹅式反潜侦察机，以及时速突破1000英里（1600千米）界限
的第一架飞机德尔塔Ⅱ型机等——而出名。作为一名一流的快艇驾驶
人、射击手和用假蚊钩鱼者，费尔雷喜爱他所称的"宁静的海洋"和"波
涛汹涌"的景象。他站着远远超过了6英尺（1.83米），长着一个花岗岩
似的头，有着灰长头发和深凹的蓝眼睛，像伊丽莎白一世时代的乡绅族
长一样管理着波辛顿。没有陈旧的农舍曾被推倒，也没有古老的桥梁
被拆毁。蔓延而剪平的草地上生长着巨大的橡树、雪松、山毛榉和栗
树，布置整齐的花园则炫耀着12种花卉。身段苗条，看上去相当年轻
且很漂亮的费尔雷夫人穿着花格子棉制服装和蓝色短外套，引领客人
经过果菜园，那里迅速生长着成熟的草莓、豌豆和大量攀藤而上的番
茄。在玻璃棚架里的果树上则吊着晃来晃去的桃子和橙色实生苗苹
果。远处是一个弯弯曲曲的迷宫的遗迹、一个小礼拜堂以及草丛中的
几块古老的墓碑。与伊丽莎白一世时代不同的则是，费尔雷厌恶虐待
动物，因而为他的牧场管理人员所敬仰，他们的一举一动受到他从一扇
向阳窗进行的监视，靠着这扇窗户，这位庄园领主以无限耐心系缚飞
虫，其中包含闻名的、他自己号称"神圣不可抗拒"的飞虫，他将飞虫拴
在窗前，时不时以亲切而洪亮的声音对它说上几句哲学的见解。

细长的泰斯特河泛滥于一白垩洼地,在拂晓的天空背景下轮廓清晰可见,它曾长时期被视作英国鳟鱼生长圈中的"圣杯"。帕特莫尔(Conventry Patmore)* 于19世纪末贪婪地在它的碧水鱼跃的弯曲池塘里钓鱼,他写信给自己的妻子说:"这条河是我迄今所见到的最可爱的水道。"帕特莫尔同其他14位绅士一道,是一个非大众化的钓鱼俱乐部的会员,这个俱乐部在霍顿村的布特小酒馆庆祝它的成功,而在香槟宴会中几乎人人失去了斯文。这些会员每人每年交25英镑会费,从而买断了此潺潺河流8英里(12.9千米)范围内的独享钓鱼权,在这段河道中有规定重量从1.5磅(0.68千克)到8.5磅(3.86千克)之内的鳟鱼33种,它们懒散地在各自占有的旋涡里等待着下一次的食饵出现。一个擅长钓鱼的人一看见就知道每条鳟鱼的名字——威廉·哈考特(William Harcourt)爵士、佩因(Tom Paine)、曼宁(Manning)博士、沙夫茨伯里(Shaftesbury)、格拉德斯通(Gladstone)、俾斯麦(Bismarck)和威廉·坦普尔(William Temple)爵士,唯一一条从来不知其名的鳟鱼已上了带假飞虫食饵的钩。每条鱼总是可在同一个地点找到,除非它们之中的一个伙伴被捕捉。那时全都上升一档,但仍能以名字识别。当抓住一条鱼的时候,周围10英里(16.1千米)范围内的每个人都知道。要是所钓到的鱼重量超过3.5磅(1.59千克)的话,那么这个消息便发送到伦敦和朴次茅斯的各家媒体,并在那里鸣放礼炮——按鱼的重量计,每半磅(0.23千克)放一炮。

在银白色的月光和清澈的天空之下站在桥上的格雷丝,观看着仅现侧影的埃德温穿涉水长靴在下游第一次抛出钓丝。其时正当破晓,一只大猫头鹰在头顶上拍打翅膀。当一条大鳟鱼浮游在岸边浓厚的草泥边的时候,钓线便鸣响了,于是埃德温"投入战斗"。5分钟后,他从无倒刺的钩上取下一条2.5磅(1.13千克)重的鳟鱼,这是他在头4天里钓到的10条鳟鱼中的第一条。虽然军舰上的大炮没有放礼炮,但对每条

* 帕特莫尔(1823—1896),英国诗人。——译者

重4磅(1.81千克)以上的鳟鱼,哈勃都被奖赏由威廉斯与亨伯特有限公司出品的免费优质雪利酒一瓶,使得他能不花钱地充实自己的酒柜。使哈勃夫妇像"懒狗"似的仆人端上偷捕来的各种各样的鱼作早餐,他俩就在隐居处一个他们迄今住过的最大、最豪华的房间里的床上用盘子吃早餐。

他们在离开以前,去泰斯特河谷的源头游览,它曾一度为侵略的丹麦人控制的一个潮汐港。这些丹麦人驾长艇而来,为一个小海港和后来被称为朗斯托克的村庄开凿水渠并筑堤,由此出发劫掠周围的乡村。"我们断定,"格雷丝在动身之际写及对波辛顿留下的印象时说,"此地是我们最喜欢的。部分原因出于对它拥有的广阔景观以及独特的与天相连的景色带来的深刻感受这一切都是那么自然,未受糟蹋的草地和大树,它们受到保护而无人打它们的主意。"

III

当哈勃在泰斯特河谷垂钓和幻想时,桑德奇开始沉浸于他到达帕萨迪纳以前已酝酿好久的伟大幻想之中。他和同班研究生阿尔普(Halton "Chip" Arp)一道,被爱挑剔的巴德接上威尔逊山天文台,在格林斯坦的催促下,巴德同意向这两位新来的天文学家指点观测的窍门。

一开始,不容许他们两人接近100英寸(2.54米)望远镜,而当他们显影底片时反复地以弄脏暗室的"肮脏光谱学家"的过失训导他们。巴德一走进自己的忠实朋友闵可夫斯基的办公室便心慌,因为闵可夫斯基的办公桌总是高高地堆积着论文,以至于放在它上面的任何东西都有滑落和掉在地上破碎的危险。阿尔普是个反应敏捷的击剑高手,他记得当一张刚传送过来的底片开始向下运行的时候,自己自觉地站在旁边,然后伸手拿住以免发生事故,却假装漫不经心的样子。巴德也不能忍受闵可夫斯基的手脚笨拙。"闵可夫斯基拧紧螺丝时,有50%螺头在其手中——折断了。"使巴德感到可怕的是,他的德国同行保持着一项独特的纪录,即把主焦平台驱进了100英寸(2.54米)望远镜的北柱墩,导致它不能再移动,除非由一位工程师来修理。同样被吓坏的赫马森私下发表意见,认为不应允许闵可夫斯基使用该仪器。这对他和对望远镜都太危险了。

为了谨慎起见,桑德奇和阿尔普在一架过时的60英寸(1.52米)望远镜上开始他们的见习期,或许这架望远镜是威尔逊山天文台的所有仪器中操作最复杂的一架。由于望远镜持续不断地在运动,所以观测者在试图拍摄一张曝光时间长的底片的同时,必须使圆顶和牛顿式平台与望远镜同步运动。实际上他仍是不踏实的,还需意识到命运的摆布,期待最轻微的失误。如同在他以前的许多观测者一样,与黎明后就要校准望远镜的部件相比,桑德奇觉得在黑暗中看不到混凝土地面时更为愉快。巴德故意隐瞒的一则消息把这一切都弄复杂了。传动螺丝的振幅等于1.5角秒的周期性误差需要由天文学家作出额外的补偿。"巴德想要知道我们是否会发现那种情况,是否会首先撤东边按钮,其次撤西边按钮,然后再撤东边按钮。凭借倾听继电器的卡嗒声和周期,他能告知我们导星情况是好还是不好。"

他们穿着外衣、戴着领带,坐在铺着亚麻台布的餐桌的下席,他们的餐巾用平常的衣夹而不是用象征有很大专业成就的木雕环夹住。对一个预备学校和哈佛的毕业生阿尔普来说,谈话显得随随便便,但桑德奇能做的一切正是把这些广泛的讨论继续到结束。当巴德和兹威基这对难得彼此谈谈话的老对头同时出现在山上的时候,最可怕的时刻便来临了。两个敌对者通过桑德奇唠叨,使得他失去了自制而"汗水以光速透过衬衫"。

使桑德奇感到苦恼的更深刻根源在于,他在哈勃因刚从心脏病康复而不在天文台期间所犯的一个计算错误。当他受命计算河外星云的视星等时,这位研究生在施密特底片上选择区的换算中,陷入了某些莫明其妙的差错。尽管这些差错总计不过引起0.3个星等的误差,但他认为这个差异严重得足以使整个研究项目搁置。仅当不愉快的哈勃痊愈而能会晤他时,他才了解到如此一点偏差在事物发展全过程中属于无足轻重的。

垂头丧气的桑德奇并不知道,哈勃并不像他表现出来的那样不高兴。这名青年操纵此架60英寸(1.52米)望远镜已有7个兴奋之夜,在短期内摸透了传动螺丝的特性。仍被自己的医生禁止上山的哈勃需要有人帮助。首先同巴德说了以后,他把这名仍潇洒而热情洋溢的学生召唤到自己的办公室来。

在今后的几年里,桑德奇回顾此时刻为自己的职业生涯中最关键的时刻之一,因为哈勃已筹划了其风险最大的第二次试验。他把以前30年里所拍摄的M31和M33中变星的一大堆底片交给桑德奇,这些被称为超高光度蓝变星的,是宇宙中最亮的恒星,已步入它们平稳一生的最后阶段。"他所说的一切便是:'观察这5颗变星并取得它们的光变曲线。'"

此刻没有别的猜测。桑德奇完全照哈勃吩咐的去做,他驾驶天文台的货车回到山上,然后使用60英寸(1.52米)望远镜投入工作。他首先把星等标转换到星云。接着,凭他已受过训练的肉眼估计,得到了光变曲线,然后他把所得结果递送给谨慎的哈勃。"我猜想,这给人以很深刻的印象,"桑德奇回顾道,"正是在此基础上,他推荐我接任他的观测助手。"虽然并没有隐喻着给予什么帮助,因为这不是哈勃的一贯作风,但他随后在给一位朋友的信中却把桑德奇称为"一个大有前途和有能力的年轻天文学家,他正同我一起工作"。以后的岁月将证实他没有看错人。

Ⅳ

1950年10月,焦急的哈勃终于得到斯塔尔的准许,上帕洛玛山从事18个月后的第一次作业。对格雷丝来说,这是充满着最大恐惧的一步,但她非常尽力地克制自己的感情。"她并没有守在他旁边,"艾达·克罗蒂回忆,"对此,她显得太有头脑了。"不过,格雷丝坚持陪伴埃德温上山。在帕洛玛山天文台里,她住在一幢宾客别墅里,而他则在全是男人住的"修道院"里占有一间房。他未被安排同其他天文学家一起住在二楼,而是被安排住在靠近大门门口的房间,在那里离床很近处安装了一个与警报装置相连的按钮。桑德奇成了哈勃家的常客,他得到了格雷丝的信任,而且今后无论什么时候她的丈夫在从事作业,他总是会在山上,与曾教他使用200英寸(5.08米)望远镜的赫马森在一道。

这次作业持续了3夜。由于雾天和偏月,所以视宁度还远远算不上最佳。但能回来,他仍觉得心情愉快。一等到黑暗来临,哈勃就进入大圆顶室且遵照医生的嘱咐,扭动着钻进一套电加热的连衣裤工作服之后,才经由一系列的楼梯和电梯上升到高处。经过包围广阔内部空间的暗室、夜厨房、控制室和各个办公室之后,他通过了最后一条狭窄通道和坡路,然后爬进了一个类似在收获季节加利福尼亚人所熟悉的采摘樱桃用的篮子里。这名水手操纵着控制器并伴随着响彻这回音室的阴森可怕的警报器悲鸣声,启航跨越虚空。在前头安装着朝圆顶向天空瞄准的巨大镜筒的骨架。而在它悬于圆顶室中心附近的上端处吊挂着一个网状的、像热气球吊篮似的笼子。几秒钟内这个樱桃采集篮停了下来。于是哈勃翻过栏杆后进入主焦笼,他的脸被投射在仪器上的红光柔和地照亮。因为非自愿的停止观测所造成的生疏,所以他花费了一些时间之后才恢复确定"真正的"焦点所必需的眼力。一等到做好这点，他便拍摄第一张底片，对 NGC7217 曝光 30 分钟。接着拍摄另外 8 张底片，最后一张拍摄的开始时间鸣报为清晨 4 点 34 分。

总共有 18 张底片归功于他，几天后哈勃携带这些底片，由宽慰的格雷丝陪伴在旁，走向自己的家。他的心脏看来是好的，而且他并未因居留此地的啄木鸟在"修道院"的铜屋顶里为贮藏橡果挖洞不已所引起的睡眠不足导致生病。他只为餐桌上缺少礼仪而烦恼，别人，尤其是年轻一代，则乐意于摆脱礼仪。一个不雅观的场面就在哈勃生病以前不久曾经在威尔逊山上发生过，当时两名牛津大学的访问学生穿着短袖圆领汗衫和蓝牛仔裤到场。激昂的哈勃说他们从来不会想到在校长、导师的餐桌前穿得如此不拘礼节，冒出来的傲慢回答是："这不是牛津。"

由于哈勃在冬季被禁止上威尔逊和帕洛玛两座山，所以迫使他依靠代理观测者。每当年轻天文学家桑德奇与赫马森一道，每月 3 次值勤来往于帕萨迪纳和帕洛玛之间的时候，"桑德奇代哈勃"成了观测记录簿上常见的注释。桑德奇记不起在他们合伙的早期，谁是他最害怕的——哈勃还是宇宙。他的话像是一位外交官的正式谈话；"对此并不轻松；他是热情的，可是总有一堵墙隔着。"而且在他看来，哈勃在任何事情上从未失败过，似乎也从未斗争过。"他深入应处理问题的见解是一贯正确的。他所写的每篇论文都是杰作。"总是在寻求宏伟的图景，他的研究项目都是长期的。"从来没有什么一两夜床头小桌上的运算能做成一篇短文的事。"哈勃曾编造了自己过去的经历，于是那些经历成为了他的过去。当时如此的经历已不再需要，犹如桑德奇继续不断地提醒自己，他是 400 年间最伟大天文学家的弟子。

巴德在战时发现造父变星有两类，这引起了各个天文台一阵相当大的骚动。对哈勃来说，这仅意味着一件事。为了从头重新定标距离尺度的目的，他必须回到始于 20 世纪 30 年代的漫长而艰难的探索工作中去。无论他还是桑德奇都必须重新拍摄星云，再加上那些仅于最近由帕洛玛的"张口凝视的巨眼"才看到的巨星云团。可是对星云计数到较暗星等的问题立即引起了熟悉又麻烦的有关观测时间的争端。如果与赫马森正在进行的红移工作相结合,哈勃安排的计划大致需要可利用的全部观测夜的一半,特别需要那些出现在月亮极暗期间的夜晚。

普林斯顿大学天体物理学家施瓦西是个威尔逊山天文台的定期访问者,他一直记得有个下午在哈勃的家里举行的"一个极其艰难的"会议。其他参加者包括鲍恩、巴德、赫马森和托尔曼,后者是哈勃的长期朋友以及往昔的合作者,来自加州理工学院。会议的决定由鲍恩作出,其内容是:分配给较暗星等的星云计数工作的观测时间必须缩短,而搜索大红移的工作应尽量使用200英寸(5.08米)望远镜开展。"我认为,"施瓦西细心周到地说,"在我们每一个人的脑海里某种涉及个人悲剧的感觉非常强烈。"然而,鲍恩的决定是根据坚实的科学基础的,故也没有问题。光凭照相底片测定河外星云的星等要牵涉到很多的变星才能取得一个客观的分析。或许事先已接受简要指示的托尔曼显得"绝对顶刮刮",他在受这个决定得益比其他任何人多又异乎寻常关心的巴德帮助下,消除了混乱状态。在同冷淡的哈勃交往中从未自由自在的施瓦西却把这视作最美好的时光。这位天文学家毕竟是在自己的家里,他的举止"非常像他那样的绅士",表现得"在会议期间没有激动"。稍后桑德奇暂时外出期间,哈勃在更受限制的基础上继续追逐自己的梦,然而事实证明,"在本星系群之外寻找造父变星本身就是非常重要的第一步,"桑德奇说,"可是要努力把它们做好并分析它们——我想他知道自己不能坚持到底。"在险些死去后,当哈勃同格雷丝、艾达·克罗蒂在亨廷顿图书馆的庭园里散步的时候,他向坐落在那里的诸神塑像讲的,同向任何人讲的一样多:"你知道,如果我还能有两年时间的话,我觉得我便能完成尽我一生所能期望的那样多。"

将近60岁的赫马森在追寻哈勃以有诗意的用语称为"星云团中间

的奇遇"之中从未错过一步。因于1939年生过一场缠绵不去的病,他最近给梅奥尔的一封信里抱怨长期的记忆力衰退,可是别人似乎都未注意到。作为威尔逊山天文台的秘书,他和川流不息来访的要人接触。"米尔特,"梅奥尔写道,"能准确地辨别出冒名顶替者和自我吹嘘类型的人物,他也不喜欢那些装作社会名流的访问科学家",尽管他以始终如一的礼貌对待每个人。多年成功的观测和在最有名气的天文学杂志上发表的一长串论文有助于他克服因只受过初级中学教育而产生的自卑感。然后,于1950年,他接受了最高的荣誉。瑞典的伦德大学做了美国的大学所不会做的事:授予他名誉博士学位。

由于同哈勃——他使桑德奇想起道格拉斯·麦克阿瑟(Douglas Mac-Arthur)将军和他常常充分流露出对杜鲁门的憎恶——打交道,赫马森显得和蔼可亲,犹如5月里的早晨。他是一位"真正的绅士",但显得粗俗,他说下流的笑话,在心绪烦乱之时便咒骂,而且他喜爱组织钓鱼远征队,它们的爱交际的参加者有充足的威士忌酒供应。在圣安妮塔2美元的橱窗仍然是他特别喜爱的消遣之一。和梅奥尔一样,桑德奇欣赏自己的辅导员在"识破所谓'大人物'原来是神气十足的小人"方面的本领。此外在政治上,赫马森几乎同哈勃一样保守而不以选举年的某种卑鄙手段为耻。如果他在山上分配望远镜观测时间的话,他会尽力做到安排给民主党人的作业时间在选举日期间,于是他们便不能参加选举。除充当哈勃的"双目"之外,桑德奇还注意到赫马森与哈勃的同辈天文学家联络,其中有些从未被介绍给格雷丝。

随着哈勃的视向速度计划的第一阶段于1936年结束——赫马森已注意到它达到了100英寸(2.54米)望远镜的极限——已在牧夫座星系团和大熊座11中记录到接近每秒40 000千米的红移。指望帕洛玛获得更大的红移,赫马森被哈勃的通常克制的热情所驱动,常常从帕萨迪纳驾车上山,同时想着他可能达到宇宙的边界,即哈勃所称的宇宙的

"视界"。同其他所有人一样,他最初的反应是一种恐惧。首先他用肉眼扫视苍穹,于是他因流光溢彩的银河的壮观而站着发呆,"多么美丽的景色",它使他想起了自己熟悉的朋友,拜伦勋爵。使威尔逊山上空变成淡灰色的烟雾和光污染却在这里的无论什么地方都看不到。"天空在99%的时间里是晴朗的。"他盯着目镜看,发现了以前从不知道的宛如一片漆黑的暗区。令人觉得比一名季节性的观测手更像大学一年级新生的赫马森发觉自己伸出手去摸这些在威尔逊山上仅模糊可见的星云,好像它们是他的孩子,在一次惊人地悠长的旅行之后走近自己的家。

48英寸(1.22米)施密特望远镜的巡天观测一开始,就编制候补星云表以作进一步研究。然后由哈勃或桑德奇使用海尔望远镜对它们照相并把它们交给赫马森,他便依靠新近安装的摄谱仪设备自动进入指定的目标。经缓慢地、煞费苦心地把几百个星云加入到确立速度—距离线性关系的原来的星系团里,哈勃的红移图显得充实了。哈勃不但对给出膨胀速率感兴趣,而且对确定红移发生在散布于整个天空的所有星云里感兴趣,这个概念对他长期坚持的各向同性原理来说是根本的。

在第一个观测期(1950—1951),有一台星云摄谱仪可在200英寸(5.08米)望远镜上使用,凭此赫马森获得了远超出胡克望远镜所能达到之极限的3个星系团的光谱。最大的速度为每秒61 000千米,即光速的1/5左右,是在位于南天赤道区,邻近巨蟹座、天秤座和半人马座的长蛇座里记录到的。赫马森胃口大开,他深信一旦巡天观测提供给他合适的候选物,他便能向外伸展一直到其退行速度为光速的1/4的星云。

当赫马森碰上了一堵看不见的"墙"时,那种信心突然丧失了。他花了两次夜间作业的大半时间在其红移根据哈勃和桑德奇计算约为每秒120 000千米,即光速的4/10的一个星系团上。在一张接一张的底片上,氢和钾的谱线简直太暗了,因而无法辨认,这个过错不属于理论,也不属于使用它的人,而是因为由赫马森随意使用的设备本身的局限性。在这名年老的"水手"离开人间之后,桑德奇确证在如此遥远的距离,天空亮度正淹没星云的光谱。只有配备能作天文学家所称的"天空相减技术"的电子摄谱仪,别人穿着赫马森的"长统快靴"才能再次奋勇前进。他退休后——在此期间他同"一个中国人"一起钓鱼欢度晚年,后者的祖父曾传奇般地划舢板横渡太平洋——回首凝视,沉思地说:"哎呀!宇宙显然没有'视界',至少就200英寸(5.08米)望远镜的现状来说——它正好在延续——恒星的数量继续在增长,而星云的数量也在继续增长,它们变得越来越暗,所以我们还全然没有完成呢。"

V

一旦哈勃痊愈的消息在知识界传开,因漫长的康复期而曾中断的川流不息的各种荣誉迅速地重新纷至沓来。在哈勃获得加利福尼亚大学伯克利分校荣誉博士学位的前夜,哈勃夫妇与唐纳德·沙恩和玛丽·沙恩(Mary Shane)夫妇住在利克天文台的台长宅邸。30年前,当时攻读天文学博士学位的沙恩曾乘公共汽车上哈密尔顿山,同他一起上山的有一位高大、说话带英国口音并穿军服的绅士,自我介绍为哈勃少校。来年中,他们两人保持着密切关系,因而在这一次他们缅怀往事直到深夜。沙恩仍然迷惑于自己的朋友依旧不情愿接受把红移视作真正的膨胀,尽管他很有礼貌而不敢逼问他为什么。凌晨两点钟开始下雪时,沙恩担心他们也许不能及时下山参加下午的仪式,他移动自己的轿车,使得它不会被清扫道路的排雪机铲着。几小时后,这两对夫妇在一场令人眼花缭乱的暴风雪中开始了潜伏着危险的下山之旅,最终他们在大太阳下抵达伯克利。授予名誉博士学位的仪式明显具有英国情调,它在希腊剧院举行。哈勃和同获荣誉的加拿大总督亚历山大勋爵靠近大学队伍的前头,这支队伍排成纵队伴随着韩德尔(Handel)的《马加比教士进行曲》(March of the Priests of Judas Maccabeus)缓慢地前进。斯普劳尔(Robert Sproul)校长是哈勃的一个老朋友和晚霞俱乐部会友,他在哈勃演说时开怀大笑,而哈勃也以开怀大笑回敬。

虽然格雷丝极爱仪式的盛大和隆重,但连她也有个限度,而她对最近在加利福尼亚大学洛杉矶分校新校长就职典礼上发生的一桩小事情感到很好笑。牛津大学请埃德温作为学校代表,他愉快地同意了。"牛津是所有大学中最老的,"他离家时高兴地唱着,"所以我应率领大学队伍。"过几小时他回来时,一阵羞怯的苦笑取代了高兴。"巴黎大学当然是最老的,我已忘记了!"因此他不得不忍受落在获得先行光荣的"一个极矮小法国人"后面的耻辱。

哈勃以甚至他自己永远料想不到的各种方式获得荣誉。1951年末,洛杉矶大主教管区的官方报纸《消息报》(The Tidings)的主编助理拉邦吉(Robert S. Labonge)写信给他并附上罗马教皇庇护十二世(Pius XII)最近所作演说的原文。这位教皇提到了哈勃的名字及其与讨论时间起始有关的科学著作。此原文也已发表于报纸上,而诙谐的、与其老朋友对宗教问题共持怀疑态度的埃尔默·戴维斯迅速作出反应:"我习惯于看到你获得新的比以往更高的荣誉,但直到我阅读今天早晨的报纸,我才想象到罗马教皇不得不求助于你以证明上帝的存在。这应使你及时地取得圣徒的资格。"

哈珀与罗出版公司董事长坎菲尔德(Cass Canfield)想通过格雷丝寻找接近她丈夫的机会,因此他写信询问她是否可能找时间出版一本关于某个文学题材的书。她的才能是由他们双方的朋友、哈勃夫妇在普克斯山常去拜访的厄茨大力推荐的。"当我在做此事的时候,可否请求你不时'提醒'你丈夫,关于我一直在写信给他时所谈的一本有关望远镜的书。这里当然有写作这本令人着迷的著作的素材。"尽管坎菲尔德没有得到来自哈勃的什么消息,但他不是那么容易被劝阻的。"正是在相当长一段时间以前,"他两年后特别提到,"我写信给你,建议你记述自己在威尔逊山天文台的经历,以及给予外行人有关望远镜的操作和使用它所作出各种发现的一个概念。你的记忆能蕴含所有这一切,并且说一说你的一生经历中其他各个方面。"哈勃再次选择了不予回答,也没有任何迹象表明他正积极地从事显然在战前想到的一个研究项目——根据20多年在威尔逊山顶对许多巨星系团的照相编制旋涡星云图集。早在1942年,悲叹缺此图集的沙普利曾为"这巨大贡献"写信给亚当斯,在信中问及它目前处于什么情况。"显然,"亚当斯回答,"它的出版尚停留在讨论阶段,虽然哈勃已取得万尼瓦尔·布什的赞同,'如果时机来到',他会给予经费资助。"

1950年2月,随着哈勃的声誉达到了顶点,他致函牛津的普拉斯基特,请求给予一个特殊照顾。他要为一个未指名的学术机构,画一幅肖像,格雷丝想要他穿着牛津授予他名誉理学博士学位时曾穿过的深红色绒面呢和银白色府绸做的长袍,摆好姿态让人画像。"你能帮我一个大忙去某个合适的地方为我准备一件新长袍么?我当然会支付美元,至于衣服的价格或运费或其他费用都不十分重要。"他对待普拉斯基特,一位天文学界的同辈,更像是对待自己的裁缝,在信的结尾他说:"你可能记得我的身高约6英尺2英寸(1.88米),而体重190磅(86.2千克)左右。"

这个肖像的主意是艾达·克罗蒂出的。她说服其当加州理工学院董事的父亲劳埃德(Ralph B. Lloyd),以这幅作品完成后悬挂在雅典娜会堂为条件,承担它的费用。只有在哈勃订做了自己的深红色长袍之后,他才与美术家卡希尔(Authur Cahill)晤面,卡希尔从旧金山飞抵,在他们的家里同格雷丝和埃德温共进午餐。画像工作需要若干布景,可是无论哈勃夫妇或艾达都认为这位美术家画得并不算最好。哈勃说："他想完成一个天文学家的肖像，因此他拼命试试看。"这件作品暂时挂在晚霞俱乐部的会议室。对此像夸张的矫揉造作，有如此多抱怨，促使卡希尔修改嘴巴部位，但几乎没有效果。然后此肖像移至所设想为它的永久"安身地"时，按艾达的说法，它引起了"一阵狂怒"。首先，哈勃不是加州理工学院教职员中的一名正式成员。其次，认为海尔的肖像本当第一个画，毕竟，他是创立加州理工学院和建造雅典娜会堂的后盾。

哈勃的肖像在某一天悄然消失之前，穿着正规的长袍而显得夸张的哈勃成了流行的笑料。此后这幅肖像出现在天体物理图书室，当时和现今一样，除了专心致志的学生和他们的教授之外，很少有人访问这个研究设施。

不少大学向哈勃提供了许多教学和行政职位，其中包括斯坦福大学的校长职位。他痊愈后一年，第一次也是唯一一次进入了教室。如巴德、闵可夫斯基以及威尔逊山天文台的其他人，他以自己的专长开设一个研究班，轮流与加州理工学院的研究生在一起。随着所寄予的巨大期望，他登上讲台，可是这种期望很快转变成失望，而且，就某些人来说，陷入了完全的困惑之中。这个曾证实其他星系的存在、确定了宇宙正以达到危险程度的极快速度膨胀着、对星云作精巧分类的名人，在诸如桑德奇和阿尔普等正在巴德指导下写着自己的博士论文的新一代抱负不凡的天体物理学家中间却显得天真。他们和常常列席听哈勃作报告的他们的教授都盼望有一个交织着能引起争论的方程式和新物理现象而作用大的研究班。然而，他却用已于1936年出版而在他们中间众所周知，稍作更新和改编的《星云世界》应付他们。况且，按桑德奇回忆，哈勃从未提出膨胀的问题，因为那就会引起各种宇宙模型的争论和理论的讨论，这是无论如何应避免的困境。

当哈勃同桑德奇单独相处时，哈勃也不乐于披露自己内心深处的想法。"我们确实从未谈论过各种宇宙模型。我们所谈论的差不多总是在一个技术性的层次上。他具有诗人般的特征,他是属于非常深谋远虑类型的知识分子,但他并未以这些作风,以富于哲理性的讨论,真正透露过自己的想法,至少对我是这样。"

要是哈勃十分有意的话,他具有充足的理由与别人分享自己的见解。对哈勃的老朋友霍伊尔来说,加州理工学院已有些像他的第二个家,他使年轻天文学家心满意足于自己最近深入宇宙学的大胆冒险行动,提出了所谓的"稳恒态宇宙论"。正是在霍伊尔、戈尔德(Thomas Gold)和邦迪(Herman Bondi)3人通常在三一学院邦迪的简朴单人宿舍里进行的多次深夜交谈期间,产生了对大爆炸宇宙论的怀疑。此3人在对宇宙正在膨胀的观念并无异议的同时,不相信把一切事物的出现归因于一个原始奇点的结果的观念。他们认为,更合理的可能是,当星系彼此分离越来越远时,新星系在遗留的真空里形成,而形成的速率使得宇宙看上去无变化。在一个庞大空间里,你会发现100亿年前甚或500亿年前所拥有的恒星和星系的数目大致同现在所拥有的相等。大爆炸宇宙是演化着的,而稳恒态宇宙则不是,它的总体性质随时间保持不变。

从一开始便很清楚,不断创生的概念违反热力学的一个基本定律——它阐明在一个封闭系统里总能量永远不变。作为星系的砌块的新原子怎么能从虚空中创生出来呢?但还可争辩的则是,原始火球宇宙论也完全一样,它主张回溯到150亿或200亿年前的一次瞬时创生。

出席霍伊尔所有报告会的桑德奇并不赞同,且如他所回忆的那样,任何其他加利福尼亚的天文学家也不赞同。"我确实认为,稳恒态宇宙论一被系统地表述,就已被废弃。"首先,证实霍伊尔的假设所必需的年轻星系在哪里呢?"我认为,霍伊尔……更感兴趣的是一切天体会这样,而不是天体就是这样。"而哈勃抓住"宇宙给你什么",虽然他在此问题上从未直接地表达自己的观点,但在访问了埃德温在那里向一群热情的望远镜制作爱好者发表演说的洛杉矶格里菲斯天文台之后,格雷丝就自己丈夫的立场提供了一条重大线索。参观该天文台之后,哈勃夫妇被成群崇拜他们的年轻人包围,他们的注视目光使她想起了弗朗西斯卡(Piero della Francesca)*所画的唱着歌的天使。埃德温在亲笔签名时,一个男孩子说:"同那样一个男人结婚,你必定多么地骄傲!"他也主动告知,他一直在阅读爱丁顿的《膨胀的宇宙》(*The Expanding Universe*),但"不太相信霍伊尔[最近]的书及其假设"。

VI

哈勃夫妇的德国女管家伯塔说着一种充满着神秘且夹杂着无意识幽默的语言。在听她说什么和理解她的意思是什么之间总是有一个较长停顿。有一晚在听收音机之后,她告知"每月有两万只'戴胜鸟**冠'被偷"。某人"举起"了一个酒铺。对盲人来说"'冰狗'是需要的"。"在德国,美国人抓住了俄国人的头",哈勃夫妇两人始终都未辨明它的意思。当她传达一面听电话一面记下口信时,很难搞清楚打电话人的名字,因此判断此人是谁变成了一项独特的需要技巧的游戏。例如,"怎样使人知道,露西·布斯(Luc Booth)就是克莱尔·布思·卢斯?"在哈勃夫妇的熟人中间,那些喜爱在鸡尾酒会上用中意的因传递被弄错的名字低声地再呼唤的人,却把自己成为名字被滑稽误用的对象视作一种荣誉。

某一天,厨房里传来了叮当一下东西被打碎的声音,然后听到伯塔以悲哀的声调惊叫:"他的杯子!"她自豪地收拾哈勃夫妇去帕洛玛所需的全部生活用品,同时编制了一个从亚麻织物到火柴等一切东西的细目表,然后把烤鸡以及放在大玻璃瓶和有盖搪瓷容器里有味的食品装

---

　*弗朗西斯卡(1420?—1492),意大利画家。——译者

　**一种羽毛美丽的鸟,产于欧、亚及北非等地。——译者

匣,这每一样东西都是埃德温特别喜爱的。"你想要你的辣味烤肉吗?"当他在收拾自己的衣服时她问道。"如果我去旅行,我并不希望显得可疑。"她抱着尼古拉出来,看着他们驾车离去。"他像哥伦布。"有一次她对没有料想到的格雷丝说。而格雷丝突然发觉伯塔对他的工作的评论比之于他们的许多朋友具有更深的含义。

除了克罗蒂夫妇和格雷丝的妹妹马克斯以外,赫胥黎夫妇是哈勃夫妇家的常客,他们在一次访问期间,告知奥尔德斯为一篇论埃德温的长文正着手调查,在这篇文章里他作为人道主义者优于科学人。这位作者已仔细查阅了亨廷顿图书馆的书籍和资料并且正在寻觅更多的。奥尔德斯在一个叫科罗纳的小城镇上工作,对正在访问的格雷丝来说,此地简直像一只活跃而敏捷的啄木鸟。最近,这两对夫妇一直驾车出城去诸如圣安德烈亚斯峡谷等地探险,包括此峡谷的曝晒过久的岩壁——以天边为背景,奇特、开裂破碎、倒塌的乱石堆,还有其顶部一个几乎光秃的突起的山峰。奥尔德斯发现其形状像瓦格纳(Richard Wagner)歌剧的专业歌唱家:"我们便期望梅尔基奥尔(Lebrecht Hommel Melchior)*随时在其上出现。"当他们进入汽车时,格雷丝发现一只黑冠鸟停歇在一棵三角叶杨树的树枝上。"我认为那是一只亮丝鹟**",她大声说,尽管此前她从未看到过这种稀有鸟类。于是他们停下来看它,而它依然无惧地靠近。

埃德温建议他们驱车到棕榈泉,在那边的博物馆里查找它。他们在黄昏近闭馆时到达那里,但最近曾在该馆演讲的奥尔德斯受到馆长的热烈欢迎。埃德温找到一本有关鸟的书籍,于是查找亮丝鹟。果然,格雷丝的眼睛没有欺骗他。该馆的工作人员像野鸟习性观察者一样地高兴,说他们为了收藏会派遣某人到那边把它打下来。

---

*梅尔基奥尔,丹麦出生的美国男高音歌手。——译者

**一种小的雀形目鸟类,原产于墨西哥和美国南部。——译者

出现了突如其来的一片寂静。埃德温拿开这本书,走过房间。"在哪里,"他态度生硬地询问,"你得到那只剥制的野猫?"有人说,它曾出现在附近,因担心它也许会伤害一些儿童,所以把它打死了。"因为有如此多的儿童,"他回击道,"而如此稀少的野猫,所以我只能对你的决定感到痛心。"此刻,奥尔德斯过来调停,尽快地使埃德温回到汽车里去。在回家的途中,无人谈及亮丝鹬,因为全都觉得他们已杀死了它。

在赫胥黎夫妇的朋友中间,西特韦尔(Sitwell)三姐弟——伊迪丝(Edith)、奥斯伯特(Osbert),以及萨谢弗雷尔(Sacheverell),即"萨奇(Sachie)"——或许是英国文学史上值得夸耀的最偏执于团结对外而表明自己立场的家族。1953年1月,在伊迪丝和奥斯伯特访问好莱坞咨询关于安妮·博林(Anne Boleyn)*生平的一部电影脚本期间,哈勃夫妇被介绍给他们。伊迪丝夫人戴着一顶黑色缠头巾式女帽,由于它的边沿延伸到了她的双肩,只能看见她完全被围住的脸。虽然已65岁左右了,但格雷丝把她形容为光鲜而美丽,有明澈的面色,无神、斜视的蓝眼睛,金黄色的眼睫毛,鹰钩鼻,以及会说俏皮话、薄唇、微笑着的嘴巴。她的服装由大宗黑绸缎做成,长得及地,完全掩盖了她的身段。她唯一的首饰便是一对耳环,在其顶上各自镶着一颗海蓝宝石,两颗宝石都像核桃一般大。奥斯伯特比他的姐姐小5岁,他稀疏的金发笔直朝后梳,而在其他方面则与她惊人地相像。

他们同彬彬有礼的奥尔德斯一道,抨击"荒谬的维多利亚女王时代的人物",因为这些人物的形象日益变得与众不同地高大,似乎越来越像《艾丽斯漫游奇境记》和《镜中世界》里的人物。倚栏而立的奥斯伯特说及了托马斯·卡莱尔(Thomas Carlyle)**,并大声向《新共和国》(The

---

* 安妮·博林(1507—1536),英王亨利八世之次妻,伊丽莎白一世女王之母。——译者

** 托马斯·卡莱尔(1795—1881),英国作家、历史学家和哲学家。——译者

New Republic)的作者马洛克(W. H. Mallock)说:"不要再到这里来,我十分讨厌你。"奥尔德斯便背诵丁尼生对乔伊特(Benjamin Jowett)*警告他反对出版"多拉"(Dora)所作出的敏捷应答:"如果弄到那个地步的话,那么午宴时你提供给我们的葡萄酒是不洁的。"遭受抨击和诛伐的其他人还有勃朗宁夫人、弗雷(Christopher Fry)、亚瑟·米勒(Arthur Miller),以及福特·马多克斯·福特(Ford Madox Ford)和他的"忧郁的"妻子。

次日在午后茶点时,埃德温带领奥斯伯特进入自己的书房观看最近在帕洛玛拍摄的一些底片。奥斯伯特说自己的姐姐一定要看它们,于是他离开去接她。当她出来时,她题写了自己的《寒冷之歌》(*Song of the Cold*):"在度过我一生中最重大经历之一以后,我把此歌献给向我提供这种经历的人们和他们的伟大。"离去之前,他们姐弟俩使哈勃夫妇允诺在即将到来的访英期间将去拜访他们,尽管哈勃夫妇可能不得不吃便饭。老厨娘死了,因而奥斯伯特正陷于以每周7英镑的战后飞涨工资寻找厨子接替她的困境。

因其高度,对里奥布朗科大牧场如今哈勃有着一个深刻的记忆,因此他和他的钓鳟鱼同伴、亨廷顿图书馆的克莱兰(Robert Cleland)讨论河流。蒙大拿州的布莱克富特河是克莱兰所喜爱的,且他推荐自己经常逗留的在米苏拉城外的伊巴尔牧场。其海拔高度介于5000英尺(1530米)和6000英尺(1830米)之间。在牧场小住屋之下500英尺(150米)左右,宽阔和未受污染的布莱克富特河急速流着。

哈勃在此河的上、下游钓鱼,而他感到穿着沉重的涉水长靴走来走去很费劲。这两位服过兵役的钓鱼人被河水从岩礁旁冲走,带到了下游,此后他们才设法奋力爬上陡峻的河岸。格雷丝则同一名马群的看守人几次骑马走很长一段路。傍晚,这对夫妇坐在他们所住小屋的门

---

* 乔伊特(1817—1893),英国古典学者。——译者

口,欣赏火红的晚霞,以及它渐渐消失进入黑暗,此时最亮的星星出现。有时克莱兰和他们在一起,谈及刘易斯和克拉克,他们已来到河对岸的"九英里牧场"。他们开着门睡觉。在黎明,一只松鸡带领一窝小松鸡进来,而花栗鼠则随意进进出出。虽然谁也没有说及高地区,但他们惦记它。格雷丝渴望地向上凝视他俩都十分熟悉的森林和灌木丛以及其他下层林丛。埃德温和格雷丝有着共同的想法,他只说他喜欢钓鱼,且说布莱克富特河是不错的,但他最喜欢怀特河。

1953年4月,哈勃夫妇乘"毛里塔尼亚号"轮船旅行。他们住入大而舒适的头等舱,他们在头等舱所在的甲板上徘徊,通过双筒望远镜看过往船只和逐渐消失的海岸线,此时埃德温争取保持平衡,可是在海上不可避免地失败了。

好几年来第一次,他被允诺有一个超出象征性科学活动的日程表,这是对他和格雷丝两人确信他已从差不多3年前心脏病发作中痊愈过来的一种考验。5月8日晚,他在英国皇家天文学会发表享有声誉的乔治·达尔文(George Darwin)*演讲。当他起立发言时,对格雷丝来说,时钟本身似乎拨慢了,重计它的一段不可思议的时间。唯一令人失望的是演讲后不设观众提问环节,因为演讲者的妻子禁止这么做。

一周后,继在爱丁堡皇家学会作演讲之后,哈勃夫妇回到伦敦,在那里他们驾车去参加位于科克伦街上的西塞莉修道院的开幕典礼。在院子里搭了一个大帐篷,铺着红地毯的讲坛上有一把大靠背椅,还有包含大量兰花在内的许多花堆。一阵刺骨的寒风使观众感到很冷,因为包括小孩在内的大多数观众只穿着夏天的长衣。几分钟后帐篷背后的幕帘分开,于是女王进来,缓慢地走在长条形红地毯上,后面跟着伦敦主教,他有礼貌地保持一定距离,格雷丝把他突出地描写为一个穿着深

* 乔治·达尔文(1845—1912),英国天文学家,即进化论奠基者查尔斯·罗伯特·达尔文的次子。——译者

红袖套和黑色绑腿式长统靴的体态肥胖人物,而副主教则拿着一根银色长权杖。年仅26岁、在位第二年的伊丽莎白二世女王以优雅的、连续不断的步调走上平台,当奏《上帝保佑女王》(*God Save the Queen*)时,全体肃立。格雷丝在被选为向女王呈献一只"手提包"的那些人中间,它实际上是一只小丝袋。当他们向前进时,格雷丝能听到心绪烦乱的埃德温嘴里正在嘀咕着什么。他被迫重复自己所说的,才使她了解她应把自己的手提皮包留在一张桌子上之后,才能进入女王御前。她把这一幕说成几乎催人入睡的——"那里必定无失误,没有什么东西能破坏它。原来她成了象征。"伊丽莎白发表演说之后,她被迎接到一个房间喝香槟酒。因要保持着礼仪到最后,她远离窗口适度地喝着。"这样,"她说,"老百姓便不能看到我。"

埃德温穿着燕尾服、系着白领带和珍珠饰钮,而格雷丝则穿着一件全黑粗府绸制作的、镶有花边和低圆领的衣服。她以标准步幅挽着布拉贝宗(Brabazon)勋爵的手臂,像跳路易十四时代的一种舞蹈似的,走进了皇家学会的圆形大讲堂。他把她引到一张黑色皮椅,在她坐下之后向她深深地鞠躬,而她点头致谢。9点钟第一响,两扇大木门转开,于是"潇洒而沉着的"哈勃慢慢走进房间到讲台上。布拉贝宗声称已看到霍伊尔曾在此演说过,如同他害怕的金斯以及事后陪伴他、同两个漂亮女孩一起去一个名为"恩伯西"的伦敦夜总会的爱丁顿曾在此地作过演讲一样。未作正式的介绍,哈勃便开始作题为"膨胀宇宙的观测证据"的演讲。他再次成为众人全神贯注的对象。当他把用200英寸(5.08米)望远镜所拍摄最遥远星云的底片显示在屏幕上的时候,他平静地说:"这便是最新的视界。"于是听众中爆发出阵阵掌声。

3天后,哈勃夫妇乘火车去温切斯特,5点50分在毛毛雨中抵达那里。理查德·费尔雷爵士的司机凯斯(Keyes)迎接他们,并把他们引领进一辆老式的1940年凯迪拉克轿车。雨像夜幕一样降落在泰斯特河谷的绿草地和树林上。半小时后,他们被带领到波辛顿寓所二楼他们原先住过的"老房间"。

翌晨,在饱食一顿由褐色鸡蛋、本地饲养的根西*乳牛的黄油、热牛奶、咖啡、烤面包片以及橘子果酱组成的早餐之后,哈勃便"出战"。他的第一个对手是一条4.5磅(2.5千克)重的虹鳟鱼,跟着是一条4磅(1.8千克)重的和另一条仅一半大的褐色鳟鱼。下午再来,他用网捕到一条5.25磅(2.9千克)重的虹鳟鱼,它,不像其他鱼,未被释放,因为猎物看守人相信重量超过5磅(2.8千克)的任何一条鱼都会变成食同类者。他的好运保持到第二天。他在下马桥附近垂钓,捕捉到总重量为11.25磅(5千克)的3条大鳟鱼。瘾头很大的河流垂钓者也从未经历过像这样的情况。当亨伯特(C. J. Humbert)起草报表时,他写道他有幸装运着7瓶白葡萄酒,哈勃捕获的"装在瓶中的鱼"其重量超过4磅(1.8千克)的,每条奖励一瓶白葡萄酒。

6月初,哈勃在法国科学院就"科学与人类生活的理想"这个主题发表演说时,他被请求答复一份询问表,它涉及他的背景、他的主要成就、他对爱因斯坦的评价、他特别喜爱的格言,以及他会选择什么作为自己的最后一句话。除了最后两个问题之外,他填写了有关的一切。此后晚宴时,格雷丝被安排坐在相当年轻的高等教育监督贝热(Gaston Berget)的旁边。他们刚说一句话,贝热就突然地转向她说:"在世界上有两件东西是要紧的,那便是爱与恨。对此你有什么话要说?"

"我从来对恨不感兴趣,"格雷丝回答,"我认为,我所爱的随便哪个人都会爱我。"

"你是这样认为,"他重复说,"你所爱的随便哪个人都会爱你。"

"不要误解,我的意思不是'每星期三或每星期五来。'"贝热吃惊地看着。"爱便是尽可能地努力清除另一个人的人生道路上脱落的橙黄色

---

* 英吉利海峡中的岛屿。——译者

的皮。"

"那是什么引用语?"他询问。

"它不是引用语。没有人说过它——而是刚才我说的。"

"哦,"他说,"要是我使用它,你介意吗?"

哈勃夫妇离开巴黎之前沿着塞纳河作了一次长距离的散步,走过左岸迂回的街道。拐弯处,他们遇到了一群显然年轻的学生,男学生炫耀不知羞耻的衣着和后面用橡皮筋扎住的马尾形发型,是"垮掉的一代"的先锋。

他们又到剑桥作一次怀旧的旅行,在那里重温埃德温作为一名年轻军官的时代,与此同时,向牛顿像作最后的告别。此后,他们于7月初乘船到纽约。于20日,他们抵达帕萨迪纳,而对此深感满意的尼古拉,过去一直睡在伯塔床下,马上回到了他们的脚下的平常位置。"我们说这是一次圆满的旅行,"格雷丝在自己的祈福记事中写道,"没有遗憾,没有遗漏,我们原本会有的异常情况出现得并不多,因此,为有这样的旅行,我们应感到高兴。"

VII

9月1日早晨8点半,哈勃夫妇搭天文台的货车离帕萨迪纳去帕洛玛,这是11个月后埃德温第一次上山作业。这次,他们决定同住在大门外就在路的左侧的一幢小屋里。它的前面便是白冷杉和香椿树林,它们生长得宛如一个芳香的巨大屏障。

吃了一顿早中饭后,哈勃把自己的帆布背包挂在肩膀上,驾驶货车去200英尺(5.08米)望远镜的圆顶室。格雷丝以阅读打发夜晚,而她仅仅被一只老鼠搞得心烦意乱,它似乎遭到了以捕食其他动物为生的某种动物的追踪,跳得很高而进入起居室。她拿起一只手电筒外出看看是否也许会有一条蛇在门口,可是什么也没有找到。

当夜空暗下来时,埃德温回到了活泼开朗的状态。虽然由观测记录簿可看出他花了3小时又10分钟的总曝光时间只拍摄了5张底片,但他说他"回到了自己的老样子"而一点不觉得疲劳。"要是你在起居室里看见一只老鼠的话,"困倦的格雷丝咕哝,"想尽办法对付它。"

在他拍摄另外13张底片期间,他们又住了两夜,拍摄的最后一张NGC520的底片则曝光了40分钟,它也是他在帕洛玛山上拍摄的第176张底片。本次作业结束离去之前,他带领格雷丝进暗室,给她看刚才显影的底片上的星云。"过两年,"他说,"我将测出红移。可是至于宇宙学的宏大计划,我有生之年将看不到。"然后他建议做他们以前未曾做过的事:"让我们上去看一下望远镜。"最后他们转身离开之际,他说:"我因自己在设计那架望远镜中所尽职责而感到相当自豪。"在出去的途中,他未锁保存所有底片的"天体宝库",提醒她,他的下一次作业将是从10月2日到6日共4个夜晚。

9月27日,即他预定的下一次作业之前的一个星期天,他在自己的摆满书籍的书房里度过下午和晚上。挥打着他的活动铅笔的尼古拉,四肢张开地横躺在含有各种小数字长列、曲线和图解的一大堆论文之上。埃德温从英国回来后显得皮肤黝黑、体格强壮和精力旺盛。斯塔尔对他所作的一次常规身体检查表明,就一个曾熬过如此危难的人来说,他已复康得极好。翌晨,他在办公室里接到威廉斯与亨伯特有限公司洛杉矶代理行的来电,告诉他,所订的雪利酒已作好了交货的准备。"今晚把这些雪利酒送到我家,"他回答,"我们将打开一瓶一起喝。"然后,他请赫马森到他的办公室来,在那里他们谈及了哈勃所想出的关于红移的一个新的着手方案。赫马森回忆:"当他解释自己脑海里所想的时候,他说得很快,甚至,不知什么缘故,很紧急。"然后哈勃起身离去,走到家里吃午餐。"我们注意到他显得快活和有干劲,因而他看上去是多么健康。"

做一些跑腿的事之后,格雷丝正在回家途中,她发现埃德温沿加利福尼亚大街大踏步地走着,同时挥动着手杖。她让他上车,然后他和往常一样,问她:"你度过了怎样的上午?"此时差不多中午而他们离家尚有一英里(1.6千米)左右。格雷丝开始讲无关紧要的经历,当她就要转弯进入车道之际,此时不知是什么事使她停车而向他看一眼。他笔直向前瞪着眼,带着一种相当令人迷惑和若有所思的表情,并且以一种奇特方式,尽管几乎不费力地,通过他的分开的嘴唇呼吸。她并不惊恐,但觉得奇怪,因而问道:"怎么啦?"

"不要停车,直驶",他以一种平静的声音回答,而格雷丝突然变得惊恐起来。她开动车子进入院子,下车,绕圈子跑到汽车他坐着的一侧,同时尖声叫喊伯塔。不一会儿,他看上去已昏厥过去,因为当她伸手触摸他时,他显得软弱无力和苍白,且给人的印象是他正要说什么。可是他不能对她的呼叫声和触摸作出反应,而已立刻来到的伯塔探摸他的脉搏,但却一点也没有。格雷丝奔跑入内,打电话给斯塔尔,他便立即来到。这位医生使她确信,她原本就毫无办法。脑血栓的形成几乎是瞬时的,又没有疼痛。"它会在任何时候在任何人身上发生。"

哈勃被抬到楼上,安放在他曾与格雷丝睡了差不多30年的床上。如同往常睡着时一样,在她看起来,他就像一个身体强壮的人在睡觉。尼古拉占着床脚处的惯常地方,整夜地逗留在那里,因为格雷丝尽管有法律上的义务,但她仍拒绝丧事承办人把埃德温的遗体运走。多年前,他曾说过,当这个时刻来临之际,"我希望静悄悄地消失",因而她决定实现他的愿望。次日,埃德温的遗体被运送到蒙罗维亚附近火化。格雷丝、她妹妹马克斯和丈夫克拉伦登以及克罗蒂夫妇跟着灵车到木叶栎纪念广场。预定的火化举行过后一会儿,克拉伦登同格雷丝回来坚持熬夜等待骨灰。没有丧礼、没有追悼会,也没有坟墓能供诸如赫马森和桑德奇等震惊的哀悼者表示他们的最后敬意。

铜骨灰匣由哈勃的最终人生旅程中陪伴他的同样5个人埋葬在一个秘密的地方,其中只有一人至今还活着。假如由他选择自己的墓志铭的话,那么他原本会无疑地选取某个英国作家所写的短诗,或许就是源自史蒂文森(Robert Louis Stevenson)所作的《安魂曲》(Requiem)中的如下诗句:

> 在那辽阔的星空下面,
> 掘一个坟墓让我安息。
> 我活得高兴、死得开心,
> 我已决心让自己躺下。
>
> 请你为我刻上如下诗句:
> 他躺在自己向往的地方;
> 好比水手离开大海返乡,
> 或者好比猎人下山回家。

哀悼信源源不断而来。其论埃德温的文章《星星与伟人》(Stars and the Man)找不到出版者的奥尔德斯写道:"爱是永存的——因为正是它'使太阳及其他恒星运行',对此类重要事物,埃德温比但丁知道得更清楚。"惊闻噩耗后,露丝想起"埃德温非常热爱的英国,而该国对他的评价远比他自己的国家高得多。美国将花很长时间才能真正地了解他在历史和科学上的地位"。在寻求安慰中,弗赖恩·哈伍德透露了哈勃夫妇之间持久亲密关系的秘密。虽然埃德温在自己工作中显得有主见和自信,但"这并未使他在自己富于感情的生活中也这样。这两件事是完全不相同的;他信赖和依靠你,如果你明白我的意思的话。我想,那正是我正在试图说的——他是那么完全地信赖和依靠你"。最后,伊迪斯·西特韦尔回忆起不太久以前的一个下午在哈勃的书房里,其时他给她看亿万光年远的"天空中的星系"的底片。"多么可怕啊!"她曾说。"仅仅在开始,"他回答,"当你不习惯于它们的时候。此后,它们会给你一种慰藉。因为那时你会明白,没有什么要担忧的—— 一点也没有!"

尾 声

　　哈勃去世后数月,尼古拉每天两次,中午前和下午6点前,坐在窗口旁焦急地张望着伍德斯托克路。它过去从来不注意电话,但此时,无论何时电话铃响,它便赶紧过来,用后腿站立,想要立即听到电话里的声音。格雷丝会把听筒放在它的耳朵旁,可是一听到这不是哈勃的声音,它便走开了。最终,它不再过来了。它的头上和肩膀上的毛已变灰白。它逐渐老了,格雷丝自己这样想道。到春天,尼古拉将要8岁了。但当春天来临,净化变态完成,此时它的新皮毛长得如以往一般浓黑。在漫长的夜晚,她阅读时,尼古拉便坐在她旁边的一把大椅子里,有时闲谈似地自言自语说着,很像人语的一种模仿。逐渐地,在它的入口处下边的阔橡木厚板被它长年累月的轻轻踩踏磨出了一个小凹穴。它又活了8年,死于1962年圣诞节前夕,时年16岁。格雷丝把它埋葬在它过去喜爱爬的巨大恩格尔曼橡树下。

　　1955年2月,玛丽亚·赫胥黎在乳腺癌长期痛苦的发作之后死去。奥尔德斯因已开始尝试使人上瘾的毒品而格雷丝反对这种行为,所以逐渐疏远了,甚至自1956年他与劳拉·阿彻拉(Laura Archera)结婚之后,他们几乎没有再见面。露丝除了一次偶尔的访问外,再也没有回到洛杉矶,并且,如她所愿试试看的,她不能说服格雷丝同她以及他们双方的朋友在纽约一起过日子。沙普利,这位年高德劭的科学家和对过去争论念念不忘的人,在他的老对手死后还活了近19年且仍保持健康状态,他死于1972年10月。在成为他的自传基础的一系列广泛访谈期间,他随便地说道:"顺便说一句,哈勃是个优秀的观测者,比我好。他显得孜孜不倦。"这一次,仅比沙普利早几个月去世的赫马森谅必会极其罕见地同意。

格雷丝听说费米和钱德拉塞卡两位诺贝尔奖委员会委员已和他们的同事全体一致投票选举哈勃为物理学奖得主,后来天文学家杰弗里·伯比奇(Geoffrey Burbidge)和玛格丽特·伯比奇(Margaret Burbidge)夫妇与"钱德拉"交谈之后证实了这个流言。可是诺贝尔奖不授予已死的人,因而在关键时刻死亡问题介入进来,就此否定了20世纪最伟大的天文学家所应得的荣耀。正是在此刻,他63岁的寡妇决定把自己的余生(后来的结果表明还有27年),投入到为未来的哈勃传记的作者做准备工作,因此她彻底清理他的论文和整理她自己的日记,它牵涉许多删除工作。就像和哈勃及其工作有关的别的每件事一样,她对这个问题有着很具体的想法,它们记载在她于1954年给亨廷顿图书馆的布利斯(Leslie Bliss)的信中,而哈勃的论文就收藏在该馆:

> 至于这素材要等多长时间以后才能被使用,我同意你的建议,20年左右——除非一个非常好的传记作者居然碰巧出现。但我深信你也一定会同意我如下两点:
>
> (1)作者必须是一位具有充分科学背景的学者,而不是普通传记作者。
>
> (2)作者必须是个男人,而不是女人。

虽然有些人,男女皆有,表示要写哈勃的一生,但格雷丝拒绝同他们中的任何一个人通信,也不接受他们中随便哪个人的访谈,所以他们的计划,由于这种或那种原因,从未取得结果。

哈勃去世之前,仍紧张不安的桑德奇曾成为伍德斯托克路哈勃家的定期访问者,在那里他终于认识了赫胥黎夫妇以及诸如斯特拉文斯基等知识界其他人士。仍然如神般地讲话,哈勃向他陈述许多论题,其范围从艺术和哲学到音乐、文学和宗教。由于感到知识很不足,桑德奇又把小说、录音、唱片,以及人文学科里的名著加到已做不到的日程表中。然后,突然间,山中之王去世了,而不管他的博士论文尚未完成这个事实,他,桑德奇,自认为不晓得从哪里来的"乡下佬",成了天文台员工中最新来的"夜人"。依据当时的情况,在他看来似乎一下子决定了无法相信的机遇和人生。哈勃死得太早了,这简直不公平。然而他的研究计划还在,一切都由他安排好的。"假如你是但丁的助手而但丁死了,"桑德奇有一次向一名采访者悲叹,"你据有《神曲》的全部,那么你会做什么? 你真的会做什么?"

那时格雷丝转向他们曾"像儿子般对待"的这个年轻人,请求他完成埃德温最有雄心的出版计划。在1919—1948年间使用60英寸(1.52米)和100英寸(2.54米)望远镜累积起来的一大批收藏的底片曾是哈勃修正星云分类的基础。1961年,《哈勃星系图集》最终出版时,桑德奇写道:"我主要充当一名编辑,不是原稿的编者,而是包含在注释里的一组见解和结论的编者。"

正当埃德温离家而去的时候,格雷丝认为在他去世后没有理由继续写日记,而她余下的大部分岁月是在单调、默默无闻中度过,阅读、再阅读自从中学以来吸引住她的英国文学作品。星期日早晨,她继续在亨廷顿图书馆的庭园里散步,有时也可看到她在雅典娜会堂用餐,可是她的朋友圈子逐渐狭小起来,直到后来只剩下少数至交。

然而,从未听到她抱怨在埃德温死后自己的生活。"格雷丝忍受许多痛苦和烦恼,却不抱怨,"自战争年代以来一直是她的朋友的图书馆管理员阿克曼指出,"她应付下来了。"直到她近90岁时,她的健康状况才变得欠佳,开始体弱多病,需要有人全天在她家照看。她开始经受走路的困难。不顾她的反对,在由门厅向下通往低于地面的餐厅的楼梯上安装了扶手,可是她拒绝使用它,于是此后不久跌了一跤。她好不容易才痊愈,就又跌了一跤,因而她不得不被送往附近的拉斯恩西纳斯医院,这是位于帕萨迪纳东德尔玛大街上的一家私人医疗机构。她最亲密的朋友,阿克曼、弗洛伦斯·尼克松(Florence Nixon,一位乔叟学者,她喜爱"剽窃"他的思想),以及艾达·克罗蒂每个星期天去那里向她问候。1980年8月,格雷丝已年过90,虽然她大部分时间卧病在床,但仍梦想有朝一日能回到伍德斯托克路自己的家中。7个月后,像埃德温一样,她平静地死于脑血栓。她人生的最后历程也是重复他的,等到她的骨灰准备好,装他们两人骨灰的铜匣被运送到如前同样的秘密地方。在死亡证明书上,"主要职业"栏下,有人填入"家庭主妇"。而在"在职年限"栏下,则出现"60"这个数字。然而在宣布她曾要求不开追悼会的简短讣告里,格雷丝如她内心深处所希望的,被称为一位作家。

远在地平线的紫红色边缘之上,一架如铁路上有盖货车般大小的了不起的科学仪器环绕着地球。在它的下面是许多渴望着的天文学家,他们从不在冰冷的天文台里过夜,而坐在计算机旁,等待着破译来自宇宙深处的亿万电子信号的沙沙声。由于不受地球大气所产生的畸变影响,哈勃空间望远镜的不闪烁的眼睛以星等达到28等的灵敏度探测宇宙,这个灵敏度比地面上最精良望远镜的灵敏度要高24倍。哈勃空间望远镜能认出10 000英里(16 000千米)外的一只萤火虫,或自动对准站在月面上的一名天文学家所持的一只电池供电的小闪光灯。它的极准确的瞄准精度能使一名神话式的高尔夫球手从相当于由华盛顿到达拉斯的距离,即1500英里(2400千米)远处把高尔夫球轻松打入小洞里。在它的电池渐渐减弱和它的陀螺仪静止以前,它可收集来自远至140亿光年太空深处的光,或许几乎能使人类看见时间的开端。

哈勃空间望远镜于1990年4月被送入太空,而在此之前37年,哈勃夫妇正处于应是他们最后一次出国访问的中途。当埃德温于爱丁堡皇家学会作科马克演讲之后,他和格雷丝作短暂停留,与就要同博特(Walter Bothe)分享诺贝尔奖金的物理学家玻恩(Max Born)闲谈。此后,就在这对夫妇跨过街道去他们所住的旅馆的当儿,一名脸色红润的青年紧随其后,他不假思索地突然提出这样的问题:"先生,望远镜放在人造卫星上怎么样?"

遗憾的是,格雷丝并没有记录自己丈夫的回答。

假如把如今由沿用他的名字的"机器人"从遥远的星云正在收集的资料提供给他,哈勃原本能发表很值得探讨的见解,而不管它对他自己的发现的影响是什么。更值得注意的是,他的发现,宛如出自爱戏耍的爱因斯坦笔下的理论方程,并没有失去光彩。我们所居住的宇宙继续在膨胀,但以比哈勃本人估计的快得多的速率膨胀——这个速率似乎随着通过空间望远镜对迄今看不见的造父变星所进行的每次新研究的进展而增大。银河系外数不清的星系显得更加数不清了,因为按照电子计算机图解,它们成百万倍地增加而充满在图上。并且就望远镜所能探测到的而言,在各个方向,宇宙的巨大的一部分类似它的其他巨大部分。* 最后,除了罕有的例外,新发现的星云都能归入哈勃20世纪20年代期间在威尔逊山顶上研制的分类图表。诸如这些成就不禁使人想起由大天文学家哈雷所创作,而置于牛顿举世无双的《原理》(*Principia*)前面的一行诗句:

更接近凡人所不能接近的神。

---

* 意指宇宙在大尺度上是各向同性的。——译者

参考文献

书籍

Arp, Halton. *Quasars, Redshifts, and Controversies*. Berkeley: Interstellar Media, 1987.

Baade, Walter. *Evolution of the Stars and Galaxies*. Cambridge, MA: Harvard University Press, 1963.

Bedford, Sybille. *Aldous Huxley: A Biography*. New York: Alfred A. Knopf/Harper & Row, 1974.

Carey, Gary. *Anita Loos: A Biography*. London: Bloomsbury Publishing Ltd., 1988.

Clark, Ronald W. *Einstein*. New York and Cleveland: The World Publishing Company, 1971.

Drake, Stillman, ed. and trans. *Discoveries and Opinions of Galileo*. Garden City, NY: Doubleday and Company, 1957.

Dunaway, David King. *Huxley in Hollywood*. New York: Harper & Row, 1989.

Ferris, Timothy. *Coming of Age in the Milky Way*. New York: William Morrow, 1988.

——. *Galaxies*. New York: Stewart, Tabori & Chang, Publishers, 1982.

——. *The Red Limit: The Search for the Edge of the Universe*. 2nd ed. New York: Quill, 1983.

Frost, Edwin Brant. *An Astronomer's Life*. Boston and New York: Houghton Mifflin Company, 1933.

Grindlay, Jonathan F., and A. G. Davis Philip. *The Harlow Shapley Symposium of Globular Cluster Systems in Galaxies*. Dordrecht/Boston/London: Kluwer Academic Publishers, 1988.

Haramundanis, Katherine, ed. *Cecilia Payne-Gaposchkin: An Autobiography and Other Recollections*. Cambridge, Eng.: Cambridge University Press, 1984.

Harwood, H. M., and F. Tennyson Jesse, eds. *London Front: Letters Written to America, 1939 – 1940*. New York: Doubleday, Doran and Company, 1941.

——. *While London Burns: Letters Written to America, July 1940 to June 1941*. London: Constable and Company Ltd., 1942.

Hastie, W., ed. and trans. *Kant's Cosmogony*. Glasgow: James Maclehose and Sons, 1900.

Hayes, Helen, with Sanford Doty. *On Reflection*. New York： M. Evans and Company, 1968.

Hetherington, Norriss S., ed. *The Edwin Hubble Papers： Previously Unpublished Manuscripts on the Extragalactic Nature of Spiral Nebulae*. Tucson： Pachart Publishing House, 1990.

Hubbell, Harold Berresford, Jr., and Donald Sidney Hubbell, eds. *History and Genealogy of the Hubbell Family*. 3rd ed. New York： Theo. Gaus, Ltd., 1980.

Hubble, Edwin. *The Nature of Science and Other Essays*. San Marino： The Huntington Library, 1954.

——. *The Observational Approach to Cosmology*. Oxford： The Clarendon Press, 1937.

——. *The Realm of the Nebulae*. New Haven： Yale University Press, 1936.

King, Henry C. *The History of the Telescope*. New York： Dover Publications, 1979.

Krisciunas, Kevin. *Astronomical Centers of the World*. Cambridge, Eng.： Cambridge University Press, 1988.

Kron, Richard G. *Evolution of the Universe of Galaxies： Edwin Hubble Centennial Symposium*. San Francisco： Astronomical Society of the Pacific, 1990.

Little, J. G. *The Official History of the Eighty-sixth Division*. Chicago： Chicago States Publications Society, 1921.

Loos, Anita. *Kiss Hollywood Goodbye*. New York： The Viking Press, 1974.

Millikan, Robert A. *The Autobiography of Robert A. Millikan*. New York： Prentice-Hall, 1950.

Neyman, Jerzy, ed. *The Heritage of Copernicus： Theories "Pleasing to the Mind"*. Cambridge, MA： MIT Press, 1974.

Noyes, Alfred. *Watchers of the Skies*. New York： Frederick H. Stokes Company, 1922.

Overbye, Dennis. *Lonely Hearts of the Cosmos： The Story of the Quest for the Secret of the Universe*. New York： HarperCollins, 1991.

Sandage, Allan, ed. *The Hubble Atlas of Galaxies*. Washington, D.C.： Carnegie Institution of Washington, 1961.

Shapley, Harlow. *Through Rugged Ways to the Stars*. New York： Charles Scribner's Sons, 1969.

Sharov, A. S., and Egor Novikov. *Edwin Hubble： The Discoverer of the Big Bang Universe*. Cambridge, Eng.： Cambridge University Press, 1993.

Silk, Joseph. *The Big Bang： The Creation and Evolution of the Universe*. San Francisco： W. H. Freeman and Company, 1980.

Smith, Robert W. *The Expanding Universe： Astronomy's "Great Debate" 1900 - 1931*. Cambridge, Eng.： Cambridge University Press, 1982.

Trefil, James S. *The Moment of Creation: Big Bang Physics from Before the First Millisecond to the Present Universe.* New York: Charles Scribner's Sons, 1983.

Whitney, Charles A. *The Discovery of Our Galaxy.* New York: Alfred A. Knopf, 1971.

Wright, Helen. *Explorer of the Universe: A Biography of George Ellery Hale.* New York: E. P. Dutton & Co., 1966.

论文

Adams, Walter S. "Dr. Edwin P. Hubble." *The Observatory*, 74(1954), 32—35.

——. "Early Days at Mount Wilson." *Publications of the Astronomical Society of the Pacific*, 59, pt. 1, no. 350 (October 1947), 213—231.

——. "Early Days at Mount Wilson." *Publications of the Astronomical Society of the Pacific*, 59, pt. 2, no. 351 (December 1947), 285—304.

Ault, Warren D. "Oxford in 1907 (With a Glimpse of T. E. Lawrence)." *The American Oxonian*, 66, no. 2 (Spring 1979), 121—128.

Baade, Walter. "The Resolution of Messier 32, NGC 205, and the Central Region of the Andromeda Nebula." *Astrophysical Journal*, 100 (1944), 137—146.

Bok, Bart J. "Harlow Shapley." *Biographical Memoirs of the National Academy of Sciences*, 49 (Washington, D. C: National Academy of Sciences, 1978), 241—291.

Gingerich, Owen. "Harlow Shapley." *Dictionary of Scientific Biography*, 12 (New York: Charles Scribner's Sons, 1975), 345—352.

——. "Harlow Shapley and Mount Wilson." *American Academy of Arts and Sciences Bulletin*, 26 (1973), 10—24.

 and Barbara Welther. "Harlow Shapley and Cepheids." *Sky and Telescope*, 70, no. 6 (December 1985), 540—542.

Greenstein, Jesse. "An Astronomical Life." *Annual Review of Astronomy and Astrophysics*, 22 (1984), 1—35.

Gwinn, Joel A. "Edwin Hubble in Louisville, 1913—1914." *The Filson Club History Quarterly*, 56 (1982), 415—419.

Hale, George Ellery. "The Astrophysical Observatory of the California Institute of Technology." *Astrophysical Journal*, 82 (September 1935), 111—139.

Hart, R., and R. Berendzen. "Hubble's Classification of Non-Galactic Nebulae, 1922 – 1926." *Journal for the History of Astronomy*, 5, pt. 2, no. 4 (June 1971), 109—119.

Hetherington, Norriss S. "Edwin Hubble: Legal Eagle." *Nature*, 319 (Jan. 16, 1986), 189—190.

——. "Hubble's Cosmology." *American Scientist*, 78 (March/April 1990), 142—

151.

Hoskin, M. A. "The 'Great Debate': What Really Happened." *Journal for the History of Astronomy*, 7 (1976), 169—182.

Hubble, Edwin. "Angular Rotations of Spiral Nebulae." *Astrophysical Journal*, 8 (1935), 334—335.

———. "Changes in the form of the Nebula N.G.C. 2261." *Proceedings of the National Academy of Sciences*, 2 (1916), 230—231.

———. "The Direction of Rotation in Spiral Nebulae." *Astrophysical Journal*, 97 (1943), 112—118.

———. "The Distribution of Extra-Galactic Nebulae." *Astrophysical Journal*, 79 (1934), 8—76.

———. "The Exploration of Space." *Harper's Magazine*, 158 (May 1929), 732—738.

———. "A General Study of Diffuse Galactic Nebulae." *Astrophysical Journal*, 56 (1922), 162—199.

———. "The Law of Red-Shifts." *Monthly Notices of the Royal Astronomical Society*, 113, no. 6 (1953), 658—666.

———. "Photographic Investigations of Faint Nebulae." *Publications of the Yerkes Observatory*, 4, pt. 2 (1920), 69—85.

———. "Recent Changes in the Variable Nebula N.G.C. 2261." *Astrophysical Journal*, 45 (1917), 351—353.

———. "A Relation Between Distance and Radial Velocity Among Extra-Galactic Nebulae," *Proceedings of the National Academy of Sciences*, 15, no. 3 (March 1929), 168—173.

———. "The Source of Luminosity in Galactic Nebulae." *Astrophysical Journal*, 56 (1922), 400—438.

———. "Twelve Faint Stars with Sensible Proper-Motions." *Astronomical Journal*, 29, no. 1 (1916), 168—169.

——— and Milton L. Humason. "The Velocity-Distance Relation Among Extra-Galactic Nebulae." *Astrophysical Journal*, 74 (1931), 43—80.

——— *and Allan Sandage*. "The Brightest Variable Stars in Extragalactic Nebulae. I. M31 and M33." *Astrophysical Journal*, 118 (1953), 353—361.

Humason, Milton L. "Edwin Hubble." *Monthly Notices of the Royal Astronomical Society*, 114, no. 3 (1954), 291—295.

Jones, Brian. "The Legacy of Edwin Hubble." *Astronomy*, 17, no. 12 (December 1989), 38—44.

Jones, Kenneth Glyn. "The Observational Basis for Kant's *Cosmogony*: A Critical Analysis." *Journal for the History of Astronomy*, 2 (1971), 29—34.

Lematre, Georges. "Un univers homogène de masse constante et de rayon croissant, redant compte de la vitesse radiale des nebuleuses extra-galactiques." *Annals de la So-ciété Scientifique de Bruxelles*, 47 (1927), 49—56.

Lundmark, Knut. "On the Motions of Spirals." *Publications of the Astronomical Society of the Pacific*, 34 (1922), 108—115.

——. "The Spiral Nebula Messier 33." *Publications of the Astronomical Society of the Pacific*, 33 (1921), 324—327.

Maanen, Adriaan van. "Internal Motions in Spiral Nebulae." *Astrophysical Journal*, 81 (1935), 336—337.

Mayall, N. U. "Edwin Hubble: Observational Cosmologist." *Sky and Telescope* (January 1954), 78—80, 85.

——. "Milton L. Humason—Some Personal Recollections." *Mercury*, 2 (January/February 1973), 3—8.

——. "Edwin Powell Hubble," *Biographical Memoirs of the National Academy of Sciences*, 41 (1970), 175—214.

Osterbrock, Donald. "The Appointment of a Physicist as Director of the Astronomi-cal Center of the World." *Journal for the History of Astronomy*, 23 (1992), 155—165.

——. "The California-Wisconsin Axis in American Astronomy." *Sky and Telescope*, 51, pt. 1, no. 1 (January 1976), 9—14.

——, Ronald Brashear, and Joel Gwinn. "Young Edwin Hubble." *Mercury*, 19, no. 1 (January/February 1990), 2—15.

Robertson, H. P. "Edwin Powell Hubble, 1889 – 1953." *Publications of the Astro-nomical Society of the Pacific*, 66 (1954), 120—125.

Sandage, Allan. "Edwin Hubble, 1889 – 1953." *Journal of the Royal Astronomical Society of Canada*, 83, no. 6 (December 1989), 351—362.

Slipher, V. M. "Spectrographic Observations of Nebulae." *Popular Astronomy*, 23 (1915), 21—24.

Smith, Robert W. "Edwin P. Hubble and the Transformation of Cosmology." *Physics Today*, 43, no. 4 (April 1990), 52—58.

Staff of the Ballistic Research Laboratory. "Some Recent Advances in Ballistics." *Journal of Applied Physics*, 10, no. 12 (December 1945), 773—780.

Struve, Otto. "A Historic Debate About the Universe." *Sky and Telescope*, 19 (May 1960), 398—401.

Whitrow, G. J. "Edwin Powell Hubble." *Dictionary of Scientific Biography*, 6 (New York: Charles Scribner's Sons, 1972), 528—533.

译后记

　　《星云世界的水手》是美国天文学家哈勃的传记。哈勃是当代最伟大的天文学家之一，被公认为星系天文学的开创者和观测宇宙学的奠基人。他个性独特、经历复杂、成就卓著，无论其人其事，都颇有值得记叙之处。然而，由于种种原因，在哈勃于1953年逝世后，长达40年之久，始终没有一部详尽的哈勃传问世，各国天文学家为之深感遗憾。

　　这本由美国著名历史学家克里斯琴森撰著的传记于1995年出版。它因资料丰富、考据详尽，而被公认为权威之作。上海科技教育出版社引进出版这本书，并嘱我们执译，使我们喜出望外，相信它一定会受到国内广大天文爱好者的热烈欢迎。

　　本书共分15章，其中1—4章由朱保如翻译；第8和第9章由傅承启翻译；其余9章及尾声、致谢和照片说明由何妙福翻译。

图书在版编目(CIP)数据

星云世界的水手:哈勃传/(美)盖尔·E.克里斯琴森著;何妙福,朱保如,傅承启译.—上海:上海科技教育出版社,2024.1
(哲人石丛书:珍藏版)
书名原文:Edwin Hubble: Mariner of the Nebulae
ISBN 978-7-5428-7984-4

Ⅰ.①星… Ⅱ.①盖… ②何… ③朱… ④傅…
Ⅲ.①哈勃(Hubble, Edwin Powell 1889–1953)-传记 Ⅳ.①
K837.126.14

中国国家版本馆CIP数据核字(2023)第134975号

责任编辑	匡志强 卞毓麟 傅 勇 王怡旸	
封面设计	肖祥德	
版式设计	李梦雪	

星云世界的水手——哈勃传

[美] 盖尔·E. 克里斯琴森 著

何妙福 朱保如 傅承启 译

出版发行	上海科技教育出版社有限公司
	(201101 上海市闵行区号景路159弄A座8楼)
网 址	www.sste.com www.ewen.co
印 刷	启东市人民印刷有限公司
开 本	720×1000 1/16
印 张	30
版 次	2024年1月第1版
印 次	2024年1月第1次印刷
书 号	ISBN 978-7-5428-7984-4/N·1194
图 字	09-2022-1022号
定 价	98.00元